LUTERANISMO EN EL CARIBE

Elogios al libro *Luteranismo en el Caribe*

El libro es una guía maravillosa para recoger la contribución del luteranismo caribeño—y más allá de él, del protestantismo latinoamericano tradicional—a las posibilidades decoloniales de vivir la fe cristiana. De particular interés es la cuidadosa atención a la contribución de las mujeres: desde maestras, misioneras y líderes laicas hasta obispos. Sin pasar por alto sus complejidades y ambigüedades, Rodríguez muestra cómo el luteranismo en el Caribe ha contribuido a que el evangelio "dé más de sí" como una buena noticia.

—Dr. Nancy Elizabeth Bedford, Profesora de Teología (Georgia Harkness) Garrett Evangelical Theological Seminary, y coautora (con Guillermo Hansen) de *Nuestra fe: Una introducción a la teología cristiana*

José D. Rodríguez ofrece una aguda historiografía que canaliza la fe de la iglesia luterana en Puerto Rico desde un punto de vista caribeño. Fluyendo en espacios sagrados como el de un sastre luterano, el Sr. John Christopher Owen Browne, *Luteranismo en el caribe* profundiza en los relatos de pastores, líderes laicos, pueblos indígenas y mujeres cuyo legado afirma la agencia y el papel activo de la participación transformadora de las personas en la misión. Este libro único es una puerta de entrada para futuras investigaciones que contribuyan a la academia en asuntos de historia, misión, e identidad luterana.

—La Rda. y Dra. Patricia Cuyatti Chávez, ex Secretaria Regional para América Latina, el Caribe y América del Norte de la Federación Luterana Mundial; pastora en el Sínodo Metropolitano de Chicago de la Iglesia Evangélica Luterana en América; autora de, *Hanging On and Rising Up: Renewing, Re-envisioning, and Rebuilding the Cross from the "Marginalized"*

Este estudio pionero de la misión de la Iglesia Luterana en Puerto Rico hace dos contribuciones significativas, relevantes también para el estudio de la obra misionera de otras denominaciones cristianas en la isla. En primer lugar, combina los métodos historiográficos tradicionales con los métodos poscoloniales y posmodernos, y examina exhaustivamente los documentos y otras fuentes clásicas autorizadas, así como las historias, la música, la poesía y otras formas de arte que representan la lucha de resistencia contra los prejuicios y la asimilación cultural. Al hacerlo, eleva las contribuciones significativas que las poblaciones marginales han hecho a la misión de la iglesia. El segundo es el fundamento teológico de este análisis histórico: el trabajo misionero tiene su principio y su fin en Dios. Es una teología de inclusión radical que nos lleva a todos a promover la justicia, la paz y el amor. Esta perspectiva teocéntrica deja claro que el propósito de la misión no es el crecimiento de la iglesia ni el bienestar de la denominación. Todos somos sujetos y objetos de esa misión cuya finalidad es, en última instancia, anunciar y ser signo del Reino que nos llama a superar todos los obstáculos que impiden la formación de comunidades amadas.

—Dr. Ismael García, Profesor Emérito de Ética Cristiana,
Austin Presbyterian Theological Seminary.

Esta es la primera historia completa del Sínodo del Caribe como parte de la historia de la Iglesia Evangélica Luterana en América y sus predecesores. En su narrativa, que incluye importantes conexiones contextuales e históricas, historias inspiradoras y estadísticas detalladas, el Dr. Rodríguez convierte nuestra invisibilidad en nuestros libros de historia luterana y en la vida denominacional en un texto que documenta dimensiones importantes del ethos misionero tradicional luterano y su relación con las comunidades en los márgenes. Muchos de los dilemas y problemas presentados por Rodríguez continúan vivitos y coleando en nuestros días. A medida que lanzamos esfuerzos para renovar y reformar nuestra denominación, este libro es una lectura obligada para ayudarnos a ser una iglesia de la cruz.

—El Rdo. y Dr. Francisco Javier Goitía-Padilla, Director
de Formación para el Liderazgo, Comunidad Eclesial y
Liderazgo, Iglesia Evangélica Luterana en América.

Muchos lectores se sorprenderán al saber que la presencia de luteranos en el Caribe es muy anterior a la existencia del luteranismo en los Estados Unidos continentales. El libro de Rodríguez se concentra en la historia de la iglesia luterana en Puerto Rico y tiene el mérito de explorar los períodos históricos antes de la llegada de los misioneros estadounidenses a raíz de la guerra Hispano-Estadounidense. Las historias de esclavos que huyeron de las Indias Occidentales Danesas, de luchadores por la libertad contra el colonialismo español, de mujeres líderes y de personas de color que se identificaron con la iglesia luterana se entrelazan con los informes y cartas de los primeros misioneros estadounidenses y su ambigua mezcla de idealismo estadounidense, suposiciones colonialistas dudosas y celo honesto en la difusión del evangelio y el servicio al pueblo de Puerto Rico. El resultado es una exposición muy esclarecedora, equilibrada y juiciosa de una historia denominacional ambientada en medio de las fuerzas políticas, económicas y culturales más grandes que han atravesado a Puerto Rico desde la colonización española.

—Dr. Guillermo Hansen, Profesor de Teología y Cristianismo Global en el Luther Seminary, Saint Paul, Minnesota

Es muy cómodo hablar de personas y culturas sin voz, pero, providencialmente, Rodríguez no es sordo. Solo un historiador comprensivo, sistemático y pastor como él podría haber hecho justicia a nuestro ADN taíno, jamaicano, de las Islas Vírgenes y escandinavo luterano y moravo. Este ensayo exhaustivo descoloniza la supremacía blanca del Atlántico Norte. Al hacer eso, José David hace que las narrativas político-religiosas del Gran Caribe sean parte de la historia de la iglesia, y ya no una mera nota al pie de "misiones."

—El Rdo. y Dr. Eliseo Pérez-Álvarez, Profesor de Teología Sistemática en el Seminario Evangélico de Puerto Rico, y autor de *The Vexing Gadfly: The Late Kierkegaard on Economic Matters*

Este libro tan esperado es un tesoro de información sobre los orígenes del testimonio luterano del evangelio en el Caribe. Pero para muchos de nosotros, es mucho más que eso. Es nuestra historia familiar: lo bueno, lo malo, lo repugnante y lo bello. Con sensibilidad decolonial, el Prof. Rodríguez ha recopilado y curado para nosotros las "pequeñas historias" de cómo nosotros, los luteranos puertorriqueños caribeños, llegamos a ser. Es una narración fascinante que entreteje grandes sacrificios de los primeros misioneros, capellanes y diaconisas; Biblias contrabandeadas por piratas y corsarios luteranos; valiente liderazgo de sabios líderes laicos locales, especialmente las mujeres; y todo ello con el telón de fondo de dos guerras mundiales, crecientes tensiones raciales e intrigas imperiales-coloniales. Sin embargo, de alguna manera, todo funcionó, y la presencia luterana puertorriqueña caribeña sigue siendo fuerte, ¡ahora enviando pastores al campo misionero en los Estados Unidos continentales y liderazgo a la organización de la Iglesia ELCA! Gracias, José, por rescatar nuestra historia.

—El Rdo. y Dr. Carmelo Santos, Director de la Oficina para la
Diversidad Teológica y el Compromiso en la Oficina de la
Obispo Presidente Iglesia Evangélica Luterana en América.

El libro de José David Rodríguez es la primera historia académica de un puertorriqueño sobre la iglesia luterana, que llegó con el resto de las iglesias protestantes después de la Guerra Hispano-Estadounidense. El libro tiene una excelente introducción sobre el protestantismo luterano en el Caribe a partir del siglo diecisiete, cuando los misioneros holandeses, alemanes y daneses llegaron por primera vez a las islas. El Dr. José David Rodríguez fue director del programa de Ministerios Hispanos y director del programa de doctorado en la Escuela Luterana de Teología de Chicago en los Estados Unidos, así como rector (presidente) del Instituto de Educación Teológica (ISEDET) en Buenos Aires, Argentina. Es un investigador adecuado para escribir esta historia, ya que fue criado en la tradición luterana y su padre fue profesor de teología en ISEDET en Argentina y en el Seminario Evangélico de Puerto Rico, donde asisten estudiantes de todas las denominaciones protestantes de la isla. El libro contiene un rico capítulo sobre el desarrollo del papel de liderazgo de las mujeres en la iglesia luterana, lo que nos da una visión más contemporánea de la historia de su denominación. Pocos estudios sobre la historia denominacional en Puerto Rico se han hecho con igual rigor académico, incluso entre los de las iglesias bautista, metodista, presbiteriana, episcopal y evangélica unida, así como las otras denominaciones protestantes que llegaron junto con los luteranos después de 1898. Por lo tanto, *Luteranismo en el caribe* no solo es una contribución a la historia de la iglesia, sino sin duda también una valiosa contribución a la historia de Puerto Rico en su conjunto.

—Dr. Samuel Silva Gotay, Profesor Distinguido
y Jubilado de la Universidad de Puerto Rico

El Dr. José D. Rodríguez, teólogo e historiador luterano puertorriqueño, nos ha dado un regalo de erudición largamente esperado: el relato contemporáneo mejor documentado del establecimiento histórico y el desarrollo de

"La Misión Luterana en Puerto Rico" desde sus orígenes hasta la formación del Sínodo Luterano del Caribe en 1952. Se trata de un libro que aporta con una propuesta interpretativa y una narrativa con importantes ideas e información a varios campos de estudio, entre otros: a) la experiencia imperial y colonial de las misiones luteranas europeas y norteamericanas en América; b) el desarrollo del luteranismo en el Caribe y América Latina; c) la experiencia del protestantismo en Puerto Rico bajo los dominios coloniales de España y los Estados Unidos de América; y d) la formación y desarrollo de la denominación luterana en Puerto Rico.

El Dr. Rodríguez exploró las mejores fuentes primarias y secundarias disponibles para documentar los procesos complicados y ambiguos que involucraron a muchos individuos, líderes, organizaciones e instituciones para "trasplantar" y "cultivar" la fe y la iglesia luterana en el "suelo" puertorriqueño bajo las "fuerzas climáticas" de los viejos y nuevos imperios del Atlántico Norte, y bajo el "cuidado" de extranjeros y nativos cuya fe y luchas dejaron una huella y un legado para las generaciones futuras. Es un relato honesto, informado y crítico de alguien que es niño, líder y erudito de esta tradición cristiana, y que honra la fidelidad y lamenta los fracasos de aquellos que vivieron y afirmaron ser testigos del Evangelio.

Este libro ofrece una síntesis, un mapa y un recurso para estudiantes y estudiosos de las misiones luteranas y la historia de la iglesia en Puerto Rico, el Caribe y los Estados Unidos. Resume y combina críticamente las contribuciones de historiadores denominacionales y profesionales que han contribuido a la investigación académica y a las discusiones sobre los temas considerados en el libro. El libro traza períodos, etapas y procesos para identificar las fuerzas y dinámicas sociales, así como las personas y grupos que se convirtieron en agentes religiosos de la obra misionera y de las formaciones eclesiales. Finalmente, y con humildad erudita, el autor reconoce la naturaleza fragmentaria de sus mejores esfuerzos e invita a otros a criticar, continuar y completar la interminable tarea de la interpretación histórica.

Los lectores estarán mejor informados sobre la misión luterana en Puerto Rico e inspirarán a probar los datos y la interpretación siguiendo la combinación de fuentes, la argumentación en el texto y las múltiples discusiones presentes en copiosas notas a pie de página. A veces, el autor abre brevemente "ventanas" de interpretación para un rápido repunte que puede no satisfacer a algunos lectores. A veces, el autor lleva a los lectores a "desvíos" solo para volver a su viaje narrativo central. Los lectores también encontrarán no pocas sorpresas por algunas de las voces y personajes que aparecen en esta historia, desde mercenarios norteamericanos y capellanes del ejército hasta miembros de grupos marginados como un trabajador urbano negro extranjero y mujeres urbanas indígenas laboriosas.

Este libro tiene un propósito tanto educativo como catequético. Se originó como una tesis doctoral para llenar un vacío en el tema. Los eruditos de la Universidad de las Indias Occidentales lo aprobaron como una contribución importante en los campos de la historia y la historia de las misiones. Ahora, el público en las iglesias y seminarios necesita decidir sobre su valor formativo para las personas de fe y misión.

—Luis R. Rivera-Rodríguez, ThD. Académico
de antigüedad y exdecano Académico
Garrett-Evangelical Theological Seminary

En este libro, el Dr. José David Rodríguez ofrece un excelente ejemplo de la historia misionera tal y como debe ser escrita. Al mismo tiempo que reconoce y celebra lo que él y su comunidad eclesiástica han recibido de la empresa misionera, Rodríguez, en lo que él llama una metodología historiográfica caribeña, presta especial atención a la manera en que la empresa misionera no entendió ni apreció el contexto al que se dirigía. Lectura recomendada no solo para luteranos y puertorriqueños, sino también para cualquier persona interesada en la interacción de culturas y agendas a menudo involucradas en la comunicación del Evangelio.

—Justo L. González prolífico autor y
teólogo de la historia de la Iglesia

Luteranismo en el Caribe llena un vacío en la historiografía de la Misión Luterana en el Caribe. Los luteranos caribeños han sido reducidos a un comentario general sobre los libros de historia escritos por aquellos relacionados con la empresa misionera. En este libro escuchamos la voz de "uno de nosotros", contando la historia desde la perspectiva de aquellos que fueron objeto de la misión. Esta perspectiva única se sumerge más profundamente en la historia para encontrar los tesoros ocultos de la contribución de mujeres y hombres locales cuyo testimonio, discipulado y alcance misionero condujo al desarrollo y expansión, los años dorados, de la actividad misionera luterana en Puerto Rico. A las historias ocultas de Demetrio Texidor, Juan Zambrana, Graciela Cuervos, Juana de Sardén, Eduardo Roig y muchos otros, se les da el espacio que merecen en la historia del luteranismo en Puerto Rico.

—Rdo. y Dr. Rafael Malpica Padilla Obispo
Emérito del Sínodo del Caribe ELCA,
John Damm Chair on Leadership and
Director para el Ministerio y Teología Latine
Lutheran School of Theology at Chicago

"Si quieres cambiar el mundo,
toma tu pluma y escribe".
Martín Lutero

La obra de José David Rodríguez representa una investigación que "se debe leer". Nos presenta una importante contribución al estudio de la historia, teología y religión en el Caribe. Área geográfica que fue dominada por siglos por el catolicismo en la América Colonial con sus fórmulas de Real Patronato, Vicariato y Regalismo. Al encontrar una investigación que se adentra de manera seria y sistemática de una denominación como la luterana en el Caribe descubrimos esa otra historia cristiana que en ocasiones queda al margen de nuestro entendimiento por la falta de trabajos como el aquí presentado.

Siempre se nos presenta a la memoria la palabra ecumenismo, esa que debe acortar distancias en el entendimiento de una sola fe. Nuestro autor ha escogido el tema de la Misión Luterana en el Caribe como su objetivo de investigación, sin embargo, este trabajo no es solo una meta académica, en su caso se le añade el elemento vivencial. Es claro que el dominio del tema lo lleva al análisis serio y científico que se espera del autor. Sin duda la riqueza y la extraordinaria acumulación de datos que José David Rodríguez nos presenta, nos permite concluir que es una verdadera contribución al estudio serio de la historia de la Iglesia en el Caribe.

—Dr. Ángel L. Vélez Oyola Catedrático de Teología Universidad
Interamericana de Puerto Rico Línea de Investigación:
Relaciones Iglesia y Estado en Latinoamérica

El libro *Luteranismo en el Caribe*, escrito por el Rev. Dr. José D. Rodríguez, presta una ayuda invaluable en llenar el vacío que teníamos hasta el presente sobre la historia de la iglesia en Puerto Rico, especialmente entre los luteranos. El Dr. Rodríguez, de manera erudita y pastoral, y siguiendo una historiografía descolonizadora, nos ayuda a entender de manera clara y crítica, las bendiciones como los retos de la formación de las iglesias protestantes en el Caribe, especialmente después de la Guerra hispano estadounidense de 1895.

Por mi parte, como teólogo y pastor cubano, puedo afirmar lo invaluable que es este libro también para entender el desarrollo de las iglesias protestantes, incluyendo la luterana, en Cuba. Se puede apreciar desarrollos como retos paralelos entre Cuba y Puerto Rico, dado a una historia similar pero bifurcada por motivo de la Revolución Cubana del 1958. Afirmo las conclusiones ofrecidas por el profesor Rodríguez, dado a esta historia, de que nuestras iglesias deben desarrollarse como iglesias nacionales, para poder vivir libremente siguiendo donde la proclamación del Reino de Dios nos llame.

Este libro debe ser requerido como lectura, y en toda bibliografía, de cursos sobre la historia y misión de la iglesia en el Caribe y toda Latinoamérica.

—Rev. Dr. Alberto L. García, Profesor Emérito de Teología, Concordia University, Wisconsin, Mequon

LUTERANISMO EN EL CARIBE

LA MISIÓN LUTERANA EN PUERTO RICO

JOSÉ DAVID RODRÍGUEZ

TRADUCCIÓN DE
CARMEN M. RODRÍGUEZ RIVERA

PRENSA DE LA FORTALEZA
Mineápolis

LUTERANISMO EN EL CARIBE
La misión luterana en Puerto Rico

29 28 27 26 25 24   1 2 3 4 5 6 7 8 9

Library of Congress Cataloging-in-Publication Data

Names: Rodríguez, José David, author.
Title: Luteranismo en el Caribe : la misión luterana en Puerto Rico / José David Rodríguez.
Other titles: Caribbean Lutherans. Spanish
Description: Mineápolis : Prensa de la Fortaleza, [2025] | Translation of: Caribbean Lutherans. | Includes bibliographical references and index.
Identifiers: LCCN 2024022324 (print) | LCCN 2024022325 (ebook) | ISBN 9798889833666 (paperback) | ISBN 9798889833673 (ebook)
Subjects: LCSH: Lutheran Church--Puerto Rico--History. | Lutheran Church--Missions--Caribbean Area. | Puerto Rico--Religion.
Classification: LCC BX8063.P9 R6318 2025 (print) | LCC BX8063.P9 (ebook) | DDC 284.1/7295--dc23/eng/20240904

Imagen de portada: Grabado antiguo de 1879 con mapa de Centroamérica y las Islas Indias Occidentales, de duncan1890/Getty Images
Diseño de portada: Kristin Miller

Edición impresa ISBN: 979-8-8898-3366-6
Edición digital ISBN: 979-8-8898-3367-3

Dedico este libro a mi madre, Carmen M. Hernández, y a mi padre, José D. Rodríguez, quienes de forma amorosa y dedicada me trajeron a este mundo, y nutrieron con su ejemplo y dedicación mi compromiso con el ministerio de la iglesia luterana en Puerto Rico, y su misión más allá de estas fronteras.

CONTENIDO

PRÓLOGO

Querido amigo de mi juventud, debo escribirte lo que el cantor Pedro Vargas dijo: muy agradecido, muy agradecido, muy agradecido en ser aplaudido. Hoy digo "gracias" por escribir la historia de la Iglesia Evangélica Luterana en Puerto Rico. Recuerdo que, cerca de once años atrás, fuimos juntos al Archivo Histórico de Puerto Rico a buscar información sobre el comienzo de la misión luterana, y salimos muy frustrados al no encontrar esa información. Hoy doy gracias a Dios, porque fuiste persistente y luego me informaste muy humildemente, "estoy estudiando historia para saber dónde buscar y cómo escribir la historia de nuestra amada Iglesia".

La gran ventaja de esta publicación es que amplió esta investigación al Caribe. Es por eso por lo que en los primeros capítulos que nos presentas comienzas en 1666, y abordas cómo se difundió la fe que las personas laicas nos enseñaron, y los fundamentos de cómo el cristianismo y la fe luterana llegaron a las islas del Caribe.

A medida que continúo leyendo los siguientes capítulos, encuentro que se entrelazan el crecimiento de la fe luterana en la isla con la situación de ser colonia de España, y posteriormente de los Estados Unidos de América. Además, nos das las buenas nuevas del crecimiento de la iglesia, y señalas la importancia de la valentía de aquellas personas laicas que supervisaron el traer las buenas nuevas, y el crecimiento del reino de Dios y su justicia en Puerto Rico. También das un agradecimiento especial a las diaconisas y a las esposas de los pastores que, valiéndose de sus talentos, promovieron el conocimiento de la Palabra de Dios y el trabajo social en las congregaciones.

Al contar esta historia nos confrontas con la pobreza en Puerto Rico, la situación política, y cómo el luteranismo no hace comentarios, en su revista *El Testigo*, sobre lo sucedido en la revuelta Nacionalista de 1950. Cuentas la famosa historia de "Santa Claus llegando a la Cuchilla," y la presentas como un claro intento de adoctrinación a través de la imposición del idioma inglés; sin embargo, nuestro pueblo sigue usando su lengua vernácula, que es el español. También examinas la historia de las Iglesias luteranas en las Islas Vírgenes y cómo se fundó el Sínodo del Caribe en el año 1952. A pesar de las diferencias en el idioma, estamos unidos por el fundamento de la perspectiva luterana de la fe, y el denominador común de ser colonias de los Estados Unidos.

Rda. Idalia Negrón-Caamaño
Obispa, Sínodo del Caribe
Iglesia Evangélica Luterana en América
8 de marzo de 2023

INTRODUCCIÓN

DURANTE MIS PRIMEROS años como miembro de la facultad del Lutheran School of Theology at Chicago (LSTC), participé en una reunión de teólogos luteranos (y en aquel entonces participaron en el evento muy pocas teólogas luteranas) patrocinada por la Iglesia Evangelica Luterana en America (ELCA siglas del nombre en inglés Evangelical Lutheran Church in America). En ese entonces, el tema para ser examinado era: "Nuestro legado luterano." Quienes hicieron presentaciones se refirieron a estudios realizados por intelectuales europeos o norteamericanos sobre este tema. Yo me encontraba un poco avergonzado porque solo podía hablar del asunto desde mi experiencia personal, ya que no había ningún estudio académico realizado para aquel entonces, enfocado en la experiencia luterana en Puerto Rico. Incluso en el presente, algunos historiadores luteranos proporcionan solo lo que equivale a una breve nota en sus trabajos académicos sobre la historia del luteranismo en el archipiélago de Puerto Rico.[1]

Uno de los objetivos de este libro es proporcionar tal historia. Su contenido es el producto de una tesis doctoral que presenté sobre este tema en la Universidad de las Indias Occidentales (University of the West Indies—UWI) en la ciudad de Kingston (Jamaica) en el año 2024, para mi doctorado en el área de Historia. El título de la disertación fue "La misión luterana en Puerto Rico: desafío y promesa".[2]

Antes de dedicarme a informar sobre esta historia, necesito aclarar que, si bien ha habido una variedad de significados del término *misión* a lo largo de la historia,[3] en este estudio utilizaré el término como el erudito puertorriqueño Rdo. Dr. Carlos F. Cardoza-Orlandi sugiere:

> La misión es una disciplina espiritual, informada por la oración, la devoción, el culto comunitario, el estudio bíblico, y la reflexión teológica crítica. *La misión es la participación del pueblo de Dios en la acción de Dios en el mundo.* La reflexión teológica y crítica sobre la misión se llama misiología.[4]

Otra consideración importante que quiero hacer al principio de esta narrativa se relaciona con el enfoque específico que usaré abordando el tema de las misiones. Mis reflexiones sobre el tema serán desde la perspectiva de un puertorriqueño luterano, nacido y criado en Puerto Rico, que aún vive en la diáspora de Chicago durante más de cuarenta años. Esto significa, entre otras cosas, que mi comprensión de la misión luterana en Puerto Rico será desde la experiencia de haber sido objeto de la misión. Esto indica, como sugiere Cardoza Orlandi, que "me doy cuenta de mi doble identidad" de ser simultáneamente "el objeto" y "sujeto de misión".

En otras palabras, me encuentro en una paradoja emocionante, entre *discontinuidad y continuidad*, mientras busco herramientas que ayuden a las comunidades cristianas a estar en misión, sin perder la conciencia de que somos a la vez *objetos y sujetos de esta misión.*[5]

Durante mis previos estudios avanzados en el área de historia realizados en la Universidad Interamericana en Puerto Rico,[6] aprendí que, aunque la comunicación escrita ha sido un instrumento valioso para transmitir nuestro conocimiento del pasado, esta herramienta ha sido producto de un desarrollo relativamente reciente.[7] En general, se reconoce que, antes de que se inventara la escritura, las personas usaron el lenguaje hablado, para comunicarse, a veces en forma de poesía y canción. Un ejemplo de esto es el surgimiento de la historia griega en donde la comunicación se establecía mediante la poesía épica como en las obras de la *Ilíada* y la *Odisea* de Homero, más tarde escrita por los historiadores de la prosa griega.[8] Otro ejemplo importante fueron los *quipus,* que los pueblos precolombinos de las Américas usaron, junto con el recital oral, o la pintura, para preservar y recordar el pasado.[9]

Al mismo tiempo, también me di cuenta de que la escritura de la historia puede tener un valor estratégico importante. En mi curso sobre la *Historia de las Américas,* estudiamos la vida y escritos de *Gómez Suárez de Figueroa,* mejor conocido como *Garcilaso de la Vega, El Inca* (1539–1616), el gran cronista de los Incas. Este era el hijo mestizo del conquistador y encomendero español *Sebastián Garcilaso de la Vega,* y la noble princesa Inca *Isabel Chimpo Ocllo.*[10] Dos de sus obras fueron *La Florida del Inca* (1605)[11] y los *Comentarios Reales de los Incas: E Historia*

General del Perú (1609),[12] esta última considerada como su obra más conocida. Con estas dos primeras crónicas, *Garcilaso El Inca* logró una hazaña que continúa siendo de estímulo para nosotros hoy. Si bien nunca perdió su estima por su herencia española, sus obras fueron testigos de su devoción por su derecho de nacimiento Inca, y empatía para el pueblo de su madre. Al escribir la historia de los antiguos Incas, él dignificó su pasado, y con el tiempo, estas obras tuvieron cierto impacto en la lucha de los pueblos latinoamericanos por su independencia de España. Por esta y otras razones, espero que el presente trabajo pueda estimular un mayor interés en el luteranismo caribeño, así como en la experiencia del luteranismo en mi país de origen, Puerto Rico.

En cuanto a este libro es el de leer esta historia desde una perspectiva caribeña. Tanto Gustav Warneck, considerado el fundador de los estudios sobre la misión,[13] como la mayoría de las investigaciones sobre la misión luterana en todo el mundo desde fines del siglo diecinueve, incluso en el Caribe, han utilizado generalmente lo que B. W. Higman considera ser un enfoque historiográfico ubicado físicamente en, y orientado ideológicamente a, los centros metropolitanos de control imperial, para dar cuenta de sus investigaciones.[14] Para la mayoría de la erudición histórica, este enfoque, que tradicionalmente ha dominado la profesionalización de esta área de estudios desde el siglo diecinueve, ha sido descrito como eurocentrismo; sin embargo, para Daniel Woolf, el problema principal de este método historiográfico occidental radica en su tendencia a negar la existencia misma de otras alternativas adecuadas.[15]

En este libro, mi intención es la de emplear una historiografía diferente que estudiosos como Peter Burke han descrito como *Nuevas perspectivas sobre la escritura histórica*.[16] Una de mis principales consideraciones es la de seguir el enfoque de la historia caribeña de obras influyentes como las de Elsa V. Goveia,[17] que ha sido descrita como historiografía caribeña.[18] Este tipo de historiografía se remonta, desde la década de 1950, a un número creciente de historiadores profesionales caribeños en academias caribeñas. También sigue tendencias más amplias en práctica asociadas con los movimientos hacia la independencia después de 1945 y la revolución cubana en 1959, cuando las ideologías anticoloniales y nacionalistas se convirtieron en temas importantes para explorar. Si bien sigue el enfoque clásico de privilegiar los datos conservados por escrito, este enfoque está explorando progresivamente fuentes alternativas y análisis de evidencia reconocida e identificada como adecuada para el estudio del pasado, como la tradición oral, la arqueología histórica, la historia social, la historia desde abajo, la historia de las mujeres, la historia ambiental, la historia de gays y lesbianas y la historia de la ciencia.[19] Enriqueceré esta historiografía caribeña, empleando una perspectiva poscolonial o decolonial.[20] Junto con el uso de esta hermenéutica poscolonial, emplearé algunos elementos propuestos por el distinguido erudito sociopolítico James C. Scott, en la exploración de movimientos subalternos de resistencia en su análisis de las sociedades asiáticas.[21] Mi interés específico en las obras de James C. Scott se encuentra en la comprensión de temas tales como transcripciones *públicas* y *ocultas,* junto con lo que él llamó en su análisis de la dominación y las artes de la resistencia, las *armas de los débiles.*

El contenido de este libro está organizado en nueve capítulos y una breve conclusión. El capítulo 1 ofrece los criterios metodológicos que he de utilizar para la interpretación de esta historia. Este capítulo y el siguiente (capítulo 2) que presenta una visión panorámica de la llegada del Protestantismo al Caribe desde el siglo dieciséis hasta en siglo diecinueve, no se encuentran en la versión en inglés de este libro. El capítulo 3 hace una descripción breve pero sustancial de la identidad luterana. Si bien este no es un libro sobre el luteranismo per se (ya que el foco de mi investigación es la misión luterana en Puerto Rico), este capítulo proporciona un marco específico del tipo distintivo del luteranismo que impactó la empresa misionera en la isla (archipiélago). Este esfuerzo, en lugar de proporcionar una tipología genérica de la misión luterana, tiene como objetivo avanzar una comprensión más específica de la misión luterana característica en el Caribe y, en particular, en la isla de Puerto Rico.

En los capítulos del 3 al 8, exploro los fundamentos de la misión luterana en la isla de Puerto Rico, junto con su desarrollo, hasta el momento en que se inicia en 1952 el Sínodo Evangélico Luterano del Caribe de la Iglesia Luterana Unida en América. Para esta tarea, extraje información de artículos publicados en la revista de la misión luterana titulada *El Testigo,* otros estudios en revistas protestantes,[22] comentarios en periódicos sobre el tema,[23] boletines publicados por las congregaciones de la iglesia,[24] recursos bibliográficos disponibles en las bibliotecas del Seminario Evangélico de Puerto Rico, la Universidad de Puerto Rico, la Universidad Interamericana, y archivos gubernamentales ubicados en la isla de Puerto Rico. También examiné los informes de la Junta de Misiones de Puerto Rico al Consejo General de la Iglesia Evangélica Luterana en América del Norte, los de la Junta de la Misión de las Indias Occidentales de la Iglesia Luterana Unida en América, y otras fuentes primarias y secundarias que arrojan luz sobre este desarrollo, tales como la revista *The Lutheran* publicada en los Estados Unidos.[25]

El capítulo final de este estudio (capítulo 9), se centra en la promesa y el desafío de la dinámica de una identidad luterana desarrollada por el Sínodo del Caribe, y su contribución al legado luterano en los Estados Unidos y el resto del mundo. Esta revisión de etapas y componentes importantes en el surgimiento del Sínodo del Caribe tiene como objetivo facilitar una mejor comprensión de nuevos desarrollos en su expansión histórica. Eso también tiene como meta proporcionar una comprensión más informada de su contribución a otras expresiones globales luteranas.

El libro termina con una breve conclusión, proporcionando un resumen de mis conclusiones y una breve descripción de los acontecimientos recientes en el Sínodo del Caribe que muestra la continua relevancia de su misión y ministerio para la Iglesia Evangélica Luterana en América y sus órganos predecesores.

El origen de este libro se remonta a la época en que tanto yo, como otros líderes de la iglesia luterana en el Sínodo del Caribe, nos preguntábamos sobre el ministerio y misión de esa iglesia en la isla de Puerto Rico[26]. Sin embargo, mi interés en perseguir un doctorado en historia, y la redacción de una tesis sobre este tema, surgió de las varias conversaciones con estudiantes puertorriqueños realizando estudios avanzados en el área de historia de la iglesia (entre ellos Enrique Mercado y Hjamil Martínez-Vázquez), y específicamente, de una conversación que tuve con mi hermana, la Rda. Dra. Raquel E. Rodríguez, mientras se desempeñaba como directora para México, el Caribe, y América Latina en la Unidad de Misión Global de la Iglesia Evangélica Luterana en América (ELCA). Ella me informó del apoyo continuo proporcionado por la Iglesia ELCA al United Theological College of the West Indies (UTCWI) en Jamaica, y su conexión a la Universidad de las Indias Occidentales (UWI). Su supervisor, el Rdo. Dr. Rafael Malpica-Padilla, director ejecutivo de la Misión Global Unidad de la ELCA, proporcionó asistencia, aliento y apoyo a mi empresa en este proyecto. En varias ocasiones serví como profesor visitante en UTCWI, dándome la oportunidad de matricularme en la universidad para competir por un doctorado en filosofía en el departamento de Historia. Otro importante colega que me sugirió entrar en el programa avanzado en el área de historia de esta universidad por su distinción internacional fue el Rdo. y Dr. Carlos Cardoza Orlandi.

Quiero también agradecer a mis colegas, el Dr. Justo L. González, el Dr. Luis N. Rivera Pagán, el Dr. Ismael García, la Dra. Agustina Luvis y el Dr. Eliseo Pérez, quienes estuvieron dispuestos a apoyarme en esta empresa y escribir cartas de recomendación en mi nombre para mi ingreso al programa. Además, quiero expresar mi agradecimiento al Dr. David Cook y su esposa Mary, quienes, no solo apoyaron mi interés en el programa avanzado de historia en la universidad, sino que también proporcionaron tiempo y esfuerzos valiosos para alentar mi interés y facilitar mis conversaciones con colegas en UTCWI y la universidad.

Comencé mis estudios a tiempo parcial en la UWI en el 2006, pero tuve que retirarme debido a mis muchos compromisos. En ese momento el Dr. Waibinte Wariboco era el director del departamento de Historia, y era muy útil para proporcionar orientación y aliento mientras yo era un estudiante en el programa de estudios. Más tarde, después de un corto mandato como rector (presidente) del Instituto Universitario ISEDET en Buenos Aires, Argentina, me inscribí una vez más como candidato al doctorado en historia en la UWI. En ese momento, el Dr. Enrique Okenve era el director del departamento de Historia, y facilitó mi incorporación al programa de estudios. Gracias al Dr. Okenve, al nuevo Director del Departamento de Historia de la universidad el Dr. Julian Cresser, y a mi asesor académico, el Dr. James Robertson, he logrado completar los requisitos establecidos por los oficiales de estudios avanzados en la universidad para el doctorado en el área de historia. Al Dr. Robertson le debo una gran deuda de gratitud por las sugerencias de recursos bibliográficos importantes para mi investigación, así como por su ayuda en enmarcar el contenido de mi investigación de una forma académica. También quiero expresar mi gratitud a Barry Hopkins, director interino de la Biblioteca JKM en LSTC, Milka T. Vigo Verestin, directora de la biblioteca del the Seminario Evangélico de Puerto Rico, Joel Thorensen, miembro del personal en los archivos de la (ELCA), junto con el Sr. Cody Swisher y el personal de la biblioteca Krauth Memorial Branch del campus de Filadelfia del Seminario Unido de la ELCA, cuyo paciente y extraordinario apoyo me permitió encontrar valiosos documentos bibliográficos para mi investigación.

También quiero expresar mi gratitud a la Dra. Laura Gifford, Lisa Eaton, Louise Spencely y otro personal de Fortress Press, cuya habilidad de transformar mi estilo de escritura académica para ponerlo a disposición de un público más amplio hizo posible este proyecto; y a Fortress Press, la editorial dispuesta a asumir el riesgo de apoyar mi contribución al destacar el impacto del Sínodo del Caribe de la ELCA ampliando el legado luterano entre nosotros.

Por último, pero no menos importante, quiero agradecer a mi hermana Carmen M. Rodríguez por su lectura del manuscrito y recomendaciones para editar el texto final, a mi esposa Kathryn L. Baker, mi hija Taina, mi hijo David, y otros miembros de mi familia cuya diligencia me dio el apoyo que necesitaba para completar mi programa de estudios en la UWI. A estos, y a todos los demás colegas que me han acompañado en este viaje, quiero expresar mi sincero agradecimiento y aprecio.

Notas

1. Ver, Mark Granquist, *Lutherans in America: A New History* (Minneapolis: Fortress Press, 2015), 353. También, E. Theodore Bachmann and Mercia Brene Bachmann, *Lutheran Churches in the World: A Handbook* (Minneapolis: Augsburg, 1989), 483–86. La referencia más reciente al Luteranismo en Puerto Rico viene de Martin J. Lohrman, *Stories from Global Lutheranism: A Historical Timeline* Minneapolis: Fortress Press, 2021), 187.

2. José David Rodríguez, "The Lutheran Mission in Puerto Rico: Challenge and Promise" [La misión luterana en Puerto Rico: desafío y promesa] (tesis doctoral presentada a la facultad del departamento de Historia de la Universidad de las Indias Occidentales [Kingston, Jamaica]en cumplimiento parcial de los requisitos para el grado de doctor en filosofía, 2023.

3. Gustav Warneck, el "Padre" de la teoría de la misión, describió a las misiones protestantes en su libro, *Abriß einer Geschichte der protestantische Missionen von der Reformation bis auf die Gegenwart: Mit einem unhang über die Catholischen Missionen* (Berlin: Verlag von Martin Barned, 1905), disponible en una traducción al inglés, *Outline of a History of Protestant Missions from the Reformation to the Present Time* (New York, Chicago, y Toronto: Fleming H. Revell Company, 1901), 5, como la tarea de la iglesia de testificar de la obra misericordiosa de Dios de salvación para los seres humanos en todas partes del mundo. "Tenemos, por lo tanto, en la doctrina de la justificación por la fe una necesidad

universal de salvación, una gracia universal de salvación y una condición universal de salvación. De esto se deduce también, tanto de lógica como de dogmática, la necesidad ética, una oferta universal de salvación, es decir, la institución de misiones en todo el mundo (Rom. 10:4–17)," También puede encontrar esta edición en línea en https://missiology. org.uk/pdf/e-books/warneck_gustav/history-of-protestant-missions_ warneck.pdf (consultado el 12 de julio de 2023).

4. Carlos F. Cardoza Orlandi, *Mission: An Essential Guide* (Nashville: Abingdon Press, 2002), 14–15, el énfasis se encuentra en el texto original, la traducción es mía.

5. Cardoza Orlandi, *Mission*, 12, el énfasis se encuentra en el texto original, la traducción es mía.

6. De enero a mayo de 2011, tomé dos cursos avanzados en el departamento de Historia en la sede Metropolitana de la Universidad Interamericana de Puerto Rico: *Historia de las Américas*, e *Historia de Puerto Rico*. Aprecio el apoyo que recibí de mi colega y amigo el Dr. Ángel Vélez para participar en estos estudios avanzados.

7. Daniel Woolf argumenta que se remonta a lo sumo cinco milenios hasta la más antigua de las tabletas cuneiformes en Mesopotamia, a jeroglíficos en Egipto y a inscripciones de hueso en China. También afirma que, incluso en la era moderna, escribir como tal no constituye el medio esencial de comunicación histórica. Daniel Woolf, *A Global History of History* (Cambridge: Cambridge University Press, 2011), 2.

8. De acuerdo con Woolf, el contacto griego con los fenicios, que a su vez habían tenido tratos con Mesopotamia y Egipto, fue lo que probablemente dio lugar a la adquisición de la escritura, y las epopeyas homéricas, previamente transmitidas oralmente, fueron finalmente escritas varios siglos después de que se realizaron por primera vez. Woolf *A Global History of History*, 34. En su libro *The Singer of Tales*, Albert Bates Lord ofrece una alternativa fascinante al misterio centenario de los textos homéricos de la *Ilíada* y la *Odisea*. En su análisis de Homero y el moderno cantante balcánico de cuentos, Avdo Mededovic de Bijelo Polje de Yugoslavia, Lord también proporciona un proceso bien informado que detalla las diversas formas en que la poesía narrativa oral puede haber sido consignada en escritura (capítulo 8). Véase Albert B. Lord, *The Singer of Tales* (Cambridge, MA: Harvard University Press, 1964), 124–38.

9. Lord, *The Singer of Tales*, 6–7. *Quipus*: la palabra *quipu* proviene de la palabra quechua para "nudo". Un *quipu* generalmente consistía en un hilado coloreado, o cuerdas de pelo de llama. Los documentos históricos indican que los *quipus* se usaban para el mantenimiento de registros y el envío de mensajes por parte de un corredor en todo el imperio. La mayoría de los *quipus* existentes son del período de los Incas, aproximadamente

1400–1532 CE. Información del Smithsonian Institution, https://www.
si.edu/newsdesk/snapshot/quipu (consultado en junio 19, 2023).

10. Para una biografía de esta figura peruana, véase John Grier Varner, *El
Inca: The Life and Times of Garcilaso de la Vega* (Austin and London:
University of Texas Press, 1968).

11. Un relato del viaje y travesía de Hernando de Soto en la Florida.

12. Fue escrita en dos secciones y volúmenes. La primera fue principalmente
sobre la vida de los Inca, la segunda sobre la conquista española del Perú.

13. Ver biografía de Warneck: https://www.bu.edu/missiology/
missionarybiography/w-x-y-z/warneck-gustav-1834–1910/ (consultado
el 19 de junio de 2023).

14. B. W. Higman, "The Development of Historical Disciplines in the
Caribbean," en *General History of the Caribbean*, vol. VI: *Methodology
and Historiography of the Caribbean*, ed. B. W. Higman (London and
Oxford: UNESCO Publishing/Macmillan Education, 1999), 3.

15. Woolf, *A Global History of History*, 15.

16. Peter Burke, *New Perspectives on Historical Writing*, 2nd ed. (University
Park: The Pennsylvania State University Press, 2001), 1–24.

17. Elsa V. Goveia, *A Study on the Historiography of the British West Indies
to the End of the Nineteenth Century* (Mexico: Instituto Panamericano
de Geografía e Historia, 1956). Mientras que la investigación de Goveia
muestra su conocimiento y uso de fuentes disponibles en lo que hemos
llamado anteriormente "Centros metropolitanos de control imperial",
sus contribuciones más importantes residen, según Mary Chamberlain,
en su enfoque innovador que respalda la filosofía y los objetivos del
Grupo *Nuevo Mundo* del cual ella había sido miembro original y activa.

18. *Nuevo Mundo* es un movimiento que tiene como objetivo transformar
el modo de vida y pensamiento en la región. El movimiento rechaza la
aceptación acrítica de dogmas e ideologías importado de fuera y basa
sus ideas para el futuro de la zona en un análisis sin restricciones de la
experiencia y las condiciones existentes de la región". Mary Chamberlain,
"Elsa Goveia: Historia y Nación", *History Workshop Journal* 58 (3 de
noviembre de 2015): 167–68.

19. Para una descripción más precisa de estas y otras tendencias en la historiografía véase Burke, *New Perspectives on Historical Writing*, 25–297, y
Higman, *General History of the Caribbean*, 19–307.

20. Véase Robert J. C. Young, *Poscolonialism: A Very Short Introduction*
(Oxford: Oxford University Press, 2003), y Dane Kennedy,
Decolonization: A Very Short Introduction (Oxford: Oxford University
Press, 2016). En algunas partes de mi investigación, utilizo una u otra
de estas perspectivas para aportar más claridad a mi análisis del tema.
Aquí debo aclarar que existe una estrecha similitud entre la hermenéutica

poscolonial y la decolonial, si bien hay diferencias entre las dos como herramientas metodológicas. Un supuesto y objetivo común entre ellas es la de explorar y analizar los factores que llevaron al colapso de los regímenes imperiales europeos después de la Segunda Guerra Mundial (1939–45), así como el hecho de que, en lugar de desaparecer de la escena, estos imperios se reconstituyeron en nuevas formas. Sin embargo, una de las razones que me llevan a privilegiar el término *descolonización* del término *poscolonial,* es el argumento desarrollado por Walter D. Mignolo, Arturo Escobar y el colectivo del proyecto Modernidad/Colonialismo de las universidades de Duke y Carolina del Norte, que en un encuentro en mayo del 2004 propusieron la distinción entre estos dos términos de la siguiente manera: "el pensamiento decolonial se diferencia de la teoría poscolonial o de los estudios poscoloniales en que la genealogía de estos se sitúa en el posestructuralismo francés más que en la densa historia del pensamiento decolonial planetario." Walter D. Mignolo, "Epistemic Disobedience and the Decolonial Option: A Manifesto, "in *Journal of Peripheral Cultural Production of the Luso-Hispanic World* Vol. 1 Issue 2 (2011), 46.

21. Dos de los libros más valiosos para mi investigación de este autor han sido *Weapons of the Weak: Everyday Forms of Peasant Resistance* (New Haven, CT, y London: Yale University Press, 1985), y *Domination and the Arts of Resistance: Hidden Transcripts* (New Haven, CT, y London: Yale University Press, 1990).

22. Tales como *El Puerto Rico Evangélico, El Misionero,* y la revista católico-romana *El Ideal Católico.*

23. Para esta investigación examiné artículos relacionados a la misión luterana desde el 1898 en periódicos de Puerto Rico tales como *La Correspondencia* (1903–23), *El Boletín Mercantil* (1903–9), *La Democracia* (desde 1906 hasta el 1923), *El Imparcial* (1922–23), *El Mundo* (1919–52), y *El Nuevo Día* (1909-).

24. Como el boletín para el Cincuentenario del ministerio del Rdo. Eduardo Roig Vélez (Iglesia Luterana El Buen Pastor), y el boletín para la Celebración del 69 Aniversario de la Iglesia Luterana Divino Salvador.

25. Estos recursos bibliográficos se encuentran en los archivos de la Iglesia Evangélica Luterana en América, ubicada en el 321 Bonnie Lane, Elk Grove Village, IL 60007, Estados Unidos de América.

26. Entre esos líderes se encuentra el Rdo. César Cotto Reyes quién, para su trabajo de investigación para su Bachillerato en Divinidad del seminario Luterano de Filadelfia, escribió un estudio de la misión luterana en Puerto Rico (1898–1944).

CAPÍTULO 1

Historiografía

COMO DIRECTOR DE los programas de estudios avanzados en la Escuela Luterana de Teología de Chicago (ThM, PhD, DMin) durante los años 2004 al 2007 y 2013 al 2015, estimulé a estudiantes puertorriqueños en el área de historia, a continuar la investigación de la historia del luteranismo en Puerto Rico. Uno de estos estudiantes fue el Rdo. Enrique Mercado que, durante su programa de estudios en la ciudad de Chicago, y luego al regresar a Puerto Rico, logró recoger un gran número de información sobre este tema. Cerca de mi jubilación en 2021, decidí continuar el estudio de la misión luterana en Puerto Rico. Desde el año 2011 al 2023 realicé cursos avanzados de historia en el Recinto Metropolitano de la Universidad Interamericana de Puerto Rico, así como en la Universidad de las Indias Occidentales (Jamaica). Con esta formación académica, desarrollé mi propio enfoque historiográfico que describo en este capítulo.

En su estudio de la historia global, Daniel Woolf argumenta que, si bien es imposible conocer la identidad del primer ser humano que, en curiosidad por su pasado, decidió realizar investigaciones sobre su tribu, aldea, o familia (o la razón para hacerlo), la historia, como el esfuerzo humano por conocer el propio pasado, parece ser un anhelo humano.

La inclinación humana a desenterrar el conocimiento del propio pasado bien puede ser natural en lugar de adquirida (aunque todavía no se ha identificado ningún 'gen de la historia'). Un erudito moderno ha llegado a sugerir que 'la historia es un interés humano universal.' El conocimiento del pasado es expresado por todos los seres humanos de acuerdo con sus diferentes sistemas culturales y sociales.[1]

Aunque la comunicación escrita ha sido un instrumento valioso para transmitir nuestro conocimiento del pasado, esta es un desarrollo relativamente reciente.[2] En general, se reconoce que antes de eso, la gente usaba el lenguaje oral, a veces en forma de poesía y canciones, para comunicarse. Por ejemplo, el surgimiento de la comunicación histórica griega radicó en la poesía épica como la *Ilíada* y la *Odisea de Homero,* escritas más tarde por los historiadores griegos de la prosa.[3] Otro ejemplo importante es el de los pueblos precolombinos en las Américas que usaban *quipus* junto con la recitación oral, o la pintura, para preservar y recordar el pasado.[4]

Es importante reconocer que, dado que la noción de historia puede tener una variedad de connotaciones,[5] en este estudio utilizaré este término para referirme a una disciplina moderna que data de principios del siglo diecinueve. Dos influyentes figuras británicas cuyo argumento ofrecía un debate clásico sobre la naturaleza de la historia (y que durante una generación se consideraron los textos esenciales para abordar esta cuestión) fueron Edward Carr, en su libro *What is History?*[6] y la obra de Geoffrey Elton, *The Practice of History.*[7] Para ellos, cuyos interlocutores eran en su mayoría intelectuales del siglo diecinueve, la historia se convirtió en una actividad profesional y académica.

. . . El estudio científico, ordenado y sistemático de la historia no comenzó realmente hasta el siglo XIX, porque sólo entonces los historiadores absorbieron las lecciones de historiadores anticuarios y desarrollaron plenamente las técnicas que les permitieron responder a la acusación común de que su reconstrucción del pasado era sólo un cuento, lo suficientemente divertido e instructivo, pero sin ningún rigor, certeza, o estándar de verdad.[8]

O como afirmaba Carr,

Mi primera respuesta, pues, a la pregunta ¿Qué es la historia? es que se trata de un proceso continuo de interacción entre el historiador y sus datos, un diálogo interminable entre el presente y el pasado.[9]

Sin embargo, para la mayoría de los historiadores de hoy, las contribuciones parciales y limitadas de Carr y Elton han tenido que ser reemplazadas por los debates actuales más reflexivos y vitales sobre la noción de historia. Peter Burke, quien a finales de la década de 1990 editó un valioso examen del desarrollo en la metodología y la práctica de la historia desde el siglo diecinueve, etiquetó el método historiográfico asumido por Elton y Carr como "*historia Rankeana,* basada en el gran historiador alemán Leopold von Ranke (1795–1886)".[10] Este enfoque historiográfico clásico ha sido descrito como un paradigma tradicional en el que la historia se ocupa principalmente de las narraciones de los acontecimientos políticos desde arriba "de grandes hombres, estadistas, generales u ocasionalmente eclesiásticos".[11] Las narrativas consideradas por este método son las proporcionadas por documentos oficiales surgidos de los gobiernos y frecuentemente conservados en los archivos de las universidades, generalmente ubicados y al servicio de los intereses de los sectores dominantes de los centros urbanos de control imperial y colonial. Esta teoría historiográfica consideraba que la tarea del historiador era la de proporcionar a los lectores hechos "objetivos" para describir la historia tal como "realmente sucedió".[12] Finalmente, en esta perspectiva, los historiadores eran considerados profesionales que realizaban su labor en revistas profesionales, o en departamentos de universidades.[13]

Para abordar este asunto, Carlos Pereyra, historiador mexicano, hace la pregunta: "Historia, ¿para qué?" La pregunta abre el debate sobre la utilidad de las investigaciones históricas en el contexto de nuestra realidad actual. Para Pereyra, el tema se remonta a Tucídides (460–395 a.c.) quien, en las primeras páginas de su obra, *La guerra del Peloponeso,* defendió el valor práctico de la historia como guía para la acción actual. Sin embargo, el argumento de Pereyra es que el uso ideológico y político del conocimiento histórico (siempre presente) no puede cancelar, ni dar a la historia su único significado. La utilidad del discurso histórico no disminuye su legitimidad; sin embargo, la historia no puede reducirse a su función práctica.[14]

En 1995, Keith Jenkins abogaría por mirar más allá de la frontera disciplinaria hacia la filosofía en busca de exponentes más relevantes de la historia, como Richard Rorty y Hayden White, para guiar a los estudiantes en los debates contemporáneos sobre la naturaleza de la historia.

Sin embargo, como digo, estos textos "que representan la autocomprensión de la disciplina" podría decirse, que ya no son adecuados para el día de hoy. En los últimos veinte o treinta

años se han desarrollado alrededor de este discurso académico
dominante, una serie de teorías (hermenéutica, fenomenología,
estructuralismo, posestructuralismo, deconstruccionismo,
historicismo, feminismo y posfeminismo, posmarxismo, nuevo
pragmatismo, posmodernismo, etc.) articuladas por una serie
de teóricos (por ejemplo, Ricouer, Foucault, Barthes, Althusser,
Derrida, Greenblatt, Kristeva, Bennett, Laclau, Fish, Lyotard y
otros [as]) que han alcanzado niveles de sofisticación reflexiva
e intelectual con respecto a la cuestión de la representación
histórica, que ni siquiera podríamos aventurarnos a adivinar
que llegamos a eso a partir de una lectura de los textos antiguos de Carr y Elton, o de sus pensamientos posteriores sobre
el tema.[15]

Richard J. Evans, de una manera más moderada, proporciona una
interesante descripción de este debate sugiriendo que, si bien el poder y
la influencia de la crítica posmodernista[16] han desafiado seriamente la
profesión académica de la historia, tanto los posmodernistas como los
historiadores pueden aprender unos de otros.

Un número cada vez mayor de historiadores, provocados tal
vez por el desafío del posmodernismo, se ven en la necesidad
de reflexionar sobre la naturaleza del proyecto en el que están
comprometidos. Cuanto más suceda esto, mejor. Como han
señalado tres historiadores estadounidenses en su libro de 1995
sobre este tema, "es hora de que los historiadores asumamos la
responsabilidad de explicar lo que hacemos, cómo lo hacemos
y por qué vale la pena hacerlo".[17]

Los/as historiadores más recientes tienden a enfocarse en cuestiones éticas e históricas, tales como tomar en serio las diferencias de
perspectivas entre el/la historiador y los agentes históricos. Por ejemplo,
al explorar una acción pasada, David Carr argumenta que se produce
una variación de puntos de vista entre el agente del relato histórico y el/a
historiador. Esta disparidad de perspectivas puede extenderse al lugar
y al momento mismo de la acción en cuestión. Dadas estas diferencias,
las acciones pueden estar insertas en realidades drásticamente diversas
para el agente y el/la historiador. En otras palabras, podría haber una

comprensión diferente de lo espacial y temporalmente real. Estas diferencias, más que un problema a superar, se consideran características fundamentales de la relación entre descripción y acción, porque no son más que extensiones dentro de un dominio particular de ciertos rasgos de las relaciones entre las personas. También tienen implicaciones para las nociones de historia narrativa y contrafactual.[18]

En una relación más relevante al contenido de esta investigación, historiadores como Miguel A. Cabrera describen valiosos desarrollos teóricos en estudios históricos relacionados con el lenguaje, la cultura y la acción social.

Al enfatizar la distinción empírica y analítica entre el lenguaje como patrón de significado y el lenguaje como medio de comunicación, un grupo significativo de historiadores ha reformulado a fondo las nociones convencionales de sociedad, experiencia, intereses, cultura e identidad, y ha desarrollado un nuevo concepto de acción social. Por tanto el debate historiográfico parece haber comenzado a trascender, por primera vez, la inútil contienda o dilema entre el objetivismo y el subjetivismo, entre el materialismo y el culturalismo, entre la explicación social y la intencional, o entre las constricciones sociales y la agencia humana.[19]

En su estudio sobre estos temas, Cabrera ofrece una valiosa descripción de las contribuciones recientes de los historiadores sobre la condición del lenguaje, la historia cultural y las ciencias sociales que tienen una intensa influencia en la cuestión de la acción humana. Si su análisis de la condición teórica actual de los estudios históricos resulta correcto, entonces el estudio de la historia estará experimentando, no solo una renovación temática o metodológica, sino más bien un nuevo cambio de paradigma.[20]

El surgimiento de la teoría poscolonial en la historiografía

La afirmación de Cabrera parece más radicalmente desarrollada por Ritwik Ranjan en su estudio del estado ideológico del discurso histórico.[21] La contribución de Ranjan radica en proporcionar un valioso análisis sobre cómo, con el surgimiento del colonialismo del siglo diecinueve, la escritura de la historia y la agencia histórica adquirieron una relación que condujo a reforzar los fundamentos ideológicos del colonialismo moderno, todavía desenfrenado en la historiografía actual. Tomando prestada la idea de "sitios de historicidad" del libro de 1995 del historiador haitiano Michel-Rolph Trouillot *Silencing the Past: Power and the Production of History (Silenciando el pasado: el poder y la producción de la historia)*,[22] Ranjan argumenta que:

Uno de los dos lados está ocupado por el actor/agente/sujeto de la historia, y el otro por el narrador de la historia. Juntos hacen posible la producción de la historia como forma de conocimiento. Trouillot llama la atención sobre el hecho de que, aunque estos lados pueden superponerse, no son idénticos. Quienes ejercen el poder intervienen en la historiografía aprovechándose de la fisura entre los dos lados, como el segundo lado de la historicidad, significando que la historia como conocimiento producido institucionalmente, puede ser utilizada para negar o suprimir el primer lado de la historia, que es moldeado por actores, agentes o sujetos. La puesta en primer plano de Trouillot de la "dos caras de la historicidad, sugiero, se trata también de dos sitios de historicidad. Utilizo "sitio" en lugar de "lado" para subrayar el hecho de que los "dos lados" no necesariamente hacen una totalidad coherente como los dos hemisferios del globo unidos. En cambio, las dos partes se encuentran a veces en desacuerdo, y pueden aparecer disyunciones radicales entre ellas. Tengo la intención de demostrar que los dos sitios de historicidad fueron reunidos de una manera específica por discursos del siglo diecinueve para apuntalar los fundamentos ideológicos del colonialismo moderno. De ahí, creo que un análisis de la producción de la historia siguiendo el ejemplo de Trouillot, resulta particularmente útil para la reevaluación poscolonial de la historiografía.[23]

El estudio de Ranjan concluye proponiendo que los historiadores poscoloniales tienen el deber de desafiar la afirmación precedente de la historiografía colonial moderna o del presente de que solo aquellos que pueden producir escritos históricos pueden asegurar la historicidad de uno.

Cuando basamos nuestra búsqueda para probar la conciencia histórica principalmente en nuestra capacidad para proporcionar evidencia textual de la historicidad, no estamos lejos de las trampas del textualismo. A menos que vaya acompañada de advertencias, tal búsqueda corre el riesgo de legitimar la afirmación de que sólo las tradiciones textuales pueden asegurar nuestra historicidad. Tal textualismo, cuando se utiliza para justificar afirmaciones ontológicas, produce un sesgo elitista. Porque sólo escriben los que tienen los medios para escribir y los que escriben más tienen más de estos medios a su disposición.[24]

Mi perspectiva estará estrechamente relacionada con la historiografía poscolonial que surgió del grupo de *Estudios Subalternos* en la India a partir de 1982 y que ha tenido una influencia positiva entre los estudiosos de la historia en el Caribe, América Latina y otras partes del mundo.[25] En su introducción a los escritos seleccionados de *Estudios Subalternos*[26] publicados en 1988, Edward W. Said argumenta sobre el valor significativo de la nueva historiografía producida por el grupo de eruditos indios reunidos por Ranajit Guha y otros en su búsqueda de proporcionar "una historia nueva, o al menos más auténtica, de la India",[27] como una alternativa a la producida por los sectores coloniales y nacionales de élite de la sociedad. Ciertamente, esta "prosa de la contrainsurgencia"[28] proporcionada por los historiadores subalternos, no es un intento de reemplazar la historia oficial como una empresa separatista, sino más bien de incluirla como una expresión interdependiente de la misma historia compleja.[29] Para Said, este enfoque histórico sigue una tendencia mundial de "articular los relatos ocultos o suprimidos de numerosos grupos: mujeres, minorías, grupos desfavorecidos o desposeídos, refugiados, exiliados, etc.",[30] en un esfuerzo contestatario para desafiar y calificar las narrativas oficiales del pasado establecidas por los sectores dominantes de la sociedad. Este tipo de historia desde abajo evalúa críticamente una idea progresista de la historia centrada en Occidente que explora las múltiples formas en que el imperio condujo tanto a la resistencia como a la colaboración entre los colonizados. Y

como argumentan Stefan Berger, Heiko Feldner y Kevin Passmore en su prólogo a la obra de Rochona Majumdar, *Writing Postcolonial History*, "Hicieron hincapié en las experiencias locales sin perder de vista que esos lugares se establecen en narrativas universales más amplias".[31]
En su estudio sobre historia global de la historiografía moderna (2017), George Iggers, Edward Wang y Supriya Mukherjee arguyen que entre las décadas de 1960 y 1980, un número significativo de estudios históricos en América Latina siguieron un enfoque similar al que acabamos de describir anteriormente.[32] Su método fue fuertemente influenciado por los trabajos de André Gunder Frank, Immanuel Wallerstein y Erik Wolf, quienes fueron destacados exponentes de la teoría de la *"dependencia"*.[33] También hubo un giro hacia una "historia desde abajo", en las obras de estos estudiosos latinoamericanos.

El enfoque pasó de una visión macrohistórica que se concentraba en estructuras impersonales a una microhistoria, una "historia desde abajo", de los de abajo, de los trabajadores, campesinos, pero también de las mujeres y de los grupos e individuos marginales, incluidos los vagabundos y los criminales.[34]

El carácter distintivo que distinguía a estos estudios latinoamericanos de representantes de esas sociedades altamente desarrolladas de Europa Occidental y Central y América del Norte fue que la atención de sus autores se desplazó de las élites urbanas como sujetos predominantes del análisis histórico, al gran número de personas que vivían en la pobreza extrema. Guiada por una noción marxista de la lucha de clases, esta historiografía se desarrolló con un agudo objetivo político de expresar su rebelión contra aquellos sectores dominantes de la sociedad decididos a mantener la subordinación de las zonas subalternas de la sociedad en la vida cotidiana. Este enfoque también requería un análisis de la tendencia mental y política de los sectores de la sociedad básicamente no escolarizados. Sin embargo, dado que las principales fuentes, fuera de la historia oral, permanecen en los archivos y registros de las acciones legales de las autoridades contra las rebeliones y protestas populares, los esfuerzos académicos por recuperar las prácticas de estos grupos sociales subalternos llevaron a algunos historiadores a la semiótica, la crítica literaria y diferentes formas de análisis textual.[35]

Al igual que Ranajit Guha en la Introducción a los estudios subalternos indios, deseaban "recuperar la especificidad cultural y política de las insurgencias campesinas" empleando dos técnicas: "identificar la lógica de las distorsiones en la representación de lo subalterno en la cultura oficial o de la élite; y descubrir la semiótica social de las estrategias y prácticas culturales de las propias insurgencias campesinas".[36]

Probablemente el relato más valioso de esta colección sobre el origen y desarrollo de uno de estos grupos de académicos latinoamericanos, es el capítulo de Ileana Rodríguez sobre "La lectura de los subalternos a través de textos, disciplinas y teorías: de la representación al reconocimiento". El capítulo apareció como parte de una recopilación de artículos proporcionados por el grupo de Estudios Subalternos Latinoamericanos que surgió en 1992 en una reunión en la Universidad George Mason.[37] El libro forma parte de la serie *Latin America Otherwise: Languages, Empires, Nations,* editada por Walter D. Mignolo, Irene Silverblatt y Sonia Saldívar-Hull. El hecho de que algunos de los primeros proponentes de esta perspectiva poscolonial surgieran del Caribe[38] y que algunos estudiosos hayan comenzado recientemente (1990) a utilizar este enfoque teórico para explorar la historia puertorriqueña,[39] me ha llevado a incorporar esta perspectiva teórica crítica como una herramienta importante para continuar mi examen del tema de mi investigación.

Ciertamente, hay una función importante que desempeña el historiador en el cumplimiento de su tarea que conduce a la consideración de cuestiones metodológicas abordadas por la noción de "historiografía".[40] Este término, al igual que el de "historia", se ha utilizado de diversas maneras.[41] Mi referencia a la historiografía en este estudio seguirá la distinción hecha por B. W. Higman entre "historia" e "historiografía".

En su sentido más amplio, la historiografía tiene que ver con el proceso de escritura histórica, la identificación y uso de las fuentes, las técnicas, y los métodos aplicados al análisis de estos datos. Mientras que el objetivo del historiador es producir relatos del pasado y explicar el cambio y el desarrollo a lo largo del tiempo, el historiógrafo busca comprender el cambio en las actividades e interpretaciones del historiador.[42]

Un enfoque caribeño para el estudio
de las misiones cristianas

Gustav Warneck, considerado el fundador de la ciencia de los estudios
misioneros,[43] junto a la mayoría de las investigaciones de la misión
luterana en el mundo desde finales del siglo diecinueve, incluyendo
el Caribe, han utilizado comúnmente lo que B. W. Higman llama
un enfoque historiográfico "físicamente ubicado e ideológicamente
orientado a los centros metropolitanos de control imperial".[44] para dar
cuenta de sus indagaciones. Para la mayoría de las personas eruditas en
el área de historia, este enfoque que tradicionalmente ha dominado la
investigación profesional de esta área de estudios desde el siglo diecinueve ha sido descrito como eurocentrismo; sin embargo, para Daniel
Woolf, un problema mucho más crucial en esta historiografía occidental
radica en su tendencia a negar la existencia misma de otras alternativas
adecuadas.[45]

En este estudio, mi intención es emplear una historiografía diferente que contribuciones como la de Peter Burke han descrito, como ya
he mencionado anteriormente, "nuevas perspectivas sobre la escritura
histórica".[46] Aquí también una de mis preocupaciones importantes ha
sido seguir el ejemplo en el acercamiento a la historia del Caribe de obras
tan influyentes como la de Elsa V. Goveia,[47] que ha sido descrita como
historiografía caribeña,[48] Este género historiográfico se remonta a un
número cada vez mayor de historiadores profesionales caribeños que
trabajan en academias caribeñas desde la década de 1950. En su examen
del tema, Higman argumenta que "los eruditos de ultramar siguieron
siendo importantes, y para algunos territorios (como las Antillas
Neerlandesas [donde los archivos se han trasladado a la metrópoli])
siguieron siendo dominantes. Pero el cambio fue significativo".[49]

Este enfoque sigue tendencias más amplias en la práctica histórica
asociada con los movimientos hacia la independencia después de 1945
y la revolución cubana en 1959, cuando las ideologías anticoloniales y
nacionalistas se convirtieron en causas apasionadas para abrazar y, por
lo tanto, en temas importantes para explorar. Si bien sigue el enfoque
clásico de privilegiar los datos conservados por escrito, este enfoque
explora progresivamente fuentes alternativas y análisis de evidencia
reconocida e identificada como adecuada para el estudio del pasado,
como la tradición oral, la arqueología histórica, la historia social, la

historia desde abajo, la historia de las mujeres, la historia ambiental, la historia gay y lésbica y la historia de la ciencia.[50] Recurriré a esta historiografía caribeña empleando una perspectiva poscolonial o decolonial.[51] Aquí debo aclarar una estrecha similitud entre la hermenéutica poscolonial y la decolonial. Si bien existen diferencias entre ambas como herramientas metodológicas, un supuesto y objetivo común es el de explorar y analizar los factores que llevaron al colapso de los regímenes imperiales europeos después de la Segunda Guerra Mundial (1939–1945), así como el hecho de que, en lugar de desaparecer de la escena, estos imperios se reconstituyeron en nuevas formas.

Mark T. Gilderhus, quien ocupó la Cátedra Lyndon Baines Johnson de Historia en la Universidad Cristiana de Texas (1997–2010), en su libro *History and Historians: A Historiographical Introduction* coincide con esta evaluación afirmando que,

> En la era posterior a 1945, los movimientos nacionalistas introdujeron una época de transición en la que los pueblos del Tercer Mundo trataron de llegar a un acuerdo con los legados coloniales. Discusiones de identidad, raza y lugar necesariamente siguieron y produjeron nuevos vínculos entre historia, la literatura, la antropología y el psicoanálisis a medida que los estudiosos exploraban las experiencias de personas de color que no habían sido incluidas en la cosmovisión eurocéntrica. La forma en que se enfrentaron y entendieron su lugar en el mundo se convirtió en un problema de importancia vital.[52]

Fernándo Picó y la historiografía puertorriqueña

En el prefacio del proyecto de una historia general del Caribe elaborado por la UNESCO[53] en 1999, Federico Mayor, en ese entonces Director General de la organización, argumentó que, para facilitar la preservación de las identidades culturales y un mayor entendimiento entre los pueblos del área geográfica del Caribe, era necesario escribir una historia nueva y diferente de esta región, en contraste con la que tradicionalmente producen los historiadores europeos o norteamericanos.[54] Esta iniciativa fue seguida también por los departamentos de Estudios del Caribe en universidades establecidas en Cuba y Puerto Rico, lo que llevó a una mejor comprensión de las fuerzas que habían dado forma a la región y a la identificación de innumerables elementos constitutivos de la cultura caribeña.

Higman, quien en esta publicación editó la sección sobre el desarrollo de las tipologías historiográficas en el Caribe, sostiene que hasta ahora había habido pocos historiadores de la historiografía caribeña,[55] i) este enfoque historiográfico se convirtió en el trabajo de los profesionales de los centros de estudios avanzados del Caribe desde la década de 1950; ii) produjo un cambio en los currículos escolares privilegiando la historia del Caribe y desplazando principalmente la historia de los países europeos y sus imperios; iii) inspiró a los estudiantes caribeños a centrar su investigación de tesis en temas caribeños, incluso mientras estudiaban en universidades metropolitanas e, iv) influyó en estos estudiantes desde la década de 1960 para que completaran sus títulos más altos en instituciones caribeñas.[56]

En 1956, Elsa V. Goveia publicó su obra pionera, un estudio sobre la historiografía de las Indias Occidentales Británicas hasta finales del siglo diecinueve, que se convirtió en un punto de referencia para aquellas personas interesadas en seguir una historiografía caribeña.[57] A esta obra le siguieron otras como *British Historians and the West Indies*[58], de Eric Williams, *Main Currents in Caribbean Thought: The Historical Evolution of Caribbean Society in its Ideological Aspects, 1492–1900*, de Gordon K. Lewis, y *Our Ancestral Heritage: A Bibliography of the Roots of Culture in the English-speaking Caribbean*, de Kamau Braithwaite, contribuyeron a cristalizar un nuevo enfoque; uno genuinamente caribeño que desafiaba los relatos tradicionalmente producidos por historiadores norteamericanos y europeos.[59] Fuera de la región, principalmente en las áreas metropolitanas, donde la diáspora caribeña resultaba ser un sector importante, este nuevo enfoque también se convirtió en un nuevo estándar en la enseñanza de la historia del Caribe, aumentando así las relaciones con un mundo más amplio de erudición.

El resultado fue una historiografía con muchas características comunes en toda la región y más allá, en lugar de una historiografía con fuertes características individuales y nacionales. Esta tendencia puede observarse incluso en el caso de Haití, que durante mucho tiempo había alimentado una historiografía única centrada con determinación en el momento decisivo de la revolución de la nación.[60]

En el caso de Puerto Rico, que es el foco de este estudio, Fernando Picó, miembro de la Asociación de Historiadores del Caribe fundada en 1974 para reunir a historiadores del Caribe para desarrollar aún más este enfoque historiográfico, proporcionó un valioso y exhaustivo estudio del desarrollo de la historiografía en Puerto Rico.[61] En su examen de este tema, Picó traza esta historia desde el *areyto prehispánico,*[62] hasta finales del siglo veinte. También identifica y proporciona una breve evaluación de la contribución de los historiógrafos puertorriqueños más importantes en la historia de la literatura histórica puertorriqueña.

Siguiendo el estudio de Francisco Moscoso sobre tribu y clase en el Caribe antiguo,[63] Picó argumenta que, al igual que en el caso de otras sociedades caribeñas, en el Puerto Rico prehispánico la comunicación de los acontecimientos históricos era reconocida y documentada en narraciones transmitidas oralmente de una generación a otra.

El *areyto,* autóctono de la cultura taína de los arahuacos en el momento de la llegada de Cristóbal Colón, brindó la oportunidad de transmitir la tradición oral del pueblo. Durante las grandes festividades, los amerindios narraban historias de sus jefes, héroes, batallas, victorias e intervención divina con el acompañamiento de instrumentos musicales. Esta historia simbólica a menudo precedía a las campañas de guerra y, por lo tanto, servía para encender el espíritu de los jóvenes guerreros. Desafortunadamente, ninguna de estas canciones ha sobrevivido.[64]

Durante la época de la conquista europea, hubo las primeras narrativas españolas dedicadas principalmente a describir costumbres, eventos e instituciones de la época. La primera fue producida por el informe del Dr. Diego Álvarez Chanca sobre las islas encontradas por el segundo viaje de Colón en 1493. Otras narrativas tempranas en la isla fueron escritas por Juan Ponce de León y otros gobernadores posteriores (como Juan Melgarejo), cronistas como Gonzalo Fernández de Oviedo, clérigos como Bartolomé de Las Casas, Fray Damián López de Haro (1644), Juan Diego de Torres Vargas (1647), y oficiales militares como el mariscal Alejandro O'Reilly (1765) y Fernando Millares (1782).[65] Algunos de estos relatos también fueron producidos por escritores británicos,[66] holandeses[67] y franceses.[68] Un relato histórico más completo fue producido en 1782 por Fray Iñingo Abbad y Lasierra durante su visita a la Diócesis de Puerto Rico.[69] En 1832, el oficial español y secretario de los sucesivos gobernadores de Puerto Rico, Pedro Tomás de Córdova, comenzó a publicar sus seis volúmenes, *Memorias geográficas, históricas, económicas y estadísticas de la isla de Puerto Rico*.[70]

En la década de 1840, varios estudiantes puertorriqueños en Madrid se interesaron en recopilar información sobre la historia de Puerto Rico, y en 1850, bajo el liderazgo de Alejandro Tapia y Rivera, produjeron la *Biblioteca histórica de Puerto Rico*. Más tarde, José Pérez Morris, un destacado periodista conservador en Puerto Rico, publicó el primer relato histórico del Grito de Lares en 1868.[71] Mientras que Salvador Brau (1842–1912), descendiente de inmigrantes venezolanos, se convirtió en "el historiador puertorriqueño más importante del período anterior al surgimiento de la historiografía académica".[72]

Según Picó, en Puerto Rico, la transición de una historia escrita por aficionados a la de historiadores profesionales no tuvo lugar hasta la década de 1950.[73] Durante el período de 1898 a 1952, personas eruditas como el Dr. Calletano Coll y Toste, Paul Miller, Juan José Osuna, Ángel Quintero Rivera, Antonio S. Pedreira, Tomás Blanco y Generoso Morales Muñoz trataron de llenar ese vacío mediante el desarrollo de relatos documentales de eventos históricos y diversas perspectivas de la realidad social y política puertorriqueña.[74]

Durante la década de 1950 varias personas de origen puertorriqueño que completaban sus estudios de historia en el extranjero comenzaron a aplicar el necesario enfoque histórico profesional que llevó al establecimiento en la Universidad de Puerto Rico de un Departamento de Historia, así como de un Centro de Investigaciones Históricas. Personas eruditas tales como Arturo Morales Carrión (PhD, Universidad de Columbia, 1952), Luis Manuel Díaz Soler (Universidad Estatal de Luisiana, 1953), e Isabel Gutiérrez del Arroyo (Colegio de México, 1953) se convirtieron en una generación temprana de académicos para proporcionar un enfoque refinado y profesional al estudio de la historia de la isla. Esta generación de historiadores ofreció una perspectiva que colocó la historia de Puerto Rico dentro del marco más amplio de la historia caribeña y latinoamericana.[75]

El enfoque de la historia social y los historiadores del protestantismo en Puerto Rico

Durante las décadas de 1970 y 1980, surgió un nuevo estilo de historiografía que buscaba producir una historia económica, social y cultural, influenciada por la investigación histórica que entonces prosperaba en Gran Bretaña, Francia, México, Cuba y Estados Unidos. Las obras de estudiosos como Gervacio García, Ángel Quintero Rivera, Blanca Silvestrini, Guillermo Baralt, Lydia Milagros González, Arcadio Díaz Quiñones, María de Los Ángeles Castor, entre otros, son ejemplos importantes de esta tendencia. Esta generación de historiadores, insatisfechos con el enfoque tradicional de la historia puertorriqueña que no desafiaba las realidades políticas, sociales y económicas de la isla, se involucró en un nuevo enfoque historiográfico interdisciplinario comprometido con el cambio social y político.[76]

En su capítulo sobre "Historiografía puertorriqueña hoy: Una meditación y una crítica" (2007),[77] Mario R. Cancel se propuso avanzar la descripción de Pico de la historiografía puertorriqueña, al incluir un comentario crítico a la historiografía social descrita anteriormente por Picó.[78] Para Cancel, la historia social de las décadas de 1970 y 1980 seguía comprometida a relacionar sus contribuciones con una tendencia anterior caracterizada por los trabajos de Salvador Brau y sus colegas. Sin embargo, el aporte original de la historia social fue la rearticulación de una conversación histórica bajo el impacto de las Ciencias Sociales, especialmente en las áreas de economía y sociología, con todas sus implicaciones de matematización de su información en el proceso de profundización del lenguaje de la historia social. Fue una aproximación novedosa al período de "industrialización por invitación" característico de la época. También se multiplicaron las posibilidades de denunciar el modelo de desarrollo ligado al populismo del Estado Libre Asociado, y la promoción industrial, reafirmando el carácter controvertido de la experiencia.[79]

Un producto importante de esta historia social fue su impacto en áreas como la literatura. Esta influencia llevó al desarrollo de un tipo de literatura sociológica que finalmente fue concebida como ciencia literaria.[80] Sin embargo, para los nuevos historiadores profesionales puertorriqueños que se desarrollaron durante la década de 1990, si bien consideraron que la historia social produjo un enfoque rico, razonado y coherente, sin embargo no logró convertirse en la historia completa, porque por diversas razones también comenzó a desarrollar tendencias totalitarias que intentaron hacer de esta metodología de historia social, la fuente principal de las explicaciones que se formaron a partir de otros géneros de conocimiento.[81]

Otro desarrollo historiográfico para proporcionar un contexto para mi estudio serán las descripciones de las experiencias de Puerto Rico sobre el "imperialismo de los Estados Unidos de América" representadas en el libro *Colonial Crucible: Empire in the Making in the Modern American State*, editado por Alfred W. McCoy y Francisco A. Scarano.[82] Para estos autores, dentro de los imperios que alguna vez controlaron el mundo, el imperio estadounidense es uno de los "menos comprendidos" y posiblemente "el legado más significativo de la alta era imperial".[83] Sobre la base de las contribuciones hechas por i) la "Escuela de Wisconsin" de historia diplomática en su "estrategia clásica de expansión imperial no colonial";[84] ii) el producto de una generación siguiente de académicos formados en estudios de áreas extranjeras que reevaluaron las interacciones imperiales desde una perspectiva indígena, generando relatos multifocales de los efectos tanto de la conquista imperial como de la gobernanza; y iii) otras tendencias, como las teorías de la dependencia y del sistema mundial,[85] fueron capaces de desarrollar una noción del imperio y el imperialismo de Estados Unidos "no solo como un sistema de dominación política y económica, sino también como un lugar de producción y reproducción del estado, la sociedad y la cultura en ambos lados de la división imperial".[86] La noción de "imperialismo de los Estados Unidos de América", proporcionada por estos autores, proveerá el marco para mi estudio de la misión luterana en Puerto Rico.

Dado que mi investigación en este estudio se centrará en el surgimiento de la misión luterana en Puerto Rico hasta su desarrollo en el Sínodo del Caribe de la Iglesia Luterana Unida en América en 1952, también exploraré la contribución de dos de las obras más importantes en la Historia del protestantismo en Puerto Rico publicadas por Daniel R. Rodríguez, *La primera evangelización norteamericana en Puerto Rico 1898–1930,* y Samuel Silva Gotay, *Protestantismo y política en Puerto Rico 1898–1930: Hacia una historia del protestantismo evangélico en*

Puerto Rico.[87] El primero de estos estudios tiene un enfoque histo-riográfico *marxista*; el segundo, inspirado en la Escuela Francesa de *los Annales.* Si bien la perspectiva de mi investigación puede alinearse con la última generación de historiadores puertorriqueños mencionada anteriormente, mi enfoque está fuertemente influenciado por un punto de vista caribeño.

Finalmente, también incorporaré en mi enfoque metodológico algunas contribuciones importantes hechas por el científico socio-político James C. Scott con respecto a las nociones de "transcripciones públicas" y "ocultas", junto con su análisis de las "armas de los débiles". Si bien la mayor parte de la investigación de Scott se realizó en sus estu-dios centrados en los países asiáticos, las implicaciones de su trabajo tienen una influencia relevante considerable para otras sociedades en contextos cargados de poder. Dado que el período histórico en el que enfocaré mi estudio es el de una sociedad puertorriqueña bajo el control social, cultural, económico y político de los Estados Unidos de América, he encontrado muy útiles para mi investigación las obras de Scott *Domination and the Arts of Resistance: Hidden Transcripts* y *Weapons of the Weak: Everyday Forms of Peasant Resistance.*[88]

Observaciones finales

En este capítulo, me esforcé por proporcionar una comprensión clara de los enfoques historiográficos que emplearé en mi estudio sobre el sur-gimiento de la misión luterana en Puerto Rico. La mayoría de los autores de estudios históricos sobre este tema tienden a utilizar historiografías europeas tradicionales o imperialistas. Mi objetivo es aportar otra her-ramienta metodológica importante para enriquecer las ya disponibles, junto con nueva información valiosa. El enfoque que propongo tiene como objetivo explorar en los próximos capítulos el desarrollo de esta misión como producto de la presencia protestante en el Caribe desde el siglo dieciséis, cristalizada durante el siglo diecinueve, y el protes-tantismo norteamericano posterior a la invasión de las fuerzas militares norteamericanas del archipiélago en 1898. Al hacerlo, quiero abordar [y contextualizar] algunos desafíos complejos que enfrentaron los primeros luteranos en su misión y ministerio en el Caribe. Una misión que tuvo un impacto importante en la experiencia sociocultural y política del pueblo de Puerto Rico a la llegada del protestantismo norteamericano a finales del siglo XIX. Para ello, también incorporaré una perspectiva poscolonial y algunos elementos importantes de las contribuciones de James C. Scott para comprender el poder de la dominación y las habilidades de resistencia de los pueblos.

Notas

Nota aclaratoria: Las traducciones al español de citas y referencias a libros en inglés, son todas hechas por el autor.

1. Daniel Woolf, *A Global History of History* (Cambridge, New York, Melborn, Madrid, and Cape Town: Cambridge University Press, 2011), 1. El erudito moderno mencionado por Woolf es Greg Dening, "A Poetic for Histories," en su *Performances* (Chicago: The University of Chicago Press, 1996), 36. Otro estudio importante, breve pero completo, que trata comparativamente del pensamiento histórico y la investigación a nivel mundial es el que provee Markus Volkel's *Geschichtsschreibung: Eine Einführung in globaler Perspektive* (Böhlau Verlag, Wien, 2006).

2. Woolf argumenta que se remonta "a lo sumo a cinco milenios, a las primeras tablillas cuneiformes de Mesopotamia, a los jeroglíficos de Egipto y a las inscripciones de huesos en China". También afirma que, incluso en la era moderna, la escritura como tal no constituye el medio esencial de comunicación histórica. Woolf, *Una historia global de la historia*, 2.

3. "El contacto griego con los fenicios, que a su vez habían tenido tratos con Mesopotamia y Egipto, probablemente resultó en la adquisición de la escritura alfabética, y las epopeyas homéricas, previamente transmitidas oralmente, finalmente se escribieron varios siglos después de que se ejecutaron por primera vez". Woolf, *A Global History of History*, 34. En su libro *The Singer of Tales,* Albert Bates Lord, profesor de literatura eslava y comparada en la Universidad de Harvard, continuó, tras la muerte de su mentor Milman Parry, la investigación de este último sobre la poesía épica. En su libro, que lleva el mismo título de las primeras investigaciones de Parry sobre el tema a principios de los años treinta del siglo veinte, Lord ofrece una alternativa fascinante al misterio de siglos de antigüedad de los textos homéricos de la Ilíada y la Odisea. En su análisis de Homero y del moderno cantor de cuentos de los Balcanes, Avdo Mededovic de Bijelo Polje de Yugoslavia. Lord también proporciona un proceso bien informado que detalla las diversas formas en que la poesía narrativa oral puede haber sido consignada por escrito (capítulo 8). Véase Albert B. Lord, *The Singer of Tales* (Cambridge: Harvard University Press, 1964), 124–38.

4. Woolf, *A Global History of History*, 6–7. *Quipus,* a veces llamados nudos parlantes, eran dispositivos de grabación utilizados por el Imperio Inca, el imperio más grande de la América precolombina. La palabra *quipu* proviene de la palabra quechua que significa "nudo". Un *quipu* generalmente consistía en hilos o cuerdas coloreadas, hiladas y dobladas de pelo de llama. Los documentos históricos indican que los *quipus* se utilizaban para el mantenimiento de registros y el envío de mensajes por parte de los corredores por todo el imperio. El color, la colocación del nudo y el tipo de cordón son parte de la lectura numérica lógica del *quipu*. El *quipu* es muy antiguo en los Andes, pero la mayoría de los *quipus* existentes son del período Inca, aproximadamente 1400–1532 CE. Quipu | Smithsonian Institution (si.edu). (Consultado el 12 de agosto de 2021).

5. Woolf señala que la palabra historia ha sido pensada de muchas maneras que ahora consideraríamos extrañas o incluso no históricas. Entre los diversos significados de la palabra menciona, 'i) una variedad de formas (no todas escritas) en las que se recupera, se piensa, se habla y se escribe el pasado, pero *no la* evidencia del pasado utilizada por el historiador, hablante o pensador en la construcción de su texto, discurso, historia, pintura o monumento; ii) un *tipo* particular de escritura histórica, compuesta en prosa continua, a diferencia de los anales o crónicas organizados en trozos anuales discontinuos (aunque . . . esta distinción no siempre es útil, especialmente en tiempos premodernos, o en contextos no europeos como China)'. Woolf, *A Global History of History,* 2.

6. Edward H. Carr, *What is History?* (New York: Random House, Inc., 1961).

7. G.R. Elton, *The Practice of History* (London, England: Fontana, 1969).

8. G.R. Elton, *The Practice of History*, 3.

9. Carr, *What is History,* 24.

10. Burke, *New Perspectives on Historical Writing* (*Nuevas perspectivas sobre la escritura histórica*), 3. Burke también llama a este enfoque la visión *de sentido común* de la historia, ya que a menudo se ha concebido implícitamente como *la* forma de llevar a cabo la tarea histórica. Burke, *New Perspectives on Historical Writing*.

11. Burke, *New Perspectives on Historical Writing*, 3–4.

12. Burke, *New Perspectives on Historical Writing*, 5.

13. Burke, *New Perspectives on Historical Writing*, 6.

14. Carlos Pereyra, "Historia, ¿para qué?" (México/España: Siglo Veintiuno Editores, 1998), 11–31. Véanse también las contribuciones a este tópico en la misma obra escritas por Luis Villoro, Luis González, José Joaquín Blanco, Enrique Florescano, Arnaldo Córdova, Hector Agilar Camín, Carlos Monsiváis, Adolfo Gilly y Guillermo Bonfil Batalla.

15. Keith Jenkins, en *What is History* (London and New York: Routledge, 1995), 3.

16. "El posmodernismo, nacido bajo las condiciones seculares occidentales, tiene las siguientes características: enfatiza el pluralismo y el relativismo y rechaza cualquier creencia cierta y valor absoluto; entra en conflicto con el esencialismo y considera que la identidad humana es una construcción social; rechaza la idea de que los valores se basan en realidades del desarrollo y también rechaza la influencia esencial de las acciones humanas en el destino humano. En cuanto a los objetivos educativos, el posmodernismo enfatiza la institucionalización del pluralismo, el fortalecimiento de la moralidad autoorganizada en los estudiantes y en los principios educativos, evitando el dogmatismo, luchando contra la sistematicidad y enfatizando las libertades individuales. En los métodos educativos, hace hincapié en el discurso centrado en el alumno, la atención seria a las personas marginadas y la negación de la capacidad basada en patrones. El posmodernismo, a pesar de gozar de una serie de puntos fuertes, como "luchar contra la globalización", "luchar contra el cientificismo" y "enfatizar el dinamismo", también tiene muchas debilidades. La más importante de ellas es el fracaso intelectual y una contradicción manifiesta con el pensamiento, la ignorancia de ciertas realidades y conocimientos, y la existencia de valores intrínsecos y constantes. Nooshin Forghani (1), Narges Keshtiaray (1) y Alireza Yousefy (2). (1) Facultad de Ciencias de la Educación, Sucursal de Jorasgan, Universidad Islámica Azad, Isfahán, Irán. (2) Centro de Investigación de Educación Médica, Universidad de Ciencias Médicas de Isfahán, Isfahán, Irán." "A Critical Examination of Postmodernism Based on Religious and Moral Values Education" ("Un examen crítico del posmodernismo basado en la educación en valores religiosos y morales"), en *International Education Studies* 8, no. 9 (2015): 98–106.

17. Richard J. Evans, *In Defense of History* (New York: W.W. Norton & Company, Inc.: 2000), 10. Los tres historiadores estadounidenses mencionados por Evans son: Joyce Appleby, Lyn Hunt y Margaret Jacob en su libro *Telling the Truth about History* (New York: W.W. Norton & Company, Inc.: 1995).

18. David Carr, "Place and Time: On the Interplay of Historical Points of View", en *History and Theory* 40, no. 4 (December de 2001), 153–67.

19. Miguel A. Cabrera, "On Language, Culture, and Social Action," en *History and Theory* 40, no. 4 (December 2001): 82–100.

20. Para aquellos interesados en el desarrollo de temas, métodos y paradigmas en el área de la historia desde principios de la década de 1960 hasta 2010, véase la interesante reseña de Brian Fay sobre la celebración de los cincuenta años en la publicación de la revista *History and Theory,* "History and Theory: The Next Fifty Years", en *History and Theory* 49, no. 4: *History and Theory the Next Fifty Years* (December 2010): 1–5. Además, en *History and Theory* 60 no. 1–3, junto con *History and Theory* 61 no. 1–3; en la misma revista encontrará ocho interesantes artículos

de un "collective research endeavor examining modalities of historical futures that constitute our current historical condition." Véase, 1: Historical Futures—History and Theory.

21. Ritwik Ranjan, "Poscoloniality and the Two Sides of Historicity," en *History and Theory* 56, no. 1 (March 2017): 38–53.

22. Michel-Rolph Trouillot, *Silencing the Past: Power and the Production of History* (Boston: Beacon Press, 1995).

23. Ranjan, "Poscoloniality and the Two Sides of Historicity," 39.

24. Ranjan, "Poscoloniality and the Two Sides of Historicity," 53.

25. Véanse, por ejemplo, los trabajos de Ranajit Guha y Gayatri Chakravorty Spivak, *Selected Subaltern Studies* (Nueva York/Oxford: Oxford University Press, 1988). Ileana Rodríguez, ed. *The Latin American Subaltern Studies Reader* (Durham y London: Duke University Press, 2001). Rochona Majumdar, *Writing Postcolonial History* (London: Bloomsbury Academic Publishing Plc., 2010).

26. El término *subalterno* empleado para describir estos estudios deriva de su uso por Antonio Gramsci en sus Cuadernos de la Cárcel, con el que describe "la larga y extraordinariamente variada interacción sociocultural entre gobernantes y gobernados, entre la élite, la clase dominante o hegemónica y el subalterno y, como lo llama Gramsci, la clase emergente de la masa mucho mayor de personas gobernadas por la dominación coercitiva o, a veces, principalmente ideológica desde arriba. Edward W. Said, "Prólogo", en Guha y Spivak, *Selected Subaltern Studies Selected Subaltern Studies*, vi.

27. Guha y Spivak, *Selected Subaltern Studies Selected Subaltern Studies*, v.

28. Este es el título de uno de los capítulos del libro de Ranajit Guha. Guha y Spivak, *Selected Subaltern Studies,* 45.

29. Ranajit Guja, "On Some Aspects of the Historiography of Colonial India," en Guha y Spivak, Selected Subaltern Studies, 41–42.

30. Guha y Spivak, Selected Subaltern Studies, vi.

31. Rochona Majumdar, *Writing Postcolonial History,* (London/New York: Bloomsbury Academic, 2010), vii. Este libro se considera uno de los primeros esfuerzos para estudiar el impacto de la teoría poscolonial en la escritura de la historia y fue publicado en la serie *Writing History* eds. Stefan Berger, Heiko Feldner y Kevin Passmore.

32. Su análisis de esta tendencia comienza con una descripción del paralelismo y las diferencias entre los desarrollos historiográficos latinoamericanos y los característicos de otros países occidentales desde el siglo dieciséis hasta el siglo veintiuno. Georg G. Iggers, Q. Edward Wang y Supriya Mukherjee, *Global History of Modern Historiography* (Abingdon: Routledge, 2017), 290–293.

33. "Teoría de la dependencia, un enfoque para comprender el subdesarrollo económico que enfatiza las supuestas restricciones impuestas

por el orden político y económico global. Propuesta por primera vez a fines de la década de 1950 por el economista y estadista argentino Raúl Prebisch, la teoría de la dependencia se hizo prominente en las décadas de 1960 y 1970. Según la teoría de la dependencia, el subdesarrollo se debe principalmente a la posición periférica de los países afectados en la economía mundial. Por lo general, los países subdesarrollados ofrecen mano de obra y materias primas baratas en el mercado mundial. Estos recursos se venden a las economías avanzadas, que tienen los medios para transformarlos en productos terminados. Los países subdesarrollados terminan comprando los productos terminados a precios elevados, agotando el capital que de otro modo podrían dedicar a mejorar su propia capacidad productiva. El resultado es un círculo vicioso que perpetúa la división de la economía mundial entre un núcleo rico y una periferia pobre. Mientras que los teóricos moderados de la dependencia, como el sociólogo brasileño Fernando Henrique Cardoso (que fue presidente de Brasil entre 1995 y 2003), consideraban que era posible cierto nivel de desarrollo dentro de este sistema, los académicos más radicales, como el historiador económico germano-estadounidense André Gunder Frank, argumentaban que la única forma de salir de la dependencia era la creación de una economía nacional (socialista) no capitalista. Teoría de la dependencia | Definición y hechos | Británica (consultado el 15 de septiembre de 2021).

34. Iggers, Wang y Mukherjee, *Global History of Modern Historiography*, 294.

35. Iggers, Wang y Mukherjee, *Global History of Modern Historiography*, 294–295.

36. Iggers, Wang y Mukherjee, *Global History of Modern Historiography*, 295.

37. Ileana Rodríguez, "Reading Subalterns Across Texts, Disciplines, and Theories: From Representation to Recognition," *The Latin American Subaltern Studies Reader*. ed. Ileana Rodríguez, 1–32. Para la declaración fundacional de este grupo, véase, "Latin American Subaltern Group 'Founding Statement.'" *Boundary* 20, no. 3 (1993): 110–21. https://doi.org/10.2307/303344, consultado el 17/9/2021.

38. Entre los primeros teóricos poscoloniales se encontraban Frantz O. Fanon y Aimé Cesaire de Martinica, y Derek Walcott de Santa Lucía.

39. Véase, Kelvin A. Santiago-Valles, *"Subject People" and Colonial Discourses: Economic Transformation and Social Disorder in Puerto Rico 1898–1947* (Albany: State University of New York Press, 1994); Ramón Grosfoguel, *Colonial Subjects: Puerto Ricans in a Global Perspective* (Berkeley/Los Angeles/London: University of California Press, 2003). En su relato sobre el surgimiento y crecimiento de este grupo

de estudiosos, Rodríguez menciona la incorporación de intelectuales puertorriqueños como Alberto Moreiras, Josefina Saldaña-Portillo, Fernando Cronil, Sara Castro-Klaren y muchos otros. Ileana Rodríguez, "Reading Subalterns Across Texts", 7. *La promesa y el dilema de los estudios subalternos: perspectivas de la historia latinoamericana* en JSTOR Quienes tengan interés en los orígenes y contribuciones del grupo de Estudios Subalternos Latinoamericanos también deben ver la *Declaración Fundacional* del Grupo de Estudios Subalternos Latinoamericanos en, Latin American Subaltern Studies Group *boundary 2*, 20, no. 3, Grupo de Estudios Subalternos Latinoamericanos *boundary 2*, 20, no. 3, "El debate sobre el posmodernismo en América Latina" (Autumn, 1993): 110–21. Declaración fundacional sobre JSTOR. También, Florencia E. Mallón, " The Promise and Dilemma of Subaltern Studies: Perspectives from Latin American History," *The American Historical Review*, 99, no. 5 (Dec. 1994): 1491–1515. Para otra valiosa descripción de las contribuciones del grupo de Estudios Subalternos Latinoamericanos y su continua relevancia actual, véase el artículo de Gustavo Verdesio, "Latin American Subaltern Studies Revisited: Is There Life After the Demise of the Group? *Dispositio*, 2005, 25, no. 52 (2005): 5–42.

40. Un recurso valioso en esta área de estudios que intenta proporcionar una contribución, aunque limitada pero importante, a una historia internacional e intercultural de la historiografía de las que pusieron a disposición Daniel Woolf y Markus Völkel, es el producido por Georg G. Iggers y Q. Edward Wang con contribuciones de Supira Mukherjee, anteriormente mencionado, *A Global History of Modern Historiography* (Edinburgh: Pearson Education, 2008), que servirá de guía para una sección posterior de este capítulo.

41. Para Daniel Woolf, la noción de historiografía puede ser utilizada para proporcionar i) un estudio de los métodos históricos, ii) la revisión y el estudio del estado del conocimiento y los debates clave en un área, subdisciplina o evento histórico nacional, o, iii) para describir la historia de la escritura histórica. Woolf, *A Global History of History*, 4.

42. Higman, "The Development of Historical Disciplines in the Caribbean," 5.

43. http://www.bu.edu/missiology/missionary-biography/w-x-y-z/ warneck-gustav-1834–1910/ (consultado el 21/6/2018).

44. Higman, "The Development of Historical Disciplines in the Caribbean," 3.

45. Daniel Woolf, *A Global History of History*, 15.

46. Peter Burke, *Nuevas perspectivas sobre la escritura histórica*, 1–24.

47. Elsa V. Goveia, *A Study on the Historiography of the British West Indies to the End of the Nineteenth Century* (México: Instituto Panamericano

de Geografía e Historia, 1956). Si bien en su obra la investigación de
Goveia muestra su conocimiento y uso de las fuentes disponibles en lo
que anteriormente hemos llamado "centros metropolitanos de control
imperial", sus contribuciones más importantes radican, según Mary
Chamberlain, en su innovador enfoque histórico que respalda la filosofía y los objetivos del *Grupo del Nuevo Mundo,* al que había pertenecido
desde temprano y activamente. "Nuevo Mundo es un movimiento que
tiene como objetivo transformar el modo de vivir y pensar en la región.
El movimiento rechaza la aceptación acrítica de dogmas e ideologías
importados del exterior y basa sus ideas para el futuro de la zona en
un análisis sin trabas de la experiencia y las condiciones existentes en
la región". Mary Chamberlain, "Elsa Goveia: History and Nation"
en *History Workshop Journal* 58 (November 3, 2015): 167–68. 09
DBH035 (DS) (deepdyve.com).

48. Higman, "The Development of Historical Disciplines in the Caribbean,"
6–9. Véase también, D.A.G. Waddell, "The British West Indies",
The *Historiography of the British Empire-Commonwealth: Trends,
Interpretations, and Resources.* ed. Robin W. Winks (Durham: Duke
University Press, 1966), 344–56; y mi análisis influido por las discusiones en el seminario HIST6712: Teoría y Método de la Historia, que
tomé en 2016.

49. Higman, "The Development of Historical Disciplines in the Caribbean,
14. En su capítulo sobre "Making the West Indian Archive Accessible:
Ken Ingram's Archival Cartography (Hacer accesible el archivo de las
Indias Occidentales: la cartografía archivística de Ken Ingram), James
Robertson parece sostener un paralelismo con Goveia, ya que el "proyecto
de investigación de Ken Ingram en el que se involucró con los archivos
como bibliógrafo y, en el proceso, trazó recursos importantes no solo
para revisar sino para replantear la escritura de la historia de las Indias
Occidentales" debe ser considerado como un importante aporte pionero
para esta historiografía caribeña. Véase, James Robertson, "Making the
West Indian Archive Accessible: Ken Ingram's Archival Cartography",
en *Decolonizing the Caribbean Record: An Archives Reader.* Jeannette A.
Bastian, John A. Aarons y Stanley H. Griffin, eds. (Mona: Universidad
de las Indias Occidentales, 2018), 327–49.

50. Para una descripción más precisa de estas y otras tendencias en la historiografía, véase Burke, *New Perspectives on Historical Writing,* 25–297; y
Higman, "The Development of Historical Disciplines in the Caribbean",
19–307.

51. Véase, Robert J.C. Young, *Postcolonialism: A very Short Introduction
(Oxford: Oxford University Press, 2003), y Dane Kennedy,* Decolonization:
A Very Short Introduction *(Oxford: Oxford University Press, 2016).* En

algunas partes de mi investigación, utilizaré uno u otro para aportar más claridad a mi análisis del tema.

52. Mark T. Gilderhus, *Hystory and Historians: A Historiographycal Introduction* 7th ed. (Upper Saddle River: Pearson Education, Inc., 2010), 106.

53. El acrónimo de United Nations Educational, Scientific and Cultural Organization (Organización de las Naciones Unidas para la Educación, la Ciencia y la Cultura), organismo especializado de las Naciones Unidas que se esbozó en una constitución firmada el 16 de noviembre de 1945. La Constitución, que entró en vigor en 1946, instaba a promover la colaboración internacional en educación, ciencia y culturaabout:blank. La sede permanente de la agencia se encuentra en París, Francia. https:// www.britannica.com/topic/UNESCO, consultado el 12 de agosto de 2021.

54. Federico Mayor, Preface (Prefacio), en Higman, *General History of the Caribbean* VI, vii-viii. Irónicamente, Mayor también afirmó que la necesidad de este enfoque diferente fue liderada por un movimiento por la autonomía política y por la ampliación de la historiografía en las universidades europeas y estadounidenses durante la primera parte del siglo veinte. Higman, *General History of the Caribbean* VI.

55. Higman afirma que algunas de las razones de este déficit radican en el hecho de que para los historiógrafos en el Caribe, i) rara vez hay mapas básicos para guiar su análisis; ii) el área geográfica está fragmentada política y lingüísticamente; iii) existen factores geopolíticos que han afectado la producción de relatos históricos; y iv) la larga historia de colonialismo que afectó al Caribe ha sido paralela a un dominio metropolitano e imperial de la escritura de la historia, que a finales del siglo veinte seguía siendo poderosa, a pesar de la independencia política ganada por la mayoría de los territorios de la región. Higman, *General History of the Caribbean* VI, 3.

56. Higman, *General History of the Caribbean* VI, 14.

57. Elsa V. Goveia, *A Study on the Historiography of the British West Indies to the End of the Nineteenth Century* (México: Instituto Panamericano de Geografía e Historia, 1956).

58. Si bien Goveia tenía una gran estima por la erudición temprana de Eric William, en particular su estudio *de Capitalismo y esclavitud* (Chapel Hill: The University of North Carolina Press, 1944), demostró ser una severa crítica de William cuando, como jefe del gobierno de Trinidad Tobago, publicó el libro *British Historians and the West Indies* (Trinidad: P.N.M. Publishing Co., Ltd., 1964). Véase su reseña del libro de William, "New Shibboleths for Old", en, *Caribbean Quarterly* 10, no. 2 (June 1964), 48–51.

59. Eric Williams, *British Historians, and the West Indies* (Port of Spain: PNM Publishing CO. 1964), Gordon K. Lewis, *Main Currents in Caribbean Thought: The Historical Evolution of Caribbean Society in its Ideological Aspects, 1492–1900,* (Boston: Johns Hopkins University Press, 1983), Kamau Braithwaite, *Our Ancestral Heritage: A Bibliography of the Roots of Culture in the English-speaking Caribbean* (Mona: Savacou Publications, 1976). Higman, *The Development of Historical Disciplines in the Caribbean,* 8–9.

60. Higman, *The Development of Historical Disciplines in the Caribbean,* 15.

61. Fernando Picó, "Historiography of Puerto Rico" (Historiografía de Puerto Rico), en Higman, *General History of the Caribbean,* 417–450.

62. Este término se refiere a la memoria transmitida oralmente de los acontecimientos cotidianos, las tradiciones familiares, los desastres compartidos y los éxitos de una generación a otra por la cultura indígena taína de los arahuacos en el momento de la llegada de Cristóbal Colón. Picó, "Historiography of Puerto Rico", 418.

63. Francisco Moscoso, *Tribu y clases en el Caribe antiguo* (San Pedro de Macorís: Universidad Central del Este, 1986).

64. Picó, "Historiography of Puerto Rico," 418. Also, Francisco Moscoso, *Tribu y clases en el Caribe antiguo,* 475–7.

65. Picó, "Historiography of Puerto Rico", 418–22. Aquellos interesados en un relato más completo de los primeros historiadores de Puerto Rico pueden consultar a Álvaro Huerga, uno de los historiadores más distinguidos de la historia de Puerto Rico durante el siglo dieciséis en su libro, *Primeros historiadores de Puerto Rico* (1492–1600) (Ponce: Pontificia Universidad Católica de Puerto Rico, 2004).

66. John Layfield. Picó, "Historiography of Puerto Rico," 419.

67. Johannes Laet. Picó, "Historiography of Puerto Rico."

68. André Pierre Ledrú. Picó, "Historiografía de Puerto Rico", 421. En 1832, un soldado irlandés al servicio de España llamado George Flinter, publicó un informe en Nueva York sobre el estado de la esclavitud en Puerto Rico. Picó, "Historiography of Puerto Rico", 422.

69. *Historia geográfica, civil y natural de la isla de San Juan Bautista de Puerto Rico.* Picó, "Historiography of Puerto Rico," 421.

70. Picó, "Historiography of Puerto Rico," 421–422.

71. La publicación "buscaba alertar a las autoridades y a la opinión pública sobre la fuerza de las ideas separatistas en Puerto Rico. Picó, "Historiography of Puerto Rico", 423.

72. Picó, "Historiography of Puerto Rico," 424.

73. Picó argumenta que parte de la razón de este desarrollo decepcionante se debió a las importantes controversias ideológicas de la época, junto con

la reticencia a incorporar en el ámbito universitario clases y seminarios sobre este tema. Picó, "Historiography of Puerto Rico".

74. Picó, "Historiography of Puerto Rico," 424–28.

75. Entre otros intelectuales que contribuyeron a este proyecto se encuentran personas como Vicente Murga, Estela Cifre de Loubriel, Lidio Cruz Monclova, Thomas Mathews, Aida Caro, Ricardo Alegría, Luis González Vales, Loida Figueroa, Manuel Maldonado Denis, Arturo Dávila and many others. Picó, "Historiography of Puerto Rico," 432–35.

76. Algunas de las áreas estudiadas por esta nueva generación de historiadores fueron la historia de la clase trabajadora, el azúcar y la esclavitud en Puerto Rico, la producción de café y las redes sociales en las zonas productoras de café, la historia de las mujeres, la historia política, la cultura y la identidad nacional, etc. Picó, "Historiography of Puerto Rico", 435–50.

77. Mario R. Cancel, "Historiografía puertorriqueña hoy: una meditación y una crítica," en *Historias Marginales: Otros rostros de Jano* (Mayagüez: Centro de Publicaciones Académicas UPR-RUM Facultad de Artes y Ciencias, 2007), 17–56.

78. Véase el párrafo anterior.

79. Cancel, "Historiografía puertorriqueña hoy: una meditación y una crítica," 26. El problema básico de esta perspectiva histórica era que seguía estando relacionada con el historicismo, el positivismo más rancio y el espíritu científico crítico moderno. Cancel, "Historiografía puertorriqueña hoy: una meditación y una crítica," 27.

80. Cancel, "Historiografía puertorriqueña hoy: una meditación y una crítica," 27.

81. Cancel, "Historiografía puertorriqueña hoy: una meditación y una crítica," 30.

82. Alfred W. McCoy y Francisco A. Scarano, eds. *Colonial Crucible: Empire in the Making in the Modern American State* (Madison: The University of Wisconsin Press, 2009).

83. McCoy y Scarano, eds. *Colonial Crucible: Empire in the Making in the Modern American State*, 3.

84. Este fue el resultado de una coalición política planeada por los Estados Unidos a finales del siglo diecinueve que se oponía al colonialismo tradicional, defendiendo como alternativa una política de puertas abiertas a través de la cual su preeminente fuerza económica dominaría todas las zonas subdesarrolladas del mundo. McCoy y Scarano, eds. *Colonial Crucible: Empire in the Making in the Modern American State*, 8.

85. Entre otras tendencias mencionadas por estos autores se encuentran los estudios poscoloniales, de género y laborales como nuevos campos de estudio en las universidades norteamericanas. McCoy y Scarano, eds.

Colonial Crucible: Empire in the Formation in the Modern American State, 10.

86. McCoy y Scarano, eds. *Colonial Crucible: Empire in the Making in the Modern American State*, 8–11.

87. Daniel R. Rodríguez, *La primera evangelización norteamericana en Puerto Rico 1898–1930* (México: Ediciones Borinquén, 1986); Samuel Silva Gotay, *Protestantismo y política en Puerto Rico 1898–1930: Hacia una historia del protestantismo evangélico en Puerto Rico* (San Juan: Editorial de la Universidad de Puerto Rico, 1997).

88. James C. Scott, *Domination, and the Arts of Resistance: Hidden Transcripts* [Dominio y las Artes de Resistencia: Transcipciones Escondidas] (New Haven y London: Yale University Press, 1990), y del mismo autor, *Weapons of the Weak: Everyday Forms of Peasant Resistance* (New Haven y London: Yale University Press, 1985).

CAPÍTULO 2

Misiones protestantes en el Caribe

EN SU LIBRO *Voces de protesta en América Latina* (2000), Vítor Westhelle (teólogo luterano brasileño), afirma que José Míguez Bonino (distinguido erudito metodista argentino) argumentó correctamente en una de sus obras que el protestantismo es solo una nota al calce de la página en la historia de América Latina, más es una importante. Al referirse al mismo asunto Westhelle, siguiendo una metáfora en la obra de Octavio Paz (premio Nobel de literatura 1990), apeló a la imagen de un fragmento en un manuscrito aún sin descifrar, que puede convertirse en una tabla para que América Latina encuentre un camino para salir de su laberinto actual.[1] La visión de Westhelle estimula la intención en este capítulo para explorar, en las primeras aventuras misioneras del protestantismo en el Caribe, elementos esenciales que, no solo influyeron en la temprana experiencia de la misión luterana en el Caribe, sino que también pueden convertirse en nociones importantes de un curso para explorar la misión y el ministerio del luteranismo hoy; para ir más allá de sus desafíos actuales.

El reto de esta tarea

La tarea de proporcionar una historia del protestantismo en las Américas desde el siglo dieciséis hasta el presente está plagada de desafíos, dados los escasos recursos disponibles y las dificultades metodológicas encontradas en este tema, por emocionante e importante que sea para comprender el desarrollo de un protestantismo del siglo veintiuno. El historiador paraguayo Pablo Alberto Deirós[2] sostiene que durante mucho tiempo los historiadores protestantes del Atlántico Norte apenas se interesaron por la región de América Latina, ya que se consideraba en la periferia del protestantismo, o fundamentalmente un nuevo campo de misión para una cristiandad que se había desarrollado básicamente de oriente (Oriente Medio) a occidente (Siria, Asia Menor, Grecia, Roma, Europa, Inglaterra) que se estableció finalmente en América del

Norte. El problema inherente a este enfoque radicaba en reciclar un ideal imperialista europeo, o en una variante de la ideología del "Destino Manifiesto" característica de América del Norte, ninguna de las cuales ofrece un ajuste particularmente bueno para las experiencias latino-americanas.

En cuanto al desafío de encuadrar los estudios misioneros protestantes dentro de una historiografía latinoamericana, no solo carecemos de suficientes estudios científicos rigurosos sobre este tema con un enfoque metodológico crítico, sino que la propia complejidad de la diversidad y la oralidad de este testimonio, junto con la escasez de autores interesados en este tema, dan fe de la escasez de recursos sobre este tema.[3]

La Iglesia católica romana estableció, y luego trató de defender, un monopolio religioso en esta región durante casi tres siglos y medio. Para algunos teólogos importantes en el área de la historia y la misión, hay varias razones que ofrecer para la insignificante actividad misionera durante los primeros doscientos años de protestantismo en esta región. En primer lugar, el impulso y la motivación de los reformadores iniciales del movimiento se centraron en la mera supervivencia y en la reforma de la iglesia. Esto implicaba protegerse a sí mismos y fomentar su propia distintividad y doctrina. Una segunda razón radicaba en el hecho de que los países en los que se encontraban las iglesias de la reforma estaban principalmente en contacto con las comunidades cristianas. Finalmente, dado el desarrollo de los modelos de misión establecidos por el monacato y las órdenes religiosas que los reformadores rechazaron, les llevaría algún tiempo desarrollar sus propios modelos.[4] El protestantismo primitivo surgió como una importación religiosa de las potencias mundiales europeas y más tarde norteamericanas, introducidas por inmigrantes en lugar de misioneros. Este modo de expresión fue seguido en el Caribe, América Central y del Sur por un proceso de indigenismo que condujo a un protestantismo latinoamericano más auténtico.[5]

La temprana presencia del protestantismo en América Latina

En su introducción de 1990 al estudio del protestantismo en América Latina,[6] Jean-Pierre Bastian arguye que durante la conquista ibérica en el siglo dieciséis de las tierras que ahora llamamos las Américas, el protestantismo[7] fue un fenómeno periférico al continente, conectado a las regiones influenciadas por las potencias europeas británicas, holandesas, danesas y francesas.[8] Si bien hasta mediados del siglo diecisiete, la mayoría de estos esfuerzos fueron de corta duración; la presencia de estos intrusos parecía un desafío cada vez más inquietante al dominio religioso e imperial de la conquista ibérica en la forma de una "herejía luterana", una clasificación que llevó a la persecución y erradicación de tales misiones.

En 1655, después de un intento fallido de apoderarse de La Española (actualmente la República Dominicana), Oliver Cromwell estableció con éxito el dominio inglés en Jamaica. El siglo siguiente, cuando la hegemonía española de la región fue seguida por la supremacía inglesa, holandesa y danesa, estos esfuerzos facilitaron el establecimiento de iglesias protestantes en el Caribe y en varias áreas del continente controladas por estas potencias.[9] Samuel Silva Gotay arguye que, contrariamente a la experiencia en América Latina, donde el protestantismo fue establecido durante el siglo diecinueve por grupos liberales autóctonos que seguían a los movimientos de independencia nacional, en el Caribe el protestantismo solo se estableció definitivamente a partir de 1623, cuando Inglaterra comenzó su colonización de San Cristóbal, y más tarde de Barbados y Nevis (1627), Antigua y Montserrat (entre 1628 y 1632), aunque desde el principio la población irlandesa de esta última isla dio lugar a una importante presencia católica. En 1797 los británicos se apoderaron de Trinidad. Además, agregaron como parte de su conquista Belice, Guyana y las islas Sotavento, Dominica, Santa Lucía, Vicente y las Granadinas.[10] A esta iniciativa anglicana le siguieron iniciativas oportunistas bautistas, metodistas y moravas, junto con luteranos daneses en las Islas Vírgenes y reformados holandeses en Aruba, Curazao, Bonaire, Saba, San Martín y San Estaquio. Silva Gotay sostiene también que durante el siglo diecinueve esta presencia religiosa impactó en la arena política por su simpatía por las luchas liberales antifeudales y antiespañolas en la región.[11]

Sin duda, durante el siglo dieciséis, los países europeos que hacia 1550 habían optado por la perspectiva religiosa protestante imaginaron, lo que en ese momento llamaban el "Nuevo Mundo", como un lugar para difundir su fe y comercio. Por medio del contrabando y la piratería (legales o ilegales) que los llevaron a la conquista de empresas comerciales, estos países también introdujeron literatura protestante, especialmente biblias, en las diversas colonias americanas, particularmente en el Caribe. Los corsarios y piratas que venían a saquear las posesiones españolas en el Caribe, o a adquirirlas para sus respectivos gobiernos, incluían el esfuerzo de poner biblias en manos de la población como parte de su llamado. Todo el Caribe se convirtió en un objetivo de la distribución de biblias y propaganda protestante.[12]

Otro avance ingenioso del protestantismo durante estos tiempos tuvo lugar en lo que algunos líderes católicos romanos llamaron los "caballos de Troya". El término se utilizaba para describir la admisión de extranjeros que, dada su avanzada experiencia en la agricultura, las artes y el comercio, y su voluntad de respetar la fe de la tierra, recibían permiso de las autoridades para establecerse en las colonias americanas con el fin de compartir sus conocimientos. Para los dirigentes de los sectores políticos y religiosos, el peligro de admitir a estos extranjeros radicaba en el hecho de que, una vez establecidos, desafiaban, con sus convicciones protestantes, la hegemonía de la fe católica. A pesar de tales amenazas, las perspectivas católicas siguieron siendo la expresión religiosa dominante en las Américas durante muchos siglos.[13]

Este avance protestante fue contrarrestado inicialmente por la corona española en 1568, cuando Felipe II extendió la obra de la Santa Inquisición a la mayoría de las colonias americanas de España. Además, dados sus esfuerzos por consolidar la Reforma en Europa y careciendo de un bastión naval local para hacer frente a la supremacía de la "invencible armada marítima española", los intentos protestantes en esta empresa fracasaron rápidamente. Sin embargo, con la derrota inglesa de la "armada española" en 1588[14] y su posterior conquista de varias islas del Caribe, esta región del continente bajo el dominio de los británicos, holandeses, daneses y franceses (al menos inicialmente con presencia hugonote), se convirtió en el lugar de nacimiento de un protestantismo colonial, que incluso ahora todavía necesita más estudio.[15]

La colonia Welser en Venezuela

Entre los primeros antepasados potenciales de este testimonio protestante en el Nuevo Mundo se encuentra la colonia Welser en Venezuela (1526) dirigida por Enrique Ehinger y Jerónimo Sayler, quienes a partir de 1528 transfirieron el control de la colonia a Ambrosio Alfinger y Georg Ehinger.[16] Según el historiador alemán Lars Qualben y otros historiadores contemporáneos de la época,[17] en 1532 el obispo local pudo acusar a estos colonos alemanes, originarios de la región de Augsburgo, de abrazar el luteranismo, por lo que instó a su expulsión.[18] Cualquiera que sea la verdad de estas acusaciones, según la mayoría de los historiadores de la época, estos colonos no mostraron ningún interés en la evangelización de los pueblos nativos de América; su enfoque principal estaba en el oro de estas tierras y el saqueo como medio para obtenerlo.[19] Sin embargo, como en el caso de otros conquistadores europeos de la época, en particular la experiencia de los de ascendencia ibérica, la historia de estos exploradores alemanes, aunque moldeada por las intenciones conquistadoras imperialistas y violentas de los gobernantes y comerciantes que financiaron su viaje, su experiencia y la reacción hostil que provocó, también fue un testimonio temprano de la potencial expresión protestante emergente de la fe cristiana en las tierras que ahora llamamos América.[20]

En su libro sobre un panorama del protestantismo en Cuba, Marcos Antonio Ramos se refiere a la obra de Salvador de Madariaga, *Vida del muy magnífico señor don Cristóbal Colón,* quien no solo era de origen judío, sino que, dada la amplia cultura bíblica de la época, y su catolicismo poco ortodoxo, pudo haber sido en esencia protestante, antes de Lutero. Si bien esto podría ser una afirmación apresurada, o reflejar hasta qué punto la reacción antiprotestante llevó a sospechar contra las expresiones de piedad hasta entonces ortodoxas, el hecho es que, aparte de las famosas herejías y cismas, Europa ya había sido agitada por el esfuerzo de reformadores como Juan Huss, Wycliffe y los Valdenses, que se encontraban en la mejor tradición del cristianismo primitivo, dadas sus sinceras preocupaciones doctrinales. Así, figuras sabias de la Iglesia católica también habían admitido que estas labores, con una nota de espiritualidad e incluso de misticismo, eran un elemento inspirador para el cristianismo.[21]

La temprana presencia del protestantismo en el Caribe

El protestantismo tuvo presencia en Cuba solo en casos aislados durante los siglos dieciséis y diecisiete. El contrabando, actividad frecuente desde el inicio del desarrollo de la economía colonial, se incrementó a lo largo del siglo diecisiete. Sin duda, las personas que negociaron con los filibusteros protestantes en Cuba, eran católicos romanos. Ni siquiera las autoridades eclesiásticas estuvieron libres de serias acusaciones documentadas por su contacto con estos "herejes", ni sus ganancias disminuyeron al tomar parte en estas actividades. Según Juan Bosch,

> En marzo de 1594 el arzobispo de Santo Domingo informó a Felipe II que el contrabando había borrado todas las diferencias religiosas. Y así fue, efectivamente, porque entonces en ese momento-finales del siglo dieciséis- el contrabando fue llevado a cabo por franceses y portugueses católicos, así como protestantes holandeses e ingleses. Desde el punto de vista del gobierno español, paladín del catolicismo, el suceso más escandaloso fue el de finales de 1599 y principios de 1600, el Deán de la catedral de Santo Domingo recogió unas trecientas Biblias luteranas de los habitantes de Occidente.[22]

Había luteranos, anglicanos, calvinistas holandeses y hugonotes franceses y, de hecho, también católicos entre los contrabandistas, piratas y corsarios. La narrativa de Silvestre de Balboa, *Espejo de paciencia,* probablemente la primera obra literaria en Cuba (1608), destaca precisamente las andanzas del protestante Gilberto Girón (que no era necesariamente "luterano", como solían llamar los españoles a todos los protestantes). Este personaje, probablemente vinculado a los hugonotes por motivos políticos y religiosos, atacó Manzanillo en Cuba, y luego encarceló al obispo Juan de las Cabezas Altamirano en Yara (1604). Juan J. Remos, reconocido historiador de la literatura cubana, nos recuerda que, la obra de Balboa, a pesar de ser la más conocida entre los textos del siglo diecisiete, no fue el único estudio producido en esa época; y hace referencia a una *Historia de las invasiones piráticas especialmente de las de Morgan, en 1668*, en la que su autor, Diego de Varona, como es evidente, abordó temas similares a los que inspiraron Silvestre de Balboa y que eran muy familiares al protestantismo.[23]

Observaciones finales

Este capítulo ofrece un breve pero importante relato de las misiones protestantes al principio del siglo dieciséis en el Caribe, y sus legados para la política imperial española hasta el siglo diecinueve. Esta narración ofrece un contexto para el próximo capítulo, en el que doy un comentario más específico sobre la aventura luterana en esta área geográfica, durante el mismo período de tiempo. Al hacerlo, señalo algunos de los primeros antepasados potenciales de este testimonio protestante en lo que entonces se consideraba el "Nuevo Mundo". También empiezo a abordar los desafíos y oportunidades disponibles para estos pioneros de las misiones protestantes, en el contexto de una fuerte presencia de una identidad cristiana católica romana española. Dado que el enfoque de mi estudio es la misión luterana en Puerto Rico, anticipo una presencia luterana del siglo dieciséis en el archipiélago que rara vez abordan los historiadores religiosos puertorriqueños de este período, que describiré con más detalle en el próximo capítulo.

Notas

1. Vítor Westhelle, *Voces de protesta en América Latina* (Chicago: Lutheran School of Theology at Chicago, Hispanic Ministries, 2000), 104.
2. Para una valiosa biografía de Deirós, véase, Pablo Deiros, Pablo Deiros - Profesores del Instituto Online e625 (institutoe625.com), consultado el 22 de mayo de 2022.
3. Pablo Alberto Deirós, *Historia del Cristianismo en América Latina* (Buenos Aires: Fraternidad Teológica Latinoamericana, 1992), 585–86.
4. Stephen B. Bevans y Roger P. Schroeder, *Constants in Context: A Theology of Mission for Today* (New York: Orbis Books, 2005), 195.
5. Deirós, *Historia del cristianismo*, 584–86. En su estudio, el autor también resalta que la palabra *evangélicos* es una designación más común para el protestantismo en América Latina. Deirós, *Historia del cristianismo*, 586–87.
6. Jean-Pierre Bastian, *Historia del protestantismo en América Latina* (México: Ediciones CUPSA, A.C., 1990).
7. Para Bastian, el protestantismo se describe como una expresión religiosa disidente del catolicismo romano, que adopta una cosmovisión religiosa exógena a la característica de las sociedades latinoamericanas, basada en la reforma religiosa protestante europea del siglo dieciséis. Originalmente fue adoptada por los sectores populares y marginados de la sociedad. Poco a poco desarrolló raíces autóctonas, convirtiéndose en una de sus expresiones más populares en lo que generalmente se describe como pentecostalismo. Bastian, *Historia del protestantismo en América Latina*, 9.
8. Al respecto es interesante notar que según Justo L. González los primeros servicios protestantes celebrados en Puerto Rico tuvieron lugar en 1598, cuando los ingleses tomaron San Juan y lo mantuvieron durante cinco meses. Además, se puede suponer que cuando los holandeses desembarcaron en la isla y bombardearon San Juan durante cuatro días en 1625, los

atacantes también celebraron servicios protestantes. Justo L. González, *El desarrollo del cristianismo en el Caribe* (Grand Rapids: William B. Eerdmans Publishing Company, 1969), 10. Véase también, Cornelio Ch. Goslinga, *Los holandeses en el Caribe* (Habana: Ediciones Casa de las Américas, 1983). En su artículo sobre "Los cimarrones africanos y la conquista incompleta de La Española, 1519–1620", Robert C. Schwaller argumenta que el ascenso de los cimarrones africanos en el siglo dieciséis contra las autoridades del gobierno español en La Española, así como los crecientes ataques de intrusos por parte del contrabando inglés, francés y holandés que exponían a los súbditos católicos a la herejía protestante, desestabilizaron cada vez más la autoridad colonial española y promovieron el proceso de deshacer las conquistas españolas en el país. Véase, Robert C. Schwaller, "Contested Conquest: African Maroons and the Incomplete Conquest of Hispaniola, 1519–1620", *The Americas,* 75, 4, (October 2018): 609–638.

9. Deirós, *Historia del cristianismo,* 589–90.
10. En su libro, *Accidental Pluralism: America and the Religious Politics of English Expansion, 1497–1662,* Evan Haefeli argumenta que los orígenes del pluralismo religioso y la tolerancia religiosa estadounidenses (y yo incluiría al Caribe) deben situarse en el contexto del mundo inglés, es decir, "el revoltijo de diferentes jurisdicciones que se extienden desde los Países Bajos hasta las Américas, y la India que compartían una subordinación política común al gobierno asentado en el orillas del río Támesis en Westminster, incluyendo los tres reinos de Inglaterra, Irlanda y Escocia; sus dependencias, como la Isla de Man y las Islas del Canal; y un número creciente de conquistas y colonias de ultramar". Evan Haefeli, *Pluralismo accidental: Estados Unidos y la política religiosa de la expansión inglesa, 1497–1662* (Chicago y Londres: University of Chicago Press, 2021), 1–13.
11. Silva Gotay, *Protestantismo y política en Puerto Rico 1898–1930,* 5–6.
12. Ángel Luis Gutiérrez, *Evangélicos en Puerto Rico en la época española* (Guaynabo: Editorial Chari, 1997) 7–9. También, Antonio Rivera, "La libertad de cultos hasta el establecimiento de la primera iglesia evangélica de Puerto Rico", *Puerto Rico Evangélico* 41, no. 1112 (julio, 1952): 10. A principios de 1849, George Borrow publicó su obra autobiográfica *The Bible in Spain or The Journeys, Adventures, and Imprisonments of and Englishman in an Attempt to Circulate the Scriptures in the Peninsula.* (*La Biblia en España, o Los viajes, aventuras y encarcelamientos de un inglés en un intento de hacer circular las Escrituras en la Península*). El libro relata la experiencia de cinco años de Borrow como agente de la Sociedad Bíblica, para imprimir y hacer circular las Escrituras en España. En el Prefacio, después de afirmar modestamente sus menos que "brillantes éxitos y

triunfos", destaca la contribución de otros en España como el "apasionado caballero irlandés de nombre Graydon, teniente de la Royal Navy, que encontrándose desempleado en Gibraltar en 1835, emprendió la distribución de las Escrituras en la provincia de Cataluña, y a lo largo de las costas meridionales de España [continuando la obra hasta 1840]". Otros dos misioneros, William Harris Rule y el Sr. Lyon, son descritos como predicadores tan exitosos en una iglesia en Cádiz que, "si no hubieran sido silenciados y luego desterrados del país, no solo Cádiz sino la mayor parte de Andalucía, habrían confesado las doctrinas puras del Evangelio". Por último, Luis de Usoz y Ríos, colega de la Sociedad Bíblica y amigo de Borrow, también es mencionado por su apoyo en la edición del Nuevo Testamento en español en Madrid. George Borrow, *The Bible in Spain or The Journeys, Adventures, and Imprisonments of and Englishman in an Attempt to Circulate the Scriptures in the Peninsula* (La Biblia en España o los viajes, aventuras y encarcelamientos de un inglés en un intento de hacer circular las Escrituras en la Península) (Londres: William Clowes and Sons, Limited, 1899), v-xiii. Véase también, EBSCOhost: Atla Historical Monographs Collection: Series 2; Biblia en España, o los viajes, aventuras y encarcelamientos de un inglés en un intento de hacer circular las Escrituras en la Península, (1899), xii, consultado el 20 de diciembre de 2022. El libro fue publicado originalmente en diciembre de 1842 por George Woodfall and Sons (Londres).

13. Gutiérrez, *Evangélicos en Puerto Rico en la época española*, 11.

14. Para algunos historiadores, la captura holandesa de una Flota del Tesoro español que regresaba en 1628 tuvo al menos la misma importancia en la derrota de la "Armada española." Durante este período, el impero español se financió con tesoros extraídos de América del sur y llevados de vuelta al otro lado del atlántico. Estas Flotas del Tesoro operaron durante dos siglos y medio, en gran medida sin ser molestadas. Ese año, la Compañía Holandesa de las Indias Occidentales envió una importante flota de más de treinta barcos al Caribe para capturar una de las Flotas del Tesoro. Pieter Pietersen Heyn fue puesto al mando. Los españoles en el Caribe se dieron cuenta de sus intenciones y mantuvieron sus barcos cerca, en la seguridad de sus puertos de Cartagena y Veracruz. Su política defensiva se deshizo cuando Heyn envió parte de su flota de vuelta a Europa y los españoles confundieron los movimientos de esos pocos barcos con toda su fuerza. Creyéndose a salvo, la Flota del Tesoro Español se consolidó en la Habana como de costumbre y zarpó un total de once mercantes y cuatro galeones. Heyn había estado navegando frente a la Habana, sabiendo muy bien que, si los españoles zarpaban, tendrían que cruzarse en su camino. Las Flotas del Tesoro españolas en esta época estaban mal dirigidas. Esta flota en particular estaba bajo el mando de Juan de

Benavides, un oficial corrupto con poca experiencia en la marinería y mucho menos en la guerra naval. Sus barcos estaban tan sobrecargados de carga y pasajeros que los marineros eran incapaces de operar los cañones del barco. No queriendo ni pudiendo luchar, Benavides corrió hacia la bahía de Matanzas, cincuenta millas al este de la Habana. Allí, los barcos de Heyn cayeron sobre los españoles en uno de los desastres más graves que jamás haya ocurrido al imperio español. Todos los barcos del Tesoro españoles fueron capturados o destruidos. Esta fue la primera y última vez en la historia de las Flotas del Tesoro españolas que se perdió un cargamento completo. Los holandeses se aseguraron noventa toneladas de oro y plata. No solo los españoles perdieron su tesoro, sino también alrededor de un tercio de todos los barcos involucrados en el "comercio del atlántico." D. Van Bremden, *The Capture of the Spanish Silver Fleet Near Havana, 1628*. [La captura de la flota de plata española cerca de la Havana, 1628]. https://snr.org.uk/maritime-art/the-capture-of-the-spanish-silver-fleet-near-havana-1628/, consultado el 20 de diciembre de 2022.

15. Para un interesante y valioso estudio preliminar sobre este tema, véase, Sidney Roy, *Misión y encuentro de culturas* (Buenos Aires: Editorial Kairós, 2001).

16. En su estudio, Jean-Pierre Bastian también menciona la colonia hugonote en Río de Janeiro (1555–1560), su otro intento en Florida (1564–1565), y la experiencia holandesa en Brasil (1630–1654), Bastian, *Historia del protestantismo en América Latina*, 46–57.

17. Lars P. Qualben, *A History of the Christian Church* (*Historia de la iglesia cristiana*) (New York: Thomas Nelson and Sons, 1940). Nota al pie de página # 3, p. 415.

18. Rafael María Baralt-Pérez sostiene que el padre de Nicolás Federmann, vicegobernador de la colonia, fue uno de los firmantes de las Confesiones de Augsburgo. Rafael María Baralt-Pérez, *Historia de Venezuela* (París: Desclée de Brower, 1939), 36–37. Esta ha sido una afirmación controversial que otros historiadores han cuestionado. Sidney Rooy argumenta que habría sido difícil para Alfinger y Federmann haber firmado más tarde las Confesiones de Augsburgo en Venezuela, dado que Alfinger ya había muerto en 1531. Además, teniendo en cuenta que durante la década del 1520 los príncipes en Alemania se estaban acercando a favor de Lutero o de la Iglesia católica romana, y que las Dietas de Ratisbona y Espira no fueron capaces de lograr una unidad entre estos partidos, ¿cómo se puede hablar de la transferencia de una colonia luterana en Venezuela casi siete años después de la condena de Lutero en la Dieta de Worms en 1521? Sidney Rooy, *Misión y encuentro de culturas*, 13–14.

19. Bastian, *Historia del protestantismo en América Latina*, 46–48. Véase
también el relato de Salvador Perea sobre la petición hecha por Don
Rodrigo de Bastidas, obispo de Coro (Venezuela), la primera diócesis de
América del Sur, y más tarde obispo de Puerto Rico (1554–1567), quien
en 1535 escribió al emperador Carlos V desde Venezuela, advirtiéndole
de la amenaza luterana y solicitando el cierre de la colonia a los colonos
de origen alemán. Salvador Perea, *Historia de Puerto Rico 1537–1700*
(Barcelona: Instituto de Cultura Puertorriqueña y Universidad Católica
de Puerto Rico, 1972), 43–44.

20. Como mencionaré en el próximo capítulo, en su estudio sobre la
Inquisición española y las supersticiones en el Caribe Español, Pablo L.
Crespo Vargas, sostiene que, como inquisidor, Alonso Manso, el primer
obispo de las Américas con sede en Puerto Rico asistió al caso del maestre Juan, probablemente el primer caso de luteranismo procesado en las
Indias. Pablo L. Crespo-Vargas, *La Inquisición española y las supersticiones
en el Caribe hispano, siglo XVI* (Lajas: Editorial Akelarre, 2013), 151.

21. Marcos Antonio Ramos, *Panorama del protestantismo en Cuba* (Costa
Rica: Editorial Caribe, 1986), 26.

22. Juan Bosch, *De Cristóbal Colón a Fidel Castro: El Caribe: Frontera imperial* (Madrid: Alfaguara, 1970), 186.

23. Ramos, *Panorama del protestantismo en Cuba*, 32. Véase también, Juan
J. Remos, *Proceso histórico de las letras cubanas* (Madrid: Ediciones
Guadarrama, S.L., 1958), 37.

CAPÍTULO 3

La misión luterana en el Caribe

CUANDO LLEGUÉ A Chicago para comenzar mis estudios avanzados a principios de la década de 1970, me sorprendió saber que uno de los mayores desafíos para las personas de origen español o latinoamericano en los Estados Unidos es la polémica con su identidad.[1] Si bien el gobierno de los EE. UU. usa el término "hispanos", otros términos utilizados para identificar a personas como yo que vienen de Puerto Rico son "latino", "puertorriqueños", "boricuas" y, recientemente, la palabra "latine" también ha aparecido como un término inclusivo de género y LGBTQ+.[2] El hecho es que la forma en que las personas en los Estados Unidos de origen español o latinoamericano describen su identidad, difiere de la experiencia de otros tipos de inmigrantes y de las generaciones posteriores. Algo similar parece suceder al tratar de definir con precisión el carácter distintivo del luteranismo.

La identidad luterana se ha asociado generalmente con Martín Lutero y el movimiento de la Reforma en Alemania durante el siglo dieciséis, del cual él fue un líder importante. Incluso Karl Marx, en su introducción a la *Crítica de la filosofía del derecho de Hegel,* argumenta que la experiencia revolucionaria pasada de Alemania fue la Reforma europea del siglo dieciséis. Esta experiencia revolucionaria comenzó en la mente del monje agustino Martín Lutero. Desafortunadamente, para Marx, este pasado revolucionario de Alemania se limitaba a una revolución teórica, mientras que la revolución radical de la Alemania de mediados del siglo diecinueve tenía que ser práctica y real.[3]

> Incluso desde el punto de vista histórico, la emancipación teórica tiene una importancia práctica específica para Alemania. El pasado revolucionario de Alemania es precisamente teórico: es la Reforma. Así como entonces era un monje, ahora es el filósofo en cuyo cerebro comienza la revolución.

> Lutero, sin duda, venció la servidumbre basada en la devoción, pero reemplazándola con la servidumbre basada en la

convicción. Destrozó la fe en la autoridad al restaurar la autoridad de la fe. Transformó a los sacerdotes en laicos al convertir
a los laicos en sacerdotes. Liberó al hombre de la religiosidad
externa haciendo de la religiosidad lo que es más íntimo para el
hombre. Liberó el cuerpo de las cadenas poniendo el corazón
encadenado.

Pero si el protestantismo no era la verdadera solución, al menos
planteaba el problema correctamente... Una revolución radical
sólo puede ser una revolución de necesidades radicales, cuyas
condiciones previas y lugares de nacimiento parecen faltar.[4]

Sin embargo, incluso hoy o, especialmente en las recientes secuelas
del 400 Aniversario de la Decimosexta Reforma, estos debates se
reavivan y hay controversias sobre el carácter distintivo preciso de este
movimiento religioso.[5] Probablemente una de las razones principales
de este continuo debate surgió del propio Lutero. En un momento en
que algunos de sus seguidores tenían la intención de reconocer a Lutero
como el cerebro del movimiento de la Reforma del siglo XVI en Europa,
él los reprendió con el siguiente argumento:

En primer lugar, pido que los hombres no hagan referencia a
mi nombre; que se llamen a sí mismos cristianos, no luteranos.
¿Qué es Lutero? Después de todo, la enseñanza no es mía (Juan
7:16). Tampoco fui crucificado por nadie (1 Corintios 1:13).
San Pablo, en 1 Corintios 3, no permitiría que los cristianos
se llamaran a sí mismos paulinos o petrinos, sino cristianos.
¿Cómo, pues, he de hacer que los hombres llamen a los
hijos de Cristo por mi miserable nombre? No es así,
mis queridos amigos; abolamos todos los nombres de partido
y llamémonos cristianos, en honor a Aquel cuyas enseñanzas
sostenemos. Los papistas merecidamente tienen un nombre
de partido porque no están contentos con las enseñanzas y el
nombre de Cristo, sino que también quieren ser papistas. Que
sean papistas, pues, ya que el Papa es su amo. No soy ni quiero
ser el amo de nadie. Sostengo, junto con la iglesia universal, la
única enseñanza universal de Cristo, quien es nuestro único
maestro (Mateo 23:8).[6]

En cualquier caso, es comúnmente reconocido que el luteranismo surgió como un movimiento de reforma en busca de corregir los errores existentes de la iglesia, para erradicar los conflictos y las malas interpretaciones sobre la fe dentro de la cristiandad católica romana occidental, en lugar de iniciar una nueva forma de cristianismo. A pesar de este hecho y de lo imprevisto por Lutero y sus seguidores, los incidentes históricos contribuyeron al desarrollo de iglesias luteranas autónomas con su propio testimonio confesional del evangelio.[7] El historiador luterano Eric W. Gritsch argumenta que el nombre "luterano" fue utilizado por los adversarios católicos romanos, en particular el teólogo dominico John Eck (1486–1543), para degradar a sus seguidores, ya que los teólogos luteranos del siglo dieciséis solían hablar del movimiento como de una iglesia evangélica-católica (*ecclesia catholica evangelica*). Sea como fuere, la noción de "iglesias luteranas" comenzó a surgir en el siglo diecisiete.[8]

Las misiones luteranas en perspectiva histórica

Con respecto a la contribución del luteranismo en el área de la misión, James A. Scherer argumenta que los esfuerzos misioneros luteranos tienen una historia de unos 450 años; sin embargo, este legado histórico ha estado plagado de muchas controversias desde sus inicios. Durante el siglo diecinueve, Gustav Warneck (1834–1910), el "padre de la ciencia de la misión", sostuvo la opinión de que Lutero no estaba realmente consciente de la necesidad del esfuerzo misionero de la iglesia.[9] James A. Scherer (1926-) dice:

> Warneck criticó a Lutero principalmente porque el reformador no había emitido un llamamiento en apoyo de "un envío regular de mensajeros del Evangelio a las naciones no cristianas, con el fin de cristianizarlas".[10]

Los estudios posteriores de los eruditos de Lutero han demostrado que la afirmación de Warneck y sus contemporáneos hicieron caso omiso de las profundas ideas misioneras de Lutero; y poderosos movimientos de renovación dentro del luteranismo en las generaciones sucesivas recuperaron y profundizaron la obra de la Reforma en las áreas de la misión, el evangelismo, la renovación de la iglesia y la unidad cristiana.[11]

Uno de esos primeros estudios, que desafortunadamente fue pasado
por alto por muchos estudiosos de la época, fue el producido por Gustav
Leopold Plitt (1836–80).[12] Para este erudito misionero luterano, como
para otros que le sucedieron, el descuido de Warneck fue que la contribución de Lutero fue más radical que la propuesta por los movimientos
misioneros del siglo diecinueve.

Para Lutero, dijo Plitt, la misión era la tarea esencial de la
iglesia en todas las épocas, pero solo una iglesia misma basada
en el evangelio puede hacer la misión. Esta interpretación, que
acredita a Lutero como el padre de una genuina obra misionera
evangélica centrada en la iglesia y basada en el evangelio, es
cierta hasta donde llega, pero pasa por alto la radicalidad del
pensamiento misionero de Lutero.[13]

Como sostienen Scherer y otros misiólogos luteranos contemporáneos, mientras que la misionología del siglo diecinueve tendía a atribuir
a la iglesia como el punto de partida de la obra misionera (una visión
que encajaría con las misiones patrocinadas por el estado a los territorios imperiales), para Lutero, la misión es siempre principalmente
la obra del Dios Trino—*missio Dei*—y su objetivo y resultado son la
venida del reino de Dios,[14] "Es siempre la propia misión de Dios la que
domina el pensamiento de Lutero, y la venida del reino de Dios representa su culminación final".[15] De este modo, Lutero previó la perspectiva
misionera actual, que hace de la iniciativa de Dios el punto de partida de
la misión y del reino de Dios, en lugar de la Iglesia, su concepto vital.[16]

Durante el siglo diecisiete, un período caracterizado por la ortodoxia escolástica, el luteranismo fue llevado a la "división dogmática
y al repliegue eclesiástico".[17] Dada la concesión otorgada a los gobernantes territoriales por la condición *de cuius regio, eius religio,*[18] se les
dio el derecho de establecer la adhesión religiosa de sus súbditos.[19] Sin
embargo, para los luteranos no se esperaba que el deber misionero de un
monarca fuera más allá de los territorios gobernados, particularmente si
estos territorios estaban gobernados por un príncipe cristiano en el país,
o en el extranjero. Además, en defensa contra sus oponentes católicos
romanos, y basándose en fundamentos exegéticos y dogmáticos, los
eruditos luteranos, guiados por el notable teólogo de la ortodoxia

luterana Johann Gerhard (1582–1637), reclamaron la terminación de la instrucción evangelística de la gran comisión.

Los dones y poderes del apostolado, dijo Gerhard, ahora recaían corporativamente en la iglesia y eran mediados a través de llamados eclesiásticos regulares para establecer ministerios parroquiales. No existía ninguna base teológica para un llamado a predicar el evangelio a paganos lejanos.[20]

Una interesante excepción a esta posición fue propuesta por el laico luterano Justiniano Weltz (1621–1668) quien pidió a sus compañeros cristianos que enviaran estudiantes evangelistas voluntarios para predicar el evangelio a los paganos, pero fue encontrado hereje por los principales teólogos en la reunión de la Dieta Imperial de 1664.[21]

Con el surgimiento de Philip Jacob Spener (1635–1705), el "Padre del Pietismo", se preparó el terreno acomodando el escenario para la ruptura de la negación intransigente y los controles inflexibles de la ortodoxia por parte de los pietistas luteranos, para recuperar algunas de las importantes contribuciones de Lutero a las misiones cristianas.[22] Estos incentivos pietistas fueron desarrollados por August Hermann Francke en la Universidad de Halle (1695–1727), lo que llevó al inicio de una misión evangélica en el sur de la India[23] y a un ministerio adicional en Pensilvania (EE.UU.) en 1748 por Henry Melchior Muhlenberg (1711–87).[24]

Durante el siglo diecinueve, mientras los luteranos comenzaban a establecer relaciones con asociados ecuménicos a nivel regional para renovar su compromiso con el trabajo misionero en el extranjero, un resurgimiento de la fidelidad a los puntos de referencia confesionales de la Reforma los llevó a separarse de otros cristianos evangélicos, con el fin de establecer iglesias con una identidad luterana "pura" en el extranjero.[25]

Creyendo que sus propias enseñanzas confesionales estaban más cerca de la verdad bíblica que las de otras iglesias, y que de alguna manera eran las más "puras" de las iglesias visibles, muchos luteranos comenzaron a romper los lazos ecuménicos formados bajo la influencia del Despertar Evangélico[26]

El comienzo de la recuperación luterana a la fidelidad de sus puntos de referencia confesionales de la reforma del siglo dieciséis comenzó en Europa a mediados del siglo diecinueve, particularmente después del año 1836. Por primera vez, se emprendió la obra misionera en nombre de la Iglesia Evangélica Luterana. En esta coyuntura, los luteranos rompieron con las relaciones ecuménicas establecidas bajo los auspicios del Despertar Evangélico, retirándose de las sociedades evangélicas de la unión, para formar sociedades inequívocamente luteranas basadas en las enseñanzas de las confesiones luteranas.[27]

Sin embargo, a pesar del campo misionero abierto por el Sínodo Luterano Americano de Missouri en la India en 1894[28], para el historiador y misiólogo luterano James Scherer, el luteranismo no dio una respuesta uniforme en el siglo diecinueve a los desafíos de la misión y la unidad; y las actitudes luteranas durante el siglo veinte en América del Norte se convirtieron en la continuación de los desarrollos del siglo diecinueve.[29] Sin duda, los primeros misioneros luteranos en Puerto Rico de los que hablaré en una sección posterior de este estudio, no se vieron afectados por la tendencia confesional seguida por el Sínodo de la Iglesia Luterana de Missouri porque provenían de un grupo luterano diferente, el relacionado con la Iglesia Luterana Unida en América.

En el siglo veinte, la respuesta luterana a acontecimientos mundiales tales como el fin del colonialismo, el colapso de la cristiandad y el crecimiento de una comunidad mundial cristiana en los seis continentes, junto con la accesibilidad de instrumentos comunes para la consulta ecuménica como la Federación Luterana Mundial (1947), y la cooperación misionera, como el Consejo Mundial de Iglesias (1948), contribuyó a superar "su exclusivismo confesional decimonónico, y a situarlos en la corriente principal de los nuevos movimientos misioneros y ecuménicos".[30]

Misiones luteranas en el Caribe

La aventura misionera luterana en el Caribe y América Latina se remonta, como se mencionó anteriormente en este capítulo, al siglo diecisiete. Alicia Mayer, una historiadora mexicana que se ha esforzado por abordar este tema en su investigación académica, afirma que para la Iglesia católica romana, el Luteranismo se erigió como una imagen ideológicamente perniciosa, proyectada contra otras expresiones del movimiento protestante reformado como un enemigo potente, para que la historiografía católica romana se desarrollara como un recurso estratégico para ayudar a legitimar la conquista española de estas tierras.[31]

La metrópolis y sus colonias participaron en la asimilación o transmisión de un legado portador de un mensaje ideológico. La historiografía católica creó un estereotipo muy negativo del teólogo de Wittenberg. En parte, esto se debió al clima intelectual de la época en que prevalecía la "leyenda negra" antihispánica, es decir, el ataque contra las naciones opositoras a la conquista española y al trabajo civilizador en América. El estereotipo de Lutero difundido por el mundo hispánico podría haber sido visto como una reacción o contrapunto a la "leyenda negra." La formulación de Lutero como anti-héroe, como metáfora del mal, podría servir para legitimar la conquista, sobre todo en la labor misionera de la Corona española contra sus potencias rivales, sobre todo las de confesiones diferentes.[32]

A pesar de esta afirmación, como hemos visto, el movimiento de la reforma luterana había logrado una presencia en esta área geográfica a principios del siglo dieciséis.[33] Sin embargo, tuvieron que pasar aproximadamente tres siglos para que esta perspectiva negativa de Lutero se transformara en los países del Caribe y América Latina. Alicia Mayer argumenta que la penetración de las ideas luteranas tuvo lugar durante los siglos dieciocho y diecinueve bajo el disfraz de conceptos seculares de la ilustración, lo que llevó a personas como Juan Saut, un partidario del protestantismo en México durante el siglo diecinueve, a reclamar desesperadamente "su libertad para pensar más allá de las fuerzas tradicionales que lo sometieron a una forma específica de pensamiento".[34] O, como afirma Humberto Martínez:

Los críticos serios de nuestros días saben que Lutero ya no puede ser explicado como un demoníaco figura del infierno, como un hombre moralmente abandonado o como un enfermo mental. Tampoco habita en anécdotas trilladas que no pueden explicar nada. No podemos estudiar a Lutero asumiendo que él era un mentiroso o un hombre de mala voluntad. Hoy se acepta sin lugar a duda que Lutero fue un hombre totalmente religioso, y mucho más cristiano que los hombres de su tiempo [. . .] y esto es lo importante.[35]

En su libro *Teología y Misión* en América Latina, el misionólogo luterano Rodolfo Blank argumentó en 1996 que para lograr una comprensión adecuada de la conquista del siglo dieciséis en lo que hoy llamamos América Latina, necesitamos mirar a los grandes conquistadores europeos, no solo como grandes navegantes y soldados, pero también como teólogos y misioneros, una afirmación reafirmada por Luis N. Rivera Pagán en 2021.[36] El historiador paraguayo Pablo Alberto Deiros sostiene que durante el siglo dieciséis esta interpretación también fue expresada por inmigrantes y misioneros autorizados por potencias hegemónicas europeas como Alemania, Holanda, Suecia, Dinamarca, Gran Bretaña y sus empresas comerciales.[37] Los piratas y corsarios de estas naciones comenzaron a navegar cada vez más hacia el continente latinoamericano trayendo Biblias y libros escritos por reformadores europeos, y amenazando con establecer colonias. Si bien al principio los líderes religiosos españoles parecían estar a favor de la circulación de la Biblia en español (probablemente la producida por Casiodoro de Reina en 1569), a medida que la lectura y difusión de la Biblia se identificó cada vez más con el surgimiento del protestantismo, la Inquisición comenzó a prohibir esta difusión, especialmente de aquellos en lengua vernácula.[38]

En un estudio de 1961 que conmemora el cuarto centenario de la muerte de Bartolomé Welser, Juan Friede ofrece uno de los exámenes más completos de la conquista de Venezuela por los Welser entre 1528 y 1551.[39] Este estudio, utilizando la mejor investigación disponible en ese momento, describe la realidad de la primera cara de lo que los historiadores llaman la conquista, pacificación y colonización de las Américas, para desafiar algunas de las peores acusaciones de los primeros cronistas coloniales españoles e incluso de algunos historiadores modernos, sobre esta empresa alemana.[40]

Los Welser eran una empresa comercial alemana liderada por Bartolomé y Antonio Welser, que tenía su principal centro de actividades en Augsburgo (Alemania), así como filiales en Sevilla y Zaragoza (España), donde controlaban el mercado del azafrán.[41] Aunque principalmente era una empresa comercial, a veces los Welser prestaban dinero a Carlos V (emperador del Sacro Imperio Romano Germánico).

A cambio de uno de estos préstamos, los Welser pidieron que se les concediera el derecho a establecer una empresa comercial en Venezuela. Esta debía ser considerada una empresa local con la iniciativa y dirección de su fábrica establecida en Sevilla, que había extendido su negocio de importación y exportación, primero a Santo Domingo, y luego a Venezuela, incorporando así el Nuevo Mundo a su mercado comercial.[42] En su libro *Historia del protestantismo en América Latina,* Jean-Pierre Bastian relata la historia de que en 1526, para financiar su boda con Isabel de Portugal, Carlos V pidió un préstamo a los Welser, su compañía bancaria. A cambio, los Welser pidieron que se les entregara Venezuela. Carlos V aceptó el canje y autorizó a Enrique Ehinger y Jerónimo Sayler a emprender la conquista y colonización de Venezuela. Estos banqueros alemanes transfirieron sus derechos a Ambrosio Alfinger y Georg Ehinger en 1528. Alfinger se convirtió en gobernador de la colonia y Nicolás Federman en vicegobernador. Sin embargo, según la mayoría de los estudios católicos romanos de la época, entre ellos de autores como Bartolomé de las Casas, esta empresa alemana era tan inescrupulosa como algunos de los conquistadores españoles más violentos, ya que su principal interés era el oro y el tráfico de esclavos.[43]

Si bien el tráfico de esclavos fue una actividad llevada a cabo por estos colonos alemanes, Friede argumenta que la responsabilidad de las trágicas experiencias de esta conquista y asentamiento violentos debe compartirse con los funcionarios españoles que trabajaban para estos líderes alemanes. De hecho, propiamente hablando, el gobierno de esta colonia no estaba en manos de los alemanes porque los españoles dirigieron el gobierno durante períodos de tiempo más largos. A lo largo de los veintiocho años que duró la colonia, los alemanes gobernaron solo cinco; el resto del tiempo fue gobernada por regentes o funcionarios españoles.[44]

La cuestión de si esta colonia alemana se convirtió en luterana o no ha sido debatida por muchos estudiosos. Varios historiadores distinguidos, entre ellos Jean-Pierre Bastian,[45] Lars P. Qualben[46] y Pablo Alberto Deiros,[47] sostienen que estos colonos alemanes, originarios de la región de Augsburgo, ya habían abrazado las ideas del luteranismo.[48] Otros, como Roberto Huebner y Rodolfo Blank, afirman que carecemos de pruebas suficientes para suponer que estos alemanes se habían convertido al luteranismo.[49] Ciertamente, el hecho es que, dados sus orígenes extranjeros y la sospecha de ser luteranos[50], estuvieron expuestos, más

que otros, a los ataques de la gente de la colonia, así como a los que
provenían de los cronistas coloniales contemporáneos, y otras autoridades coloniales y cronistas coloniales posteriores.[51]

Los primeros luteranos caribeños

En su informe de 1987 sobre "El luteranismo en el Caribe", Vernon H.
Naffier, pastor jubilado y profesor de religión y filosofía en la Universidad
Grand View en Des Moines, Iowa, ofrece una valiosa revisión histórica
de las misiones luteranas en el Caribe.[52] En este informe, Naffier afirma
que si bien la primera congregación luterana fue establecida en 1666
por los daneses en Santo Tomás en las Islas Vírgenes,[53] la expresión luterana también estuvo presente durante los siglos diecisiete y dieciocho
en Surinam (1664)[54] y Guyana (1743).[55]

A pesar del hecho de que el primer asentamiento holandés en lo
que ahora llamamos Guyana se estableció en 1616,[56] no se organizó allí
una congregación luterana hasta el 15 de octubre de 1743. Sin embargo,
en 1664, el laico luterano austroalemán, barón Justiniano Ernst von
Welz, nativo de Chemnitz, Sajonia, se embarcó hacia Surinam, en
ese momento conocida como Guyana Holandesa, para comenzar su
compromiso con el trabajo misionero. La intención original de Von
Welz era enviar a un pastor luterano como misionero extranjero, pero
al no haber podido convencer a sus compañeros luteranos de establecer
un programa de misión en el extranjero, Welz viajó a Holanda, fue
ordenado por un pastor luterano allí y emprendió una misión luterana
en Surinam por un período de cuatro años hasta su muerte en 1668.[57]

De hecho, Johann Heinrich Ursinus, el superintendente de la iglesia
de Ratisbona, y considerado uno de los líderes más respetados de la ortodoxia luterana en su época, reprochó a Welz haber caído presa de fala-
cias satánicas autoproclamadas. Ursinus pronunció denuncias sobre las
opiniones de Welz y advirtió a todos los cristianos que evitaran dejarse
seducir por sus ideas, que atribuyó al estímulo de teósofos, cuáqueros y
seguidores de Thomas Müntzer.[58]

Según Scherer, el fracaso de Welz en recibir el apoyo de la iglesia
y de la sociedad cristiana de la época puede atribuirse a varias causas:
i) Su entusiasmo religioso personal y su creencia en revelaciones espirituales privadas que lo llevaron a ser considerado un paria por los teólogos
luteranos ortodoxos dominantes; ii) su feroz e irritable ataque contra el

clero, que fue ingenuo y no del todo justificado;[59] iii) sus asociaciones
con el joven entusiasta religioso Johan Georg Gichtel, a quien conoció en
Ratisbona, y con el pastor Friedrich Breckling. Ambos ya eran considerados parias religiosos y notoriamente polémicos que brindaron hospitalidad a Welz mientras estaban en Holanda, y fue Breckling quien
ordenó a Welz como "apóstol de los paganos"; iv) la fuerte oposición de
Ursinus al proyecto misionero de Welz; v) la opinión de las autoridades
políticas que consideraron inoportuna e inviable la aventura misionera
de Welz; y vi) el hecho de que, si bien la ortodoxia luterana estaba
cambiando lentamente, aún no había estado expuesta a la influencia de
la reforma espiritual, lo que influyó negativamente en la causa de Welz.[60]
Sin embargo, a pesar de la incapacidad de Welz para convencer a sus
propios contemporáneos de que se comprometieran con la misión con
los paganos, y su infructuoso esfuerzo misionero personal en la costa de
Surinam, Welz se convirtió en una figura decisiva en la historia de las
misiones luteranas y protestantes.[61]

El 30 de marzo de 1666, Erik Nielsen Smidt, avalado por la
Corona danesa, llegó con su barco y un primer cargamento de colonos
a la isla de Santo Tomás. Además, a bordo del buque también se encontraba un pastor luterano, Kjeld Jensen Slagelse, que antes de salir de
Dinamarca había firmado un acuerdo con Smidt para llevar a cabo
una misión en la colonia. Poco después de su llegada, Smidt murió y
Slagelse se convirtió en el segundo gobernador de la isla.[62] Después
de diecinueve meses difíciles, la colonia fracasó y en 1668 Slagelse
regresó a Dinamarca. Históricamente, la Iglesia Luterana Frederick
en Charlotte Amalie, St. Thomas, (la ciudad que lleva el nombre de
la reina nacida en Alemania de Dinamarca), remonta su comienzo a
1666, es decir, unos años después de que se iniciaran las dos primeras
congregaciones en el continente norteamericano.[63] En 1671, surgió
la Compañía Danesa de las Indias Occidentales y se estableció en el
puerto de Charlotte Amalie. En 1672, Slagelse decidió regresar a Santo
Tomás, pero, como muchos a bordo del barco, murió durante el viaje y
fue enterrado en el mar.[64]

Varios pastores que dirigieron esta aventura misionera durante los
primeros años fueron menos que honorables.[65] Sin embargo, todos los
daneses de la isla estaban obligados a participar en el culto dominical,
de lo contrario podían ser castigados con una multa de veinticinco libras
de tabaco.[66]

Los esclavos fueron traídos a Santo Tomás a principios de los años 1700 y vendidos a otros países. Su destino como africanos esclavizados era el de trabajar en comunidades agrícolas (o en plantaciones) produciendo caña de azúcar, algodón y tabaco. Algunos esclavos resistieron esta carga con rebeliones en St. John (1733) y St. Croix (1848).[67] En su libro sobre la sociedad esclavista y la vida de los esclavos en las Indias Occidentales danesas, Eddie Donoghue argumenta que a veces la resistencia a la esclavitud condujo al *cimarronaje*, o a que los esclavos encontraran[68] refugio dentro de las cuevas y los espesos bosques de la colonia. Cuando estas alternativas ya no estaban disponibles, los esclavos se volcaron al mar para obtener la libertad.[69]

Para los esclavos de San Juan, el estrecho a Tórtola ofrecía la oportunidad de emancipación. Para los de Santa Cruz y Santo Tomás, la isla española de Puerto Rico era considerada el mejor lugar para escapar de los horrores de la esclavitud danesa.[70]

La misión luterana con los esclavos comenzó solo después de que los moravos se dedicaron a tal práctica durante la segunda mitad del siglo dieciocho.[71] Una característica de esta misión luterana en el Caribe fue establecer una congregación para los daneses y otra separada para los esclavos. Eventualmente, particularmente después de la abolición de la trata de esclavos en las Islas Vírgenes (1792), estos servicios separados desaparecieron.

Después de incorporar la isla de San Juan a su gobierno en 1717, los daneses establecieron la Iglesia Luterana de Nazaret en Cruz Bay, San Juan. Una misión luterana en Santa Cruz comenzó en 1736 con la llegada del reverendo Gunder Thomas Snydermann, después de que Dinamarca comprara la isla a Francia en 1733.[72]

Además de la contribución de los pastores, hubo algunos trabajadores laicos importantes, como la hermana Emma Francis (1875–1945), que hicieron contribuciones significativas en la expansión de la misión luterana en las Islas Vírgenes. La hermana Francis fue la primera diaconisa negra de la Iglesia Luterana en los Estados Unidos. Nació en San Cristóbal y se formó para ser misionera en la Casa Madre de las Diaconisas Interdenominacionales en Friedenshort (Alemania). En 1907, después de su formación, fue enviada a las Indias Occidentales Danesas para trabajar en el Orfanato Ebenezer en Frederiksted, St. Croix, conocido hoy como el Hogar para Niños Queen Louis.[73]

Si bien existían otros enclaves del luteranismo en el Caribe y América Latina,[74] dada la proximidad geográfica de las Islas Vírgenes a Puerto Rico, comerciantes, esclavos y otras personas interesadas se dirigieron al archipiélago de Puerto Rico difundiendo su expresión religiosa luterana abiertamente o de manera oculta.[75] Naffier afirma que,

En 1743, los plantadores holandeses de Nueva Ámsterdam (un asentamiento holandés iniciado en 1627 en el río Berbice en lo que ahora se conoce como Guyana) se reunieron en la casa de Lodewyk Abbensetts, un laico luterano de Holanda, para establecer una congregación luterana. En la segunda de sus reuniones se celebró el 15 de octubre de 1743, que se considera la fecha de la organización de la congregación. Otras congregaciones misioneras luteranas se establecieron en Venezuela (1893), Cuba (1912), Trinidad (1947), en Jamaica a través de la participación en el Colegio Teológico Unido de las Indias Occidentales (1962), las Bahamas (1969), en Haití (1975), y Antigua (1976).[76]

El primer caso de luteranismo procesado en Puerto Rico

Ya que nuestro estudio se enfoca en la misión luterana en Puerto Rico, mientras que la presencia luterana en el archipiélago suele situarse en 1898 con la llegada de Gustav Sigfried Swensson, un seminarista del Seminario Augustana en Illinois,[77] como hemos visto, estudios más recientes lo remontan a la época de Alonso Manso (1465–1539), el primer obispo católico romano de Puerto Rico.[78] En su libro *La Inquisición Española y las supersticiones en el Caribe hispano, siglo XVI*, Pablo L. Crespo Vargas sostiene que el 7 de enero de 1519 Manuel Alonso fue nombrado Inquisidor de Indias. Como inquisidor, Manso asistió al caso del maestre Juan, probablemente el primer caso de luteranismo procesado en Indias.[79] En su estudio sobre los Welser en Venezuela, Friede coincide con Crespo en declarar que, en sus cartas a las autoridades españolas en España, el obispo Rodrigo de Bastidas (que también

llegó a ser gobernador de la empresa alemana en Venezuela, y después de
Alonso Manso, obispo en Puerto Rico), les informó del caso de herejía
luterana planteado contra el maestre flamenco Juan, quien fue enviado al
inquisidor en San Juan, Puerto Rico porque había sido infectado con tal
"lepra".[80] Otros dos distinguidos historiadores del siglo dieciséis, Vicente
Murga Sanz y Álvaro Huerga, apoyan esta afirmación en sus estudios.[81]
El importante estudio sobre la historia de la Iglesia en Hispanoamérica
editado por Pedro Borges también confirma esta afirmación.[82]

Observaciones finales

En este capítulo, comencé examinando algunos aspectos importantes
de la identidad luterana. Dado que Martín Lutero no estaba dispuesto
a usar su nombre para describir su desafío a la experiencia dominante
de la cristiandad en Alemania del siglo dieciséis, una buena manera
de describirlo es como un movimiento de reforma dentro de la Iglesia
Católica. Eventualmente, los colegas y seguidores protestantes de Lutero
adoptaron el término *Luterano* para nombrar este movimiento, una
tendencia que se extendió rápidamente en toda Europa y más tarde en
todo el mundo.

Después, consideré brevemente lo que la historiografía luterana
dominante ha observado con respecto a la noción de misión, desde el
siglo dieciséis hasta el siglo diecinueve. Luego examiné brevemente la
experiencia misionera luterana que tuvo lugar en el Caribe durante esos
siglos. El propósito de este estudio fue el de proporcionar una mejor
comprensión de la manera en que la mayoría de los líderes luteranos, y
particularmente aquellos procedentes de los Estados Unidos, concibi-
eron como su participación misionera en Puerto Rico a finales del siglo
diecinueve. Concluí el capítulo mencionando algunos de los desafíos
que protestantes extranjeros, y en particular la comunidad esclavista en
las islas del Caribe tuvo que enfrentar al emigrar a Puerto Rico, donde
la expresión dominante del cristianismo ha sido, desde el siglo dieciséis,
el catolicismo romano.

Notas

1. Para abordar esta dificultad, "En 1976, el Congreso de los Estados
    Unidos aprobó una ley que ordenaba la recopilación y el análisis de
    datos para un grupo étnico específico: estadounidenses de origen o

ascendencia española. El lenguaje de esa legislación describía a este grupo como estadounidenses que se identifican a sí mismos como de origen hispanohablante y rastrean su origen o descendencia de México, Puerto Rico, Cuba, América Central y del Sur, y otros países de habla hispana. Las normas para la recopilación de datos sobre los hispanos fueron desarrolladas por la Oficina de Administración y Presupuesto (OMB, por sus siglas en inglés) en 1977 y revisadas en 1997". ¿Quién es hispano? | Pew Research Center. consultado el 18 de enero de 2023. https://www. pewresearch.org/short-reads/2022/09/15/who-is-hispanic/. Ley Pública 94–311 94º Congreso (16 de junio de 1976) 311.pdf (house.gov).

2. Pew Research Center, "¿Quién es hispano?"

3. Selbst historisch hat die theoretische Emancipation eine spezifisch praktische Bedeutung für Deutschland. Deutschlands *revolutionaire* Vergangenheit ist nämlich theoretisch, es ist die *Reformation*. Wie damals der *Mönch*, so ist es jetzt der *Philosoph*, in dessen Hirn die Revolution beginnt. La traducción al español es mía.

   Luther hat allerdings die Knechtschaft aus *Devotion* besiegt, weil er die Knechtschaft aus *Ueberzeugung* an ihre Stelle gesetzt hat. Er hat den Glauben an die Autorität gebrochen, weil er die Autorität des Glaubens restaurirt hat. Er hat die Pfaffen in Laien verwandelt, weil er die Laien in Pfaffen verwandelt hat. Er hat den Menschen von der äussern Religiosität befreit, weil er die Religiosität zum innern Menschen gemacht hat. Er hat den Leib von der Kette emancipirt, weil er das Herz in Ketten gelegt.

   Aber, wenn der Protestantismus nicht die wahre Lösung, so war er die wahre Stellung der Aufgabe . . . Eine radikale Revolution kann nur die Revolution radikaler Bedürfnisse sein, deren Voraussetzungen und Geburtsstätten eben zu fehlen scheinen. Karl Marx, *Zur Kritik der Hegel'schen Rechts-Philosophie,* https://de.wikisource.org/wiki/Zur_Kritik _der_ Hegel'schen_ Rechtsphilosophie, consultado el 29 de junio de 2019.

4. Karl Marx, *Critique of Hegel's Philosophy of Right,* (*Crítica de la filosofía del derecho de Hegel*), ed. Joseph O'Malley (Cambridge: Cambridge University Press, 1970), 137–39.

5. Véase, por ejemplo, el trabajo de Alvin J. Schmidt, donde argumenta: "En 1970, una encuesta representativa a nivel nacional preguntó a los luteranos ¿qué creían como miembros de la Iglesia Luterana Americana (ALC), la Iglesia Luterana en América (LCA) y la Iglesia Luterana-Sínodo de Missouri (LCMS), ¿los tres organismos que representaban a unos nueve millones de luteranos? Dos años más tarde, el resultado de la encuesta apareció en 'A Study of Generations'. El estudio informó que muchos luteranos tenían una serie de creencias incompatibles con la teología luterana básica. Alvin J. Schmidt, *Hallmarks of Lutheran Identity* (St. Louis: Concordia Publishing House, 2017), 9–14.

6. Martín Lutero, " The Christian in Society II," in *Luther's Works* Vol. 45, ed. Walther I. Brandt, gen. ed., Helmut T. Lehman (Philadelphia: Muhlenberg Press, 1962), 70–71. Para un interesante estudio de la vida y las contribuciones de Martín Lutero, véase, Bernhard Lohse, *Martin Luther: An Introduction to His Life and Work* (Philadelphia: Fortress Press, 1986), Robert Kolb, *Martin Luther: As Prophet, Teacher, and Hero (Grand Rapids: Baker Books, 1999)*, y Lindal Roper, *Martin Luther: Renegade and Prophet?* (New York: Random House, 2017). Un valioso estudio sobre Martín Lutero desde una perspectiva latinoamericana es, Walter Altmann, *Lutero e libertação* (São Leopoldo: Editora Sinodal, 2016).

7. James A. Scherer, *Gospel, Church, & Kingdom: Comparative Studies in World Mission Theology* (Minneapolis: Augsburg, 1987), 51–52. Un importante estudio de la historia del luteranismo es proporcionado por Lewis W. Spitz, *The Protestant Reformation* 1517–1559 (Nueva York: Harper & Row, Publishers, 1985); también, Eric W. Gritsch, *A History of Lutheranism* (Minneapolis: Fortress Press, 2002). En términos de una descripción del desarrollo del luteranismo en América del Norte, véase, Mark Granquist, *Lutherans in America: A New History* (Minneapolis: Fortress Press, 2015).

8. Eric W. Gritsch, *A History of Lutheranism* (Minneapolis: Fortress Press, 2002), xi.

9. Scherer, *Gospel, Church, & Kingdom*, 51.

10. Scherer, *Gospel, Church, & Kingdom*, 54. También Gustav Warneck, *Outline of the History of Protestant Missions from the Reformation to the Present Time* (New York/Chicago/Toronto: Fleming H. Revell, 1902), 10.

11. Mientras que "en el período inmediatamente anterior al pietismo, los luteranos levantaron obstáculos casi insuperables para el desarrollo de una tradición misionera positiva, el surgimiento del pastor luterano Philip Jakob Spener (1635–1705), el 'padre del pietismo', planteó nuevas tareas y objetivos que prepararon el terreno para el impulso misionero". Scherer, 70–71. Es valioso señalar en este punto que el Seminario Luterano de Filadelfia, junto con el Seminario Augustana de Rock Island (Illinois), en el que los primeros misioneros luteranos norteamericanos que fueron a Puerto Rico hicieron sus estudios teológicos, fueron ambos muy influenciados por la Universidad de Halle (Alemania) en su perspectiva misionera. Los incentivos pietistas mencionados anteriormente fueron desarrollados por August Hermann Francke en la Universidad de Halle.

12. Scherer, *Gospel, Church, & Kingdom*, 55. Véase también Otto Hardeland, ed., *Gesschichte der lutherischen Mission nach den Vorträgen des Prof. D. Plitt* vol. 1 *Historia de la Iglesia Luterana Misión según las conferencias*

del Prof. D. Plitt vol. 148 (Leipzig: A. Deichertsche Verlagsbuchandlung, 1894–95). Theodore Bachmann y Mercia Brenne Bachmann sostienen que "los luteranos en África remontan sus inicios a tales comienzos dispersos como La Iglesia de la calle Strand en la Ciudad del Cabo, fundada en la década de 1780 entre colonos alemanes, y los primeros esfuerzos misioneros entre los negros en Sudáfrica en la década de 1820. Otros esfuerzos misioneros luteranos comenzaron en Liberia, Eritrea, Etiopía y Madagascar en la década de 1860, y en Tanzania en la década de 1880. En China, "la misión luterana se desarrolló en dos etapas, y principalmente en dos regiones de la vasta nación. Primero llegó una sucesión de misioneros de Alemania a Cantón y a la provincia de Kwangtung. A los pioneros (1846) de las sociedades de Basilea y Renana les siguieron los de Berlín (1850). En 1898 Berlín comenzó a trabajar también en la ciudad portuaria nororiental de Ch'ing-Tao (Tsingtao), pero transfirió esta a la Iglesia Luterana Unida en América en 1925", Bachmann and Bachmann, *Lutheran Churches in the World*, 160.

13. Scherer, *Gospel, Church, & Kingdom*, 55.

14. Véase Johannes Aagaard, "Missionary Theology", en *The Lutheran Church Past and Present*, ed. Vilmos Vajta (Minneapolis: Augsburg, 1977), 206–10. Para una interpretación luterana de *la missio Dei,* véase George F. Vicedom, *The Mission of God: An Introduction to a Theology of Mission* (St. Louis: Concordia, 1965).

15. Scherer, *Gospel, Church, & Kingdom*, 55–66. Para una exploración más detallada de este tema, véase Paul Drews, "The Views of Reformation Theologians on the Mission to the Gentiles", *Journal of Practical Theology* 19 (1897): 1–26. También, Volker Stolle, *Kirche aus allen Völkern: Luther-Texte zur Mission* (*Iglesia de todas las Naciones: Textos de Lutero sobre la Misión*) (Erlangen: Verlag der evangelischen lutherischen Mission, 1983); H. W. Gensichen, "Were the Reformers Indifferent to Mission?" *History's Lessons for Tomorrow's Mission* (Geneva: WSCF, 1960), 119–127; H. Dörries, "Luther un die Heidenpredigt", "Mission und Teologie (Göttingen: H. Reise, 1953), 61–77; W. Maurer, " Reformation und Mission," *Lutherisches Missionsjahrbuch* (Reforma y Misión," Anuario de la Misión Luterana), 1963, 20–41; Adolf Schlatter, "Luther und die Mission,"("Lutero y la misión"), *Evangelisches Missionsmagazin* 61: 7 (1917): 281–288; Heinrich Frick, *Die evangelische Mission: Ursprung, Geschichte, Ziel* (*La misión evangélica: origen, historia, meta*) [Bonn y Leipzig: Kurt Schröder Verlag, 1922]; Paul Althaus, "Um die Reinheit der Mission," (A la pureza de la misión), *Evangelical Mission Journal* 10 (1953): 97–104; Martin Kähler, *Angewandte Dogmen: Dogmatische Zeitfragen* (*Dogmas aplicados: cuestiones dogmáticas del tiempo*) [Leipzig: 190], 2:340 y ss.; Karl Holl, "Luther und die Mission," (Lutero y

la misión") *Gesammelte Aufsätze zur Kirchengeschichte*, Vol. 3: Der Western Lutero y la Misión", *Collected Essays on Church History*, Vol. 3: (Tübingen: J.C.B. Mohr-Paul Siebeck, 1928), 234–243.

16. Para un análisis más exhaustivo de este tema, véase James Arnold Scherer, "The Relation of Mission and Unity in Lutheranism: A Study in Lutheran Ecumenics", una disertación presentada en cumplimiento parcial de los requisitos para el grado de Doctor en Teología en el Union Theological Seminary de la ciudad de Nueva York (1968), 6–14.

17. Scherer, *Gospel, Church, & Kingdom*, 66.

18. "La fórmula adoptada en la Paz de Augsburgo (1555), por la cual se permitió a los príncipes del Imperio decidir si la religión de sus tierras debía ser católico romana o Luterana". *Cuius regio, eius religio*—Oxford Reference, consultado el 9 de agosto de 2023.

19. Scherer argumenta que, de acuerdo con esta práctica, "los príncipes luteranos, especialmente de Suecia y Dinamarca, llevaron a cabo misiones territoriales en sus posesiones de ultramar, enviando capellanes para predicar el evangelio tanto a cristianos como a no cristianos, Scherer, *Gospel, Church, & Kingdom*, 67.

20. Scherer, *Gospel, Church, & Kingdom*, 68.

21. Scherer, *Gospel, Church, & Kingdom*, 69–70. Para un análisis más completo de la vida, los escritos y el significado misionero de Justiniano Von Welz, véase James A. Scherer, *Justinian Welz: Essays by an Early Prophet of Mission* (Grand Rapids, MI: William B. Eerdmans, 1969).

22. "En su ensayo programático, *Pia Desideria* (1675), Spener propuso un uso más extenso de las Escrituras por parte de individuos y grupos, el ejercicio diligente del sacerdocio espiritual de los laicos, la visión de que el cristianismo consiste más *en la práctica (praxis pietatis)*, que en la teoría, la reforma en la educación teológica; y un énfasis en la edificación, más que en la erudición, en los sermones, y la educación religiosa". Scherer, *Gospel, Church, & Kingdom*, 71.

23. Para un buen estudio de esta aventura misionera india, véase, Peter Vethanayagamony, *It Started in Madras: The Eighteenth-Century Lutheran-Anglican Ecumenical Ventures in Mission and Benjamin Schultze* (Delhi: ISPCK, 2010).

24. Para un análisis más detallado de la contribución del pietismo a la obra misionera luterana, así como de las fortalezas y debilidades de este esfuerzo, véase, Vethanayagamony, *It Started in Madras*, 71–73. También, Scherer, " The Relation of Mission and Unity in Lutheranism," 20–32; *Pietists: Selected Writings*, ed. Peter C. Erb (New York, Ramsey and Toronto: Paulist Press, 1983); Gary R. Sattler, *God's Glory, Neighbor's Good: A Brief Introduction to the Life and Writings of August Hermann Francke* (Chicago: Covenant, 1982); Margaret R. Seebach, *An Eagle of*

the Wilderness the Story of Henry Melchior Muhlenberg (Philadelphia: The United Lutheran Publication House, 2004).

25. Scherer, *Gospel, Church & Kingdom,* 73–78. También, Scherer, "The Relation of Mission and Unity in Lutheranism," 32–53.

26. Scherer, *Gospel, Church & Kingdom,* 75.

27. Scherer, "The Relation of Mission and Unity in Lutheranism," 37. El impacto de este énfasis confesional en los Estados Unidos se estableció en el Sínodo de la Iglesia Luterana de Missouri, formado en 1847 por personas relacionadas con la emigración sajona de 1839 a América del Norte. Esta corriente específica del luteranismo representó el desarrollo definitivo de los principios confesionales y separatistas en el luteranismo. Scherer, " The Relation of Mission and Unity in Lutheranism," 50.

28. Sin embargo, "una vez que el marco de la propaganda confesional quedó atrás, los misioneros del Sínodo de Missouri se encontraron con las mismas tareas de proclamación evangélica y adaptación misionera que otros grupos". Scherer, "The Relation of Mission and Unity in Lutheranism,", 51. También, F. D. Lueking, *Mission in the Making: The Missionary Enterprise among Missouri Synod Lutherans, 1346–1963* (St. Louis: Concordia Publishing, 1964), 227.

29. Scherer, "The Relation of Mission and Unity in Lutheranism," 54.

30. Scherer, " The Relation of Mission and Unity in Lutheranism," 54–88.

31. Alicia Mayer, *Lutero en el Paraíso: La Nueva España en el espejo del reformador alemán* (México: Fondo de Cultura Económica, 2008), 20–21.

32. Mayer, *Lutero en el Paraíso, 20–1.* Algunos de estos eruditos también sostienen que Dios había concedido estas tierras a la Iglesia católica romana como reparación por las tierras perdidas por la Reforma de Martín Lutero. Véase, por ejemplo, Bachmann and Bachmann, *Lutheran Churches in the World,* 458.

33. En su estudio, Jean-Pierre Bastian también menciona la colonia hugonote en Río de Janeiro (1555–60), su otro intento en Florida (1564–65) y la experiencia calvinista holandesa en Brasil (1630–1654), Jean-Pierre Bastian, *Historia del protestantismo en América Latina* (México: Casa Unida de Publicaciones, 1986), 46–57.

34. Mayer, *Lutero en el Paraíso,* 395–96.

35. Mayer, *Lutero en el Paraíso,* 396. Véase también, Humberto Martínez, *Humanismo y Reforma. Ensayos sobre Erasmo y Lutero* (Monterey, Nuevo León: Secretaría de Educación y Cultura, 1987), 162.

36. Roberto Blank, *Teología y Misión en America Latina* (St. Louis: Concordia Publishing House, 1996), 7. Luis N. Rivera Pagán hace una afirmación similar en su libro, *Historia de la conquista de América: Evangelización y violencia* (Barcelona: CLIE, 2021) 2.

37. Pablo Alberto Deiros, *Historia del Cristianismo en América Latina*
     (Florida y Buenos Aires: Fraternidad Teológica Latinoamericana,
     1992), 587. En su voluminosa obra sobre la conquista de América, Luis
     N. Rivera Pagán sostiene que: "Los debates españoles del siglo dieciséis
     [sobre la conquista española de América durante el siglo XVI] tuvieron
     una peculiaridad que el historiador tiene que entender y respetar si no
     quiere que sean distorsionados. Se dedicaban principalmente a la concep-
     tualidad teológica y religiosa. Tal vez el principal defecto de los estudios
     modernos de la época consista en no reconocer la primacía del discurso
     teológico en la producción ideológica del siglo dieciséis. Verdaderamente,
     los conquistadores españoles de las Américas fueron impulsados por su
     búsqueda de Dios, oro y gloria. Pero fue el lenguaje relacionado con Dios
     -*la teología*- el que sirvió para racionalizar la avaricia y la ambición, y
     no al revés. Fue la religión la que intentó sacralizar el dominio político
     y la explotación económica". Luis N. Rivera, *A Violent Evangelism:
     The Political and Religious Conquest of the Americas* (Louisville, KY:
     Westminster/John Knox Press, 1992), xv. Para apoyar su afirmación,
     Rivera hace referencia a las obras de eruditos del siglo dieciséis como
     Antonio León Pinelo (1590–1660), quien escribió un libro titulado *El
     Paraíso en el Nuevo Mundo: Comentario apologético, historia natural y
     peregrina de las Indias Occidentales* (1696), el franciscano Bernardino
     de Sahagún 1499–1590, *Historia general de las cosas de Nueva España*
     (1577), Fray Toribio de Motolina (1489/1491–1569), *Historia de los
     indios de la Nueva España: Relación de los ritos antiguos, idolatrías y
     sacrificios de los indios de la Nueva España, y de la maravillosa conversión
     que Dios en ella ha obrado* (1536), y muchas otras.
38. Deiros, *Historia del Cristianismo en América Latina*, 590–591.
39. Juan Friede, *Los Welser en la conquista de Venezuela (Caracas y Madrid:
     Edición conmemorativa del IV centenario de la muerte de Bartolomé
     Welser,* líder de la compañía alemana de Augsburgo, 1961). Esta colonia
     alemana en Venezuela parece ser importante en la historia alemana,
     dado que algunos libros contemporáneos sobre historia alemana la
     incorporan en su narrativa. Véase, por ejemplo, "Die Macht der Welser
     beruhte vor allem auf them Uberseehandel. 1528 verpflichteten sie sich
     in einerm Vertrag mit der spanischen Krone, den Sklavenhandel mit
     America zu organisieren. Die erste Lieferung bestand aus Negersklaven.
     Um den Bergbau in den neuentdeckten Gebietenbeschleunigt zu
     entwickeln, brachten die Welser dreißig deutsche Bergleute nach
     America. In Venezuela gründeten sie sogar eine eigene Kolonie, die sie
     jedoch bald wierder aufgeben mußten. Es fehlte eine starke national
     staatlich orientieren Monarchie, die den deutschen Unternehemern auf
     dem Weltmarkt einen Rückhalt hätte geben können." ("El poder de los

Welser se basaba principalmente en su comercio de ultramar. En 1528, en un tratado con la corona española, se comprometieron a organizar el comercio de esclavos con América. El primer cargamento consistía en esclavos negros. Con el fin de acelerar el desarrollo de la minería en las áreas recién descubiertas, los Welser trajeron treinta mineros alemanes a América. Incluso fundaron su propia colonia en Venezuela, a la que pronto tuvieron que renunciar. Faltaba una monarquía fuerte y orientada al Estado nacional que pudiera haber dado a los empresarios alemanes un respaldo en el mercado mundial."), la traducción al español es mía. *Deutsche Geschichte von den Anfangen bis 1789* (Berlin: VEB Deutscher Verlag der Wissenschaften, 1974), 471.

40. Friede, *Los Welser en la conquista de Venezuela*, 13–25.
41. La especia se origina en una flor llamada *crocus sativus*, comúnmente conocida como "azafrán." Se cree que el azafrán se originó y se cultivó por primera vez en Grecia, pero hoy en día la especia se cultiva principalmente en Irán, Grecia, Marruecos e India. Si bien la producción a microescala de azafrán existe en los Estados Unidos, la mayor parte del azafrán que se encuentra aquí es importado. ¿Qué es el azafrán, la especia más legendaria del mundo? | Bon Appétit (bonappetit.com), consultado en 20/07/2023.
42. Friede, *Los Welser en la conquista de Venezuela*, 21.
43. El valioso estudio de Voloida Telelboim afirma que al parecer estos colonos alemanes vendieron a más de un millón de nativos como esclavos en los mercados de Santa Marta, Jamaica, las islas San Juan y la Nueva España, donde se encontraba el tribunal de la Real Audiencia. Voloida Telelboim, *El amanecer del capitalismo y la conquista de América* (La Habana: Casa de las Américas, 1979), 150. Para un valioso estudio sobre el cristianismo y la esclavitud en el Caribe, véase Armando Lampe, "Christianity and Slavery in the Dutch Caribbean", en, *Christianity in the Caribbean: Essays on Church History* Armando Lampe ed. (Barbados, Jamaica, Trinidad y Tobago: University of the West Indies Press, 2001), 126–52. También, Keith Hunte, " Protestantism and Slavery in the British Caribbean," in, *Christianity in the Caribbean: Essays on Church History*, 86–125. Un estudio anterior y fundacional sobre este tema es *Escravidao Negra e História da Igreja na América Latina e no Caribe,* ed. J.O. Beozzo (Petrópolis: Vozes, 1987).
44. Friede, *Los Welser en la conquista de Venezuela*, 37–41. La razón de incorporar esta información es para desafiar algunas de las críticas que Bartolomé de Las Casas escribió sobre el enfoque de los Welsers hacia los pueblos indígenas en Venezuela en sus libros.
45. Bastian, "Protestantismo colonial, 1492–1808", en *La Iglesia en América Latina 1492–1992* ed. Enrique Dussel (Nueva York, Orbis Books, 1992), 314.

46. Lars P. Qualben, *A History of the Christian Church* (New York: Thomas Nelson & Sons, 1940), 415 n3. M. Baralt sostiene que el padre de Nicolás Federman, vicegobernador de la colonia, fue uno de los firmantes de las Confesiones de Augsburgo. M. Baralt, *Historia de Venezuela* (París: Desclée de Brower, 1939), 36–37.

47. Deiros, *Historia del Cristianismo en América Latina*, 591–94. Deirós argumenta que Nicolás Federman (1501–1542) quien fue vicegobernador de la colonia alemana junto con Ambrosio Alfinger, era hijo de Claus Federmann, quien firmó la Confesión de Augsburgo (el fundamento de la doctrina luterana) en 1530. Rafael María Baralt y Pérez (distinguido diplomático e historiador venezolano) y Sidney Roy también afirman que Federman era luterano.

48. Recientemente, Mark Granquist, un distinguido historiador luterano norteamericano, se une a estos historiadores protestantes latinoamericanos para afirmar que: "A principios del siglo dieciséis se fundó una colonia comercial alemana en Venezuela, que podría haber contenido luteranos, pero esta empresa se derrumbó rápidamente". Mark Granquist, *Lutherans in America: A New History* (Minneapolis: Fortress Press, 2015), 59.

49. Blank, *Teología y misión en America Latina*, 159–60.

50. Friede argumenta que esta sospecha se basaba, en parte, en una neutralidad cuestionable que los Welser expresaron en las luchas religiosas que desgarraron a Europa en ese momento, así como en el hecho de que las familias Alfinger y Federman brindaron un apoyo directo al movimiento de la Reforma. Friede, *Los Welser en la conquista de Venezuela*, 23–24.

51. Friede, *Los Welser en la conquista de Venezuela*, 7. Mientras que algunos miembros de la familia Welser apoyaron la causa católica romana, otros como Hans Welser y Ulrich Welser (que representaron a la ciudad de Augsburgo en diferentes momentos) se convirtieron en firmes defensores del movimiento protestante. Friede, *Los Welser en la conquista de Venezuela*, 82.

52. Vernon H. Naffier, " Historical Sketch of Lutheranism in the Caribbean" (unknown binding)—January 1, 1987.

53. Naffier, "Historical Sketch of Lutheranism in the Caribbean," 50–5.

54. Naffier, 21–36.

55. Naffier, 3–20.

56. Naffier, 3.

57. Naffier, 3, 21. Scherer afirma que "no hay registro de su actividad en Surinam, ni de la causa de su muerte. Phillip Jakob Spener registra que se informó que Welz había sido despedazado por bestias salvajes. Una causa más probable de muerte es la malaria. Groessel, el editor alemán de los escritos de Welz, comenta: "Así murió Justiniano von Welz, solitario

y abandonado, un sacrificio a su propia vocación elegida por él mismo, un modelo esclarecedor para todos los tiempos de valor fiel y gozosa disposición a dar todo, incluso la propia vida, por amor a Cristo". Scherer, *Gospel, Church, & Mission*, 22. La historia de la vida de Welz es contada por W. Grössel en *Justinianus von Weltz, der Vorkämpfer der lutherischen Mission* (Leipzig: Akademische Buchhandlung, 1891); cf. también Grössel, *Die Mission und die evangelische Kirche im 17. Jahrhundert* (Perthes 1897), 33–67

58. Scherer, *Justiniano Welz*, 20–21, 106–7. " Why do you [Welz] want to disturb the poor, shattered church of God with still more slanders and curses?... The Jesus-Society sought by you has a nice appearance, but it is un-Christian, without command, promise, and precedent, yes, clearly against God and our Savior Jesus... O Justinian! May the dear Lord God preserve us from your Jesus-Society! Those who truly love Jesus already see where Satan is leading, and because they love Jesus, they guard against allowing their reason to be maddened by the roguishness and deception of men and of the devil himself!" *"A Sincere, Faithful and Earnest Admonition to Justinian Concerning His Proposals for the Conversion of Heathenism and the Improvement of Christendom*. Printed in 1664. (No place or author given. Attributed to Ursinus.) Translated from the abbreviated German text found in W. Groessel, *Justinianus von Weltz, der Vorkampfer der lutherischen Mission*, pp. 85–105, by James A. Scherer, *Justinian Welz*, 106–7. (¿Por qué quieres [Welz] perturbar a la pobre y destrozada iglesia de Dios con aún más calumnias y maldiciones?... La Sociedad de Jesús buscada por ustedes tiene una apariencia agradable, pero no es cristiana, sin mandato, promesa y precedente, sí, claramente en contra de Dios y de nuestro Salvador Jesús... ¡Oh Justiniano! ¡Que el amado Señor Dios nos preserve de su Sociedad de Jesús! Los que verdaderamente aman a Jesús ya ven a dónde los lleva Satanás, y porque aman a Jesús, se guardan de no permitir que su razón sea enloquecida por la picardía y el engaño de los hombres y del mismo diablo". La traducción al español es mía.

59. En 1664, y en respuesta a la reacción negativa que los miembros del Corpus Evangelicorum expresaron en Ratisbona a su proyecto misionero, Welz escribió el tratado *Eine wiederholte loyale und ernste Mahnung und Ermahnung, die Bekehrung ungläubiger Völker in Angriff zu nehmen*, Amsterdam, 1664 (Un repetido recordatorio y advertencia leal y ferviente para emprender la conversión de los pueblos incrédulos) donde reprendió fuertemente a los delegados del Corpus Evangelicorum, y atacó a su clero, eruditos, predicadores y gobernantes contemporáneos. Véase la traducción hecha de extractos de este tratado por James A. Scherer en *Justinianus von Welz*, 91–6.

60. Scherer, *Justinianus von Welz*, 22–3.
61. Para un análisis más detallado de las notables contribuciones de Welz en la historia de las misiones, véase " Welz's Place in the History of Missions, en Scherer, *Justinianus von Welz*, 36–46.
62. En un reciente artículo de la revista *Living Lutheran* (revista publicada por la Iglesia Evangélica Luterana en América) sobre este tema específico, la autora, Nicolette Peñaranda, afirma que "la casa parroquial de la Iglesia Luterana Frederick fue construida intencionalmente justo al lado de la casa del gobernador en Santo Tomás", porque era una práctica común que cuando el gobernador no estaba en Santo Tomás, el pastor luterano actuaba en su lugar. Nicolette Peñaranda, "The Oldest ELCA Church Resides in the US Virgin Islands," *The Living Lutheran* (January/February 2023): 18.
63. Bachmann and Bachmann, *The Lutheran Churches in the World*, 487.
64. Bachmann and Bachmann, *The Lutheran Churches in the World*.
65. Según Naffier, "Uno de esos pastores fue Theodore Christensen Riisbrick, quien llegó en 1674. Él era un bebedor empedernido que rara vez dirigía servicios de adoración y a menudo se peleaba con el gobernador. Después de que él dejó lisiado a un oficial en una pelea, fue destituido en 1678. Desde entonces y hasta finales de siglo, a la Iglesia Luterana en Santo Tomás se le suplió un párroco por menos de la mitad del tiempo". Naffier, "Historical Sketch of Lutheranism in the Caribbean," 21.
66. Bachmann and Bachmann, *The Lutheran Churches in the World*, 487. Nicolette Peñaranda afirma que "La autoridad de la iglesia era tan sustancial que tenía el poder de encarcelar a quienes no asistían el domingo al servicio. Esa historia está presente hasta el día de hoy: 'Frederick Church? The one that threw people in jail!' La casa parroquial también tenía habitaciones en el piso superior que funcionaban como cárcel para los africanos esclavizados que reprendían la esclavitud". Peñaranda, "The Oldest ELCA Church Resides in the US Virgin Islands," 18.
67. Peñaranda, "La iglesia más antigua de la ELCA reside en las Islas Vírgenes de los Estados Unidos", 18–19.
68. Cimarrón se refiere a una persona africana o afroamericana que se liberó de la esclavitud en las Américas y vivió en pueblos escondidos fuera de las plantaciones. Las personas esclavizadas utilizaron varias formas de resistencia para luchar contra su encarcelamiento, desde la ralentización del trabajo y el daño de las herramientas hasta la revuelta y la huida en toda regla. Algunos pueblos autoliberados establecieron ciudades permanentes o semipermanentes en lugares escondidos no lejos de las plantaciones, un proceso conocido como *cimarronaje*. History and Culture (thoughtco.com), consultado el 19/10/2021.

69. Eddie Donoghue, *Negro Slavery: Slave Society and Slave Life in the Danish West Indies* (Bloomington y Milton Keynes: AuthorHouse, 2007), 181–83. Véase también el interesante informe de que los esclavos de la finca de Jolly Hill tenían la intención de crear disturbios el 29 de marzo de 1801, en Neville A.T. Hall, *Slave Society in the Danish West Indies* (Mona: The University of the West Indies Press, 1992), 27–28.

70. Donoghue, *Negro Slavery,* 181. Peñaranda afirma que, en el caso de la isla de San Juan, los esclavos africanos estaban tan desesperados por su libertad, que en Mary's Point, que dominaba la orilla de Tórtola, saltaron al océano sufriendo la posibilidad de la muerte. "Hoy en día continúan las historias sobre tiburones que se detienen en ese acantilado donde la gente afirma ver rojo en el agua". Peñaranda, "The Oldest ELCA Church Resides in the US Virgin Islands," 19.

71. Naffier argumenta que "ocurrieron ministraciones aisladas a los esclavos. El primer bautismo de un esclavo, realizado por el pastor Christian Fischer de la Iglesia Luterana, tuvo lugar en 1713." Naffier, "Historical Sketch of Lutheranism in the Caribbean," 51. Otra excepción notable "fue el ministerio del reverendo Hans Jacob Ottesen Stoud, quien sirvió en congregaciones tanto en Santo Tomás como en Santa Cruz entre 1740 y 1749. Entre sus muchas actividades, enseñó a leer y escribir a unos cincuenta esclavos. Naffier, "Historical Sketch of Lutheranism in the Caribbean," 52.

72. Naffier, "Historical Sketch of Lutheranism in the Caribbean," 51. Para un artículo informativo sobre el tipo de imperialismo de ultramar, que caracterizó a Dinamarca ver, Lars Jensen, "Postcolonial Denmark: Beyond the Rot of Colonialism", en *Postcolonial Studies*, 18, no. 4 (2015), 440–52. En términos de resistencia al colonialismo por parte de un poeta y erudito literario de las Islas Vírgenes véase Edgar O. Lake, "The Role of the Artist in the Liberation Struggle" (The Leonard Tim Hector Annual Memorial Lecture) Anglican Cultural Center, St. John's, Antigua, WI November 7, 2005. Para una descripción más rica de la historia del luteranismo en las Islas Vírgenes por los habitantes de las Islas Vírgenes, véase "Redemption Song: Talks at the Desk", season 2, ep. 2, 2023, YouTube, https://youtu.be/aEF21R4Zxv4, donde líderes luteranos hablan sobre la historia del luteranismo en las Islas Vírgenes.

73. Véase, Catherine B. Herzel, *She Made Many Rich: Sister Emma Francis of the Virgin Island* (Frederiksted: CRIC Productions, Inc., 1990), págs. 8–11. También, Hermana Emma Francis 1875–1945 En 1906…—La Comunidad de las Diaconisas | Facebook.

74. Para un breve pero sustancial resumen de la misión luterana en el Caribe, véase Granquist, *Lutherans in America,* 59–60.

75. Naffier, *Historical Sketch of Lutheranism in the Caribbean*, 37–72. Según E. Theodore y Mercia Brenne Bachmann, la inmigración de Alemania trajo luteranos a Brasil ya en 1824, antes del comienzo de cualquier misionero protestante en ese país; a Argentina, Uruguay y Chile en la década de 1840, a México en la década de 1860 y también a otras partes de América Latina. Bachmann y Bachmann *Lutheran Churches in the World*, 461.

76. Naffier, "Historical Sketch of Lutheranism in the Caribbean," 3.

77. Alfredo Ostrom, "Principios de la Iglesia Luterana en Puerto Rico," *El Testigo* (The Witness), año VII, 9 y 10, 1, 4. A pesar de esta afirmación, en la "Cronología de los comienzos protestantes en Puerto Rico", compilado por los Dres. Daryl L. Platt, Clifton L. Holland, https://www.ranchocolibri.net/prolades/historical/pri-chron.pdf (última actualización el 2 de abril de 2012), se sostiene que en la década de 1840 se formó una congregación luterana entre los inmigrantes daneses en Puerto Rico.

78. El 12 de mayo de 1512, Alonso Manso es nombrado obispo y consagrado en Sevilla el 23 de agosto. En el 15 de noviembre zarpa con su séquito hacia Puerto Rico en la carabela *San Francisco*, y el 25 de diciembre desembarca en Puerto Rico para convertirse en el primer obispo de las Américas. José Antonio Benito, "Alonso Manso: Primer obispo de América, de Salamanca a Puerto Rico. 500 años de su llegada," consultado el 20 de junio de 2023, jabenito.blogspot.com. Véase también, Biografía de Alonso de Manso <pequeño> (¿-1539) </pequeño>— TheBiography.us (consultado el 13 de octubre de 2021). Alonso Manso, Primer Obispo de Puerto Rico (histopediadepuertorico.com) (consultado el 27 de junio de 2023).

79. Pablo L. Crespo Vargas, *La Inquisición española y las supersticiones en el Caribe hispano, siglo XVI* (Lajas: Editorial Akelarre, 2013), 151.

80. Vargas, *La Inquisición española y las supersticiones en el Caribe hispano*, 150–51. También véase Friede, *Los Welser en la conquista de Venezuela*, 23–24.

81. Véase Vicente Murga Sanz y Álvaro Huerga, *Episcopologio de Puerto Rico* (Ponce: Universidad Católica de Puerto Rico, 1987), 231–355.

82. *Historia de la Iglesia en Hispanoamérica y Filipinas* Vol. 1, ed. Pedro Borges (Madrid: Biblioteca de Autores Cristianos, MCMXCII [1992]), 303.

CAPÍTULO 4

Preparando el escenario para un protestantismo emergente

MIENTRAS ESTUDIABA EN el seminario de la Escuela Luterana de Teología de Chicago, a menudo me preguntaban si me había hecho luterano mientras estaba en los Estados Unidos, dada la suposición general de que Puerto Rico, siendo una colonia de España desde el siglo dieciséis, era un país católico romano. Mi respuesta habitual era que, si bien es cierto que durante el siglo dieciséis el imperio español hizo de Puerto Rico una de sus muchas colonias americanas; durante el final del siglo diecinueve, y como consecuencia de perder la guerra Hispano-Estadounidense, los Estados Unidos tomaron a Puerto Rico como botín de guerra de España, y después de la invasión militar de los Estados Unidos a Puerto Rico, la mayoría de las denominaciones protestantes vinieron de América del Norte para dividir el archipiélago entre ellas. En otras palabras, algunos tipos de protestantismo característicos de la Reforma Europea del siglo dieciséis han estado arraigados en Puerto Rico desde finales del siglo diecinueve, incluyendo la misión luterana. Sin embargo, una investigación académica más perspicaz de este tema puede encontrar una presencia protestante, o incluso luterana, en un momento más temprano o, al menos, mucho antes de la década de 1890.

Primeras aventuras militares

En su importante investigación sobre la presencia protestante en Puerto Rico durante el período español, el Rdo. Dr. Ángel Luis Gutiérrez argumenta que ya en 1554, la ciudad de San Germán fue atacada por corsarios luteranos[1] y más tarde por los ingleses que destruyeron todas las imágenes de la iglesia dejando algunas biblias en español. En 1559, el rey Felipe II escribió a los prelados de la región sobre la necesidad de castigar rigurosamente a cualquiera que abrazara la herejía luterana, autorizándolos a recopilar escritos luteranos y todos los demás libros prohibidos

por la iglesia. En mayo de 1585, los ingleses, bajo el liderazgo de Sir
Richard Grenville, llegaron a Puerto Rico, desembarcando en el sur de
la isla. Allí trataron sin éxito de recibir el apoyo de los puertorriqueños
y, después de quitarles todo lo que tenían, les dejaron algunas Biblias en
un intento de convencerlos de sus perspectivas religiosas protestantes. En
septiembre de 1625, un comandante holandés, Balduino Enrico, entró
en San Juan, la capital de la isla, pero los soldados españoles bajo el liderazgo del gobernador Juan de Haro los obligaron a abandonar la ciudad.
Antes de su partida, los soldados holandeses se llevaron las campanas de
la catedral que terminaron en el primer templo-iglesia construido en la
ciudad de Nueva York.[2] Más tarde habría otro intento por parte de los
británicos de invadir Puerto Rico. El 17 de abril de 1797, después de
conquistar Trinidad, las tropas británicas dirigidas por el general Ralph
Abercromby y el almirante Henry Harvey desembarcaron en la costa de
Loíza, frente a Punta de Cangrejos, (hoy Piñones). A pesar de la enor-
midad de la fuerza invasora (63 buques de guerra británicos junto con
14.000 soldados y marineros), en dos semanas la fuerza británica abandonó la isla derrotada: la fiebre amarilla, que se había vuelto endémica,
ofrecía una defensa eficaz.[3]

Las revoluciones norteamericana (1775–83) y francesa (1789–
1799), en las que los colonos locales lucharon contra las monarquías
europeas dominantes a finales del siglo dieciocho, proporcionaron un
amplio impulso a la reforma política que influyó en España y sus colonias americanas. En España, este espíritu de reforma política llevó en
1810 a la constitución de las Cortes españolas para gobernar el país.
Las colonias americanas que desde 1809 formaban parte del territorio
español, enviaron delegados a las Cortes que, a pesar de apoyar el catolicismo como religión oficial de España y sus territorios, facilitaron
una apertura política a esta política que condujo a una tolerancia de las
expresiones religiosas disidentes en su propio contexto. Este debilita-
miento de la influencia de la iglesia se promovió aún más con la llegada
de la imprenta a las Américas,[4] que sentó las bases de una tradición
periodística de comunicación de masas que difundió una plétora de
ideas en todo el mundo, tanto a favor como en contra de la fe católica.
Las ideas influenciadas por las revoluciones norteamericana y francesa nutrieron en Puerto Rico un sentimiento nacionalista contra el
gobierno colonial español, junto con un impulso para la erradicación
de la esclavitud.[5]

Primeras comunidades protestantes en Puerto Rico

Luis Martínez-Fernández argumenta que, durante las primeras décadas del siglo diecinueve, los inmigrantes de la Europa protestante, América del Norte y el Caribe no hispano comenzaron a practicar su fe en Puerto Rico, particularmente en la ciudad de Ponce y la isla de Vieques. Dado que el ejercicio de su fe abiertamente estaba prohibido, se esforzaron por retenerla u ocultarla como grupos dispersos de individuos. El origen y la posición social de estos inmigrantes y personas transitorias ayudaron a moldear el carácter y la orientación típicos de los grupos protestantes que se formaron por primera vez en Puerto Rico.[6]

La clase, por ejemplo, ayuda a explicar las diversas respuestas de los protestantes al exclusivismo católico oficial. Mientras que algunos individuos perseguían el criptoprotestantismo (es decir, mantener un bajo perfil religioso mientras se adhieren en privado a su fe), otros respondieron como pseudo-Católicos: siguen siendo protestantes de corazón, pero participando públicamente en los sacramentos y otras ceremonias de la iglesia católica.[7]

Mientras que la mayoría de los protestantes más ricos del archipiélago, así como los inmigrantes de color libres residentes en Puerto Rico pudieron optar por las respuestas antes descritas, o pudieron evitar la atención oficial[8], los que vivían en la isla de Vieques, dado que la inmigración de mano de obra extranjera se consideraba indispensable para los residentes y el progreso de la isla fronteriza, sus autoridades civiles mostraron mayor tolerancia religiosa que las islas más grandes de Cuba y Puerto Rico.[9]

En cuanto a la comunidad esclava en las islas del Caribe, su resistencia a la institución de la esclavitud condujo a lo que los estudiosos de esta área de estudios llaman *el gran cimarronaje,* es decir, "la deserción permanente de los dueños de esclavos". Si bien *el gran cimarronaje* tomó varias formas como comunidades discretas que amenazaban militar y económicamente el sistema de plantaciones, dadas sus condiciones geográficas, los esclavos en las islas danesas de Santo Tomás, Santa Cruz y San Juan se vieron obligados a hacer el *cimarronaje* marítimo, y Puerto Rico se convirtió en su destino favorito cuando intentaron huir por el

mar. La escasa población del archipiélago, la indulgencia, si no el estímulo
de las autoridades para que los fugitivos abrazaran el catolicismo, o
funcionaran como milicias auxiliares, fueron elementos importantes
para alentar a los esclavos fugitivos a tratar de mudarse a Puerto Rico.[10]

Eugenio Fernández Méndez ha argumentado que los españoles
actuaron en gran medida por motivos religiosos. Pero también
había un elemento de *realpolitik* calculadora, ya que además
de proporcionar mano de obra, los cimarrones eran fuentes
potenciales de inteligencia útil en caso de hostilidades.[11]

Jorge Chinea argumenta que las deserciones de esclavos se remontan
a 1650, cuando "las fugas marítimas ganaron notoriedad entre los
blancos contratados y los africanos esclavizados que huían de las duras
condiciones sociales y laborales en las plantaciones".[12] Su incursión en
Puerto Rico es difícil de presentar dada la determinación de ocultar su
presencia a aquellos que podrían socavar su voluntad de permanecer en
el archipiélago. Sin embargo, nuestro conocimiento de su presencia se
remonta a aquellos que lograron recuperar su libertad y se asentaron en
zonas como la de Cangrejos, cercana a la ciudad de San Juan. Mientras
que historiadores puertorriqueños como Salvador Brau y Arturo
Morales Carrión afirman que la presencia *cimarrona* en Puerto Rico se
debió a la indulgencia de las leyes españolas en el archipiélago, investigaciones recientes tienden a mostrar la libertad de esclavos fugitivos por
parte de España "como una forma de socavar a los enemigos europeos
en el Caribe".[13] Más importante aún, Luis E. González Vale ha indicado
que "no todos los fugitivos que desembarcaron o buscaron la conversión
al catolicismo romano en Puerto Rico fueron liberados".[14] En otras
palabras, si bien los registros de archivo fragmentados y sobrevivientes
en España y Puerto Rico revelan que los esclavos fugitivos que huyeron
a Puerto Rico fueron liberados, también muestran que otros fugitivos
se enfrentaron a serios desafíos.

En conjunto, estas fuentes dispersas confirman que muchos
fueron realmente emancipados, pero también muestran de
manera persuasiva cómo la confusión sobre las estipulaciones
del santuario, la mala aplicación de los decretos o las exigen-
cias militares, económicas y políticas apremiantes a menudo

retrasaron o descarrilaron la emancipación de muchos de los fugitivos. Si bien se necesita mucha más investigación antes de que surja una imagen completa, los documentos examinados hasta ahora sugieren que los cimarrones marítimos en Puerto Rico no fueron beneficiarios pasivos de una monarquía munificente ni víctimas complacientes de los designios imperiales, sino agentes activos que, a pesar de las probabilidades insuperables, trabajaron enérgicamente para recuperar y preservar su libertad.[15]

En 1868, tras la revolución liberal en España, la libertad de reunión religiosa se extendió a sus territorios caribeños. Motivadas por esta legislación gubernamental, en 1869 las comunidades protestantes de Ponce, Aguadilla y Vieques organizaron públicamente sus congregaciones, legalizando su condición, y construyeron escuelas y capillas. El primer servicio de adoración protestante autorizado se celebró el 28 de noviembre de 1869 en Ponce en la casa del Sr. Thomas G. Solomons.[16] El primer edificio de la iglesia protestante se inauguró en la misma ciudad el 23 de julio de 1874, asistiendo aproximadamente cuatrocientas personas.[17]

El impacto religioso, político y social de esta comunidad protestante emergente en la isla llegó a ser muy significativo. Durante este siglo, los protestantes y los masones fueron percibidos por la Iglesia católica posterior a la Revolución Francesa, y potencialmente también por el clero español, como líderes del movimiento hacia la revolución, la independencia y la igualdad de los seres humanos, incluyendo la abolición de la esclavitud y el entierro de los creyentes no católicos en los cementerios disponibles. Los líderes intelectuales y políticos puertorriqueños de esta época simpatizaban con muchas de estas ideas protestantes.[18] Sin embargo, no fue hasta la invasión militar del archipiélago por parte de los Estados Unidos en 1898,[19] y la posterior llegada de misioneros de una variedad de denominaciones protestantes, que el protestantismo comenzó a tener una fuerte presencia en Puerto Rico.

Es importante señalar que, hasta entonces, la comunidad protestante inicial en Ponce estaba organizada por extranjeros adinerados y la extensión de la misión protestante a puertorriqueños o españoles de habla hispana se convirtió en un asunto controvertido. Allí también, la creciente prominencia de los antillanos de color entre los miembros del grupo llevó a que muchos de sus fundadores blancos iniciales se resintieran por su presencia y retiraran su apoyo a la congregación.[20]

Sin embargo, en Vieques, dada su historia particular y su proximidad a las Islas Vírgenes Británicas y Danesas, la isla ya había atraído a un gran número de trabajadores negros protestantes contratados de las Indias Occidentales Británicas, así como a esclavos fugitivos de las islas de Santa Cruz y Santo Tomás. Sin embargo, como afirma Luis Martínez-Fernández,

> Aunque una población protestante puede haber existido en la isla desde la década de 1840 y hay signos de actividad protestante organizada a finales de la década de 1860, una comunidad formal no surgió hasta 1880.[21]

Sin embargo, es cierto que fue la labor temprana de estas comunidades protestantes y sus líderes extranjeros y nativos como don Eduardo Heyliger (1812–1900), don Antonio Badillo (1827–89) y el grupo llamado *Los Bíblicos*, lo que allanó la influencia y el progreso del protestantismo en la isla para las generaciones posteriores.[22]

Es notable que los dos pioneros del protestantismo en Puerto Rico mencionados anteriormente tuvieron un impacto significativo en la vida social y política del archipiélago. Ambos estuvieron vinculados al movimiento revolucionario que desembocó en *El Grito de Lares*, fueron muy activos en sus respectivas organizaciones sociales regionales, utilizaron su fortuna para contribuir a la construcción de escuelas y hospitales, y lucharon por la erradicación de la esclavitud.[23]

Don Eduardo Heyliger es considerado uno de los primeros protestantes en Puerto Rico durante el siglo diecinueve porque se sospecha, tanto ahora como por sus contemporáneos, que trajo la primera Biblia Protestante a la región o barrio "La Montaña" en Aguadilla.[24] Era descendiente de Johannes Heyliger, gobernador de la isla de San Estaquio en el Caribe (1717–19, 1721), heredero de Guillaume Heyleger y Unna Rodward originarios de los estados alemanes.[25] Citando documentos oficiales de la ciudad de Aguadillas, Gutiérrez señala que Don Eduardo nació en la isla danesa de Santa Cruz en 1812, hijo de Don Guillermo y Doña María Isabel Heyliger.[26] Don Eduardo llegó a Puerto Rico a mediados del siglo diecinueve, convirtiéndose primero en terrateniente en Santa Cruz, Islas Vírgenes Británicas. Luego se mudó a Mayagüez, y más tarde a Isabela, en la región que incluye lo que hoy se llama, "La Bajura" o "Playa", contigua a la parte oriental de Playa Guajaca Hills, en el pueblo de Quebradillas. En 1848, su nombre aparece en *La Gaceta de Puerto Rico* como contribuyente a un fondo privado para inmigrantes de las Antillas Francesas.[27] Con doña Isabel Riquelme tuvieron cinco hijos: Guillermo, Cornelio, Eduardo, María Isabel y César Augusto.[28] En Isabela fue juez de paz y estableció una finca de caña de azúcar llamada "La Hacienda del Moro" (un nombre que probablemente reflejaba sus ideas protestantes en una tierra católica romana y española). Fue arrestado el 10 de octubre de 1868 por el gobierno puertorriqueño por su participación activa en la insurrección *del Grito de Lares,* pero luego fue liberado el 25 de octubre por el general José Laureano Sanz, quien dio admistía a todos los presos políticos relacionados con la *insurrección de Lares.* Después de salir de prisión, Don Eduardo se trasladó a la ciudad de Mayagüez.[29] Según su bisnieto Eduardo Heyliger Barnes, dada su experiencia de persecución durante los primeros años de la década de 1890, Don Eduardo Heyliger huyó de la ciudad de Mayagüez a Santa Cruz, pero después de la invasión militar de Puerto Rico por parte de los Estados Unidos, regresó a la isla.[30]

Si bien algunas fuentes trazan su afiliación religiosa a la iglesia presbiteriana[31], mi entendimiento es que era luterano, ya que según uno de sus descendientes Don Eduardo Heyliger provenía de una familia alemana, y de Santa Cruz, que estaba gobernada por el gobierno luterano danés en ese momento.[32] Sin embargo, el hecho es que los grupos protestantes en Puerto Rico antes del establecimiento de la iglesia Episcopal (Anglicana) en Ponce o Vieques (1860–70), provenían de varias denominaciones protestantes que desarrollaban un tipo de protestantismo ecuménico no confesional, resistiendo la tradición religiosa católica española romana.[33]

En cuanto a don Antonio Badillo, nació en el barrio Maleza de la ciudad de Aguadilla. Durante mucho tiempo, vivió en Isabela, donde fue empresario y llegó a ser miembro de la junta municipal de la ciudad. Junto con Heyliger, Badillo simpatizaba con la separación de Puerto Rico del control español y su casa fue allanada por la guardia civil en busca de literatura separatista. Varias fuentes vinculan a Heyliger y a Badillo con el grupo de "Los Bíblicos", y a la muerte de Heyliger durante la década de 1850, Badillo, su discípulo, continuó la obra de "Los Bíblicos".[34]

En un artículo reciente, Sarahí Rivera Martínez, una tecnóloga médica puertorriqueña que actualmente estudia su doctorado en teología en el *Instituto Iberoamericano de Ciencias y Humanidades* (INIBERCIH), en Perú, describe esta temprana experiencia protestante de la siguiente manera:

> El nombre de "Los Bíblicos", deriva de la fuerte impresión que tenían sus reuniones en casa en torno a la lectura de las Sagradas Escrituras. De hecho, este rasgo de identificación disolvió cualquier otra distinción denominacional, doctrinal o cualificación sectorial dentro del campo protestante. Tanto Badillo como sus compañeros, favorecieron una sociedad religiosa de "hermanos" reunidos en la sencillez de la vida doméstica en torno al texto bíblico, la oración, el canto congregacional, junto a los lazos fraternos y la ayuda mutua.[35]

Para Rivera Martínez, el inicio del protestantismo en Puerto Rico comprende dos etapas principales. La primera es el período de 1860 a 1870, una etapa caracterizada por un movimiento protestante que recluta entre comunidades de gran diversidad incorporando extranjeros, esclavos libres y residentes, pero, sobre todo, un protestantismo autóctono que echa raíces entre el elemento criollo, identificado por una piedad que gira en torno a las Sagradas Escrituras, oraciones sencillas y espontáneas, cantos congregacionales, y la asistencia mutua solidaria. Tales sociedades también se caracterizaron por la voluntad de establecer coaliciones con sectores liberales anticatólicos y antiespañoles de la sociedad para fomentar una serie de causas como la autonomía, el abolicionismo, la libertad de conciencia, la tolerancia religiosa, la separación de la Iglesia y el Estado, la secularización de los cementerios, la educación popular, etc.[36]

La segunda etapa, que abarca el período de 1898 a 1920, si bien continuó manteniendo los rasgos centrales de la misma piedad, y su ética social conservó una ideología progresista en forma reformista, sin embargo, dejó atrás su papel anterior de resistencia y apoyo a un proyecto histórico de emancipación del poder colonial, para convertirse en un instrumento de "americanización," y colaboración en el proyecto neocolonial de la isla por parte de los Estados Unidos de América.[37] Sin embargo, la historia de resistencia de los líderes religiosos protestantes en Puerto Rico contra las estructuras establecidas de la sociedad colonial de la isla no puede limitarse a los intereses coloniales españoles. Si bien es cierto que sectores protestantes de Puerto Rico acogieron con beneplácito la intervención estadounidense en la isla en 1898, considerando la guerra Hispano-Estadounidense como un gran prospecto para incrementar sus esfuerzos misioneros, llegando incluso a unirse a actividades guerrilleras antiespañolas; los líderes políticos y religiosos pronto se sintieron cada vez más descontentos con el control y la influencia cultural de Estados Unidos.[38] En tales términos, en una publicación patrocinada por la Junta de Misiones de las Indias Occidentales de la Iglesia Luterana Unida en América con el título *The Isles of the Sea* (1936), que aborda los obstáculos que enfrentaba la misión luterana en Puerto Rico, se encuentra la siguiente declaración:

> Un tercer obstáculo ha sido la conducta de muchos turistas y residentes estadounidenses que por su vida y conversación nunca llevarían a nadie a pensar que Estados Unidos era una nación cristiana. Por su loca búsqueda del placer y su total indiferencia hacia la iglesia y sus normas de moralidad, tales estadounidenses han prejuiciado las mentes de muchos nativos contra todo lo americano, incluidos los misioneros.[39]

Un artículo escrito por Rubén Arrieta Vilá en el 2001 y publicado en el "Sunday Journal" del periódico puertorriqueño *El Nuevo Día* que aborda la relación entre política y religión, presenta a Francisco L. Sosa, entonces obispo luterano del Sínodo del Caribe, afirmando que la fidelidad a la Palabra de Dios llevó a los primeros misioneros luteranos en Puerto Rico a enfocarse en las necesidades de la población, en lugar de apoyar la expansión militar imperial de los Estados Unidos.[40]
Ofreciendo un comentario académico más reciente sobre este tema, véase también una observación reciente escrita por Ángel Santiago-Vendrell, "Give Them Christ: Native Agency in the Evangelization of Puerto Rico, 1900 to 1917", donde afirma que si bien el motivo americanizante fue parte de los esfuerzos evangelísticos de algunos misioneros, nueva evidencia muestra que una minoría de misioneros, entre ellos los presbiterianos James A. McAllister y Judson Underwood, tenían una visión clara de la indigenización de la iglesia emergente

basada en el idioma (español) y la cultura (puertorriqueña). Esta investigación también afirma que el supuesto de que los cristianos puertorriqueños seguirían a los recién llegados misioneros estadounidenses en su búsqueda de americanizar a Puerto Rico es más matizada y complicada de lo que han demostrado investigaciones anteriores sobre el proceso de americanización de Puerto Rico. El ministerio de algunos líderes protestantes puertorriqueños (como Adela Sousa y otras mujeres de la Biblia, así como el de Miguel Martínez de la iglesia presbiteriana) ofrecen ejemplos en los que el pueblo puertorriqueño reacciona diferente a los misioneros norteamericanos cuando se trataba de temas de americanización. Estos líderes protestantes puertorriqueños nunca equipararon el evangelio con la americanización. Creían en el Dios de la Biblia que envió a Jesucristo para redimir al mundo del pecado. Su ministerio de pastores evangelistas locales demostró que estaban comprometidos con el evangelio y no con una ideología política. Para estos pastores, todos los avances tecnológicos, culturales y sociales de la civilización occidental seguían siendo subproductos de la sabiduría del evangelio de Jesucristo. El éxito inicial de su ministerio mostró la centralidad de la agencia nativa en la difusión y el establecimiento del evangelio en Puerto Rico.[41] En este sentido, coincido con Sarahí Rivera Martínez cuando argumenta que, a pesar de la ambigua expresión de la experiencia del protestantismo en Puerto Rico (tanto la de su resistencia contra la religión dominante española y la dominación colonial característica del período de 1860 a 1897, como la visión que surgió después de la invasión de la isla por parte de los Estados Unidos en 1898 que apoyó la "americanización" de la isla), todavía hoy será posible recuperar la tradición protestante de resistencia a la opresión, en un nuevo proyecto histórico contra el neocolonialismo característico de la actual relación entre Puerto Rico y los Estados Unidos.[42]

Las Fuerzas Armadas de Estados Unidos y el proceso de "americanización" del pueblo puertorriqueño

Todo estudio de la historia puertorriqueña señala que la institución militar de los Estados Unidos desempeñó un papel importante en los esfuerzos por "americanizar" al pueblo de Puerto Rico después de la Guerra Hispano-Estadounidense. Dado que mi investigación se centra en la misión luterana en Puerto Rico, mi enfoque se concentrará en el papel de los capellanes militares que llegaron a Puerto Rico después de la Guerra Hispano-Estadounidense. La razón de este esfuerzo radica en mi convicción de que de varias maneras estos capellanes, ya fueran protestantes o católico-romanos, encarnaron la influencia misionera cristiana y civilizadora de los valores norteamericanos en la cultura puertorriqueña.[43]

Sin duda, la mayoría de quienes estudian la expansión de la construcción del imperio norteamericano, tienden a enfocarse en los aspectos políticos, económicos y culturales del intervencionismo estadounidense en Puerto Rico, como, de hecho, lo hicieron los periodistas estadounidenses del siglo veinte, y otros comentaristas.[44] Harry Franqui-Rivera argumenta que, a medida que la isla de Puerto Rico experimentó una transición del dominio colonial español al de los Estados Unidos, las identidades nacionales puertorriqueñas experimentaron un cambio fuerte y complicado, produciendo una definición liberal, popular y amplia de la identidad puertorriqueña.

En este estudio, analizo el impacto del servicio militar en la convergencia sociocultural de las historias políticas de Puerto Rico. El análisis se centra en los patrones de inclusión/exclusión dentro de las fuerzas armadas y cómo se transformaron en otorgación o privación de derechos. Me baso en un análisis interseccional de género, raza y clase para entender los proyectos de modernidad que impulsan la construcción y la identidad del Estado-nación, los procesos de formación a través del servicio militar que se desarrollen en un entorno colonial bajo dos Imperios.[45]

Para empezar, es importante considerar que el cristianismo en los Estados Unidos apoyó fuertemente la declaración de guerra de los Estados Unidos contra España en 1898. Algunos grupos protestantes veían a las colonias españolas en las Américas como oprimidas por el dominio colonial español, y la guerra como una oportunidad para liberarlas de esta carga. Los Católicos Romanos, por otro lado, instaron a una política exterior de línea dura contra España, asumiendo que la presión política podría influir en España hacia un trato más benigno de sus posesiones americanas. Sin embargo, con el hundimiento del *USS Maine,* aquellos grupos eclesiásticos que se oponían a la guerra o que desconfiaban de los militares, frenaron sus objeciones permitiendo un apoyo abrumador a la declaración de guerra.[46]

Prominentes líderes protestantes en Estados Unidos expusieron un tipo de imperialismo estadounidense con la evangelización cristiana y la difusión de la civilización anglosajona. Los misioneros pidieron apoyo gubernamental en la evangelización de los paganos, ignorando el hecho de que Cuba, Puerto Rico y Filipinas habían estado bajo el control Católico Romano durante siglos. Después de la declaración de guerra, muchas iglesias protestantes racionalizaron la guerra y la convirtieron en una cruzada religiosa, mezclando la expansión del americanismo y la cristiandad.[47]

Un relato puertorriqueño de la Guerra Hispano-Estadounidense

Uno de los relatos más importantes de la guerra proviene de la experiencia del puertorriqueño Ángel Rivero Méndez (1856–1930), escritor, periodista, empresario y en ese momento, capitán del ejército español a quien, el 1 de marzo de 1898, se le asignó el mando de la 3ª Compañía del 12º Batallón de Artillería en el Fuerte San Cristóbal de San Juan.[48] En *La Crónica de la Guerra Hispano Americana en Puerto Rico* (1922), su obra principal como periodista e historiador, el autor relata de manera detallada y cronológica los hechos de la lucha armada de 1898 entre España y Estados Unidos en Puerto Rico.[49]

Esta campaña militar comenzó con un bombardeo de la plaza y ciudad de San Juan por parte del almirante real William Thomas Sampson (1840–1902) la mañana del 12 de mayo de 1898.[50] La guerra duró aproximadamente diecinueve días.[51] Rivero Méndez argumenta que la incorporación de Puerto Rico a la Guerra Hispano-Estadounidense fue liderada por Julio J. Henna (1848–1924) y Roberto H. Todd (1862–1955) quienes, entre otros líderes puertorriqueños, se trasladaron a los Estados Unidos para realizar sus estudios avanzados, convirtiéndose en admiradores de la república norteamericana.[52]

Al comienzo de la guerra, las fuerzas militares en Puerto Rico eran insuficientes dado que, desde la invasión inglesa al archipiélago en 1797,

Puerto Rico no se había preparado para un evento bélico. A medida que crecía la angustia y el disgusto resultantes de los escasos arreglos hechos para la defensa del archipiélago, la torpeza del mando, y el lamentable producto del combate, los soldados, guerrilleros y voluntarios abandonaron el frente de batalla.[53]

Desde el 29 de abril de 1898, Puerto Rico había sido sometido a un bloqueo por parte de los buques de guerra norteamericanos. El 12 de mayo de 1898, el contralmirante William T. Sampson comenzó a bombardear la ciudad de San Juan y sus defensas a tal escala que los habitantes de la ciudad entraron en pánico y huyeron de la zona. Para Rivero Méndez, el bombardeo de la ciudad y sus defensas fue un acto de guerra cruel, abusivo e innecesario. Lo sorprendente del ataque, el deficiente estado del despliegue español, la inexperiencia de los artilleros, y las malas decisiones del Ministerio de la Guerra en Madrid que habían dejado indefensos y a merced del enemigo los recursos militares de la ciudad son algunas de las muchas razones que anticiparon el ineludible final de la guerra.[54]

Rivero Méndez continúa narrando el desembarco de las fuerzas del mayor general Nelson Appleton Miles (1839–1925) en Guánica y Yauco. Sigue con una descripción de las expediciones del mayor general James Harrison Wilson (1837–1925) en Ponce, Coamo y Aibonito; y el mayor general John Rutter Brooke (1838–1926) en la toma de Arroyo y Guayama, donde se recibió la noticia oficial del fin de todas las operaciones militares contra el enemigo.[55] El autor incluye en su relato las operaciones dirigidas por el general Guy Vernor Henry (1839–1899) en Ponce y Utuado, los acontecimientos que tuvieron lugar en Fajardo en los que también participó, y una breve descripción del final de la guerra, incluyendo la firma del protocolo de paz, y el inicio del traslado de tropas y armamento de regreso a España.[56]

Uno de los mayores valores de la obra de Rivero Méndez es su esfuerzo por presentar los acontecimientos bélicos de una manera justa y equilibrada. Para ello, incluye en su narrativa detalles que no están presentes en otras versiones de estos hechos, junto con las perspectivas oficiales imparciales en ambos lados del conflicto. La formación militar y la experiencia del autor le permitieron proporcionar descripciones detalladas sobre el armamento, las tácticas y las estrategias militares utilizadas por ambas facciones, evitando reducir la narración a un simple informe marcial. Aunque en ocasiones emite juicios personales sobre decisiones que considera erróneas, también respeta y da crédito a la importancia y el valor de las acciones de quienes, durante la guerra, fueron sus enemigos. Por ejemplo, al dar cuenta de las operaciones dirigidas por el comandante de brigada Theodore Schwan (1841–1926), una historia en la que encuentro la participación más significativa de los líderes puertorriqueños en todo el combate, junto con su importancia para el futuro del pueblo puertorriqueño. Porque si es cierto que, en efecto, los puertorriqueños estuvieron en las líneas de las fuerzas armadas españolas y norteamericanas, así como en el empeño de líderes políticos y periodistas en varios acontecimientos ya mencionados; es en el combate, específicamente relacionado con la batalla de Hormigueros, la del río Guasio, y la actuación de personajes como Juan (Juancho) Ignacio Bascarán Quintero, capitán de una guerrilla voluntaria al servicio del Ejército español, o la de representantes de la Cruz Roja, como los doctores Cancio y Franco, donde se revela agudamente el eterno dilema del pueblo puertorriqueño.[57]

En los capítulos veinticuatro y veinticinco de su libro, el autor describe la progresiva transferencia del territorio puertorriqueño a las fuerzas de ocupación del ejército de los Estados Unidos, junto con la repatriación de las tropas españolas a España, tras el armisticio del 14 de septiembre de 1898. Sin embargo, para respetar el estatus de gobierno político de Puerto Rico otorgado anteriormente por España en 1897,[58] o su propio orgullo, el general Ricardo Ortega Diez, entonces gobernador militar de San Juan, le pidió a Rivero Méndez que lo representara el 18 de agosto de 1898 en la ocupación militar oficial de San Juan y el archipiélago, por parte de las fuerzas armadas norteamericanas.[59]

La incorporación de Puerto Rico en la Guerra Hispano-Estadounidense ha sido un aspecto controvertido de debate entre numerosos autores. En su libro *La guerra Hispanoamericana en Puerto Rico,* el coronel Héctor Andrés Negroni (retirado de la USAF, siglas para la Fuerza Aérea de los Estados Unidos) señala que, para algunos autores, la inclusión de Puerto Rico en la Guerra Hispano-Estadounidense se debió a un gran proyecto imperialista norteamericano para dominar la región del Caribe,

La ocupación y anexión de Puerto Rico fue parte de un gran plan para la guerra contra España. Incluso, si la correspondencia oficial del gobierno no indica tal gran plan, los resultados de la guerra se convierten en un *ex post facto de* este supuesto. Puerto

Rico pasa de estar bajo soberanía española a estar sometido a una norteamericana. Esta era una de las demandas de la negociación de paz".[60]

Sin embargo, para Negroni, la razón principal de la guerra radica en la actitud indiferente y sumisa del pueblo puertorriqueño.

Desde el principio, los puertorriqueños reconocieron a los Estados Unidos como su nuevo amo. Los puertorriqueños no mostraron resistencia contra el dominio español, ni contra el control de los Estados Unidos. Si las fuerzas de Miles hubieran sido recibidas como aliadas por las fuerzas puertorriqueñas, la historia podría haber sido diferente. La anexión puertorriqueña se convirtió en el producto de la indiferencia puertorriqueña. Una indiferencia condicionada por trescientos años bajo un régimen absolutista y la falta de selva o pantano bajo el cual esconderse. De la misma manera que los puertorriqueños obedecían a sus primeros capitanes generales españoles, estaban obligados a someterse al teniente general Miles.[61]

La Guerra Hispano-Estadounidense desde la perspectiva de George G. King

Otra valiosa versión sobre la guerra proviene de las cartas de George Glen King, un soldado norteamericano que sirvió en la campaña de Puerto Rico.[62] Las cartas, escritas a casa, lo describen alistándose como voluntario al final de la guerra en el Sexto Regimiento de Infantería formado en Concord, Massachusetts. Ascendió rápidamente al rango de sargento. King proporciona una representación bastante específica de su vida como soldado durante la guerra, comenzando con su partida de Concord a *Camp Dewey,* en Framingham, Massachusetts, a solo catorce millas de distancia, el 11 de mayo de 1898, para someterse a un examen físico.

Los exámenes físicos, que esperábamos con considerable aprensión, eran de dos clases. Nos familiarizamos con el proceso a través de las experiencias de otras compañías en el campamento.

La primera prueba fue un examen de la vista. Siguió el examen
físico general; fue apresurado y superficial, pero se hizo cierto
hincapié en la cuestión del peso. Esto estaba de acuerdo con las
normas estereotípicas del ejército regular.[63]

El 12 de mayo de 1898, King fue reclutado en el Ejército de los
Estados Unidos, y el 23 fue trasladado a *Camp Alger* en Falls Church,
Virginia. Fue aquí donde se enteró por primera vez de que Puerto Rico
podría ser el destino final de su unidad. Desde *Camp Alger* su desta-
camento fue enviado a Charleston para embarcarse en el buque *Yale,*
que zarpó hacia Cuba, el 11 de julio de 1898. *Yale* era el cuartel general
temporal del general Miles, al mando del ejército. El viaje en el *Yale* trajo
algunos desafíos y oportunidades. Al no ser un navío de transporte,
el buque de guerra estaba abarrotado y no tenía alojamiento para las
tropas, por lo que se dormía en el entrepuente y en la cubierta. Dado
que el campo de entrenamiento no proporcionaba mucho tiempo para
aprender a disparar armas, "en las Bahamas tuvimos prácticas de rifle
inconexas, disparando a cajas arrojadas por la borda. Fue sorprendente
descubrir a hombres que nunca habían disparado un arma. Esta fue la
única práctica de fusil que tuvimos en el servicio".[64]

El 23 de julio, después de un corto tiempo en Cuba, el *Yale* dirigió
su rumbo a Puerto Rico. En sus cartas, King ofrece una perspectiva
negativa sobre la naturaleza de los españoles y puertorriqueños que
encontró durante su estancia en el archipiélago. La tarea asignada al
regimiento de King era la de establecer una base de suministros en
Puerto Rico para una fuerza de unos 3.500 soldados que seguirían la
lucha. El 27 de julio, King y sus compañeros acamparon en la llanura
de la aldea de Guánica, a un cuarto de milla de la costa. Poco después,
los soldados tuvieron el primer encuentro con el enemigo,

Al principio hubo una ligera resistencia, pero los marines y los
cañones del Gloucester despejaron la costa. Nuestra compañía
se encargó de vigilar las provisiones y los prisioneros, es decir,
hasta anoche. El primer y segundo batallón tuvieron una
pequeña escaramuza en las colinas, y algunos hombres resultaron levemente heridos. Anoche llegó la noticia de un posible
ataque nocturno desde San Juan, y salimos con todos los demás.
Mi escuadrón estaba en una línea de piquete, lo mejor que

podíamos hacer era matar a un caballo que demostró no tener jinete cuando nos acercamos. Hubo algunos españoles, pero no hubo una lucha real. No la habrá. Los superamos en número, y nunca se enfrentarán a nosotros. De hecho, estoy disfrutando de la vida aquí.[65]

El primer encuentro de King con los puertorriqueños en Guánica mostró una empatía bastante negativa. "Los habitantes habían huido al principio, y apenas están comenzando a regresar, gritando 'Viva Americanos' y haciendo todo lo posible para ser serviles. Son un grupo lisonjero y de aspecto perezoso, todos vestidos con sombreros de lino y paja, y todos fumando cigarrillos incesantemente."[66] Más tarde, cuando estaba en Yauco, a doce millas de Ponce, King se quejó de los puertorriqueños que, aunque anhelaban el dominio norteamericano, lo que buscaban era el dinero norteamericano.[67] Si bien King llamó la atención sobre el hecho de que los soldados contrataban a puertorriqueños para prestar servicio en el ejército como conductores de carretas tiradas por bueyes, también se quejó de que "usan un agitado dialecto y obscenidades, todo en profusión. Parecen nunca ser felices a menos que estén golpeando el flanco de un toro y gritando 'ow-amo' a todo pulmón".[68]

En sus cartas, King da una descripción bastante amplia de la ubicación y las circunstancias que experimentaban los soldados: ríos tan anchos como en Concord, hermosos valles "verdes y exuberantes, y cerrados por todas partes por montañas escarpadas, cubiertas de denso follaje tropical"; pero se queja de las constantes lluvias del clima que, dadas las tiendas de campaña proporcionadas por el ejército para dormir, causan resfriados y otros problemas relacionados con la salud a muchos soldados.[69] Mientras hacía una pausa para que se llevaran a cabo las negociaciones de paz, King proporcionó una descripción específica de los lugares donde la tropa estaba lista y esperando.

Utuado es una pequeña ciudad del interior entre Ponce y Arecibo, y en el valle entre las cordilleras norte y sur. Al parecer, estamos esperando aquí hasta que las negociaciones de paz se resuelvan. No sabemos nada, pero los rumores persistentes, y lo que leemos en los periódicos de hace un par de semanas, nos convencen de que el final no está lejos. Sabemos que se ha declarado una tregua, nuestros puestos de avanzada están protegidos por una bandera de tregua y estamos esperando su suspensión para poder avanzar.[70]

King también escribió sobre el cuidado espiritual de los soldados. En una de sus cartas, menciona que se necesitó de un nuevo oficial, el coronel Edmund Rice,[71] que tomara el mando de su regimiento, para que los servicios religiosos dominicales se llevaran a cabo de manera regular: "No habíamos tenido iglesia ni capellán durante un mes, pero había un hombre de la Y. M. C. A. junto a nosotros, un hombre encantador, por cierto, quién iba a dirigir los servicios religiosos."[72]

Experiencia de capellanes militares en Puerto Rico

Algunos estudiosos arguyen que los capellanes militares han sido parte de la historia de las Américas desde los tiempos en que los primeros exploradores europeos llegaron a estas tierras, hasta el presente.[73] Otros, trazan esta experiencia a lo largo de la historia.[74] Sin embargo, el momento crucial de su delineación como una organización profesional con identidad propia fue el período comprendido entre 1860 y 1920.

Capellanes que estaban acostumbrados a trabajar con poca o ninguna supervisión o ayuda de cualquier persona al principio de esta era -cual llaneros solitarios-se encontraron a sí mismos al final de la Primera Guerra Mundial siendo parte de una estructura organizativa con poderes definidos y controles sobre la forma en que llevaban a cabo el ministerio.[75]

Uno de los temas más controvertidos de los capellanes militares se relaciona con sus responsabilidades,

Como lo deja claro la evidencia, no fue una coincidencia que cuando los capellanes del ejército y la marina finalmente consiguieron organizaciones propias, cada una con un capellán a la cabeza, la capellanía alcanzó niveles de estándares profesionales y eficiencia nunca alcanzados. Solo entonces los derechos y responsabilidades de los capellanes estaban claramente delineados, y sólo entonces, las capellanías alcanzan el grado de influencia burocrática dentro de la organización militar que la mayoría de los capellanes habían buscado durante mucho tiempo.[76]

Jacqueline E. Whitt[77] arguye que, en 1882, cuando los Estados Unidos firmaron la Convención de Ginebra, los artículos I y II de la convención original definían el papel de los capellanes como no combatientes, siempre y cuando restringieran su tarea como asignados a ambulancias y hospitales. Sin embargo, la participación de algunos capellanes cerca del frente durante la Guerra Hispano-Estadounidense, estableció un nuevo patrón de ministrar a los soldados heridos en el campo de batalla, lo que llevó a muchos capellanes a decidir durante el siglo veinte que su lugar legítimo era en el frente de combate, en lugar de en la retaguardia, en el cuartel general, o en un hospital.[78]

Las actividades de un capellán eran muy variadas en los campamentos de entrenamiento del ejército regular y de la milicia que preparaba a las fuerzas para invadir Puerto Rico. Incluían funerales militares, servicios religiosos y asesoramiento a soldados en un momento de ansiedad e incertidumbre. El Capellán William F. Dusseault (Unitario Universalista) del 6º Regimiento de Infantería de Voluntarios de Massachusetts, quien más tarde sirvió en Puerto Rico, coordinó actividades saludables para los soldados con el Ejército de Salvación y la YMCA. En mayo de 1898, a la edad de 45 años, se unió al 6º Regimiento de Voluntarios de Massachusetts como capellán para servir a los soldados desplegados en la Guerra Hispano-Estadounidense. La unidad participó activamente contra los españoles en Utuado y en varias escaramuzas. El 6.º de Massachusetts tuvo cuatro hombres heridos en combate, ninguno muerto y veinticinco hombres que murieron por enfermedad. En medio de controversia, el capellán Dusseault renunció a la unidad mientras estaba en Puerto Rico y regresó a Massachusetts. Después de la guerra, el reverendo Dusseault regresó a su ministerio civil de tiempo completo como pastor en Acton, Massachusetts.[79]

Otros dos capellanes, James Carl Schindel (luterano) del 4º Regimiento de Infantería de Voluntarios de Ohio,[80] y Edward H. Smith (metodista) del 2º Regimiento de Infantería de Voluntarios de Wisconsin,[81] se unieron al capellán Dusseault en Puerto Rico. Mientras estaba en Camp Thomas, en Georgia, el primero insistió en la observación regular del culto dominical, realizó estudios bíblicos a mitad de semana y patrocinó una sociedad de temperancia. Estos últimos distribuyeron literatura religiosa gratuita, formaron a los hombres en sociedades religiosas y predicaron varias veces cada domingo.[82]

El capellán James C. Schindel (1863–1932) era un pastor luterano en Circleville, Ohio, cuando se unió al 4° USV de Ohio para luchar en la Guerra Hispano-Estadounidense. Su unidad desembarcó en Arroyo, Puerto Rico, el 3 de agosto, y luchó con éxito en su única refriega importante en Guayama varios días después. Concentró sus esfuerzos en los soldados de su unidad, y luego regresó a Ohio con ellos. A pesar de sus experiencias en Puerto Rico, decidió no entrar en relación con la misión luterana en la isla. El capellán E.H. Smith se unió al 2° Cuerpo de Voluntarios de los Estados Unidos de la Guardia Nacional de Wisconsin en 1892 y sirvió en Puerto Rico durante la Guerra Hispano-Estadounidense.[83]

El 21 de julio de 1898, mientras el Ejército de los Estados Unidos se trasladaba de Cuba a Puerto Rico en un enorme convoy naval[84], la muerte del cabo Charles F. Parker llevó al capellán Dusseault a realizar una liturgia de servicio funerario en el mar, a la vista de Puerto Rico.[85] Durante su viaje, los soldados eran atendidos por capellanes del ejército y la marina. A bordo del buque insignia *USS Massachusetts,* los capellanes del ejército William Dusseault y John W. Ferris (metodista[86] unido) del 6° Cuerpo de Voluntarios del estado de Illinois, consolaron y oraron con los soldados. El reverendo Walter G. Isaacs (metodista), el[87] capellán principal de la marina a bordo que sirvió desde 1888 hasta 1926, ministró durante los cuatro días del viaje a una congregación militar que incluía al comandante principal del ejército, el general de división Nelson Miles, junto con los oficiales generales de la división interina, el general de brigada Guy Henry y el general de brigada Henry Garretson.

Durante la Guerra Hispano-Estadounidense, los capellanes del ejército que sirvieron en la campaña de Puerto Rico provenían en su mayoría de unidades voluntarias de su milicia estatal. Sus deberes, tales como celebrar servicios religiosos, aconsejar a los soldados y proporcionar actividades recreativas para las tropas, estaban regulados por sus respectivos estados. Estos capellanes tenían una experiencia invaluable como pastores civiles, pero casi ninguna capacitación como capellanes militares en servicio activo. Ocho capellanes voluntarios del regimiento estadounidense sirvieron en Puerto Rico: Walter B. Lowry (episcopal) del 16° USV de Pensilvania;[88] Edward H. Smith (Congregacional) de la 2ª USV de Wisconsin; Charles E. Butters (metodista) del 3er USV de Wisconsin[89]; William Dusseault del 6º USV de Massachusetts; John W. Ferris del 6º USV de Illinois; James C. Schindel, del 4º USV de Ohio; George A. Knerr (Iglesia Evangélica Unida) de la 4ª USV de Pensilvania;[90] y Delivan Daniel Odell (bautista) de la 3ª USV de Illinois.[91] El capellán Lowry sirvió a sus tropas en Puerto Rico bajo el mando del mayor general Wilson en la campaña del sur para capturar Ponce, Coamo y Aibonito. Permaneció en Puerto Rico durante unos meses después del armisticio y fue asignado a ministrar a las tropas estadounidenses en los hospitales de la isla.[92] El capellán Charles E. Butters (1868–1930) de la 3ª USV de Wisconsin fue un clérigo metodista que se graduó de la Escuela Teológica en la Universidad de Northwestern, Illinois en 1891. Como capellán del 3º Regimiento de Wisconsin durante la guerra, ministró a los soldados durante el agudo enfrentamiento en Coamo y a lo largo de la carretera a Aibonito que se encontraba llena de francotiradores. El regimiento perdió dos hombres muertos en combate, dos hombres heridos y cuarenta y uno que murieron de enfermedad.[93] Atrapado en el espíritu patriótico y misionero de la época, a la edad de treinta y seis años, el reverendo Knerr se convirtió en el capellán del 4º Cuerpo de Voluntarios de Pensilvania. En Puerto Rico, el 4.º Pennsylvania solo vio acción importante en Guayama y fue acosado por escaramuzadores alrededor de Ponce. Solo unas semanas después de regresar a casa, el reverendo Knerr realizó el servicio fúnebre de un soldado que regresó a casa enfermo y murió.[94] "El capellán Delivan Daniel Odell sirvió en el 3er USV de Voluntarios de Illinois desde el 1 de agosto de 1898 hasta el 24 de enero de 1899." En la guerra, el 3.º Illinois luchó en refriegas y tuvo papeles secundarios en Arroyo, Guayama y Guamaní. Había más de 1.300 soldados en el 3º Illinois. La unidad sufrió cuarenta y tres muertes en Puerto Rico, todas por enfermedad".[95]

Presencia militar negra de EE.UU. en Puerto Rico

Mientras que en 1898 había cuatro regimientos negros en el ejército regular, con muchas unidades negras en la milicia, en la Guerra Hispano-Estadounidense los regimientos negros sirvieron en Cuba, pero no en Puerto Rico. A pesar de este hecho, la 6ª Compañía L de Voluntarios del estado de Massachusetts, compuesta por 109 soldados negros, luchó en Puerto Rico. El capellán de esta unidad negra en Puerto Rico era un ministro blanco, el capellán William Dusseault.[96]

Los soldados negros de la Compañía L en Puerto Rico cayeron bajo el fuego enemigo en Guánica, Yauco y Adjuntas. Soportaban largas horas de obligaciones de estacas y marchaban día y noche bajo la lluvia y el intenso calor bajo la amenaza de los francotiradores españoles. Los oficiales superiores del 6º USV de Massachusetts no tenían quejas sobre los hombres de la Compañía L.[97]

Se sabe muy poco sobre los soldados heridos o lesionados en la Compañía L.[98] En cualquier caso, lo que se sabe es que ninguno de ellos murió. Un lamentable incidente tuvo lugar el 25 de julio de 1898, cuando la Compañía L pasó a formar parte de la fuerza invasora en Guánica. Su comandante, el coronel Charles Woodward, se mantuvo enfermo[99] a bordo del *Yale*. Si bien no pudo unirse a sus tropas en la contienda a corto plazo en Guánica, al día siguiente se unió a sus tropas en las trincheras. Después de la batalla, cuando la compañía marchó de Guánica a Ponce, numerosos hombres se desplomaron por la fatiga y la falta de alimentos. Estos incidentes reflejaron mal el liderazgo de los oficiales superiores de la unidad, y el mayor general Nelson Miles convocó una junta de investigación para presentar cargos contra los oficiales superiores del regimiento, el coronel Woodward, el teniente coronel George H. Chaffin, el mayor George Taylor y el cabo U.A. Goodell. Los cuatro oficiales renunciaron a sus comisiones y regresaron a casa, a pesar de su defensa por parte del capellán Dusseault. Creyendo que el general de brigada Henry Garretson había cometido una injusticia a estos oficiales con el respaldo del general de división Nelson Miles, el capellán Dusseault también renunció.[100]

Es importante tener en cuenta que en una campaña que se basó en unidades de milicias estatales, los capellanes protestantes del ejército invasor eran originalmente clérigos con congregaciones civiles que se ofrecieron como voluntarios para servir como capellanes con una de las tropas de su estado. Al final de la guerra, regresaron a casa con sus destacamentos, por lo que su impacto más allá de su unidad fue limitado en comparación con el clero civil que llegó o fue enviado por sus respectivas juntas denominacionales de los Estados Unidos, para establecer misiones y servir a las congregaciones puertorriqueñas. De hecho, solo uno de estos capellanes (James C. Schindel), era luterano, y provenía de un tipo diferente de corriente luterana norteamericana (Sínodo de Missouri) de la que finalmente estableció el Sínodo del Caribe en Puerto Rico (Iglesia Luterana Unida en América). Su participación en la campaña fue insuficiente para inspirar al Sínodo de Missouri, luego de la guerra, interesarse en el trabajo misionero en Puerto Rico.

Presencia estadounidense en la posguerra

En el volumen 2 de sus *Documentos históricos de la iglesia episcopal en Puerto Rico,* el sacerdote Jorge Juan Rivera Torres, historiador episcopal puertorriqueño, arguye que, durante el mes de agosto de 1898, el reverendo M. Sutherland (episcopal), capellán del Ejército de los Estados Unidos (19° regimiento de infantería), celebró en la iglesia Episcopal de la Santísima Trinidad (Ponce), un servicio conmemorativo para los soldados que murieron durante la Guerra Hispano-Estadounidense.[101] Además, ese año la Convención General de la Iglesia Episcopal en los Estados Unidos se reunió en la ciudad de Chicago y nombró una comisión especial para abordar las crecientes responsabilidades en su misión y ministerio. En marzo de 1899, el informe de esta comisión incluía el encargo de que el obispo de Chicago estudiara la posibilidad de desarrollar la obra misionera en Puerto Rico. El obispo autorizó al reverendo Henry A. Brown, quien anteriormente había sido capellán de los *"Rough Riders"* y en ese momento capellán del ejército regular de los Estados Unidos en Puerto Rico, a comenzar esta tarea con prontitud.[102]

En Vieques, cuando la gente se enteró de la llegada de las fuerzas armadas estadounidenses, temían que estos soldados extranjeros vinieran a quemar el pueblo y matar a la gente, incluidos los recién nacidos. Joseph Bean, el párroco de la iglesia episcopal de Todos los Santos, se puso en contacto con un coronel del ejército estadounidense para invitarlo a la isla. El coronel norteamericano aceptó la invitación. Llegó a Vieques con sus tropas y el párroco dedicó la bandera de Estados Unidos en el altar de la iglesia con oraciones. Tan pronto como los militares estadounidenses se apoderaron de la isla, el sacerdote comenzó a recibir un salario, contribuyendo a ayudarlo en sus últimos días sin preocupaciones financieras, ni impedimentos por parte del gobierno.[103]

Después de la guerra, los capellanes del ejército continuarían su ministerio en Puerto Rico. Dos de ellos merecen un reconocimiento especial: el capellán voluntario estadounidense Thomas E. Sherman y el capellán del ejército regular Edward J. Vattmann. El primero, (1856-1933) fue el hijo mayor del general William T. Sherman. Como un joven muy inteligente, se graduó de la Universidad de Georgetown a los dieciocho años. Dos años más tarde, se licenció en Derecho en la Universidad de Yale. A pesar del protestantismo de su famoso padre, inesperadamente sintió un llamado al sacerdocio y fue ordenado jesuita en Filadelfia en 1889. Enseñó en la Universidad de Saint Louis (Missouri), en colegios jesuitas (Detroit y St. Louis), y dio numerosas conferencias públicas sobre religión. Su fuerte compromiso con el trabajo parroquial y su agenda de conferencias itinerantes lo llevaron al agotamiento y se le ordenó descansar (1889). Aunque nació en San Francisco, el padre Sherman tenía un gran aprecio por el estado de Missouri; y cuando el 4º Regimiento de Voluntarios de Missouri se unió a la Guerra Hispano-Estadounidense el 14 de mayo de 1989, se alistó como su capellán.[104]

El capellán Sherman viajó por todo Puerto Rico dirigiendo misa, escuchando confesiones, estableciendo actividades recreativas sanas, visitando a los soldados en los hospitales y ministrando a las tropas. Una dimensión distintiva de la experiencia de este capellán fue su vinculación al personal del general Ulysses S. Grant III como observador especial del Departamento de Guerra. En este puesto pudo viajar extensamente, documentando abundantes características de la cultura y el paisaje local que más tarde ayudaron a los inversores y desarrolladores estadounidenses. En septiembre de 1898, en uno de sus ministerios itinerantes, hizo una pausa en Adjuntas y luego reflexionó sobre su experiencia:[105]

> Pasé una noche en Adjuntas, un pueblo enclavado entre las montañas, donde encontré un pequeño destacamento de hombres de Massachusetts, la mitad de los cuales resultaron ser católicos, que se alegraron de ver un capellán. En la taberna donde me alojé, mi carácter provocó un animado debate entre quienes se encontraban, particularmente uno de los cuales me había visto en el púlpito de Ponce, y había declarado que yo era sacerdote católico para consternación de los demás, a quienes les resultaba difícil admitir que un sacerdote pudiera ser capellán. Se les ha enseñado a pensar aquí abajo que el advenimiento de

los estadounidenses significa la caída del catolicismo. La verdad es que hay tan poca religiosidad entre los puertorriqueños que no puede hundirse mucho más de lo que está ahora.[106]

Después de su partida de Puerto Rico en septiembre de 1898, el capellán Sherman se convirtió en párroco de la Iglesia de la Sagrada Familia en Chicago, y en un orador exitoso. Más tarde experimentó una depresión de medianía de edad y abandonó la orden jesuita. Regresó a la Costa Oeste convirtiéndose nuevamente en un sacerdote activo con una asignación en Santa Bárbara (1924–29). En 1929 su salud continuó deteriorándose, y solicitó una pensión como veterano de la Guerra Hispano-Estadounidense. Cuando su familia se enteró de la mala salud del padre Sherman, su tía adinerada, Eleanor Sherman Fitch, trasladó a su sobrino enfermo a un sanatorio en Nueva Orleans, donde permaneció durante unos años. Poco antes de su muerte en 1933, restauró sus votos jesuitas.[107]

El capellán Eduard J. Vattmann (1841–1919) fue otro líder que demostró su habilidad en la diplomacia. El Padre Vattmann fue quizás el principal capellán católico romano que comandó estos esfuerzos.[108] Vattmann nació en Westfalia (Alemania),[109] pero pasó la mayor parte de su vida en los Estados Unidos. Fue seleccionado para una capellanía del ejército por el presidente Harrison y participó con las tropas de los Estados Unidos en las guerras indias.[110] En febrero de 1891, al final de la campaña que siguió a la batalla de Wounded Knee, se inscribió para el servicio en Fort Meade en Dakota del Sur. Siendo políglota, el capellán Vattmann era capaz de entender hebreo, griego, y hablar en latín, alemán, francés e italiano, lo que le permitía hablar con soldados y civiles de origen extranjero que no podían comunicarse en inglés.[111]

Si bien las motivaciones de los capellanes estadounidenses con respecto a la Guerra Hispano-Estadounidense difieren, se unieron a las tropas para la guerra, y los capellanes de las unidades de la milicia se ofrecieron como voluntarios. En su estudio sobre este tema, Stover argumenta que los capellanes del ejército compartían en sus preocupaciones por la guerra contra España influencias similares a las de sus compatriotas, incluyendo la venganza. Esta fue la posición del capellán Allen Allensworth y el capellán Henry Swift. Sin embargo, otros capellanes como los capellanes Theophilus G. Steward y William D. Mckinnon contrarrestaron esta actitud "explicando que el enemigo era humano y merecía compasión".[112] En el caso del capellán Vattmann, su amistad con seis presidentes norteamericanos (Hayes, Garfield, McKinley, Taft, Roosevelt y Wilson), lo llevó a establecer una estrecha relación con el presidente Roosevelt, y a que los planes políticos de este último se instituyeran en la isla.[113] Esta relación fue tan importante que, cuando surgió un problema con respecto a la posición del obispo Blenk[114] sobre el asunto de las escuelas públicas en Puerto Rico, el presidente Roosevelt solicitó la ayuda del capellán Vattmann para encontrar una solución adecuada a la crisis.[115] Stover también señala que,

> Cuando Vattmann se retiró del Ejército en 1905, el Jefe de la Oficina de Asuntos Insulares le ofreció el puesto de Superintendente Adjunto de Estudiantes Filipinos en los Estados Unidos, aparentemente en reconocimiento de su éxito en la resolución de los problemas de la Iglesia y el Estado en Puerto Rico y Filipinas. Vattmann aceptó el cargo y se desempeñó en él hasta que renunció ocho años después.[116]

La presencia de los capellanes militares estadounidenses en Puerto Rico no se limitó a la Guerra Hispano-Estadounidense. En la primera página de la edición de septiembre de 1922 de *El Testigo,* hay una descripción de un nuevo misionero que se une a la misión luterana en la isla. El 24 de agosto de 1922, el reverendo C. F. Knoll (capellán del Ejército de los Estados Unidos) y su esposa, llegaron a Puerto Rico para él servir como pastor de la Primera Congregación Luterana. El reverendo Knoll fue ordenado al pastorado de Palabra y Sacramentos en 1901. Su primer pastorado tuvo lugar en una congregación luterana en Dakota del Sur. Más tarde se trasladó a una iglesia en Sant Paul (Minnesota), donde también completó sus estudios doctorales en la Universidad de Minnesota (1914). De allí, se dirigió a una iglesia en Seattle (Washington). Se enlistó en el Ejército de los Estados Unidos al comienzo de la Primera Guerra Mundial, sirviendo como capellán en el campo de prisioneros de guerra en Salt Lake City (Utah). Su tarea en el campamento era la de proporcionar una guía espiritual a los prisioneros alemanes. Después de la guerra (1920), enseñó en el Wagner College (Nueva York) y al mismo tiempo sirvió en una iglesia en Brooklyn (Nueva York) antes de aceptar un llamado al pastorado militar en Puerto Rico.[117]

Las experiencias de la guerra transformaron los roles asignados al cuerpo de capellanía del Ejército de los Estados Unidos. La capellanía militar estadounidense de hoy en día se estableció después de la guerra. Theodore Roosevelt estableció un alto estándar para la capellanía militar. El 10 de junio de 1902, como secretario de Guerra y secretario de Marina, dio sus normas sobre las expectativas de un buen capellán,[118]

Quiero ver que de aquí en adelante no se nombre a ningún capellán en el Ejército [y en la Marina] que no sea una persona de primera clase- una persona que por su educación y entrenamiento estará capacitada para asociarse con sus oficiales y, sin embargo, tener el celo y el sentido práctico que le permitan hacer un trabajo genuino para los hombres enlistados. Por encima de todo, quiero capellanes que entren a hacer este trabajo, así como los mejores oficiales de línea, personal o profesión médica hacen su trabajo. Quiero ver que, si es posible, nunca designemos a una persona que desee el puesto como un trabajo fácil.[119]

Resultados desafortunados para los puertorriqueños

Para el pueblo de Puerto Rico, la victoria de Estados Unidos sobre España en la guerra Hispano-Estadounidense dio lugar al establecimiento de un gobierno militar,[120] que en 1900 pasó a ser un gobierno civil dirigido por gobernadores norteamericanos nombrados por el presidente de los Estados Unidos.[121] Por un breve tiempo (del 25 de junio al 11 de septiembre de 1939), José E. Colom, nacido en Puerto Rico, se convirtió en gobernador interino de Puerto Rico, después de que el gobernador anterior, Blanton C. Winship, fuera destituido de su cargo por el presidente Franklin D. Roosevelt, por abusar de su autoridad al privar al pueblo de Puerto Rico de sus derechos civiles.[122] El 2 de septiembre de 1946 el puertorriqueño Jesús T. Piñeiro fue nombrado gobernador de Puerto Rico bajo la administración colonial de los Estados Unidos. No fue hasta el 2 de enero de 1949 que el pueblo de Puerto Rico pudo elegir a su propio gobernador, Luis Muñoz Marín.[123] Sin embargo, dada la decisión arbitraria del Congreso de los Estados Unidos y del presidente Barack Obama de establecer el 30 de junio de 2016 la Junta de Supervisión y Administración Financiera de Puerto Rico sin el consentimiento de su pueblo,[124] la administración colonial de Puerto Rico por parte de los Estados Unidos sigue siendo una gran carga para el pueblo puertorriqueño en el archipiélago.[125]

Observaciones finales

Como hemos visto a lo largo de este capítulo, desde el siglo dieciséis, cuando Puerto Rico se convirtió en una colonia americana del imperio español, las incursiones protestantes en el archipiélago puertorriqueño fueron dirigidas por corsarios luteranos y los ataques militares de países como Gran Bretaña y los Países Bajos. A finales del siglo diecinueve, la invasión militar estadounidense del archipiélago estableció a Puerto Rico como territorio de los Estados Unidos de América. Mientras que dos congregaciones protestantes de inmigrantes extranjeros se establecieron por primera vez en Ponce (1869) y Vieques (1880), junto al emergente movimiento protestante de *Los Bíblicos* liderado por Eduardo Heyliger y Antonio Badillo, expresiones perdurables del protestantismo en Puerto Rico se establecieron con la llegada de denominaciones protestantes norteamericanas a finales del siglo diecinueve. En otras palabras, el cristianismo, en sus dos expresiones de catolicismo romano y protestantismo, fue traído a Puerto Rico como resultado de los violentos avances militares, despejando el camino para la institucionalización de la iglesia cristiana en el archipiélago. En estas empresas, y en la de los protestantes después del final de la Guerra Hispano-Estadounidense en 1898, este capítulo ha dejado claro el importante papel de los capellanes militares en el fomento del proceso de *americanización* del pueblo en el archipiélago.

Sin embargo, en la medida en que las políticas sociales de estos imperios extranjeros afectaron negativamente al pueblo puertorriqueño, también se experimentó resistencia dirigida por representantes de las diversas denominaciones cristianas, junto a grupos no cristianos, como un esfuerzo para proteger la identidad latinoamericana del pueblo puertorriqueño, tanto en el Caribe, como en la comunidad inmigrante puertorriqueña en el territorio continental de los Estados Unidos.

Notas

1. Estos luteranos se conocieron como hugonotes. Ángel Luis Gutiérrez, *Evangélicos en Puerto Rico en la época española* (Guaynabo: Editorial Chari, 1997), 9.

2. Gutiérrez, *Evangélicos en Puerto Rico en la época española*, 9–13.

3. Véase, *Invasión inglesa y victoria criolla de 1797*—EnciclopediaPR. 3 de abril de 2022, https://enciclopediapr.org/content/invasion-inglesa-de-1797/, consultado el 11 de junio de 2022.

4. Si bien nadie sabe realmente cuándo se inventó la primera imprenta, el texto impreso más antiguo conocido salió de China durante el primer milenio D.C.; "Printing Press", *History Channel,* 10 de octubre de 2019, https://www.history.com/topics/inventions/printing-press. Consultado el 23/10/2022. La primera imprenta en las Américas fue establecida en la Ciudad de México en 1539 por los españoles; "American Printing", *Cambridge Historical Society,* 2012, https://historycambridge.org/innovation/American%20Printing.html. Consultado el 23/10/2022. Para un estudio académico sobre la llegada de la imprenta a las Américas, véase, Carlos E. Castañeda, "The Beginning of Printing in America", *The Hispanic American Historical Review* 20, no. 4 (noviembre de 1940): 671–85.

5. Gutiérrez, *Evangélicos en Puerto Rico en la época española*, 17–26. Para una valiosa narrativa sobre la restauración de la monarquía en España durante el siglo diecinueve, véase, España. *Restauración 1875–1902,* España, spainthenandnow.com, consultado el 11 de agosto de 2023.

6. Luis Martínez-Fernández, *Protestantismo y conflicto político en el Caribe hispano del siglo XIX* (New Brunswick/New Jersey/London: Rutgers University Press, 2002), 48–71.

7. Martínez-Fernández, *Protestantismo y conflicto político en el Caribe hispánico del siglo XIX*, 48.

8. Entre los diversos ejemplos dados por el autor de individuos que seguían estas tendencias estaba el caso de María Condón, "una luterana de Nueva York que residía en Puerto Rico se convirtió al catolicismo poco antes de morir y recibió la absolución de sus pecados de herejía". Martínez-Fernández, *Protestantismo y conflicto político en el Caribe hispánico del siglo XIX*, 67.

9. Martínez-Fernández, *Protestantismo y conflicto político en el Caribe hispánico del siglo XIX*, 69.

10. Neville A.T. Hall, *La sociedad de esclavos en las Indias Occidentales Danesas: Santo Tomás, San Juan y Santa Cruz* (Jamaica/Barbados/Trinidad: The University of the West Indies Press, 1992), 124–38.

11. Hall, *La sociedad de esclavos en las Indias Occidentales Danesas: Santo Tomás, San Juan y Santa Cruz*, 127.

12. Jorge Chinea, "A Quest for Freedom: The Immigration of Maritime Maroons into Puerto Rico, 1656–1801," *Journal of Caribbean History* 31 Issue: 1/2 Month (1997): 5. Véase también Gad Heuman, ed.,

"Introducción," en *Out of the House of Bondage: Runaways, Resistance and Marronage in Africa and the New World* (London: Frank Cass y Company, 1986).

13. Chinea, "A Quest for Freedom," 53. Véase Gilberto Aponte Torres, *San Mateo de Cangrejos (Comunidad Cimarrona en Puerto Rico): Notas para su Historia* (San Juan: Oficina Estatal de Preservación Histórica, 1985).

14. Chinea, "A Quest for freedom," 53. Also, Luis E. González Vales, *Gabriel Gutiérrez de Riva "El Terrible": Albores del Siglo XVII Puertorriqueño y otros Ensayos* (San Juan: Centro de Estudios Avanzados de Puerto Rico y el Caribe/Universidad Interamericana de Puerto Rico, 1990), 114–17.

15. Chinea, "A Quest for Freedom", 53.

16. Samuel Silva Gotay, *Protestantismo y política en Puerto Rico 1898–1930: Hacia una historia del protestantismo evangélico en Puerto Rico* (San Juan: Editorial de la Universidad de Puerto Rico, 1997), 6–8.

17. Silva Gotay, *Protestantismo y política en Puerto Rico 1898–1930*, 7. Según el autor, en ese momento la ciudad de Ponce estaba envuelta en el negocio internacional del azúcar, y a finales de siglo reportó 400 extranjeros provenientes de países protestantes, entre los cuales 216 eran de la Dinamarca luterana y 143 de la Gran Bretaña anglicana. Silva Gotay, *Protestantismo y política en Puerto Rico 1898–1930*, 7. Para una descripción más extensa de estos ministerios protestantes en Ponce y Vieques, véase Martínez-Fernández, *Protestantism and Political Conflict in the Nineteenth-Century Hispanic Caribbean*, 91–115.

18. Entre los distinguidos intelectuales puertorriqueños de esa época que apoyaron las ideas protestantes se encontraban Eugenio María de Hostos y de Bonilla (1839–1903—educador, filósofo, intelectual, abogado, sociólogo, novelista y defensor de la independencia puertorriqueña), Julio Vizcarrondo Coronado (1829–1889—abolicionista, periodista, político, también fundador del movimiento protestante en el siglo XIX. Península Ibérica), y Ramón Emeterio Betances (1827–1898—defensor de la independencia puertorriqueña, médico, cirujano, abolicionista, diplomático, administrador de salud pública, poeta y novelista). Véase, Gutiérrez, *Evangélicos en Puerto Rico,* 59–68.

19. Para más información sobre la guerra Hispano-Estadounidense de 1898, véase, Henry Watterson, *History of the Spanish-American War* (New York, Akron y Chicago: The Werner Company, 1898), G.J.A. O'Toole, *The Spanish War: An American Epic-1898* (New York/London: W.W. Norton & Company Inc., 1984), Ángel Rivero, *Crónica de la Guerra Hispanoamericana en Puerto Rico* (Río Piedras: Editorial Edil, 1998). Para una descripción detallada de la preparación espiritual de las

fuerzas militares de los Estados Unidos, su desembarco y la campaña posterior para la invasión de Puerto Rico, véase, Kenneth E. Lawson, *With Courage and Confidence: The US Army Chaplaincy and the Puerto Rico Campaign of 1898* (Ft. Buchanan, PR: Oficina del Capellán de la Instalación, 2008), 15–36, 49–74.

20. Martínez-Fernández, *Protestantismo y conflicto político en el Caribe hispánico decimonónico*, 110.

21. Martínez-Fernández, *Protestantismo y conflicto político en el Caribe hispánico del siglo XIX*, 111. Véase también, Eddie Donoghue, *Negro Slavery: Slave Society and Slave Life in the Danish West Indies* (Bloomington y Milton Keynes: Authorhouse, 2007), 181–83.

22. Para una descripción más detallada de las contribuciones de estos líderes, véase Gutiérrez, *Evangélicos en Puerto Rico en la época española*, 27–38.

23. *El Grito de Lares,* también descrito como el levantamiento, rebelión o revolución de Lares, se convirtió en el primer gran levantamiento contra el gobierno colonial español en Puerto Rico. La insurgencia fue organizada por Ramón Emeterio Betances y Segundo Ruiz Belvis, y comenzó el 23 de septiembre de 1868; "El Grito de Lares 1868", *EnciclopediaPR*, consultado el 21 de abril de 2021, https://enciclopediapr.org/content/el-grito-de-lares-1868.

24. La ciudad de Aguadilla se encuentra en el noroeste de Puerto Rico. Su nombre proviene de la palabra nativa "guadilla" o "guayida" que significa jardín. Si bien la fecha de su fundación fue 1775, no fue hasta 1780 que se estableció oficialmente. "Municipalidad de Aguadilla", EnciclopediaPR, consultado el 9 de febrero de 2010, https://enciclopediapr.org/content/municipio-de-aguadilla. Si bien hubo Biblias contrabandeadas a Puerto Rico por piratas y corsarios durante el siglo dieciséis, la Biblia traída por Heyliger se usó para convertir a Antonio Badillo y a un grupo de puertorriqueños más tarde llamados "Los Bíblicos", que se convirtieron en la semilla para un desarrollo posterior del protestantismo en el archipiélago.

25. Papo Vives, "La familia Heyliger," *QuebradillasPR.org*, June 15, http://quebradillaspr.blogspot.com/2008/06/la-famila-heyliger-por-papo-vives.html. El nombre oficial de Papo Vives es Dr. Miguel Ángel Vives Heyliger, Véase, "Doctor Miguel (Papo) Vives," *QuebradillasPR.org*, consultado el 2 de julio de 2013, http://quebradillaspr.blogspot.com/2013/.

26. Gutiérrez, *Evangélicos en Puerto Rico en la época española*, 31. AGPR, Fondo Protocolos Notariales Aguadilla Pueblo: Isabela Su Testamento Escribiente José Román y Gallardo, Caja 1359, año 1866.

27. Gutiérrez, *Evangélicos en Puerto Rico en la época española*, 31.

28. Gutiérrez, *Evangélicos en Puerto Rico en la época española*, 33. Also AGPR, FDN, Isabela, Caja 1359, Año 1866.

29. Gutiérrez, *Evangélicos en Puerto Rico en la época española*, 35. La distancia entre Lares y Mayagüez es de cerca de 30 kilómetros. Es interesante notar que el vicecónsul danés Juan Alfondes escribe al gobernador puertorriqueño refiriéndose a la ciudadanía danesa de Don Eduardo alegando su inocencia, pero estas afirmaciones fueron anuladas. Gutiérrez, *Evangélicos en Puerto Rico en la época española*, 34–35.

30. Gutiérrez, *Evangélicos en Puerto Rico en la época española*, 34.

31. Véase, Rdo. Dr. Pablo E. Rojas Banuchi, "Los Bíblicos 1860–1898," en Didaskalos: Teología para formar, capacitar, y transformar [domingo 22 de mayo del 2011] https://didaskalosteologaparaformarycapacitar. blogspot.com/2011/05/.

32. En su valiosa narración sobre los pioneros protestantes en Puerto Rico, Edward A. Odell, un misionero presbiteriano norteamericano en Puerto Rico, afirma que "cuando estalló una epidemia de viruela en Aguadilla y el campo circundante, ellos [Heyliger y Badillo] pusieron a disposición sus casas para el cuidado de los enfermos. Heyliger enfermó de la infección y murió, pero después de su muerte Badillo siguió adelante". Véase, Edward A. Odell, *It Came to Pass* ((New York: The Board of National Missions of the Presbyterian Church in the United States of America, 1952), 14.

33. En su libro *Accidental Pluralism: America and the Religious Politics of English Expansion, 1497–1662*, Evan Haefeli argumenta que las características pluralistas de los asentamientos religiosos norteamericanos durante la era colonial fueron producto de los conflictos y resoluciones políticas y sociales en Europa, mostrando las formas en que las codificaciones de las relaciones entre estados, iglesias y públicos fueron interminablemente disputadas. Este argumento provocador puede arrojar algo de luz sobre el tipo de protestantismo que originalmente llegó a Puerto Rico antes de la toma del poder por parte de los Estados Unidos a finales del siglo diecinueve. Parece que este protestantismo primitivo debió ser de tipo genérico, o ecléctico, similar al que surgió durante el siglo dieciséis en Europa, sobre todo en las ciudades emergentes y en las zonas rurales. Evan Haefeli, *Accidental Pluralism: America and the Religious Politics of English Expansion, 1497–1662* (Chicago: University of Chicago Press, 2021). Sin embargo, como afirma Kristie Patricia Flannery en su reseña del libro de Haefeli, en su estudio el lugar de los pobladores originales en Norte América, o africanos esclavizados es muy limitado (en su mayoría confinado al primer capítulo), y dado que el incipiente protestantismo en Puerto Rico antes de 1898 apareció mayoritariamente entre el pueblo puertorriqueño pobre, sectores afrocaribeños de las Indias Occidentales, y la pequeña población de ascendencia extranjera en la isla, el enfoque de Haeffeli tiene serios límites

para ayudarnos a comprender el protestantismo que se desarrolló en Puerto Rico, antes de la invasión militar estadounidense de la isla.

Kristie Patricia Flannery, *"Review of Accidental Pluralism, America and the Religious Politics of English Expansion, 1497–1662* by Evan Haefeli" *Australasian Journal of American Studies* 40, 1 (julio de 2021): 121-23

34. Gutiérrez, *Evangélicos en Puerto Rico en la época española*, 27–38.

35. Sarahí Rivera Martínez, "La difusión del protestantismo en Puerto Rico (1860 -1920) Claves identitarias para la misión actual, *Teología y Cultura* año 19, 24, no. 1 (May 2022): 65, consultado el 19 de mayo de 2022.

36. Rivera-Martínez, "La difusión del protestantismo en Puerto Rico," 62.

37. Rivera-Martínez.

38. Martínez-Fernández, *Protestantism and Political Conflict in the Nineteenth-Century Hispanic Caribbean*, 162–63. Véase también, Ellen Walsh " The Not-So-Docile Puerto Rican: Students Resist Americanization, 1930," in *Centro Journal* 26, no. I (Spring 2014): 148–71. Este estudio investiga la insurgencia estudiantil de 1930 en el Instituto Politécnico (más tarde desarrollado como la Universidad Interamericana de Puerto Rico), creado en Puerto Rico por misioneros protestantes norteamericanos (presbiterianos) en 1912. Desde que la escuela se hizo conocida como una representación del proceso de "americanización" en Puerto Rico, la investigación de la autora revela la contingencia de procesos colonizadores reivindicando la necesidad de nuevas investigaciones históricas que muestren el carácter fluido, disputado y contradictorio de esta práctica.

39. *The Isles of the Sea* (una publicación de la Junta de Misiones de las Indias Occidentales de la Iglesia Luterana Unida en América, 1936), 14.

40. Rubén Arrieta Vilá, "A distancia la política y la religión", *El Nuevo Día*, (28 de octubre de 2001): 17. Los comentarios del Obispo Sosa en esta entrevista no estaban dirigidos a expresar la tendencia protestante a mantener una clara separación entre "la iglesia y el estado", sino más bien a establecer una distancia entre la posición de la Iglesia Luterana y aquellos otros grupos protestantes conservadores en Puerto Rico que en ese momento apoyaban la preferencia ideológica y política por la estadidad.

41. Véase, Ángel Santiago-Vendrell, " Give Them Christ: Native Agency in the Evangelization of Puerto Rico, 1900 to 1917," *Religions 12, no. 3 (2021): 196.*

42. Sarahí Rivera Martínez, "La difusión del protestantismo en Puerto Rico (1860–1920)," 80–81.

43. Para un estudio del surgimiento y expansión de la capellanía militar estadounidense, véase Richard M. Budd, *Serving Two Masters: The*

Development of American Military Chaplaincy, 1860–1920 (Lincoln y London: University of Nebraska Press, 2000). Además, el estudio exhaustivo del surgimiento y expansión de la capellanía Militar estadounidense provista en la serie de cinco volúmenes producida por el US Army Chaplain Center and School, en particular el volumen 3, escrito por el capellán de la Iglesia Metodista Unida, Earl F. Stover, *Up from Handymen: The United States Army Chaplaincy 1865–1920*, vol. 3 (Washington, DC: Office of the Chief of Chaplains Department of the Army, 1977).

44. María E. Estados Font, *La presencia militar de Estados Unidos en Puerto Rico: 1898–1918*. (Río Piedras: Editorial Universitaria, Universidad de Puerto Rico, 1986); Lewis L. Gould, *The Spanish-American War and President McKinley*. (Lawrence: University Press of Kansas, 1982); Walter Lafeber, *The New Empire: An Interpretation of American Expansion, 1860–1898*. (Ithaca NY: Cornell University Press, 1963); José López Baral, *The Policy of the United States Towards its Territories with Special Reference to Puerto Rico*. (San Juan: Editorial de la Universidad de Puerto Rico, 1999); Anders Stephanson *Manifest Destiny: American Expansionism and the Empire of Right*. (New York: Hill and Wang, 1995); Kal Wagenheim and Olga Jiménez de Wagenheim, *The Puerto Ricans: A Documentary History*. rev. ed. (Princeton NJ: Markus Weiner, 2002). Aida Negrón de Montilla, *La americanización de Puerto Rico y el sistema de instrucción pública 1900–1930* (Río Piedras: Editorial Universitaria, Universidad de Puerto Rico, 1976) Recientemente, un grupo de estudiosos de la historia han proporcionado un valioso estudio de la expansión imperial de los Estados Unidos a las colonias españolas en el Caribe, incluidas las Filipinas, durante la Guerra Hispano-Estadounidense. Véase, Alfred W. McCoy, Francisco A. Scarano, eds. *Colonial Crucible: Empire in the Making of the Modern American State* (Madison: The University of Wisconsin Press, 2009).

45. Harry Franqui-Rivera, *Soldiers of the Nation: Military Service and Modern Puerto Rico, 1898–1952*. (Lincoln and London: University of Nebraska Press, 2018), xv–xvi.

46. Véase, Stover, *Up from Handymen*, págs. 107–8.

47. Lawson, *With Courage and Confidence*, 8.

48. Para una biografía del capitán Rivero véase, "Biografía del capitán Ángel Rivero Méndez" (coqui.net), Conrado Río Piedras: Editorial Edil Asenjo, "A la memoria de don Ángel Rivero Méndez," *Relatos* sobre el bombardeo a San Juan, Puerto Rico, en 1898 (coqui.net), consultado 24/8/2023. También, *Diccionario de literatura puertorriqueña* Tomo II, del *Instituto de Cultura Puertorriqueña ed. Josefina Rivera de*

Álvarez (Barcelona, 1974), 1359–60, y *Diccionario histórico-biográfico* Vol. 14, *La gran enciclopedia de Puerto Rico,* ed. Vicente Báez (Madrid, España: Ediciones R, 1981), 302.

49. Ángel Rivero Méndez, *Crónica de la Guerra Hispano Americana en Puerto Rico* (Río Piedras: Editorial Edil, Inc., 1998). Para una evaluación valiosa del libro de Rivero Méndez véase la reseña del libro *Crónica de la Guerra Hispano Americana en Puerto Rico,* realizada por José David Rodríguez para el curso Hist. 6005 Historiografía Puertorriqueña ofrecido por el Dr. Manuel Delgado Colón en la cede Metropolitana de la Universidad Interamericana de Puerto Rico el 13 de mayo de 2011.

50. Rivero Méndez afirma que, a las doce y diez minutos del 10 de mayo de 1898, ordenó el primer disparo durante la Guerra Hispano-Estadounidense en Puerto Rico. Rivero Méndez, *Crónica de la Guerra Hispano Americana en Puerto Rico, 66–69.*

51. Según Rivero Méndez, si bien la guerra comenzó en 1895 con la lucha cubana por la independencia de España, la intervención militar norteamericana comenzó en pleno apogeo el 15 de febrero de 1898, poco después del hundimiento del acorazado norteamericano *USS Maine,* enviado a Cuba para proteger a los ciudadanos y propiedades estadounidenses después de los disturbios antiespañoles en La Habana. El autor también afirma que los comisionados españoles, así como expertos imparciales como el vicealmirante de la armada norteamericana Erven y el capitán de la armada Buckill, impugnaron originalmente la alegación de responsabilidad española por la pérdida del *USS Maine.* La razón del hundimiento del *USS Maine* parece haber sido, como en el caso de muchas de estas experiencias en Europa y América del Norte, la negligencia de los marineros que manejaban numerosas cajas de pólvora, o reacciones químicas desconocidas entre los componentes de los explosivos modernos. Rivero Méndez, *Crónica de la Guerra Hispano Americana en Puerto Rico, 9–13.*

52. Rivero Méndez, *Crónica de la Guerra Hispano Americana en Puerto Rico, 17–19.*

53. Rivero Méndez, *Crónica de la Guerra Hispano Americana en Puerto Rico, 41–51.*

54. Rivero Méndez, *Crónica de la Guerra Hispano Americana en Puerto Rico.*

55. Rivero Méndez, *Crónica de la Guerra Hispano Americana en Puerto Rico,*

56. Rivero Méndez, *Crónica de la Guerra Hispano Americana en Puerto Rico, 174–221.*

57. Rivero Méndez, *Crónica de la Guerra Hispano Americana en Puerto Rico, 295–348.* Otra contribución importante es el conmovedor

relato de Rivero Méndez sobre el suicidio de Francisco de Asís Puig y Manuel de Villena, cuando se le ordenó encabezar la retirada de la fuerza de defensa española de Yauco, dado el progresivo avance del ejército invasor norteamericano. Sufriendo así la injusta vergüenza del general Macías que antes les había ordenado la desastrosa retirada. Rivero Méndez, *Crónica de la Guerra Hispano Americana en Puerto Rico*, 210–15. Estas batallas al final de la guerra fueron tan significativas que se convirtieron en la inspiración para una serie de importantes obras literarias de escritores puertorriqueños como Luis Hernández Aquino, *La Muerte anduvo por el Guasio* (Río Piedras: Editorial Universitaria, 1970), Olga Nolla, *El Castillo de la memoria* (Mexico: Aguilar, Altea, Taurus, Alfaguara, S.A., de C.V., 1996), Reynaldo Marcos Padua, *Águila* (San Juan: Ediciones Huracán, 2008), y la obra de teatro del 1 de junio de 1999 de Roberto Ramos Perea, *Miles, la historia del '98*.

58. Gobierno y Política en Puerto Rico: Nueva Fórmula para el Autogobierno en JSTOR.

59. Rivero Méndez, *Crónica de la Guerra Hispano Americana en Puerto Rico*, 387–412.

60. Héctor Andrés Negroni, *Historia militar de Puerto Rico* (España: Ediciones Siruela, S.A., 1992), 337–38. You can also access the book at Historia Militar de Puerto Rico by La Colección Puertorriqueña—Issuu.

61. Negroni, *Historia militar de Puerto Rico*, 339.

62. Las cartas se publicaron más tarde en un libro, George Glenn King, *Letters of a Volunteer in the Spanish-American War* (Chicago: Hawkins and Loomis, 1929). Allí, "King describe con cierto detalle la vida de un soldado durante la guerra, incluyendo el tipo y el grado de entrenamiento recibido, y la dieta magra y las dificultades físicas de la campaña en Puerto Rico. Las cartas de King se intercalan con notas y comentarios explicativos que ponen sus cartas en perspectiva. Algunas de sus cartas y comentarios describen las interrelaciones entre los soldados estadounidenses y los habitantes de Puerto Rico durante la guerra. Señaló, por ejemplo, que los estadounidenses contrataron a puertorriqueños, quienes prestaron al ejército un servicio eficiente y valioso como exploradores montados". Letters of a Volunteer in the Spanish-American War | Library of Congress (loc.gov). También, Letters of a Volunteer in the Spanish-American War [by] George G. King.: a machine-readable transcription. (loc.gov).

63. King, *Letters of a Volunteer in the Spanish-American War*, 6.

64. King, *Letters of a Volunteer in the Spanish-American War*, 45.

65. King, *Letters of a Volunteer in the Spanish-American War*, 54.

66. King, *Letters of a Volunteer in the Spanish-American War*, 56.

67. King, *Letters of a Volunteer in the Spanish-American War*, 62.
68. King, *Letters of a Volunteer in the Spanish-American War*, 68.
69. King, *Letters of a Volunteer in the Spanish-American War*, 73.
70. King, *Letters of a Volunteer in the Spanish-American War*, 72.
71. "Edmund Rice sirvió en el estado mayor del general Nelson A. Miles. Más tarde, por recomendación de Miles, Rice fue ascendido a coronel y puesto al mando del 6º Regimiento de Voluntarios de Massachusetts que prestó servicio activo, tanto en Puerto Rico, como en Cuba. Edmund Rice, (USA) (1842–1906)—Genealogy (geni.com), consultado el 16 de junio del 2023.
72. *King, Letters of a Volunteer in the Spanish-American War*, 77. Otra historia importante sobre la presencia militar en Puerto Rico se relaciona con el asesinato del soldado John Burke, del 47º Regimiento de Infantería de Voluntarios de Nueva York por Rafael Ortiz en el Centro de Artesanos en Caguas, Puerto Rico, el 24 de febrero de 1899. En su estudio de este incidente histórico, Arcadio Díaz Quiñones ofrece una narrativa provocadora sobre las implicaciones coloniales de la ocupación militar estadounidense de Puerto Rico. Arcadio Díaz Quiñones, *Once tesis sobre un crimen de 1899* (San Juan, Puerto Rico: Editorial Luscinia C.E., 2019).
73. Budd, *Sirviendo a dos señores*, xi.
74. Para Roy J. Honeywell ((Colonel, Ret., USAR, and Professor of History at Boston University [1920–1933], a chaplain since July 5, 1918), "La influencia de la fe religiosa sobre los combatientes y los acontecimientos militares es conspicua a lo largo de toda la historia". Roy J. Honeywell, *Chaplains of the United States Army* (Washington, DC: Office of the Chief of Chaplains, Department of the Army, 1958), 1–9.
75. Budd, *Sirviendo a dos señores*, 1.
76. Budd, *Sirviendo a dos señores*.
77. La Dra. Jacqueline Earline Whitt es profesora asistente en el Departamento de Historia de la Academia Militar de los Estados Unidos. Obtuvo su licenciatura en la Universidad de Hollins, Virginia, y su maestría y doctorado en la Universidad de Carolina del Norte en Chapel Hill.
78. Jacqueline E. Whitt, "Dangerous Liaisons: The Context and Consequences of Operationalizing Military Chaplains", *Military Review* (March-April 2012): 55.
79. El capellán William F. Dusseault (1853–1937) residió toda su vida en Massachusetts graduado de Tufts College. Era un clérigo de la iglesia Unitaria Universalista. Murió en enero de 1937". Kenneth E. Lawson, *With Courage and Confidence*, 43.

80. El capellán James C. Schindel nació en Pensilvania. Después de la guerra, el reverendo Schindel regresó a su parroquia luterana en Circleville, Ohio. El reverendo Schindel sirvió en la Iglesia Luterana de San Pablo en Newark de 1901 a 1906. Kenneth E. Lawson, *With Courage and Confidence*, 47.

81. El capellán Edward H. Smith (1842–1931) del 2° USV de Wisconsin nació el 14 de diciembre de 1842 en Cheshire, Inglaterra. Estudió teología en el New College y pastoreó una iglesia congregacional en Abergavenny, Monmouth Shire. Emigró a los Estados Unidos a finales de la década de 1860. Hizo su trabajo de posgrado en la Universidad de Yale y luego se mudó al oeste para pastorear la Iglesia Congregacional de Nueva Inglaterra en Chicago alrededor de 1873. Lawson, *With Courage and Confidence*, 45–46.

82. Lawson, *With Courage and Confidence*, 15–19.

83. Lawson, *With Courage and Confidence*, 45–46.

84. "The Landing in Guánica," 1898: 1898: La Guerra Hispánico Americana en Puerto Rico (website), consultado el 20 de junio de 2023 de http://home.coqui.net/sarrasin/desembarco.guanica.htm.

85. "Charles F. Parker, cabo, nació en Wakefield, Massachusetts, el 8 de julio de 1872. A los 18 años se enlistó en la Compañía A, M.V.V.M., y continuó en la Milicia hasta que entró en la lista de voluntarios de esta compañía para servir durante la guerra. Su muerte prematura y su entierro en el mar causaron una impresión triste y duradera en sus camaradas. Parker era un oficial muy respetado por todos sus compañeros de armas. "En la mañana del 23 de julio Parker murió a bordo del *U.S.S. YALE*, que se dirigía de Cuba a Puerto Rico, y fue enterrado en mar el mismo día. El capellán Dusseault dirigió el oficio fúnebre, y un escuadrón de doce hombres disparó las tres descargas de fuego acostumbradas. Frank E. Edwards, *The '98 Campaign of the 6th Massachusetts, USV* (Boston, 1899), 70. "Corp Charles F. Parker (1872–1898)," Find A Grave Memorial, https://tinyurl.com/mwcdmdxz, consultado el 20 de junio de 2023.

86. John W. Ferris, un clérigo metodista unido, nació en 1871. Fue nombrado capellán del 6° Cuerpo de Voluntarios del estado de Illinois. Ferris murió el 21 de marzo de 1931 en Tampa, Florida, donde él y su esposa Nettie G. Ferris pasaban el invierno, debido a su frágil salud. Le sobrevivieron dos hijas y dos hijos, Mae y Dorothy de Abingdon, Fred de Peoria y John de West Point. Está enterrado en el cementerio de Abingdon, condado de Knox, Illinois. "John W. Ferris (1871–1931)", Find a Grave Memorial, consultado el 20 de junio de 2023. https://www.findagrave.com/memorial/8050454/john-w-ferris.

87. "El capellán de la Armada Walter G. Isaacs se convirtió en capellán en 1888. Poco antes de la Guerra Hispano-Estadounidense fue capellán en el Astillero Naval de Washington. El capellán Isaacs dirigió servicios religiosos, reuniones de oración y aconsejó a los soldados enfermos a bordo del *USS Massachusetts*. Después de la guerra, en 1900, fue uno de los 24 capellanes de la Marina en servicio activo, asignados al Astillero Naval de San Francisco. Permaneciendo en el ejército, el capellán Isaacs ayudó a preparar la capellanía de la Marina para la Primera Guerra Mundial. Se desempeñó como capellán de la Marina hasta el 1926, cuando se retiró con el rango de capitán a la edad de 66 años. Lawson, *With Courage and Confidence*, 34.

88. "El capellán Walter B. Lowry (episcopal) de la 16ª USV de Pensilvania nació en Filadelfia. Lawson, *With Courage and Confidence*, 44–45.

89. El capellán Charles E. Butters (1868–1930) de la 3ª USV de Wisconsin fue un clérigo metodista que se graduó de la Escuela Teológica en la Universidad de Northwestern en 1891. Después de la Guerra Hispano-Estadounidense, el reverendo Butters sirvió como pastor en la Iglesia Metodista de Viroque, Wisconsin (1902–1911). En 1917 fue enviado a Europa (Francia) con la 32.ª División de Infantería durante más de dos años de servicio como Intendente con el rango de Capitán. Después de la guerra, de 1919 a 1930 fue un exitoso banquero en Wisconsin y comandante de la Guardia Nacional de Wisconsin (1919–1928). A los 62 años murió en su casa de Nakoma, sobreviviéndole su esposa Fanny (Blythe) Butters. Lawson, *With Courage and Confidence*, 42.

90. "Nació y creció en Mahanoy, Pensilvania, hijo de un ministro evangélico. A lo largo de su vida, el reverendo Knerr fue conocido como un evangélico ardiente, opuesto tanto al liberalismo protestante como al catolicismo romano. Hasta su muerte en 1926, George A. Knerr pastoreó en el área de Pottsville, Pensilvania, contento con un ministerio evangélico rural. Es interesante notar que la lápida de George Knerr no menciona sus aproximadamente 40 años de ministerio civil, sino que destaca sus pocos meses de servicio como capellán en la Guerra Hispano-Estadounidense. Lawson, *With Courage and Confidence*, 43–44. Rdo. George A. Knerr (1862–1926)", Find a Grave Memorial, consultado el 20 de junio de 2023, https://www.findagrave.com/memorial/60363567/george-a-knerr.

91. El reverendo Delivan Odell, nació en 1853 en Nueva York. Al comienzo de la Guerra Hispano-Estadounidense, era el pastor de la Primera Iglesia Bautista de Peoria, Illinois. Después de la guerra, su residencia en 1900 estaba en Joliet, Illinois. Lawson, *With Courage and Confidence*, 41–2. Delivan Daniel O'Dell 1853–1902", Ancestry.com, consultado

el 20 de junio de 2023, https://www.ancestry.com/genealogy/records/delivan-daniel-o-dell-24–22zwwf0.

92. Lawson, *With Courage and Confidence*, 44.
93. Lawson, *With Courage and Confidence*, 42.
94. Lawson, *With Courage and Confidence*, 43.
95. Lawson, *With Courage and Confidence*, 41.
96. Lawson, *With Courage and Confidence*, 75–78.
97. Lawson, *With Courage and Confidence*, 77.
98. "Algunos de los heridos de la contienda en Guánica fueron el cabo H.J. Pryor, que fue herido en la mano; y el soldado F.B. Bostic, que fue herido en el brazo derecho". Lawson, *With Courage and Confidence*, 77.
99. El coronel Charles F. Woodward experimentó una enfermedad intestinal persistente, y su salud se había deteriorado en los campos de entrenamiento militar y a bordo del *USS Yale*. Camp Alger, en Virginia, donde se entrenaba esta Compañía, estaba sucio, y los hombres se ganaron la reputación de su comportamiento indisciplinado. A bordo del *USS Yale,* la unidad sufrió durante 17 días condiciones de hacinamiento y enfermedades, con raciones indigentes y sin ejercicio. En un artículo en el *Boston Globe* defendiendo a los voluntarios del estado, J.N. Taylor declaró: "No estaban en condiciones aptas ni para marchar ni para luchar". Lawson, *With Courage and Confidence,* 79
100. Lawson, *With Courage and Confidence*, 79–84. "Después de la guerra, el reverendo William Dusseault regresó al pastorado civil y conservó su estatus como capellán del 6º Massachusetts. Sirvió en el 6.º Regimiento durante la Primera Guerra Mundial, pero no abandonó Massachusetts ya que la unidad no estaba desplegada. Se retiró de la Guardia Nacional en julio de 1920 a los 57 años con el rango de teniente coronel. Continuó residiendo en Massachusetts como pastor civil, y murió el 14 de enero de 1937, a la edad de 84 años. Lawson, *With Courage and Confidence,* 83–84.
101. Jorge Juan Rivera-Torres, "La Iglesia Episcopal en Puerto Rico— Documentos Históricos de la …," (yumpu.com), accedidos el 20 de junio de 2023, https://www.yumpu.com/es/document/read/13162590/la-iglesia-episcopal-en-puerto-rico-documentos-historicos-de-la-, 13.
102. Rivera-Torres, "La Iglesia Episcopal en Puerto Rico," 5–6.
103. Rivera-Torres, "La Iglesia Episcopal en Puerto Rico," 6–7.
104. Lawson, *With Courage and Confidence*, 97–98.
105. Lawson, *With Courage and Confidence*, 98–99.
106. Lawson, *With Courage and Confidence*, 99.
107. Lawson, *With Courage and Confidence*, 100–101.
108. Mons. Edward J. Vattmann, "sirvió en varias campañas indígenas como capellán y fue enviado a Filipinas en 1903. En 1915 fue elevado

a monseñor por el Papa en reconocimiento a sus 50 años en el sacerdocio. Al estallar la Primera Guerra Mundial, el Padre Vattman se reincorporó al Ejército, fue nombrado mayor y enviado a Fort Sheridan para servir como capellán, donde permaneció hasta que su salud lo obligó a renunciar a todas las actividades. Murió en 1919". Véase el periódico *Wilmette Life (Wilmette*, Illinois), 27 de junio de 1974, pág. 38. consultado el 27/10/2022. Véase también "Armistice Day in Wilmette, 1918", blog del Museo Histórico de Wilmette, 10 de noviembre de 2018, https://wilmettehistory.org/blog/armistice-day-in-wilmette-1918/.

109. Región histórica del noroeste de Alemania, que comprende una gran parte del actual estado federado de Renania del Norte-Westfalia. Region | Definition, Examples, & Facts | Britannica, consultado el 20 de junio de 2023.

110. Véase, "American-Indian Wars", History.com, 24 de agosto de 2022, https://www.history.com/topics/native-american-history/american-indian-wars. Para un relato interesante del ministerio de Vattmann en este contexto, véase Stover, *Up from Handymen,* 40–43. En 1894, Vattmann también participó en la huelga de Pullman en el sur de Chicago. Stover, 85–86. Con respecto a la política de pacificación de Estados Unidos en Filipinas, véase Stover, 128, 131–133, 144, 151, 175 (nota 3), consultado el 21 de junio de 2023.

111. Véase, página de Facebook del Cuerpo de Capellanes del Ejército de EE. UU., consultado el 20 de junio de 2023.

112. Stover, *Up from Handymen,* 108–23.

113. Véase la carta de Robert H. Todd Wells (alcalde de San Juan, Puerto Rico) a Theodore Roosevelt de 25 de marzo de 1904, en el que Todd declara que ha hablado con el capellán Vattmann sobre asuntos relacionados con Puerto Rico como el presidente Roosevelt pidió, y sugirió al presidente que continuara esa conversación con el capellán. "Carta de Robert H. Todd a Theodore Roosevelt", Theodore Roosevelt Center, consultado el 20 de junio de 2023, https://www.theodorerooseveltcenter.org/Research/Digital-Library/Record/ImageViewer?libID=o44759. Véase también la carta enviada por Regis Henri Post a Theodore Roosevelt el 7 de marzo de 1904, elogiando las contribuciones en Puerto Rico, esperando el regreso del capellán a la isla en el próximo año. "Carta de Regis Henri Post to Theodore Roosevelt", consultado el 20 de junio de 2023, https://www.theodorerooseveltcenter.org/Research/Digital Biblioteca/Registro/Visor de imágenes?libID=o44522. Regis Henri Post fue "nombrado por el presidente Theodore Roosevelt como auditor de Puerto Rico en 1903, Secretario de Puerto Rico en 1904, y Gobernador en 1907.

Ocupó el cargo de Gobernador desde el 18 de abril de 1907 hasta el 5 de noviembre de 1909. Su gobernación fue extremadamente polémica, ya que sus frecuentes desacuerdos con la Legislatura de Puerto Rico llevaron a que la Legislatura no aprobara ningún presupuesto en 1909, lo que dio lugar a una crisis política en la isla y a la aprobación de la Enmienda Olmsted a petición del Presidente William Howard Taft". Regis Henri Post Life consultado el 20 de junio de 2023, https://www.liquisearch.com/regis_henri_post/life.

114. Véase Hermana Miriam Terese O'Brien, "Puerto Rico's First American Bishop", Records of the American Catholic Historical Society of Philadelphia 91, nos. 1/4 (marzo–diciembre de 1980): 3–5, 7–37.

115. Véase "Letter from Theodore Roosevelt to Elihu Root", Theodore Roosevelt Center, consultado el 20 de junio de 2023, https://www.theodorerooseveltcenter.org/Research/DigitalLibrary/Record/ImageViewer?libID=o186841. Por aconsejar una manera de arreglar los asuntos entre el gobierno y la iglesia, Vattmann resolvió el "malentendido" entre el gobernador y el obispo James E. Blenk. "El obispo lo ensalzó por su 'inteligencia y desinterés', como lo hizo el gobernador, quien lo llamó 'un poder para el bien permanente'". Stover, *Up From Handy Men,* 144.

116. Stover, *Up from Handymen,* 145.

117. *El Testigo,* año VI, no. 4 (September 1922): 1.

118. Lawson, *With Courage and Confidence,* 106.

119. Lawson, *With Courage and Confidence,* 107.

120. El general Nelson Miles fue el primer gobernador militar designado de Puerto Rico. El 18 de octubre de 1898, el general John Brooke se convirtió en gobernador, pero cedió su autoridad al general Guy Henry. "Gobierno militar en Puerto Rico—El mundo de 1898: La Guerra Hispano-Estadounidense", División Hispana, Biblioteca del Congreso, consultado el 20 de junio de 2023. "El Gobierno Militar en Puerto Rico—El Mundo de 1898: La Guerra Hispano-Estadounidense", División Hispana, Biblioteca del Congreso.

121. El primer gobernador civil de los Estados Unidos nombrado por el presidente William McKinley en Puerto Rico fue Charles Herbert Allen el 1 de mayo de 1900. "Puerto Rico Governors (under US Colonial Administration), geni.com, consultado el 20 de junio de 2023, https://www.geni.com/projects/Puerto-Rico-Governors-under-U-S-colonial-administration/24973.

122. "About: José E. Colom," dbpedia.org, consultado el 20 de junio de 2023, https://dbpedia.org/page/Jos%C3%A9_E._Colom.

123. "Sobre: José E. Colom." etiqueta.

124. El Presidente Obama anuncia el nombramiento de siete personas para la Supervisión Financiera y Junta de Administración para Puerto Rico", whitehouse.gov, 31 de agosto de 201 press-office/2016/08/31/president-obama-anuncia-nombramiento-siete-individuos-financieros, consultado el 20 de junio de, 2023.

125. "Puerto Rico's New Phase: People Resist Financial Junta", *Workers World*, 6 de julio de 2016, https://www.workers.org/2016/07/26048/, consultado el 20 de junio de 2023.

CAPÍTULO 5

El luteranismo comienza su misión en Puerto Rico

A PRINCIPIOS DEL siglo diecinueve, las condiciones sociales y económicas en Puerto Rico eran sombrías. Los cuatrocientos años de dominio español habían dejado enormes lagunas en sus expresiones educativas, económicas y políticas. Solo el 15% de la población total sabía leer y escribir, las condiciones de vida insalubres eran tales que la tasa de mortalidad entre 1887 y 1899 era un promedio de 31,4 por mil habitantes, y religiosamente, la gente no fue atendida adecuadamente.[1] Ya había presión por un cambio social en Puerto Rico.

Hacia finales de la década de 1880, la población de la isla había sufrido una grave crisis económica. El monopolio local de los comerciantes españoles alimentó el resentimiento y llevó al establecimiento de sociedades secretas, organizaciones que promovían el boicot a los comerciantes españoles y un mayor apoyo a los negocios locales. Hubo muchos incidentes violentos contra establecimientos comerciales españoles, en particular saqueos e incendios provocados. El gobierno y su Guardia Civil respondieron con una serie de redadas y encarcelamientos, aplicando severas medidas de tortura que se conocieron como "compontes". Las condiciones sociales de la isla también fueron críticas durante este período. Además de la falta de libertades civiles, aproximadamente el 85% de la población seguía siendo analfabeta. La malnutrición y la pobreza extrema estaban muy extendidas en la mayor parte de las zonas rurales.[2]

Durante este tiempo, los luteranos alrededor del mundo estaban muy interesados en el movimiento misionero. Y aunque la atención de los luteranos europeos por la misión se remonta al siglo diecisiete, el siglo diecinueve se había convertido en una era de misiones para los luteranos norteamericanos. Reconociendo que su intención original era ampliar la presencia de cristianos en el mundo, un resultado desafortunado de esta tendencia misionera fue el apoyo al colonialismo y la continua desunión del cristianismo en todo el mundo.[3]

En América del Norte, los diversos organismos de la Iglesia Luterana organizaron sociedades misioneras para apoyar la obra de sus iglesias étnicas particulares. Los luteranos compartían con otros protestantes un optimismo inicial con respecto al futuro de un mundo cristiano. Se unieron a un evangelismo protestante global (sin cooperación con los católicos romanos), cuyos agentes trataron de decirles a los conversos que ser cristiano trascendía la iglesia popular y el poderío político colonial. Pero en gran medida, también apoyaron el colonialismo y exportaron la desunión cristiana. Cuando la corte imperial alemana proporcionó apoyo financiero en 1913, algunas misiones coloniales experimentaron tensiones incómodas entre la misión y el nacionalismo. La Primera Guerra Mundial, entonces, simplemente paralizó muchas misiones después de 1914.[4]

Para Mark Granquist, los principales aspectos para la expansión del luteranismo en América del Norte durante el siglo diecinueve fueron sus esfuerzos en la misión y el alcance evangélico. Este esfuerzo se dirigió originalmente a los inmigrantes europeos de sus propias poblaciones étnicas, ocasionalmente a los no luteranos como los judíos inmigrantes, sin embargo, su empresa fue más generalizada entre los habitantes originales de las Américas, y los afroamericanos. Otra tendencia importante en la misión norteamericana fue una poderosa preocupación y entusiasmo por la misión en el extranjero.[5]

Al igual que sus vecinos protestantes, los luteranos estadounidenses a menudo fueron atrapados por el poder de esta visión misionera, incluso si no siempre podían encontrar los recursos para dedicarse a ella. Para los luteranos [estadounidenses] en el siglo diecinueve, Norteamérica era el principal campo misionero, y la construcción del luteranismo en este país era su tarea principal. Sin embargo, esto no quiere decir que las misiones nacionales y las misiones extranjeras fueran mutuamente excluyentes, y que el espíritu que impulsaba a las primeras a menudo inspiraba a las segundas. Cuando las denominaciones luteranas no pudieron encontrar los recursos para dedicarse a la misión en el extranjero, las mujeres, los laicos y los estudiantes se organizaron para recaudar fondos y crear conciencia sobre el trabajo misionero en el extranjero, empujándose a sí mismos y a sus denominaciones a hacer más en estas áreas.[6]

En octubre de 1899, un año después de la invasión militar estadounidense de Puerto Rico, una sección importante en el informe de la Junta de Misiones Extranjeras del Concilio General de la Iglesia Evangélica Luterana en América del Norte, proporciona un resumen del trabajo misionero de la denominación en otros países.[7] Esto incluye una invitación recibida por la junta en 1898 para enviar delegados a una convención de representantes de varias juntas misioneras protestantes que se celebraría en Nueva York para considerar la cuestión del envío de misioneros a Cuba, Puerto Rico y Filipinas.[8]

Si bien la invitación fue rescindida y los luteranos no estuvieron representados en la reunión, los informes sobre la convención en publicaciones seculares y religiosas, la información recibida sobre la disposición de una congregación luterana a ofrecer una contribución para apoyar la obra luterana en Puerto Rico, y el interés de dos estudiantes luteranos del seminario en Filadelfia (ambos preparándose para graduarse en 1899) en recibir un llamado a servir en Puerto Rico, llevó a la Junta a considerar seriamente esta oportunidad.[9] Fue en esta reunión que surgió por primera vez el nombre de Gustav Sigfried Swensson, un joven estudiante del Colegio y Seminario Augustana[10], como resultado de su iniciativa de haber comenzado recientemente el trabajo luterano en Puerto Rico, sin ningún apoyo institucional o individual.[11] El Rdo. Dr. C.A. Blomgren, miembro de la Junta y profesor del seminario Augustana, compartió con sus colegas de la Junta una carta que le envió Swensson con fecha del 13 de marzo de 1899.[12] En la carta, Swensson describe el estado de las iniciativas protestantes en la isla, anhela el apoyo de la Junta a este campo misionero, y sugiere planes específicos para desarrollar la obra misionera luterana en Puerto Rico.[13] Después de discusiones vitales sobre el asunto y reuniones adicionales con otras partes para aclarar cuestiones y preocupaciones controvertidas,[14] el 31 de agosto de 1899, la Junta resolvió extender un llamado al Rdo. Benjamin F. Hankey y al Rdo. Herbert Franklin Richards para que fueran a Puerto Rico a comenzar la obra misionera.[15]

Los dos hombres habían sido llamados y habían esperado seis meses a sus expensas. Por lo tanto, fueron a Filadelfia en el momento de la reunión de la Junta y se presentaron como listos para hacer su parte. Se les invitó a la reunión y se les interrogó acerca de sus intenciones y planes para llevar a cabo la obra. Luego fueron despedidos con la bendición de Dios. A los misioneros se les había asignado un salario de 25 dólares al mes, junto con el alquiler de la habitación, la comida y los gastos de viaje. Ambos estaban considerablemente endeudados por su educación y no tenían dinero extra. Entonces, afuera de la puerta de la reunión de la junta, realizaron una consulta. Era necesario perturbar de nuevo la reunión de la Junta y contarles los hechos. El resultado fue un adelanto de $200.00 con el cual se fueran a Nueva York, y luego a San Juan, con algo de dinero de sobra para los gastos de comenzar en este último lugar.[16]

Esta semilla brotó. En octubre de 1901, el Concilio General de la Iglesia Evangélica Luterana en Norteamérica autorizó la creación de una Junta de Misiones de Puerto Rico para la administración de la obra misionera luterana en Puerto Rico. En su primer informe al Consejo General (1903), el reverendo H.F. Richards proporcionó una descripción de las condiciones de este trabajo, los desafíos planteados, junto con un valioso relato del trabajo realizado desde 1901 hasta 1903.[17]

La historia de la misión luterana en Puerto Rico no puede reducirse a la decisión del Concilio General de la Iglesia Evangélica Luterana en Norteamérica en 1899, ni a la ardua labor de los pastores Hankey y Richards que llegaron a Puerto Rico el 29 de octubre de 1899 para comenzar a trabajar allí.[18,19] Sin duda, el apoyo institucional de un cuerpo de la Iglesia Luterana y la contribución resiliente de estos dos pastores luteranos ordenados dieron una posición oficial importante al trabajo de la Iglesia Luterana en el archipiélago. Sin embargo, nuestra afirmación en este estudio es que la iniciativa y la fuerza dinámica de esta misión, dando su particular identidad denominacional, fue y sigue siendo el producto de diferentes y complejos elementos que se unieron para expandir los límites geográficos de la misión luterana en la historia del Caribe.

Biblias y visitantes

En secciones anteriores de este estudio, hemos mencionado los esfuerzos religiosos y devotos, pero confesionalmente ambiguos, de varios inmigrantes europeos, incluyendo potencialmente luteranos, quienes, además de introducir sus convicciones protestantes en Estados Unidos desde el siglo dieciséis, también habían mostrado su codicia, junto con sus prejuicios raciales y culturales de manera violenta. Entre estas iniciativas se destacan la de líderes religiosos estrechamente relacionados con el movimiento de la Reforma liderado por Martín Lutero durante el siglo dieciséis en Alemania. Este parece haber sido el caso de la colonia de los Welser en Venezuela dirigida por Enrique Ehinger y Jerónimo Sayler en 1526. Mientras que, como hemos visto, la contribución de Eduardo Heyliger, quien originariamente vino de las Islas Vírgenes Danesas luteranas a Puerto Rico y contribuyó a preparar el camino para el establecimiento institucional del protestantismo en la isla durante el siglo diecinueve con el valioso apoyo de "Los Bíblicos", proporciona un panorama diferente.

Las primeras biblias vernáculas fueron introducidas en Puerto Rico por piratas, corsarios, contrabandistas y comerciantes británicos, franceses, daneses y holandeses.[20] Desde mediados del siglo diecisiete, Santa Cruz y Santo Tomás demostraron ser islas estratégicamente posicionadas para introducir Biblias en Puerto Rico y la República Dominicana. Durante las dos primeras décadas del siglo veinte, una asociación entre la Sociedad Bíblica Británica y Americana abrió el camino para la introducción de la literatura religiosa protestante en el Caribe hispano. En 1834, James Thomson, representante de la Sociedad Bíblica Británica que se dedicaba a distribuir biblias por toda América Central y del Sur, así como el Caribe, llegó a Puerto Rico con la intención de introducir biblias y literatura religiosa protestante en el archipiélago. Aunque los planes de Thomson se vieron frustrados por los agentes de aduanas que negaron dicha entrada,[21] la presencia de protestantes en la isla siguió aumentando. Esta creciente comunidad influyó en organismos gubernamentales como la Junta de Comercio y Fomento para revisar la legislación sobre las "Leyes de Gracia", previamente establecida que exigía que los extranjeros profesaran la fe católica como condición para su asentamiento en la isla, para eliminar tal obligación.[22] A pesar de los numerosos esfuerzos de la iglesia y el gobierno para controlar el crecimiento protestante, estas expresiones y prácticas religiosas heterodoxas continuaron su creciente presencia en la isla.[23]

La contribución de Gustav Swensson a la misión luterana en Puerto Rico

Otra contribución importante pero no planificada provino, como mencionamos anteriormente, de la iniciativa de un estudiante de teología luterano sueco-estadounidense del Augustana College and Seminary en Rock Island, Illinois, Gustav Sigfried Swensson. Swensson llegó al archipiélago de Puerto Rico el 13 de octubre de 1898. Su llegada se produjo aproximadamente tres meses después de que el ejército estadounidense ocupara Puerto Rico el 25 de julio, dos meses después del armisticio entre España y Estados Unidos el 12 de agosto, y dos meses antes del tratado de París el 10 de diciembre de 1898, que puso fin a la Guerra Hispano-Estadounidense.[24]

Swensson celebró el primer servicio luterano en San Juan el 14 de noviembre de 1898. Al carecer de apoyo financiero institucional de ningún organismo luterano, comenzó a enseñar inglés a estudiantes privados, y más tarde se convirtió en supervisor de escuelas públicas en el distrito de Carolina. Para continuar con su iniciativa de desarrollar una misión luterana en Puerto Rico, Swensson contactó a amigos y conocidos en Norteamérica y recibió algunos fondos para alquilar el piso superior de una habitación en una casa en la esquina de las calles Luna y Tanca.[25] Un año después, el 29 de octubre de 1899, los pastores Benjamín F. Hankey y Herbert F. Richards salieron de los Estados Unidos viajando a San Juan para llevar a cabo la obra misionera en nombre de la Iglesia Evangélica Luterana en América del Norte.[26]

Mientras Swensson continuaba su trabajo voluntario para apoyar este esfuerzo misionero, en 1900 regresó al Seminario Augustana para completar sus estudios en el seminario. En el momento de la partida de Swensson, dos congregaciones fueron organizadas formalmente por los pastores Hankey y Richards: la Primera Iglesia Evangélica Inglesa de San Juan el 1 de enero de 1900, y la Iglesia Luterana de San Pablo, una congregación de habla hispana, el 15 de abril de 1900. Después de la llegada del pastor Alfred Ostrom en 1903, más misioneros luteranos norteamericanos llegaron a la isla, y también se organizaron nuevas congregaciones.[27]

Leer la Biblia en español

Como mencioné anteriormente en la introducción de este estudio, mi objetivo es utilizar una historiografía caribeña para investigar el surgimiento de la misión luterana en Puerto Rico, en lugar de emplear un enfoque anticuario o tradicional rankeano sobre el tema. Al hacerlo, también pretendo incluir una perspectiva poscolonial en mi esfuerzo para proporcionar, como afirma Carlos Cardoza Orlandi, "herramientas que ayuden a las comunidades cristianas a estar en misión sin perder la conciencia de que somos a la vez *objetos y sujetos de misión*".[28]

En su introducción a la publicación de *St. Martín de Porres: The "Little Stories" and the Semiotics of Culture,* de Alejandro (Alex) García-Rivera, Robert Schreiter describe la contribución del autor a la investigación actual en estudios poscoloniales de la siguiente manera:

En la literatura poscolonial contemporánea, los pueblos anteriormente subyugados están tratando de reconstruir sus identidades, no simplemente imaginando un pasado precolonial, sino aceptando las muchas corrientes de la cultura en las que participan. Con la migración sin precedentes de los pueblos de todo el planeta, así como el impacto de las tecnologías de comunicación globales y la circulación de imágenes culturales en la música y el video, casi todo el mundo en todas partes forma parte de una gran agitación cultural. Esta criollización de la hibridación de culturas socava las suposiciones de larga data acerca de que las culturas son totalidades cerradas e integradas. García-Rivera se suma a esa discusión con su concepto expandido de mestizaje, especialmente al papel de la agencia humana cuando se encuentra con el poder del conquistador.[29]

En mi investigación, quiero avanzar estos esfuerzos explorando el
significado histórico de una serie de historias que se recuerdan sobre la
misión luterana en Puerto Rico. Estas historias fueron producidas en
el proceso de integrar el testimonio de los misioneros luteranos junto
con el testimonio de los líderes de las iglesias norteamericanas y puertorriqueñas; pero en su mayoría, estas historias se derivan de un intento
de recuperar la experiencia y las creencias de aquellos primeros conversos
puertorriqueños que surgieron de comunidades y sectores tradicionalmente subrepresentados de la sociedad. Mi objetivo es proseguir y sacar
a la luz lo que Orlando O. Espín ha llamado *la fe del pueblo,* es decir,
la fe y las creencias del luteranismo innato en el sínodo del Caribe;[30]
o, desde una perspectiva protestante, lo que Justo L. González, el
prominente historiador eclesiástico cubanoamericano ha descrito como
la lectura de la Biblia en español.[31] Su propuesta no es un llamado chau-
vinista para que los latinos abandonen la investigación bíblica basada
en el método histórico-crítico. Tampoco aboga por utilizar solo una
traducción al español del texto. Su objetivo es recuperar un rasgo central
de la tradición protestante de poner la Biblia a disposición de la gente
en su *lengua vernácula.* Para González, el énfasis de este enfoque es
leer las Escrituras como una historia del pueblo de Dios más allá de la
inocencia, en contraste con la característica de la cultura dominante. Es
decir, ver la historia bíblica como *un recuerdo responsable,* que conduce
a una *acción responsable.* Este enfoque proporciona una interpretación
de la Biblia compatible con nuestra propia historia, plagada de ambigüedades, alegrías y fracasos. Cuando la Biblia se convierte en un recurso
accesible a la gente, y la gente descubre en la Biblia su propia perspectiva
particular, entonces la Biblia se convierte en el libro del pueblo, un libro
subversivo que ya no está bajo el control de los grupos dominantes de
la sociedad.[32]

Vítor Westhelle, profesor de teología sistemática en la Escuela
Luterana de Teología de Chicago, sostiene que una de las contribuciones
más significativas de Martín Lutero fue proporcionar un lenguaje para
dar voz a los que no la tenían en su tiempo. La importancia del reformador para la naturaleza normativa de la lengua alemana es generalmente reconocida. Sin embargo, su contribución de proporcionar un
medio de comunicación capaz de constituir conocimiento para poten-
ciar las aspiraciones y deseos de la gente común en la sociedad europea
del siglo dieciséis, ha recibido muy poca atención.[33] Mi investigación

pretende proporcionar un ejemplo del impacto significativo de la contribución de estos estudios para una mejor comprensión de la relación entre cultura y religión en el desarrollo de la misión luterana en Puerto Rico. En este punto también quiero indicar, que mi relato de la misión luterana en Puerto Rico hará referencia frecuente a la revista puertorriqueña *El Testigo*, ya que fue el principal vehículo utilizado por el liderazgo de la misión.[34]

La Iglesia Luterana en Puerto Rico comenzó la publicación de *El Testigo* en junio de 1917, dieciocho años después del inicio de la misión.[35] El objetivo de esta publicación era convertirse en un recurso para la formación catequética de sus miembros, proporcionar estudios de la Biblia para el uso de los líderes congregacionales, junto con artículos sobre la historia de la Iglesia Luterana en todo el mundo. También publicó editoriales sobre una variedad de temas y noticias sobre el campo misionero en Puerto Rico y en otras partes del mundo.[36]

La primera historia tiene lugar a finales del siglo diecinueve y se relaciona con los esfuerzos por establecer una iglesia luterana en Puerto Rico. Quiero colocar esta historia en el contexto de una narrativa bíblica que tiene un significado especial para el pueblo de Puerto Rico. El relato de las Escrituras proviene del evangelio de Mateo. Es la historia de los Reyes Magos. El impacto de esta historia en los puertorriqueños ha sido tan grande que, durante mucho tiempo, antes de la presencia norteamericana en la isla, se celebraba como fiesta nacional.

En su libro *Christmas Inspirations*, Fulton Sheen argumenta que G.K. Chesterton escribió un ensayo sobre tres Reyes Magos modernos. Viajaron a una ciudad de paz, una nueva Belén. Querían entrar en esta ciudad y ofrecían sus regalos como pasaportes de admisión. El primero sacó oro y sugirió que podía comprar los placeres de la tierra. El segundo, en lugar de incienso, trajo el aroma moderno de la química. Este aroma tiene el poder de drogar la mente, sembrar la tierra, y controlar la población. El tercero trajo mirra en forma de átomo dividido. Era el símbolo de la muerte para cualquiera que se opusiera al camino de la paz. Cuando llegaron al palacio de la paz, se encontraron con San José, quien les negó la entrada. Protestaron: "¿Qué más podríamos necesitar para asegurar la paz? Tenemos los medios para proporcionar riqueza, controlar la naturaleza y destruir a los enemigos." San José susurró al oído de cada uno individualmente. Se fueron tristes.[37]

Fundaciones luteranas en lugares inesperados

A medida que me he familiarizado con la expansión protestante de finales del siglo diecinueve en el Caribe católico, ha quedado claro que una de las características prominentes que impulsaron el espíritu de los primeros misioneros norteamericanos, fue su lucha contra el dominio religioso y sociopolítico español de la región. En el caso del luteranismo, este espíritu combativo se expresó poderosamente en la vida de Gustav Sigfried Swensson. Este estudiante de segundo año para el ministerio en Augustana College en Rock Island, que había abandonado sus estudios, y tres meses después de la conquista de los Estados Unidos, trabajaba como empleado en el recién obtenido territorio norteamericano de Puerto Rico, donde fue invitado a predicar. La iniciativa misionera de Swensson contribuyó a establecer la principal obra luterana actual en Puerto Rico.[38] Expresó este celo misionero en un artículo escrito poco después de su regreso de la isla a los Estados Unidos,

> Seguí de cerca el desarrollo de la guerra. Finalmente, Puerto Rico fue cedido a los Estados Unidos. Veía a los puertorriqueños como personas en la miseria, la ignorancia, la superstición y los errores fatales. Allí pude ver y aprender lo que es la iglesia Católica y los frutos que ha producido cuando no ha sido influenciada por ninguna otra iglesia.[39]

Tenía razón. Los primeros misioneros norteamericanos veían su papel como una institución transformadora. Como los Reyes Magos modernos de la historia de Chesterton, los misioneros protestantes vinieron a Puerto Rico para traer educación, salud y un nuevo orden social para elevar el nivel de vida de nuestro pueblo. El impacto significativo de esta contribución en la vida económica, cultural y política de los puertorriqueños fue tan impresionante que es difícil de negar. Sin embargo, como en el caso de los Reyes Magos modernos, estos misioneros norteamericanos se olvidaron del niño. Su pasión por difundir el evangelio y los beneficios de la nación protestante, los cegó ante el hecho de que este proceso se impuso a través de un gobierno militar. Su desafortunada tendencia a confundir el evangelio con la estructura ideológica, social y política del modo de vida norteamericano les impidió resistir la imposición y los intereses coloniales de este gobierno militar.

Los Reyes Magos estaban ocupados en la importantísima búsqueda del Mesías. Sin embargo, carecían de instrucciones precisas y no podían viajar a la luz del día. Una estrella los guiaba, un pequeño punto en el cielo. Su búsqueda fue principalmente en la oscuridad y la luz mínima. El éxito de su búsqueda dependía, no solo de sus mejores recursos, sino de su confianza en la iniciativa divina que venía siempre de los lugares más inesperados.

El 3 de diciembre de 1898, Gustav Sigfried Swensson caminaba por una calle de San Juan cuando una voz gritó en inglés desde la puerta de una sastrería al otro lado de la calle: "¿Puedes predicar? Pareces un hombre de Dios." Estudiante del ministerio luterano, obligado por la falta de dinero a abandonar temporalmente su educación teológica, el joven Swensson podía confiar en la afirmativa: había estado predicando como laico durante varios años. Y durante mucho tiempo había sentido el llamado a ser un hombre de Dios. Fue su agudo celo misionero lo que lo trajo a Puerto Rico en octubre. Inmediatamente cruza la calle y entabla una conversación que da lugar a la fundación de la iglesia luterana en un archipiélago donde, durante cuatrocientos años, al luteranismo se le había negado el derecho a alzar su voz, y sus representantes, en un momento, tuvieron que responder a la llamada "Santa Inquisición".[40]

Buscar al Mesías nunca ha sido una tarea fácil. Para los Reyes Magos en la historia del evangelio, les costó no solo una larga y costosa búsqueda, sino el cruce de fronteras nacionales y culturales; y la voluntad de dejarse guiar, en confianza, por una estrella y la iniciativa de otros. La experiencia de los misioneros luteranos en Puerto Rico siguió un camino similar. La iniciativa visionaria del joven Sigfried Swensson no recibió el apoyo de su propia denominación. Con una escasez crítica de dinero, se retiró de sus estudios universitarios, pidió dinero prestado a un amigo y, a su llegada a Puerto Rico, buscó un trabajo de maestro con la esperanza de comenzar un nuevo campo misionero en la isla.

Swensson no estaba solo en este impulso. Otros misioneros luteranos norteamericanos en Puerto Rico seguirían un ministerio similar de entrega de sí mismos renunciando a salarios buenos y estables en el continente, arriesgándose a contraer enfermedades tropicales y privándose a sí mismos y a sus familias de muchas otras comodidades.

Un artículo que narra los primeros años de la misión luterana en Puerto Rico describe elocuentemente los sacrificios y la resiliencia característicos de estos primeros misioneros.

> Su fe era mayor que la de la Iglesia, que no los sostenía, de modo que uno de estos pioneros se vio obligado a aceptar la hospitalidad de la Marina de los Estados Unidos y regresar a casa en un transporte, porque no había dinero ni para su salario ni para el pasaje. Las ardientes palabras de su informe despertaron a muchos a la gran tarea que tenía ante sí nuestra iglesia en las nuevas posesiones de los Estados Unidos, y se aseguró el apoyo para los misioneros que permanecieron en el campo. Más tarde, se enviaron otros misioneros, pero el escaso apoyo obligó a estos abnegados obreros a celebrar servicios y a vivir en lugares deplorablemente inadecuados e inconvenientes. Perseveraron inquebrantablemente, y con un apoyo más adecuado en años posteriores, se estableció una obra de la que la iglesia no tiene por qué avergonzarse.[41]

Más importante aún, este fue también el llamado al que respondieron Gabriela Cuervo[42] (1905–13), Demetrio Texidor (1908–20; 1923–27[43]), Eduardo Roig (1903–91)[44] y una multitud de otros pioneros puertorriqueños (hombres y mujeres de una variedad de orígenes sociales), que con su convicción e iniciativa en nuevos modelos de ministerio laico y ordenado a lo largo de estos más de cien años de evangelismo luterano en Puerto Rico, han contribuido a su misión y ministerio.

La historia del evangelio muestra a los Reyes Magos encontrando al Mesías en el lugar más inesperado. Cuando llegaron a Palestina, sus antecedentes y su sentido común los llevaron al palacio de Herodes. Sin embargo, iban a encontrar al Mesías recién nacido en Belén, acostado en un pesebre, entre gente humilde, celebrando la autorrevelación de Dios en la historia.

El encuentro de Swensson con Christopher Browne

Al establecer los cimientos de la misión luterana en Puerto Rico, este joven y entusiasta misionero laico de origen sueco-americano, nacido, criado y educado en la tradición luterana, así como los hombres y mujeres que lo siguieron a Puerto Rico, tuvieron que superar los prejuicios y aprensiones sociales, económicas, culturales y étnicas de su época. Estar dispuesto a ser guiado por un humilde sastre afrocaribeño jamaiquino que, proporcionando el local, reclutó a la mayoría de las personas que participaron en el servicio de adoración inicial, e identificó al predicador para celebrar el primer servicio protestante en la ciudad de San Juan. El nombre completo de este sastre era John Christopher Owen Browne, un afrocaribeño jamaiquino de origen protestante que había estado en Santo Tomás, donde formó una decidida afición por la Iglesia luterana. Al enterarse de que el Sr. Swensson era luterano, ofreció su sastrería como lugar de reunión para los servicios.[45] En un artículo escrito en junio de 1907 por Alfred Ostrom, sin ningún apoyo institucional o individual, sobre la misión luterana en Puerto Rico en el *Journal of Augustana College and Theological Seminary*, afirma que el Sr. Browne vivía con otro afrocaribeño de la isla de Antigua donde este último, el Sr. Jarvis, había estado al servicio de la Alianza Cristiana Misionera. Tanto el Sr.[46] Browne como el Sr. Jarvis brindaron un apoyo fiel y leal al Sr. Swensson, sin embargo, sin que Swensson lo supiera, habían planeado entregar toda la misión, junto con sus dos órganos y libros de himnos, a la Alianza Cristiana Misionera de la ciudad de Nueva York. Estos planes fueron totalmente frustrados por la llegada de los misioneros del Concilio General, los pastores Hankey y Richards el 29 de octubre de 1899.[47] Sin duda, los dos primeros pastores luteranos ordenados de la misión, el reverendo B.F. Hankey y el reverendo H.F. Richards, así como otros que le siguieron, tuvieron que superar estos mismos prejuicios raciales.[48] Estos son los cimientos locales sobre los que se fundó la exitosa misión luterana.

En un paralelismo que los primeros misioneros luteranos en Puerto Rico no eligieron evocar, en las Islas Vírgenes, fue originalmente un esclavo africano llamado Anthony (un esclavo al servicio del Conde Lauverig), transportado de las Islas Vírgenes a Copenhague, quien conoció al Conde Zinzendorf allí (1732), y suplicó que alguien fuera a las Islas Vírgenes para enseñar a su hermana y a otros el camino cristiano de la salvación. Zinzendorf animó a dos hombres, Leonhard Dober, portero de profesión, y David Nitschmann, carpintero, a ir a las Islas Vírgenes a predicar el evangelio. Apoyados económicamente por la familia del rey Cristián VI, que pagó su pasaje y compró las herramientas necesarias

para llevar a cabo sus oficios, el 1 de octubre de 1732 zarparon de
Holanda hacia Santo Tomás. Allí encontraron a la hermana de Antonio
y a otros esclavos, quienes respondieron alegremente cuando se ente-
raron de que el evangelio no se limitaba a los blancos, sino que también
era para ellos. "Al financiar así a estos hermanos, Dinamarca se convirtió
en la pionera en enviar el evangelio a las Indias Occidentales, así como
a las Indias Orientales".[49]

Uno de los primeros registros de la iniciativa luterana en Puerto
Rico está documentado en *The Lutheran*, donde el autor menciona
la iniciativa de Swensson, y los planes para desarrollarla como una
misión luterana.[50] En la edición del 8 de febrero de 1900 de la revista
The Lutheran, apareció una de las primeras y más interesantes descripciones de la experiencia de los dos primeros pastores luteranos ordenados
cuando entraron al servicio de la misión luterana en Puerto Rico.[51]

La misión luterana en Puerto Rico se centró principalmente en
los sectores humildes de la sociedad.[52] En una publicación de la Junta
de Misiones de las Indias Occidentales de la Iglesia Luterana Unida en
América, ya mencionada se lee,

> Debido al escaso apoyo, nuestros misioneros solo podían
> trabajar entre la clase más humilde y, aunque progresaban
> lentamente, sus labores tenían una poderosa influencia que
> nunca se realizó hasta años posteriores. Un miembro promi-
> nente de la Cámara de Representantes de Puerto Rico le dijo
> al Secretario Ejecutivo Corbe: "Su iglesia ha hecho una obra
> maravillosa. Sin conocer el poder de los prejuicios de clase, en
> Puerto Rico empezaron a trabajar desde abajo con la clase más
> baja de la sociedad y, ayudándola a mejorar su condición, obli-
> gando a todas las demás clases superiores a subir un escalón
> para mantener su supremacía." El resultado ha sido que su
> trabajo entre los más humildes ha tenido un efecto notable y ha
> influido inconscientemente en la clase más alta de la sociedad
> de Puerto Rico.[53]

En 1900, la Junta de Misiones Extranjeras hizo una recomendación
al Concilio General de la Iglesia Evangélica Luterana en América del
Norte para crear una Junta especial para el trabajo en Puerto Rico: la
Junta de Misiones en Puerto Rico. Esta Junta "instó a los Presidentes de

los Síndos a presentar la causa de Puerto Rico a los pastores e iglesias para su apoyo.[54]

Observaciones finales

En este capítulo se han esbozado los primeros esfuerzos del Consejo de Misiones Extranjeras de la Iglesia Evangélica Luterana en América del Norte, en su apoyo a la misión luterana en Puerto Rico. Esto incluye una carta fechada el 13 de marzo de 1899, enviada por Gustav Sigfried Swensson al Rdo. Dr. C. A. Blomgren, miembro del Consejo, y profesor en el Seminario de Augustana, que compartió con sus colegas del Consejo. La carta de Swensson describe el estado de las iniciativas protestantes en el archipiélago, anhelando el apoyo del Consejo a este campo de misión, y los planes específicos sugeridos para el desarrollo de una obra misionera luterana en Puerto Rico. La respuesta positiva a esta carta marcó el comienzo del apoyo financiero a la misión luterana en Puerto Rico.

También he proporcionado, mediante el uso de pequeños cuentos, una aproximación al desarrollo de esta misión que expresan las actitudes y preocupaciones (positivas y negativas) transmitidas por estos pioneros misioneros luteranos norteamericanos, mientras participaban en esta empresa. Por último, pero no menos importante, identifiqué algunos de los primeros líderes puertorriqueños que surgieron en apoyo de esta misión.

Una de las características más interesantes en la historia de esta misión luterana fue el encuentro de estos misioneros norteamericanos con personas de decendencia caribeña africana. El primer encuentro de Gustav Sigfried Swensson (sueco-norteamericano) con el sastre jamaiquino John Christopher Browne, así como el compromiso de los primeros pastores luteranos ordenados con luteranos de las Islas Vírgenes residiendo en Puerto Rico, seguramente fue polémico, dados los prejuicios raciales de la época. Ciertamente, el escaso apoyo económico enviado por las juntas de los cuerpos luteranos de Norteamérica, las numerosas condiciones de salud que afectaban a las personas en Puerto Rico, y el escaso número de pastores ordenados y líderes laicos disponibles para apoyar y desarrollar nuevas congregaciones, fueron también grandes desafíos difíciles de abordar. Sin embargo, la voluntad de superar estas actitudes por los pioneros de esta misión hizo posible, eventualmente, el éxito de su trabajo.

Notas

1. Michael Sáenz, "Aspectos económicos del desarrollo de la Iglesia en Puerto Rico: un estudio de las políticas y procedimientos financieros de los principales grupos de la Iglesia protestante en Puerto Rico de 1898 a 1957", (una disertación en economía a la Facultad de la Escuela Graduada de Artes y Ciencias de la Universidad de Pensilvania, 1961), 20–21. También, Howard B. Grose, *Advance in the Antilles* (New York: Literature Department, Presbyterian Home Missions, 1910), 196, 200.

2. Marisabel Bras, "The Changing of the Guard: Puerto Rico in 1898", Library of Congress, consultado en junio 20, 2023, https://loc.gov/rr/hispanic/1898/bras.html.

3. Eric W. Gritsch, *A History of Lutheranism* (Minneapolis: Fortress Press, 2002), 204–5.

4. Gritsch, *A History of Lutheranism*, 205.

5. Gritsch, *A History of Lutheranism,* 101–4, 192–95. La primera presencia luterana en la India se puede trazar a la misión danesa de 1706, dirigida por Bartholomäus Ziegenbalg (1640–1694), y su colega Heinrich Plütschau (1675–1752), en la región de Tranquebar. Para un buen resumen de la importancia de esta misión y su desarrollo en la Misión de Madrás por Benjamin Schultze (1689–1760), véase, Peter Vethanayagamony, *It Started in Madras* (Delhi: ISPCK, 20010). En 1842, el Concilio General de la Iglesia Luterana en América, a través de su organismo predecesor, la Sociedad Misionera Evangélica Americana, decidió enviar al reverendo C. F. Heyer como su primer misionero a la India. A su llegada a la India, el reverendo Heyer decidió establecer su campo misionero en Guntur, a unas doscientas veinticinco millas al norte de Madrás, donde ningún misionero cristiano había estado antes. George Henry Trabert, *Historical Sketch of the Mission of the General Council of the Evangelical Lutheran Church Among the Telegus in India* (Philadelphia: The Jas. B. Rodgers Printing, Co., 1890), 9–13. También puede encontrar este libro en el siguiente sitio de Internet EBSCOhost: Atla Historical Monographs Collection: Series 1; Historical Sketch of the Mission of the General Council of the Evangelical Lutheran Church, Among the Telugus of India, (1890), Page: i. consultado el 25 de julio de 2023.

6. Gritsch, *A History of Lutheranism,* 218. Para una información más detallada sobre el carácter misionero del Sínodo de Augustana, véase, "The Missionary Spirit in the Augustana Church" (1984). *Augustana Historical Society Publications.* https://digitalcommons.augustana.edu/ahsbooks/1. Consultado el 6/6/2023. También, Maria Erling y Mark Granquist, *The Augustana Story: Shaping Lutheran Identity in North America* (Minneapolis: Augsburg/Fortress, 2008), 47–58.

7. *Report of the Board of Foreign Missions of the General Council of the Evangelical Lutheran Church in America* (October 1899).

8. Si bien la labor de la Junta de Misiones Extranjeras se había centrado principalmente en la India, en esta reunión sus miembros siguieron examinando seriamente la cuestión de ampliar esta labor a otros países. *Report of the Board of Foreign Missions to the General Council of the Evangelical Lutheran Church in North America, 1899*, 52. En cualquier caso, en las páginas siguientes describiré la llegada de Gustav Sigfried Swensson, un estudiante de teología luterano sueco-estadounidense del Seminario Augustana en Rock Island, Illinois, que llegó a Puerto Rico en octubre de 1898. Su llegada al archipiélago es generalmente considerada como el inicio de la obra luterana en Puerto Rico.

9. El Seminario Augustana, junto con el Seminario Luterano de Filadelfia, desempeñaron un papel importante en la educación de los misioneros luteranos que trabajaron en Puerto Rico. Fueron los seminarios dominantes desde donde la mayoría de los pastores luteranos de Norteamérica y Puerto Rico que trabajaron en el archipiélago, recibieron su formación teológica en los primeros años de la misión luterana. Si bien todavía hay pastores luteranos trabajando en el Sínodo del Caribe que se graduaron de estas instituciones, desde el establecimiento en 2001 del *Centro Luterano de Estudios Pastorales y Teológicos José David Rodríguez* en el Seminario Evangélico de Puerto Rico, la mayoría de los candidatos luteranos puertorriqueños asisten al Seminario Ecuménico para cumplir con sus requisitos teológicos académicos. Para más información sobre los programas de estudios en el Seminario Augustana y en el Seminario Luterano de Filadelfia a finales del siglo diecinueve, véase el último capítulo de este estudio sobre.

10. Si bien las misiones luteranas fueron iniciadas por un grupo luterano o una organización que identificó el campo, los líderes misioneros (generalmente pastores ordenados) y proporcionó apoyo financiero para el proyecto, hubo algunas excepciones interesantes a este patrón. A su llegada a la India para el trabajo misionero en 1719, Schultze, al igual que Swensson, aún no había sido ordenado. Sin embargo, en ese momento Johan Ernst Gryndler (1677–1720), que sucedió a Ziegenbalg como jefe de la misión india, experimentó una enfermedad que lo llevó a la muerte seis meses después de la llegada de Schultze. El 31 de enero de 1720, Gryndler ordenó a Schultze para que se convirtiera en el tercer jefe de la misión. Peter Vethanayagamony, *It Began in Madras,* 3. Por el contrario, un contraste importante entre Schultze y Swensson en su experiencia misionera fue que durante su tiempo como misionero en la India, el primero desarrolló fuertes tensiones con su agencia de envío (the Mission Collegium in Copenhagen) con respecto a asuntos relacionados con la

teología y la práctica de la misión, mientras que en el caso de Swensson, este último apeló y agradeció el apoyo del Consejo General para la aventura misionera en Puerto Rico. Vethanayagamony, *It Began in Madras*, 3–4.

11. En el libro, Mark A. Granquist editó setenta y cinco historias sobre luteranos a lo largo del mundo desde 1517 hasta el presente. En el libro se ofrece un breve, pero valioso relato, del viaje de Swensson a Puerto Rico a finales del siglo diecinueve. La narración, aunque breve, incorpora información adicional sobre la misión luterana en América Latina. Mark A. Granquist, "Lutherans Go Latin: Hispanic Lutheranism", *Most Certainly True: Lutheran History at a Glance: 75 Stories about Lutherans since 1517*, ed. Mark A. Granquist (Minneapolis: Minneapolis: Lutheran University Press, 2017), 157–59.

12. Véase el apéndice 1

13. *Informe de la Junta de Misiones Extranjeras al Consejo General"*, págs. 50–51. La carta de Swensson puede ser consultada en el "Informe del Consejo General de la Junta de Misiones Extranjeras" de 1899, págs. 50–51. Véase también el apéndice 1.

14. En su tesis de 1944 presentada a la facultad del Seminario Teológico Luterano en Filadelfia en cumplimiento parcial de los requisitos para el grado de Bachiller en Divinidad, el Rdo. César Cotto argumenta que los miembros de la Junta de Misiones Extranjeras del Concilio General de la Iglesia Evangélica Luterana en América del Norte tenían serias objeciones contra un compromiso misionero en Puerto Rico. "Estos afirmaban que, puesto que los puertorriqueños tenían una forma de cristianismo, podían encontrar la salvación, y que sería inmoral e incluso deshonesto tomar dinero aportado para los paganos, y gastarlo con el propósito de hacer proselitismo entre los católicos romanos. Sin embargo, el Secretario de la Junta, el Dr. William Ashmead Schaeffer, se encaprichó de la idea, y a través de su incesante interés e incansables esfuerzos, la Junta Extranjera extendió un llamado a los dos estudiantes (Benjamin F. Hankey y Herbert F. Richards), con la condición, sin embargo, de que no se hiciera nada en absoluto hasta que esta nueva empresa recibiera la aprobación del Consejo General. El proyecto fue finalmente aprobado y la realización de la nueva obra fue entregada a la Junta de Relaciones Exteriores. Cuando esta junta se reunió, decidieron, a fin de aplacar a los opositores de la obra, que ninguna contribución debía ser entregada para el propósito de la obra puertorriqueña, a menos que se enviara especialmente a la junta destinada a Puerto Rico. El resultado fue que hubo pocas contribuciones especiales y los fondos fueron muy escasos". César Cotto, "The Lutheran Church in Puerto Rico", una tesis presentada a la facultad del Seminario Teológico Luterano de Filadelfia

en cumplimiento parcial de los requisitos para el grado de Bachillerato en Divinidad, 1 de abril de 1944, 3–4.

15. "Report of the Board of Foreign Missions General Council, 51–52. En ese momento, el Seminario Luterano de Filadelfia, que había estado en la mente de Melchior Muhlenberg desde 1749, abrió sus puertas en 1864 en las habitaciones del segundo piso de la Sociedad Luterana de Publicaciones, 42 North Ninth Street Filadelfia. Al inicio del seminario había once estudiantes. Su programa de estudios ofrecía un curso estándar de teología que cubría tres años completos, y los cursos se impartían en inglés y alemán. Por lo tanto, los misioneros que se graduaban de esta institución y se dirigían a Puerto Rico u otro país de habla no inglesa, tenían que aprender el idioma en el campo de misión. Véase, Luther E. Reed, ed. *The Philadelphia Seminary Biographical Record 1864–1923* (Philadelphia: The Seminary and the Alumni Association, 1923), 9–10.

16. César Cotto, "The Lutheran Church in Puerto Rico, 4–5.

17. *First Report of the Board of Porto Rico Missions to the General Council of the Evangelical Lutheran Church in North America* (octubre de 1903). Los desafíos más importantes a los que se enfrentaba la misión luterana en ese momento eran conseguir misioneros y ayudantes permanentes, y apoyo financiero. El informe parece afirmar que la razón de estos desafíos radica en la escasa respuesta de los pastores y las iglesias a este llamamiento. *First Report of the Board of Porto Rico Missions*, 2. En una publicación posterior preparada por la Junta de Misiones Americanas y la Sociedad Misionera de Mujeres en octubre de 1930, el Dr. Zenan M. Corbe argumenta que esta pobre respuesta se debió a la condición dividida de la Iglesia Luterana en América del Norte. Dr. Zenan M. Corbe, *In the Land of Unending Summer* (Philadelphia: Prepared by the Board of American Missions and the Women's Missionary Society of the United Lutheran Church in America, October 1930).

18. Es importante observar que, en la asamblea, dos cuestiones principales en disputa con respecto a la misión de Puerto Rico fueron levantadas por el Dr. Spaeth del seminario de Filadelfia y el Dr. Gerberding del seminario de Chicago. Se opusieron tenazmente al proyecto porque los puertorriqueños ya habían sido cristianizados, aunque por solo nombre, y la empresa tenía una mentalidad imperialista audaz. Si bien el plan fue finalmente aprobado, el proyecto solo se financiaría con el dinero recibido para ese fin. Dadas las escasas contribuciones recibidas, el proyecto recibió poco apoyo financiero desde el principio. *El Testigo* año XXII, núm. 11 (abril de 1939), 3.

19. *Report of the Board of Foreign Mission to the General Council of the Evangelical Lutheran Church in North America, 1901,* 30.

20. Gutiérrez, *Evangélicos en Puerto Rico en la época española*, 8.

21. Eran Biblias protestantes. Su contenido no incluía los libros apócrifos o deuterocanónicos que se incluían en las Biblias católicas romanas. Además, los sacerdotes católicos romanos eran los que leían y compartían sus lecturas con los laicos. La mayoría de las Biblias, incluso las traducidas del latín, seguían la versión latina (Vulgata). Las biblias protestantes eran generalmente traducciones de los idiomas originales (hebreo y griego) por los reformadores europeos de los siglos dieciséis y diecisiete.

22. Las "Leyes de Gracia" fueron establecidas en Puerto Rico en junio 10, de 1815. Real Cédula de Gracia (1815)—EnciclopediaPR

23. Gutiérrez, *Evangélicos en Puerto Rico en la época española*, 21–26.

24. Raquel Reichard, "Why Isn't Puerto Rico a State?" History.com, October 4, 2021, https://www.history.com/news/puerto-rico-statehood. Para un breve relato histórico de la iniciativa misionera de Gustav Sigfried Swensson en Puerto Rico ver, "Outreach in Christian Service: The Call of Foreign Missions," Oscar N. Olson, The Augustana Lutheran Church in America 1860–1910 (Davenport, Iowa: Published under the auspices of the Executive Council of the Augustana Lutheran Church by Arcade Office and Letter Service, 1956), 82. En este documento la llegada de Swensson a Puerto Rico está fechada el 5 de octubre de 1898. El documento identifica otros líderes eclesiásticos del Sínodo Augustana que participan en la misión: Rdo. Dr. Alfred Ostrröm, que se convirtió en superintendente de la misión y sirvió hasta 1931, el pastor A.P.G. Anderson, Annette Wahlstedt, Clara E. Hazelgreen y May C. Mellander. En 1908 el Dr. Ostrröm escribió: "Si nuestra Iglesia Luterana hubiera tenido desde el principio, cuando el Evangelio era algo nuevo, se le hubiese dado un apoyo general a la obra enviando más obreros al campo y construyeron iglesias, nuestra Iglesia habría sido ahora la iglesia protestante más grande e influyente de la isla". "Outreach in Christian Service: The Call of Foreign Missions," 82.

25. César Cotto, "The Lutheran Church in Puerto Rico, 5.

26. "Los nuevos misioneros zarparon de Nueva York en el barco de vapor Red D "Filadelfia" y desembarcaron en San Juan, Puerto Rico, el último domingo de octubre de 1899". César Cotto, "The Lutheran Church in Puerto Rico, 5.

27. Documento oficial no publicado producido por el Sínodo del Caribe de la Iglesia Luterana en América, desarrollado en 1969 y revisado en 1983, 1–2. Se puede acceder a este documento en la oficina del Sínodo del Caribe. https://www.sinododelcaribe.org. Es interesante señalar que, según Mark A. Granquist, la presencia luterana en el Caribe y América Latina había existido durante siglos. Sin embargo, esta presencia se caracterizó por el desarrollo de comunidades de fe entre los propios

inmigrantes luteranos europeos en sus propias lenguas de inmigrantes. "A pesar de que vivían en países que hablaban español o portugués, inicialmente no consideraron un acercamiento a sus vecinos que usaban esos idiomas". Esto cambió en el siglo veinte con Swensson cuando la misión luterana en la región comenzó a hacer la transición al uso de la lengua española o vernáculo de las poblaciones locales. Granquist, " Lutherans Go Latin,", 157. Cabe mencionar que, en 1900, la Junta de Misiones Extranjeras hizo una recomendación al Concilio General de la Iglesia Evangélica Luterana en Norteamérica para crear una Junta especial para el trabajo en Puerto Rico: La Junta de Misiones en Puerto Rico. Esta Junta "instó a los Presidentes de los Sínodos a presentar la causa de Puerto Rico a los pastores e iglesias. César Cotto, "The Lutheran Church in Puerto Rico, 6.

28. Carlos F. Cardoza-Orlandi, *Mission: An Essential Guide* (Nashville: Abingdon Press, 2002), 12.

29. Alex García-Rivera, *St. Martín de Porres: The "Little Stories" and the Semiotics of Culture* (New York: Orbis Books, 1995), xiv.

30. Para una mayor comprensión de este concepto, véase, Orlando Espín, *The Faith of the People: Theological Reflections on Popular Catholicism* (New York: Orbis Books, 1997).

31. En mi opinión, dado que el término se utiliza básicamente como un enfoque hermenéutico, también puede utilizarse para la historia, la literatura y otras áreas de investigación. Justo L. González, *Mañana: Christian Theology from a Hispanic Perspective* (Nashville: Abingdon Press, 1990), 75–87.

32. González, *Mañana*, 75–87.

33. Vítor Westhelle, "Communication and the Transgression of Language in Luther." *Lutheran Quarterly* 17:1 (Spring, 2003), 1–27. Otro estudio valioso que explora el impacto de la comprensión de Martín Lutero de la *lengua vernácula* para la transmisión de ideas en la Reforma Luterana es el producido por Helga Robinson-Hammerstein, "*The Transmission of Ideas in the Lutheran Reformation*. Helga Robinson-Hammerstein, editor (Dublin: Irish Academic Press, 1989), 141–71.

34. Una razón importante para elegir esta revista para mi investigación es que, mucho más que la correspondencia oficial y las actas de las reuniones celebradas en los informes administrativos en los archivos de la Iglesia Evangélica Luterana en América, *El Testigo* puede captar el entusiasmo, el celo y la emoción de los primeros miembros de la congregación y sus pastores en su relato de la historia de esta misión luterana.

35. Véase *El Testigo* año I, núm. 1 (junio de 1917). En ese momento, esta era la única revista publicada por la Iglesia Luterana en Puerto Rico.

36. *El Testigo* año XXI, núm. 1 (junio de 1937): 17. Aquellos interesados en aprender más sobre el surgimiento y desarrollo de esta importante revista luterana desde 1917 hasta 1937 deben consultar W.G. Arbaugh, "Witnessing through Twenty Years", en *El Testigo* año XXI, no. 2 (julio de 1937): 11–12. El primer director/editor de *El Testigo* fue el misionero luterano estadounidense Alfred Ostrom.

37. Fulton Sheen, *Christmas Inspirations* (New York: Maco Publications, 1966), 32.

38. Además de la misión luterana que es el foco de mi investigación, otros organismos luteranos en América del Norte, como la Iglesia Luterana del Sínodo de Missouri, también se han aventurado a desarrollar una misión luterana en el archipiélago. Véase Rdo. James y Diaconisa Christel Neuendorf, "The Lutheran Church–Missouri Synod," consultado el 20 de junio de 2023, https://www.lcms.org/neuendorf.

39. Gustav Sigfried Swensson, "Fui a Puerto Rico", en *El Testigo* año XXXII, no. 5 (octubre de 1948): 16. El editor señaló que el artículo fue encontrado entre los papeles del difunto pastor Gustav Sigfried Swensson. Lo escribió poco después de su regreso a los Estados Unidos en 1900. Fue enviado para su publicación por su colega William G. Arbaugh.

40. William G. Arbaugh, "Because He Looked Like a Man of God," in *El Testigo* año XXXI, no. 11 (abril, 1948): 16.

41. El reverendo Lewis R. Fox, "La Iglesia Luterana en Puerto Rico", en *El Testigo* año XIX, no. 12 (mayo de 1936): 11. Dado que la Iglesia católica romana llegó a Puerto Rico en 1493, se convirtió en la expresión religiosa de la clase gobernante y dominante. Por lo tanto, los esfuerzos misioneros de los protestantes a principios del siglo diecinueve en Puerto Rico solo podían dirigirse a los sectores más humildes de la sociedad.

42. La primera misionera luterana puertorriqueña en el archipiélago.

43. Junto con Salustiano Hernández y Guillermo Marrero, estuvieron entre los primeros luteranos puertorriqueños en ser ordenados en el campo.

44. El primer puertorriqueño ordenado al ministerio de la Palabra y los Sacramentos. Los años entre paréntesis son los años que sirvieron en la misión luterana.

45. Arbaugh, "Because He Looked Like a Man of God," in *El Testigo*, 16.

46. La Alianza Misionera Cristiana surgió en 1881, cuando el pastor Albert Benjamin Simpson dejó la Iglesia Presbiteriana para organizar un pequeño grupo de seguidores dedicados a experimentar a Jesús en su plenitud y hacerle conocer por los trabajadores portuarios marginados de la ciudad de Nueva York. Alianza Cristiana y Misionera, "Who We Are," consultado el 20 de junio de 2023 de https://cmalliance.org/who-we-are/.

47. Alfred Ostrom, "Nuestra misión de Puerto Rico", en *The Journal of Augustana College and Seminary* (junio de 1909): 186–87.
48. El 30 de noviembre de 1899, un artículo publicado en la revista *The Lutheran* escrito por R. E. McDaniel informa a sus lectores que, el 31 de octubre, el diario puertorriqueño en inglés *San Juan News* informó que el domingo de esa semana ambos pastores celebraron un servicio de adoración luterana en la sala de reuniones de la Alianza Misionera Cristiana, donde Swensson había celebrado el primer servicio de adoración luterana en la ciudad de San Juan. *The Lutheran* IV, n. 9 (30 de noviembre de 1899): 3. La revista *The Lutheran* fue y sigue siendo uno de los órganos oficiales de la Iglesia Luterana Unida en América, cuyo objetivo es mantener informada a la comunidad luterana sobre las noticias relacionadas con su ministerio y misión.
49. G.W. Critchlow, "The Virgin Isles' First Missionary Effort, *The Lutheran*, 8 de mayo (1919): 4.
50. *The Lutheran* IV, nº 8 (9 de noviembre de 1899): 5.
51. *The Lutheran*, IV nº 19 (8 de febrero de 1900): 6.
52. A pesar de este hecho, hubo algunos miembros que eran profesionales como el Sr. John S. Browne y su familia de Jamaica. Véase, *El Mundo* (18 de abril de 1922): 6, Biblioteca del Congreso, https://chroniclingamerica. loc.gov/lccn/sn86077151/1922-04-18/ed-1/. *El Mundo* (San Juan, Puerto Rico) imprimió su primer número el 17 de febrero de 1919. Esta publicación en español se identificó a sí misma como el "Diario de la mañana". En sus primeros años, el contenido de *El Mundo* se centró principalmente en proporcionar información de las Américas y Europa, incluyendo con frecuencia servicios de noticias de Estados Unidos.
53. *The Isles of the Sea*, 12.
54. César Cotto, "The Lutheran Church in Puerto Rico," 6.

CAPÍTULO 6

La misión y sus pioneros

EN 1997 TUVE la gran oportunidad de trabajar junto con mi amiga
Loida I. Martell-Otero en la producción de un libro y en la reunión de
algunos teólogos latinos notables, para proporcionar una introducción
a las principales enseñanzas de la fe cristiana, desde una perspectiva
protestante latiné. El título del libro era *Teología en conjunto*[1]: *Una
teología protestante hispana colaborativa*. El libro se convirtió en una
de las primeras publicaciones de la Asociación de Educación Teológica
Hispana (AETH).[2] En la introducción, Martell-Otero y yo dijimos
que el título fue elegido intencionalmente para enfatizar dos aspectos
fundamentales que describen la naturaleza de la teología latina: su rica
diversidad y su principal espíritu de colaboración.[3] Estos dos elementos
importantes también parecen caracterizar el surgimiento de la misión
luterana en Puerto Rico.

En 1917, la Sra. Elsie Singmaster Lewars escribió un libro relatando
la historia de las misiones luteranas que fue patrocinado por el Comité
de Literatura Cooperativa de las Sociedades Misioneras de Mujeres de
la Iglesia Luterana. En el libro, describió la naturaleza superficial de la
religión en la gente de América del Sur argumentando que "los nativos
tienen muchas cruces, pero ninguna cruz verdadera, muchos santos,
pero pocos verdaderos creyentes en Cristo". Describió una condición
similar en Puerto Rico argumentando que:

> La experiencia del Consejo General en Puerto Rico ha sido la
> de todos los trabajadores de Latinoamérica. Han descubierto
> que la Iglesia Católica Romana ha perdido su influencia en la
> gente y que miles anhelan un camino mejor.[4]

Este reproche sobre la obra de la Iglesia católica romana sirvió de
preludio para describir la exitosa obra de la Iglesia luterana en Puerto
Rico.

Aquí, el Consejo General tiene una misión desde 1899. Tiene
en total nueve congregaciones y doce estaciones con más de
quinientos miembros comulgantes. Entre sus estaciones
se encuentran Cataño, San Juan y Bayamón, donde posee
excelentes propiedades eclesiásticas y cuenta con excelentes
escuelas parroquiales. En Cataño hay un jardín de infantes
en conexión con la escuela parroquial a la que la señorita May
Mellander ha dado años de servicio dedicado. En Cataño los
misioneros instruyen a los maestros nativos.[5]

Más adelante, en un artículo escrito por Leopoldo Cabán[6] en la
revista *El Testigo*,[7] se ofrece un resumen de los importantes acontecimientos de la misión luterana en Puerto Rico desde la llegada de Gustav
Sigfried Swensson el 5 de octubre de 1898, hasta mayo de 1937. En
este artículo encontramos la llegada de misioneros de Estados Unidos.[8]
Cabán también menciona a pastores de otros países que se unieron a la
misión luterana.[9] Los hombres de la lista funcionaban como pastores de
congregaciones. Las mujeres eran diaconisas, maestras o profesionales
de la salud (enfermeras). También es importante destacar la contribución de las esposas de estos pastores a la obra de la misión. Este cuerpo
heterogéneo de misioneros abrió el camino para el surgimiento de
trabajadores laicos y pastores puertorriqueños,[10] y también de maestras
y misioneras puertorriqueñas.[11]

Dadas las precarias condiciones de la época, la falta de recursos
financieros adecuados, la exposición a condiciones climáticas peligrosas
(huracanes, ciclones, terremotos, etc.), junto con la variedad de enfermedades que afectaron a muchos de los misioneros norteamericanos
(en algunos casos requiriendo el regreso a su país de origen), su trabajo
fue arduo y desafiante, pero un testimonio valiente de su compromiso
de fe y una respuesta valiente a su vocación cristiana.

La obra misionera temprana y las respuestas católicas

A su llegada a San Juan el 29 de octubre de 1899, el Rdo. Herbert F.
Richards y el Rdo. Benjamín F. Hankey fueron recibidos por el Sr.
Gustav Sigfried Swensson, quien procedió a entregarles la obra que
él había comenzado, junto con las instalaciones alquiladas donde se

llevaban a cabo las actividades misioneras.[12] En diciembre, se mudaron a una nueva ubicación en el segundo piso de un edificio frente a una pequeña plaza junto a la catedral católica romana, con un contrato de alquiler por tres años. El nuevo lugar fue reorganizado para proporcionar un espacio más grande y adecuado para el santuario. Swensson trajo un pequeño órgano que ya poseía. A la entrada del edificio había dos habitaciones en el primer piso que los misioneros alquilaban para cubrir los gastos del alquiler del edificio. Fue en este lugar donde se organizó formalmente la Primera Iglesia Evangélica Luterana el 1 de enero de 1900, con veintitrés miembros.[13] En esa época también se realizaban actividades ministeriales en San Juan (escuela dominical, servicios de adoración, clases de catequesis, etc.) y en Cataño por los mismos dos misioneros.[14] Los misioneros empleaban muchas horas visitando a los posibles miembros y aprendiendo español, lo que los mantenía ocupados y alegres.[15]

Dado que los recursos financieros para la misión eran escasos y, con estos compromisos cada vez más reducidos, los pastores decidieron que uno de ellos debía regresar a América del Norte para aumentar el interés del Consejo General en el campo misionero. Dado que el pastor Hankey se había enfermado de malaria, fue elegido para el viaje con la esperanza de que el viaje lo ayudara a recuperarse.[16] Sin embargo, como no había dinero disponible, el Dr. Stimson, un médico que originalmente llegó a la isla con el ejército de los Estados Unidos, le encontró a Hankey una tarifa especial para indigentes a bordo de un transporte militar.[17] El pastor Hankey regresó a Norteamérica en mayo de 1900 y no regresó, aunque su interés en la misión puertorriqueña se mantuvo. En cambio, después de un fructífero ministerio en el oeste de Pensilvania, se convirtió en secretario de la Junta de Misiones para Puerto Rico y América Latina en el Concilio General, y más tarde, como miembro de la Junta de Misiones para las Indias Occidentales de la Iglesia Luterana Unida en América, visitó Puerto Rico acompañando al Dr. Zenan M. Corbé, en el verano de 1919.[18]

El pastor Richard se casó con la señorita Lillian Ainslay McDavid, una maestra en los Estados Unidos, el 3 de julio de 1901, quien había sido misionera en Saltillo, México. Durante el verano de 1902, la pareja se fue de vacaciones durante dos meses a los Estados Unidos. Para hacer esto posible, la junta empleó durante el verano los servicios del Sr. Swensson, quien trajo consigo varias copias del *Catecismo Menor* de

Martín Lutero en español, traducido por el propio Swensson y publicado por Augustana's Book Concern.[19] Antes de su regreso al Colegio Augustana para reanudar sus estudios en septiembre de 1900, Swensson había preparado la primera clase de catecúmenos, y el 15 de abril fueron confirmadas cuatro jóvenes: Gabriela Cuervos, Eufemia Flores, Belén Martínez y Pascuala Pantojas.[20] Este grupo propició el desarrollo de la Iglesia de San Pablo, que tomó la fecha de la primera confirmación como el momento de su fundación.

En su valioso estudio sobre la historia del protestantismo en Puerto Rico, Samuel Silva Gotay proporciona una importante descripción de la reacción de los líderes católicos romanos a lo que él llama "la invasión del protestantismo en Puerto Rico".[21] Dada su experiencia de pérdida del apoyo y presupuesto provisto por el estado, junto con el éxodo de la mayoría de los sacerdotes,[22] su exclusión del sistema educativo que antes dominaban y la expropiación de propiedades construidas con fondos estatales, los líderes restantes de la Iglesia católica romana en Puerto Rico fueron agresivos al enfrentar la contundente militancia protestante del nuevo régimen.[23] Desde su primera edición del 15 de agosto de 1899, *El Ideal Católico* se convirtió en la revista católica romana de combate contra el protestantismo[24], desafiando su naturaleza cristiana, calificándolo de socialista o revolucionario, y considerándolo una herejía, una secta diabólica inventada por el diablo para engañar a las almas, esta última un tropo antiluterano de larga data que se remontaba al siglo dieciséis.[25] Con respecto a Martín Lutero, la revista argumentó en contra de la doctrina del reformador de la salvación por la fe sola usando la Epístola Católica de Santiago 2:14–18,[26] y describió a Lutero como "un monje oportunista interesado en casarse con una monja y llevar al mundo a creer en lo que quisieran y hacer lo que quisieran".[27] Al elegir ubicar su nueva congregación frente a la Catedral Católica, la nueva misión luterana se enfrentó a una Iglesia Católica conmocionada pero aún hostil y desafiante.

Sin embargo, es interesante notar que, en un estudio posterior ya anticipado en su libro sobre el protestantismo en Puerto Rico, Silva Gotay arguye que, con la invasión de los Estados Unidos en 1898, el liderazgo de la Iglesia católica romana de la isla reconoció que tenía que, entre otras cosas, insertarse en la agenda de "americanización" de los Estados Unidos, para sobrevivir en el nuevo sistema colonial impuesto en Puerto Rico. Para el autor, este fue un cambio liderado por la Santa Sede para que los obispos, así como los delegados apostólicos en el archipiélago, lideraran la "americanización" de la Iglesia católica romana puertorriqueña, para demostrar la lealtad de los católicos de los Estados Unidos a su nuevo gobierno. Para reforzar esta afirmación, Silva Gotay argumenta que el Papa León XIII eligió a monseñor Placide Louise Chapelle[28] y a monseñor James Hubert Herbert Blenk[29] para configurar la Iglesia católica romana en Puerto Rico al estilo de la de los Estados Unidos.[30]

Sin duda, esta última afirmación de Silva Gotay se convirtió en un tema controvertido entre los estudiosos de la historia de Puerto Rico. La mayoría de estos/as historiadores están de acuerdo en que, con la invasión militar de los Estados Unidos en Puerto Rico, la Iglesia católica romana, que ya estaba experimentando una crisis, sufrió un predicamento más profundo.[31] Sin embargo, otros historiadores puertorriqueños como Gerardo Alberto Hernández óAponte,[32] argumentaron que al darse cuenta de que, contrariamente a la tradición democrática norteamericana, Puerto Rico no iba a ser anexado sino a convertirse en una colonia de los Estados Unidos, la Iglesia católica romana ideó un plan para mantener el perfil hispanoamericano de Puerto Rico, tratando de asegurar la lealtad de los prelados recién nombrados a los Estados Unidos mediante la selección de pastores norteamericanos. Así, la presencia de monseñor Blenk en Puerto Rico, en lugar de expresar una política de "americanización", se convirtió en una acción pastoral diplomática de la Santa Sede para preservar a sus constituyentes católicos romanos puertorriqueños.[33]

En todo caso, con el paso del tiempo, la actitud de confrontación de algunos sectores de la Iglesia católica romana en Puerto Rico comenzó a cambiar, reconociendo la disminución en su importancia social a medida que el movimiento protestante continuaba fortaleciéndose en la isla. Una generación más tarde, en diciembre de 1949, en una carta enviada a sus amigos, William C. Arbaugh afirmó:

En Puerto Rico la Iglesia Romana se ha vuelto relativamente impotente. Aquí las bendiciones del obispo son principalmente para las nuevas cervecerías y casinos. El aval de un obispo es el beso de la muerte a las esperanzas electorales de un político. Hay más o menos la misma cantidad de personas en servicios protestantes como en las misas romanas. Tenemos plena libertad religiosa y seguridad personal.[34]

El primer edificio de la iglesia luterana y la obra continua de los misioneros estadounidenses

En 1902, el reverendo Charles H. Hemsath (1852-1928) fue enviado a la isla para supervisar la construcción de una iglesia. El nuevo edificio fue financiado por la Junta de Misiones de Puerto Rico del Concilio General de la Iglesia Evangélica Luterana en América del Norte y se completó en 1903.[35] El 30 de agosto de ese año se estableció la iglesia luterana Divino Salvador. Si bien el trabajo en Cataño tardó en completarse, una vez que se construyó el edificio, la iglesia creció rápidamente.[36]

En la primera reunión de la Junta de la Misión de Puerto Rico, el Rdo. D.H. Geissinger, presidente de la nueva Junta, informó a sus miembros que el costo total de la nueva iglesia, incluyendo el lote ($300), la construcción del edificio y los gastos relacionados con el envío del Rdo. Hemsath a Puerto Rico fue de $3111.63. La junta pagó estos gastos con el fin de tener un servicio de dedicación de la iglesia sin deudas.[37]

En San Juan, sin embargo, el contrato de arrendamiento de la propiedad que usaban los luteranos debía terminar el 31 de diciembre de 1902. Cuando la propiedad salió a la venta, la Junta trató de comprarla, pero se enteró de que la Iglesia episcopal ya la había comprado y no estaba considerando entregarla.[38] Después de esto, las actividades de la iglesia se trasladaron primero al segundo piso de una casa ubicada en el cruce entre Cristo y San Francisco, y luego al segundo piso del número 20 de la calle Cruz. A principios del verano se trasladó de nuevo, a la esquina de las calles San Francisco y O'Donnell. A pesar de estos movimientos, en septiembre de 1903, la misión tenía ochenta y ocho miembros adultos en total: cincuenta y uno en la Primera Iglesia (Inglesa) en San Juan, veintiocho en San Pablo y nueve en Divino Salvador, Cataño.[39]

El Rdo. Sr. Richards tenía ocho servicios cada semana, además de sus visitas. El número total de miembros en 1903 era de 88 miembros. Informa: "que se encuentren puertorriqueños, que bajo su instrucción puedan ser entrenados como catequistas y tal vez más tarde preparados por un curso especial en uno de nuestros seminarios para la ordenación". En ese momento conocía a uno o dos prospectos.[40]

El reverendo Alfred Ostrom y su esposa Betty Ostrom llegaron a Puerto Rico como misioneros el 12 de abril de 1905. El 1 de mayo, el pastor Richards entregó la responsabilidad de la misión al reverendo Ostrom y partió hacia los Estados Unidos el 9 de mayo. El nuevo director de la misión, el reverendo Ostrom, nació en Degerfors, Vesterbotten, Suecia, el 18 de abril de 1868. Su familia se había mudado a Lockport, Illinois, en 1869. Después de graduarse del Colegio Augustana en 1893, Ostrom sirvió en la Iglesia Luterana de Salem (Chicago), enseñando en la escuela dominical, tocando el órgano y desarrollando un coro. En 1897, se graduó del Seminario Teológico Augustana, fue ordenado y comenzó su ministerio como pastor en una iglesia en La Grange, Illinois. El 17 de abril de 1901 se casó con Betty Olson de Sioux City, Iowa, y en 1902 se convirtió en pastor de la iglesia de Aurora, Illinois, de donde partió para ir a Puerto Rico.[41] Ostrom, que venía del Sínodo Augustana, se convirtió en un importante líder en la misión. Aunque él y su esposa inicialmente experimentaron problemas de salud mientras estaban en la isla que los llevaron a tomar una licencia de seis meses para recibir tratamiento en los Estados Unidos, ambos regresaron para continuar su trabajo en Puerto Rico en 1920.[42] Con la ayuda de la señorita Clara Hazelgreen, una misionera luterana de los Estados Unidos, el pastor Ostrom y su esposa avanzaron en la obra de la misión.[43] Su labor había llevado a la expansión de la misión a comunidades cercanas a San Juan, así como al reclutamiento de los primeros trabajadores nativos.[44]

Al momento de la llegada del Pastor Ostrom a Puerto Rico, había tres congregaciones: la Primera Iglesia Luterana Inglesa, la Iglesia Luterana San Pablo (ambas en la ciudad de San Juan), y la Iglesia Luterana Divino Salvador en Cataño.[45] Sin embargo, bajo su liderazgo y la ayuda de misioneros luteranos norteamericanos y líderes puertorriqueños, la obra de la misión luterana se expandió. En Monacillos, uno de los dieciocho barrios (divisiones legales de un municipio) en el municipio de San Juan, Puerto Rico, el primer servicio de adoración se llevó a cabo el 1 de abril de 1906, y la Iglesia Luterana Betania se estableció el 30 de junio de 1911.[46,47] El primer servicio de adoración en Toa Baja, se[48] llevó a cabo el 17 de agosto de 1908, y la Iglesia Luterana San Pedro se estableció el 29 de junio de 1909. El primer servicio de adoración en Dorado tuvo lugar el 24 de agosto de 1908, y la Iglesia Luterana Getsemaní se estableció el 25 de junio de 1911.[49] En Palo Seco, el primer servicio de adoración se llevó a cabo el 19 de octubre de 1906, y la iglesia se estableció el 9 de diciembre de 1912.[50] Mientras que el primer servicio de adoración luterana en la ciudad de Bayamón, uno de los siete pueblos que conforman el área metropolitana de Puerto Rico[51], se llevó a cabo el 28 de octubre de 1906, la Iglesia Luterana Santísima Trinidad se estableció el 15 de julio de 1908 y la Iglesia Luterana Sión se estableció el 27 de abril de 1913.[52] Durante 1912 se celebraron cultos regulares en Campanilla, Sardinera, Maracayo e Higuillar, sin embargo, el trabajo en las dos primeras sedes se suspendió más tarde. El primer servicio de adoración en Maracayo se llevó a cabo el 13 de septiembre de 1912, pero la iglesia Betel no se estableció hasta el 11 de diciembre de 1920. En Higuillar, el primer servicio de adoración tuvo lugar el 6 de abril de 1913, pero la iglesia de San Juan no se estableció hasta el 26 de junio de 1931.[53] En Juan Domingo, una comunidad rural cercana a Monacillos, se organizó la Iglesia Luterana Nuestro Salvador el 6 de septiembre de 1920.[54] Finalmente, el 29 de abril de 1917, la Primera Iglesia Luterana Inglesa y la Iglesia Luterana San Pablo se trasladaron a Puerta de Tierra, donde se construyó un edificio, poniendo fin al anterior alquiler de locales.[55]

Si bien la Iglesia Luterana en Puerto Rico era más pequeña en membresía en comparación con otras denominaciones protestantes,[56] es interesante notar que la congregación luterana en San Juan se convirtió en una con una asistencia creciente. En su edición del 27 de diciembre de 1919, el diario *El Mundo* informaba que, en el entierro de la madre de José Álvarez, distinguido oficial de la cárcel municipal, celebrado en la iglesia luterana de San Pablo el 26 de diciembre, la concurrencia fue enorme.[57]

El 26 de abril de 1907, el reverendo Axel Peter Gabriel Anderson llegó a Puerto Rico y estableció su residencia en el pueblo de Bayamón.[58] El 26 de marzo de 1910 se casó con la señorita Augusta C. Hohansen. La señorita Hohansen era una joven maestra de origen sueco con formación musical, a quien el pastor Anderson conoció cuando estaba de vacaciones en los Estados Unidos durante el verano de 1909. Los pastores Ostrom y Anderson vinieron del Sínodo Augustana y durante su mandato el sínodo aumentó su asignación para la misión. Esto permitió que se agregaran dos misioneras adicionales al personal del archipiélago, la señorita May C. Mellander el 26 de septiembre de 1906 y la señorita Noemi Anderson (hermana del pastor Anderson) el 24 de octubre de

1907. Con este aumento en la fuerza laboral, se mejoraron las iniciativas sociales originalmente establecidas por la misión luterana, expandiendo los programas educativos y relacionados con la salud para los niños puertorriqueños, y atendiendo las necesidades de las personas en las Islas Vírgenes.[59] Además, la señorita Emma R. Schmid llegó a Puerto Rico el 18 de marzo de 1914 (se casó con el pastor Hans Naether el 30 de noviembre de 1921), la señorita Nanca Schoen llegó el 16 de julio de 1917 y la señorita Sophia Probst el 2 de septiembre de 1914.[60] Sin embargo, un año después, Nanca Schoen también tuvo que solicitar un permiso por enfermedad que requería tratamiento hospitalario. Durante su estancia en Puerto Rico, supervisó la obra educativa misionera entre los niños, así como el Hogar Queen Louise para bebés enfermos y abandonados en Christiansted, Santa Cruz (Islas Vírgenes).[61] Después de una cirugía exitosa, la señorita Schoen regresó a la Misión Luterana en Puerto Rico (1919) para supervisar todas las actividades educativas en las diversas islas, dedicando especial atención a la formación de maestros de jardín de infantes.[62]

Tensiones sobre el liderazgo puertorriqueño

Ofreciendo una indicación más amplia de efectividad, se agregaron al cuerpo misionero varios obreros laicos puertorriqueños. Manuel Hidalgo (1906), Lorenzo Hurtado (1909), Jaime Más (1908), Pascual López (1909), Juan Zambrana (1911), Alfredo Cosme Mercado (1911) y Dionisio Miranda (1915). También se agregaron las siguientes mujeres puertorriqueñas, Gabriela Cuervos (1906), María C. González (1909), Dolores Quidgley Martínez (1910), Genoveva Fernández (1913), Matilde Llanes (1913), Concepción González (1914), Dolores Rosado (1917) y Serafina Parrilla (1919).[63] Dada la expansión significativa del campo misionero, una buena parte del trabajo fue atendida por obreros laicos varones que eran conocidos como "pastores laicos". Dirigieron los servicios de adoración, pero no usaron vestimentas del clero. Predicaban y dirigían clases de catequesis, pero no administraban los sacramentos. Podían celebrar funerales, pero no bodas. Sus asignaciones a las congregaciones se decidían teniendo en cuenta las necesidades de estos obreros laicos y de las congregaciones en las que habían sido nombrados.

Durante el período de 1907 a 1912, hubo cinco congregaciones luteranas. Dos fueron en la ciudad de San Juan, una en Cataño, otra en Bayamón y la última en Toa Baja. También había cinco estaciones misioneras, ocho escuelas dominicales, una escuela parroquial, cinco misioneros luteranos norteamericanos, de los cuales dos eran esposas voluntarias de misioneros norteamericanos. Había tres trabajadores locales y 232 miembros comulgantes.

En 1908 se solicitó a la Junta "que permitiera a los pastores ordenados seleccionar a tres jóvenes para entrenarlos e instruirlos con miras a convertirlos en colaboradores nativos eficientes". Dos jóvenes fueron escogidos de la congregación de Cataño y la instrucción comenzó en marzo de 1908. Además de recibir instrucción, trabajaban como ayudantes de los misioneros. Pero estos jóvenes pronto se cansaron del trabajo y en 1909 se inscribieron dos nuevos hombres. Este fue el comienzo de un Instituto Bíblico local. La gran necesidad de la época era un edificio de iglesia en San Juan y otro en Bayamón. A partir de 1909 se observó un nuevo interés por la obra. Los fondos aumentaron y el primer domingo de Adviento fue designado como el día de ofrenda para la obra misionera en la isla.[64]

Entre las historias importantes que se recuerdan del desarrollo inicial de la misión luterana en Puerto Rico, varias relatan las luchas experimentadas por los líderes puertorriqueños para recibir recono cimiento por sus diversas contribuciones a los ministerios de la misión. Para la mayoría de los misioneros protestantes norteamericanos, la idea de integrar a estos líderes nacidos en la isla en el proyecto misionero consistía en primer lugar en que se convirtieran en asistentes en tareas congregacionales o respondieran a las necesidades sociales de la gente de la isla. Con este propósito, los primeros líderes puertorriqueños sirvieron como lectores de la Biblia en los servicios de adoración, obreros congregacionales laicos, predicadores, etc.[65]

Establecimiento de un seminario en Cataño

Para preparar líderes puertorriqueños capaces y competentes, en 1908 los misioneros norteamericanos establecieron un seminario ubicado en la iglesia luterana Divino Salvador en la ciudad de Cataño. Según el reverendo Arbaugh, los predicadores laicos habían tenido la impresión de que sus estudios en el seminario eventualmente los prepararían como candidatos para el ministerio ordenado de Palabra y Sacramentos. El costo de la vida había aumentado considerablemente, lo que agravó seriamente la difícil situación financiera crónica de los trabajadores y de sus familias en crecimiento. Los misioneros norteamericanos, por su parte, habían seleccionado a tres jóvenes para entrenarlos e instruirlos en el "seminario para ayudantes nativos", con el objetivo de hacerlos colaboradores eficientes en la obra misionera. Irónicamente, las tres cuartas partes de la predicación, con casi todo el trabajo de catequesis y otros trabajos pastorales, fueron realizados por los asistentes laicos a quienes no se les permitió realizar funciones pastorales tales como la administración de los sacramentos, la confirmación y el matrimonio. Además, los salarios de los predicadores laicos nunca fueron suficientes para permitir a sus familias un nivel de vida decente.[66] Obviamente, los misioneros estaban pensando tener como prioridad sus propias necesidades inmediatas y no reconocer las implicaciones en cuanto a la situación futura de los estudiantes asistentes. Al seguir este procedimiento, nuestros misioneros luteranos estaban haciendo exactamente lo que la mayoría de los otros misioneros protestantes estaban haciendo en todo el mundo. Probablemente no consideraron seriamente la posibilidad de que estos "ayudantes" eventualmente se pusieran en fila para la ordenación.[67] No se detuvieron a pensar que la situación en 1918 no estaba en armonía con la mejor práctica luterana. En esta época la misión luterana se centraba principalmente en los sectores más pobres de la sociedad puertorriqueña, lo que llevó a descuidar la necesidad del desarrollo de un programa educativo más riguroso para la formación de ayudantes puertorriqueños. Las consecuencias de esta actitud pronto se hicieron evidentes. El primero de estos estudiantes, Manuel Hidalgo, abandonó la obra después de dos años. Los dos siguientes estudiantes, Lorenzo Hurtado y Pascual López, salieron antes de terminar un año de estudios.[68]

Revisiones recientes de la experiencia de otros grupos misioneros protestantes en la formación de líderes puertorriqueños mostraron algunas excepciones. En un artículo mencionado anteriormente, Ángel Santiago-Vendrell argumenta que, como resultado de la formación académica de los misioneros presbiterianos Judson Underwood y James McAllister, se estableció el Seminario Teológico de Mayagüez (STM) el 1 de octubre de 1906 en ese pueblo. Los Hermanos Unidos se unieron a la escuela de entrenamiento presbiteriana en 1912, que cambió su

nombre a Seminario Teológico Puertorricense, agregando un miembro
de la facultad a los tres maestros misioneros anteriores. Los misioneros
planearon un curso de estudio que duraría seis años de trabajo: dos
años de estudios preparatorios para estudiantes sin educación previa, y
cuatro años de trabajo combinado en la universidad y el seminario. El
seminario desarrolló un programa de invierno y verano diseñado para
que los estudiantes trabajaran con un supervisor misionero en las áreas
de predicación, evangelización de comunidades rurales y organización
de escuelas dominicales. En 1914, el artículo de James McAllister
"Un ministerio nativo bien preparado" en el *Puerto Rico Evangélico*
describió lo que él quería decir al entrenar a un ministro bien educado.
En primer lugar, los ministros eran los guías religiosos de las personas
que peregrinaban al cielo. Segundo, el mejor agente para proclamar el
evangelio a su propio pueblo debe ser un ministro nativo. Finalmente,
los ministros puertorriqueños debían ser educados para la tarea de
predicar el evangelio. McAllister señaló:

> Para que los ministros tengan éxito como guías espirituales de
> las personas, deben ser educados porque son los que guían a las
> personas en medio de un mundo en necesidad. Un ministro
> nativo sin educación sería una catástrofe. Las normas educa-
> tivas para los ministros nativos deben ser iguales a las normas
> en los Estados Unidos.[69]

Sin duda, debemos reconocer la gran contribución de los misioneros
protestantes norteamericanos para la expansión del protestantismo en
Puerto Rico en esta coyuntura.[70] Al mismo tiempo, debemos señalar
que esta expresión del evangelio estuvo fuertemente influenciada por los
prejuicios en la cultura dominante de su país de origen, contra el reclutamiento de nuestra gente en el campo misionero. Swensson, a quien
muchos han atribuido el establecimiento del luteranismo en Puerto
Rico, mencionó una vez en un artículo publicado que: "Vi a los puertorriqueños como un pueblo en la miseria, la ignorancia, la superstición
y los errores fatales..."[71] Él y la cohorte de misioneros norteamericanos
que lo siguieron tardaron en reconocer el potencial de las contribuciones
de los líderes puertorriqueños para la nueva misión.

Arbaugh comentó que, eventualmente, los predicadores laicos
puertorriqueños que estudiaban en el seminario de Cataño pudieron

completar con éxito los requisitos establecidos para la ordenación, pero esto fue 17 años después de su establecimiento y,

> En presencia de una numerosa congregación en la iglesia luterana de San Pablo en San Juan, Demetrio Texidor, Guillermo E. Marrero y Salustiano Hernández fueron ordenados al ministerio del evangelio el domingo 10 de julio de 1926.[72]

Aunque la primera generación de la misión luterana en Puerto Rico seguiría dominada por pastores misioneros norteamericanos, la obra continuó creciendo. "En 1911 había siete congregaciones organizadas, dos estaciones misioneras, diez escuelas dominicales, dos escuelas parroquiales, cinco misioneros norteamericanos, ocho obreros locales y 311 miembros".[73]

Expansión y alianza entre misioneros y ministros puertorriqueños

En un resumen de las estadísticas de las misiones protestantes en Puerto Rico en 1912 publicado por el *Puerto Rico Evangélico* en 1913, la Iglesia Luterana informó tener ocho pastores, dos maestros, un obrero laico, dieciocho puntos de predicación, cuatrocientos un miembros comulgantes[74], once escuelas bíblicas, novecientos miembros de escuelas bíblicas, dos escuelas diarias, noventa miembros de escuelas diarias, setenta y cinco miembros de sociedades para jóvenes, tres edificios de iglesias y capillas, otros tres edificios, con un valor de $16 000, y un total de $618.68 recaudados ese año.[75] Esta información indicaba la participación de los luteranos en un lento pero aún importante crecimiento del protestantismo en la isla. Los primeros años se dedicaron a ocupar el territorio, mientras que los dos últimos se centraron en prestar atención a la vida interior de las iglesias y aumentar sus contribuciones financieras.[76]

En 1915, la Junta de la Misión de Puerto Rico fue incorporada bajo un nuevo título: La Junta de Misión de Puerto Rico y América Latina del Concilio General de la Iglesia Evangélica Luterana en América del Norte. Su propósito era continuar la labor misionera del Concilio General de la Iglesia Evangélica Luterana en América del Norte en

Puerto Rico y otros lugares de América Latina. Tales arreglos condujeron a "más interés y mejor actitud hacia el campo misionero."[77]

Mientras que en 1915 todavía había solo ocho pastores ordenados y dos maestros en la misión puertorriqueña, el número de obreros laicos creció a tres, también hubo un aumento en los miembros comulgantes a 455, quince escuelas bíblicas, 1500 miembros de escuelas bíblicas, 120 miembros de sociedades para jóvenes, cuatro edificios de iglesias y capillas, otros cuatro edificios con un valor de $32 000 y la cantidad de $835.97 de ofrendas recolectadas ese año.[78]

Para 1918, el número de miembros de la misión luterana había aumentado a 542. Dada la enfermedad de su esposa, el pastor Axel Peter Gabriel Anderson se vio obligado a abandonar a Puerto Rico el 16 de agosto de 1918, y una semana antes de su partida, el pastor Fred W. Linke llegó para sustituirlo.[79] El pastor Linke había estudiado en el Instituto Weidner y en el Carthage College, pasando a recibir su formación teológica en el Seminario Luterano de Chicago, donde se había graduado cuatro meses antes, el 24 de abril de 1918. Aceptó un llamado como misionero en Puerto Rico y fue ordenado en la iglesia luterana Trinity en Fort Wayne, Indiana, el 16 de junio de 1918, por el Sínodo de Chicago. Se casó con la señorita Orpha Rothenberger, una compañera del Instituto Weidner y ambos partieron de Brooklyn el 3 de agosto en el barco de vapor *Coamo*. Durante ese tiempo, los submarinos alemanes seguían hundiendo barcos en las zonas costeras estadounidenses. Dos horas después de que el *Coamo* pasara por Cabo Hateras, el barco *Faro* fue torpedeado en la misma región, pero el pastor Lindke y su esposa llegaron sanos y salvos a San Juan el 9 de agosto. Fueron recibidos en el muelle de carga por el pastor Ostrom, quien los llevó al día siguiente a la casa en Bayamón que estaba a punto de estar disponible a la salida del pastor Anderson.[80]

Al igual que en el caso de los misioneros anteriores, el pastor Lindke y su esposa tuvieron que aprender español en Puerto Rico[81] para que su trabajo fuera efectivo, y fueron diligentes en esta tarea. Era responsable de las congregaciones en el campo, con la excepción de San Juan y Cataño. Dada su sólida formación académica y administrativa, también tuvo que ofrecer algunos cursos en el "seminario" de Cataño como parte de su asignación inicial. Con la organización de la Iglesia Luterana Unida en América en los Estados Unidos,[82] la Junta de Misiones de las Indias Occidentales asumió el control de la obra y en 1919, el pastor Lindke fue nombrado superintendente de edificios y puntos de misión.

El 17 de abril de 1923, mientras se recuperaba de una enfermedad en Nueva York, el pastor Lindke fue nombrado superintendente del campo misionero. Las responsabilidades administrativas también fueron reconocidas a nivel local, por lo que el martes 15 de mayo de 1923, el Rdo. Lindke recibió, de manos del secretario ejecutivo del gobierno de Puerto Rico, un certificado que inscribía a la Junta de Misiones de las Indias Occidentales de la Iglesia Luterana Unida en América, Inc. para dirigir y promover el trabajo de la Iglesia Luterana en Puerto Rico.[83] Mientras tanto, el pastor Ostrom fue transferido para servir a las congregaciones en las Islas Vírgenes cuando fueron transferidas a la Iglesia Luterana Unida en América en 1917.[84] En 1923, el libro de referencia publicado localmente *El libro de Puerto Rico*, editado por E. Fernández García, incluye una sección sobre las Iglesias protestantes, donde el Rdo. Philo W. Drury[85] describe la posición de la Iglesia Luterana de la siguiente manera:

> Superintendente, Rdo. Alfred Ostrom... Pueblos ocupados: Bayamón, Cataño, Dorado, San Juan y Toa Baja. Esta misión, además de sus actividades evangelísticas, dirige una escuela de obras en Cataño, dos "jardines de infantes", tres escuelas diarias junto con tres clases industriales. El verano pasado se llevaron a cabo seis escuelas bíblicas diarias y de vacaciones. La misión publica mensualmente el periódico "El Testigo".

> Los luteranos tienen 11 iglesias organizadas con 608 miembros; 22 escuelas bíblicas con 2220 matriculados; 20 edificios eclesiásticos, todos valorados en $96 850 dólares. Contribuciones en 1921, $1276.[86]

En la década de 1920, la necesidad en la misión de ministros puertorriqueños ordenados se hizo evidente para todos. El primer paso en esta dirección lo dio el reverendo Hans Naether, un misionero nacido en Alemania, hijo de inmigrantes alemanes que llegó a Puerto Rico el 26 de octubre de 1920, iniciando un vigoroso ministerio en Cataño. Recomendó que Eduardo Roig, uno de los jóvenes recién convertidos, fuera enviado a los Estados Unidos para cursar estudios universitarios y su formación teológica. Sin embargo, dado que la actual decepción de los trabajadores laicos de mayor edad que aspiraban a ser ordenados llevó a las autoridades de la misión luterana, así como a la junta, a evitar establecer precedentes, no tuvieron en cuenta la sugerencia del pastor Naether, que acababa de llegar al archipiélago. A pesar de la apatía de las autoridades, el pastor Naether convenció a los padres de Roig de su proyecto y, en enero de 1922, el Sr. Roig partió hacia los Estados Unidos para inscribirse como estudiante en el Wartburg College (Waverly, Iowa). De allí, se trasladó al Seminario Luterano de Filadelfia, donde se graduó en 1926. Habiéndose casado con la señorita Rosario Esteves durante sus estudios en Filadelfia, Roig fue ordenado más tarde por el Sínodo de Nueva York. El 14 de junio de 1926 llegaron a Puerto Rico, donde el reverendo Roig se convirtió en el pastor de la Iglesia Luterana San Pablo en San Juan.[87]

Si bien había habido un plan para la educación de los pastores locales aprobado por la antigua Junta de Misiones y el Concilio General, no se había hecho ninguna provisión en el plan para la ordenación de candidatos para el ministerio. Dado que los pastores laicos puertorriqueños habían estado sirviendo en la misión luterana durante varios años, y otras denominaciones estaban ordenando hombres con menos estudios, esto llevó al descontento y varios de estos pastores laicos renunciaron a sus puestos. La Junta Ejecutiva de la Iglesia Luterana Unida creó un comité para desarrollar un currículo para los estudios de los candidatos puertorriqueños al ministerio ordenado, adaptado a las necesidades del campo de misión y manteniendo las normas prevalecientes en la Iglesia Luterana para este oficio. Este comité proporcionó un plan para desarrollar una Escuela de Capacitación Cristiana con un seminario a seguir.[88]

La iglesia siguió creciendo y algunos jóvenes se interesaron en el ministerio. Al ser muy pobres y no tener ayuda sinodal, era imposible que la Junta los tomara a todos. Cinco hombres recibían instrucción de los misioneros, dos en las escuelas públicas apoyados parcialmente por la Junta, dos hombres eran parcialmente apoyados por la Junta en las escuelas norteamericanas, y dos estudiaban en los Estados Unidos a sus expensas. No todos eran de Puerto Rico, algunos eran de las Islas Vírgenes.[89]

A principios de la década de 1920, Gustav K. Huf fue como misionero luterano a Puerto Rico. De joven, había sido confirmado por el Dr. Zenan M. Corbé en la congregación luterana de habla hispana Iglesia de la Transfiguración (Nueva York). Después de su graduación del Seminario Luterano en Filadelfia y su ordenación por el Ministerio de Pensilvania en 1924, el pastor Huf fue agregado al cuerpo misionero en Puerto Rico. Llegó a Puerto Rico con su esposa en julio de ese año para convertirse en el párroco de la Iglesia Luterana Santísima Trinidad en Bayamón. Junto con el pastor Lindke, el pastor Huf comenzó a abogar por una misión luterana puertorriqueña en propiedad y apoyada por los propios puertorriqueños. Para lograr este objetivo, el 1 de junio de 1926 se instaló como pastor de la Iglesia Sión a Guillermo Marrero, quien junto a Salustiano Hernández y Demetrio Texidor, era un obrero puertorriqueño ordenado en la misión y que también había trabajado con el pastor Huff en las congregaciones de la Santísima Trinidad y Sión en Bayamón. Salustiano Hernández, quien se había desempeñado como predicador laico en la iglesia Divino Salvador en Cataño, se convirtió en pastor de esa congregación el 1 de julio. Al mismo tiempo, Demetrio Texidor, quien anteriormente había servido en la Iglesia Luterana San Pablo, se convirtió en pastor de las congregaciones luteranas de San Pedro en Toa Baja y la Iglesia Luterana Getsemaní en Dorado. Estas congregaciones, cuyo apoyo financiero anterior solo había venido del extranjero, ahora se animaron a comenzar a construir su autosuficiencia, y emprendieron a contribuir al salario de sus pastores, los costos de sus edificios, los programas ministeriales y el apoyo financiero para la iglesia en el extranjero.[90]

Durante este período, el esfuerzo para brindar ayuda a las necesidades sociales de la comunidad continuó, con el apoyo de las esposas de los pastores, junto con el valioso liderazgo de la señorita Emma Schmidt, quien llegó para ayudar a la misión desde los Estados Unidos el 18 de marzo de 1914 y se casó con el pastor Hans Naether el 1 de diciembre de 1921. Otras misioneras, como la señorita Sophia Probst y la señorita Nancy Schoen, ambas provenientes de los Estados Unidos y patrocinadas por la Sociedad Misionera de Mujeres, se dedicaron a la obra educativa de los jardines de infantes en las congregaciones urbanas de Puerto Rico y las Islas Vírgenes. La señorita Frieda M. Hoh (R.N., siglas para enfermera titulada) y la señorita Florence Hines llegaron a Puerto Rico desde los Estados Unidos en 1925, patrocinadas por la misma Sociedad Misionera de Mujeres. La primera comenzó a trabajar en asuntos relacionados con la salud y continuó desarrollando coros y mejorando la música de adoración congregacional. Esta última se unió a otras mujeres puertorriqueñas que se desempeñaban como maestras en programas locales de kindergarten.[91] En 1924, la misión luterana conmemoró veinticinco años de trabajo en Puerto Rico. Aunque sus labores de desarrollo fueron a menudo desfavorablemente lentas, se organizó un número adicional de congregaciones (Getsemaní [Dorado] y Villa Betania [Bayamón]), y un grupo de líderes puertorriqueños recibió capacitación, estableciendo las bases para una futura iglesia luterana puertorriqueña. Las perspectivas de un futuro seminario todavía estaban en la mente de la misión y de los miembros de la Junta, y cuando el reverendo H.L. McMurray dejó su propiedad disponible para su uso después de la muerte de su esposa, se hizo una venta por contrato que proporcionaba $30 000 para erigir un Seminario Conmemorativo. Sin embargo, dada la falta de tiempo de los misioneros ordenados luteranos norteamericanos para proporcionar instrucción a los estudiantes, y la escasez de fondos, el establecimiento del Seminario se retrasó. Finalmente, en 1926 se abandonaron los planes para la erección de un Seminario.[92]

El año 1928 fue testigo de importantes desarrollos en la misión luterana.[93] El 7 de febrero, el reverendo Franklin F. Fry, secretario ejecutivo de Misiones Americanas (una nueva organización que absorbió a la anterior Junta de Misiones de las Indias Occidentales) junto con su esposa, comenzó su visita anual a Puerto Rico. El 4 de julio, el reverendo Fred W. Lindke salió de Puerto Rico después de diez años de servicio. El 6 de septiembre, otro recluta local, el Sr. Balbino González, se embarcó hacia los Estados Unidos para estudiar en un seminario luterano, y el 12 de noviembre el reverendo William G. Arbaugh se convirtió en el pastor de la Primera Iglesia Evangélica Luterana de San Juan. Al año siguiente, Balbino González regresó a Puerto Rico como pastor ordenado, y el joven Leopoldo Cabán recibió su bachillerato con honores de Gettysburg College. El 29 de julio se inauguró la nueva congregación Villa Betania, y en agosto, el Rdo. Balbino González fue nombrado director de *El Testigo,* sucediendo al Rdo. Alfred Ostrom, siendo el primer pastor nacido en Puerto Rico en editar la revista.

De 1930 a 1937 tuvieron lugar otros acontecimientos notables en la misión. En agosto de 1930, Francisco Agostini ingresa a la Universidad de Puerto Rico para comenzar su educación para convertirse en ministro ordenado. El 3 de mayo de 1931, el Sínodo Luterano Unido[94] de Nueva York, la Junta de Misiones y los miembros de la congregación de habla hispana en la ciudad de Nueva York (Iglesia Luterana Transfiguración), extendieron formalmente un llamado (una invitación hecha por una congregación a un candidato para servir como su pastor) al argentino Jaime Soler, un estudiante de seminario que había recibido su título del Seminario Luterano de Filadelfia. Esta congregación había sido establecida inicialmente por el reverendo Dr. Alfred Ostrom, el reverendo Fred W. Lindke y un grupo de veinticinco inmigrantes luteranos de Puerto Rico el 3 de mayo de 1924. Dada su enfermedad, otro fundador que sirvió por mucho tiempo, el Rdo. Ostrom dejó el campo misionero en junio de 1932, y en agosto Francisco Molina ingresó a la Universidad de Puerto Rico para comenzar sus estudios para el ministerio.[95] El 2 de mayo de 1932, Alfredo Ortiz se graduó de Hamma Divinity School en Springfield Ohio, Leopoldo Cabán asumió la dirección de *El Testigo* en febrero de 1935 y, en diciembre de 1935, se nombró al Comité Administrativo Misionero de la Iglesia Luterana en Puerto Rico para hacerse cargo de las responsabilidades del antiguo cargo de superintendente de la misión. El 27 de enero de 1937, Evaristo Falcó Esteves fue presentado a la asamblea anual de la Iglesia Luterana como nuevo candidato al ministerio ordenado, y, el 14 de mayo, *El Testigo* cumplió veinte años como órgano oficial de la Iglesia Luterana en Puerto Rico.[96]

Crecimiento de una iglesia puertorriqueña

Si bien hay más historias que exploraré en otros capítulos de este estudio, es importante señalar en este punto que, en 1926, Eduardo Roig se convirtió en el primer pastor ordenado puertorriqueño. Como ya se mencionó, otros líderes nativos siguieron al pastor Roig, como Demetrio Texidor, Guillermo Marrero y Salustiano Hernández. La contribución de estos líderes puertorriqueños se convirtió en un estímulo importante para el desarrollo de la misión luterana en Puerto Rico. Se agregaron misioneros locales y obreros parroquiales al personal, y se organizaron escuelas primarias privadas con directores puertorriqueños en varias congregaciones urbanas. Otros pastores puertorriqueños que más tarde sirvieron en la misión fueron Sergio Cobián (1914[97]), Leopoldo Cabán (1933), Balbino González (1927), Alfredo Ortiz (1932), Francisco J. Agostini (1937)[98] y Francisco Molina (1938).[99] En este punto, la mayoría de los pastores de la misión eran puertorriqueños nativos.

Como se dijo anteriormente, la misión luterana se desarrolló desde San Juan hasta Cataño, Palo Seco, Dorado, Toa Baja, Bayamón, Monacillos y Río Piedras.[100] También estableció un seminario teológico en Cataño (1908). Los puertorriqueños acogieron con beneplácito la publicación del *Catecismo Menor* de Martín Lutero en español y otras traducciones de obras luteranas en 1901 y 1908. Una valiosa contribución de los luteranos de la misión puertorriqueña fue su ayuda en el desarrollo de la Iglesia Luterana Transfiguración en la ciudad de Nueva York.[101]

Del mismo modo, la obra misionera de la Iglesia Luterana en la región de Río Grande, en el sur de los Estados Unidos, debe mucho a los misioneros puertorriqueños, junto con sus cónyuges, que decidieron instalar allí sus tiendas para impulsar la presencia del evangelio en dichas comunidades. Entre estos misioneros se encontraban Sergio Cobián, Andrés Meléndez, Demetrio Texidor y Germán Vásquez.[102] También es importante agregar que los misioneros norteamericanos y puertorriqueños ministraban regularmente a los leprosos en la isla en el puerto de San Juan; mientras que el pastor Critchlow practicaba un ministerio similar a los reclusos de la colonia de leprosos en la isla de Santa Cruz.[103] El desarrollo de la misión luterana también fue celebrado por otras denominaciones protestantes de la isla. En una de las revistas más prominentes del protestantismo en Puerto Rico, *Puerto Rico Evangélico* encontramos la siguiente nota:

Los días 9 y 10 de febrero, nuestros hermanos luteranos celebraron su segunda conferencia anual en el barrio de Monacillo. Al mismo tiempo, inauguraron una nueva capilla en el mismo lugar. Felicitamos a estos hermanos [y hermanas] por su progreso.[104]

Ciertamente, para 1936 la misión luterana en Puerto Rico había extendido su campo de trabajo desde San Juan a otros pueblos del área metropolitana; creó varias escuelas primarias privadas;[105] dirigió un proyecto para atender las necesidades de los enfermos de lepra en una colonia de San Juan y otra de Santa Cruz;[106] desarrolló un centro para la formación teológica de sus líderes puertorriqueños; proporcionó literatura en español a sus miembros; construyó instalaciones eclesiásticas

en varios lugares; contribuyó al desarrollo de una congregación de habla
hispana en la ciudad de Nueva York y en la región de Río Grande;
proveyó financieramente para el trabajo nacional e internacional de la
Iglesia Luterana;[107] y exploró la posibilidad de establecer una misión
luterana en Santo Domingo.[108] Un informe publicado en *El Testigo* que
describía la obra misionera luterana que se había llevado a cabo en Puerto
Rico en 1936 afirmaba que:

> El campo luterano es pequeño, pero está estratégicamente
> ubicado en la ciudad capital y en sus comunidades aledañas.
> Ahora hay 13 congregaciones con 872 miembros confirmados,
> otras 6 estaciones de predicación, 22 escuelas dominicales con
> 2.000 escolares, y 5 jardines de infantes con 180 alumnos. Hay
> 14 Ligas Luteranas de alto nivel con 388 miembros, 10 socie-
> dades de mujeres con 207 miembros, y otras organizaciones en
> proporción. El personal misionero activo está compuesto por 8
> ministros ordenados, un lector laico, 6 trabajadores de jardín
> de infantes, una enfermera capacitada, y un visitador parro-
> quial. En este grupo de trabajadores, el pastor y la Sra. William
> Arbaugh, el pastor Lewis R. Fox y la señorita Frieda M. Hoh,
> R.N. son las únicas personas misioneras de los Estados Unidos.
> Los demás son todos puertorriqueños competentes y capaci-
> tados. Dos graduados recientes de la Universidad de Puerto
> Rico ahora estudian en el Seminario luterano de Filadelfia. Las
> contribuciones sobre el terreno en 1935 fueron de $3702.41.[109]

El entusiasmo mostrado por los líderes luteranos sobre el desarrollo
de su misión también fue compartido por otros líderes protestantes
de la isla.[110] También es notable señalar el gran interés mostrado por
varios pastores luteranos en los Estados Unidos en trabajar en la misión
luterana puertorriqueña. En la edición del 18 de marzo de 1920 de la
revista *The Lutheran*, hay un informe sobre un pastor que viajó 4.400
millas para tener una conferencia de seis horas con los oficiales del
Comité Ejecutivo de la Junta de Misiones de las Indias Occidentales
de la Iglesia Luterana en Nueva York, para determinar si poseía los
requisitos para un llamado al campo misionero puertorriqueño que se
le había ofrecido.[111]

Observaciones finales

En esta parte de mi estudio, he proporcionado una visión amplia de los precursores estadounidenses y puertorriqueños de la misión luterana en Puerto Rico, sus contribuciones, y algunos desafíos principales que enfrentaron para seguir adelante con este proyecto. Su resiliencia enfrentando condiciones climáticas peligrosas, enfermedades tropicales, y recursos financieros inadecuados, junto a una actitud hostil y combativa de los líderes católico romanos en el archipiélago, fue un testimonio de su llamado y fieles convicciones.

Eventualmente, se recibieron las provisiones financieras apropiadas de parte de las fuentes luteranas estadounidenses para alquilar, y luego construir, edificios, en apoyo al ministerio evangelístico y los programas de acción social de las congregaciones emergentes. Un mayor número de misioneros norteamericanos se unieron a la misión, junto con los líderes laicos puertorriqueños, aumentando la presencia luterana en el archipiélago. Se iniciaron esfuerzos para proporcionar la formación teológica de los líderes puertorriqueños, con consecuencias positivas y negativas, en última instancia, progresando el esfuerzo del desarrollo de pastores bien educados, para dirigir el ministerio de las congregaciones.

Mientras que la primera generación de líderes en la misión luterana fueron misioneros norteamericanos, durante la década de 1920 surgieron un número de candidatos puertorriqueños para la ordenación, completando su formación teológica en seminarios luteranos en América del Norte, para luego regresar a su lugar de nacimiento y comenzar su ministerio. Como la misión luterana extendió su campo de trabajo a otras ciudades en el área metropolitana, y miembros de la misión luterana en Puerto Rico emigraron a los Estados Unidos, se lograron establecer congregaciones luteranas en español en la ciudad de Nueva York y el estado de Texas. Finalmente, a pesar de que la misión luterana en Puerto Rico seguía siendo más pequeña que la de las otras denominaciones protestantes, la pasión y las convicciones mostradas por los líderes luteranos con respecto al progreso de su misión, fueron reconocidas y compartidas por otros líderes protestantes.

Notas

1. "Esta sección del título traducida al español significa literalmente en conjunción o unidos en, lo que implica no solo la unión, sino también la

integración y la intimidad involucradas en tal compartir. Es una reminiscencia del cuerpo humano, cuyas diversas articulaciones, tendones, músculos y huesos deben estar unidos para que funcione de manera adecuada". José David Rodríguez y Loida I. Martell-Otero, *Teología en conjunto: A Collaborative Hispanic Protestant Theology* (Louisville: Westminster John Knox Press, 1997), 1.

2. La Asociación para la Educación Teológica Hispana (AETH) es una red de personas e instituciones que desde 1992, trabaja en los Estados Unidos, Canadá, Puerto Rico, y más recientemente en América Latina y el Caribe, dedicada a la promoción y mejora de la educación teológica y su impacto en la vida de individuos, iglesias y comunidades. Véase, AETH—Asociación para la Educación Teológica Hispana, consultado el 19 de enero de 2023.

3. Rodríguez y Martel-Otero, *Teología en Conjunto*, 1.

4. Elsie Singmaster, *The Story of Lutheran Missions* (Columbia: Survey Publishing Co., 1917), 207.

5. Singmaster, *The Story of Lutheran Missions*.

6. Leopoldo Cabán (1904–93) fue un puertorriqueño que recibió su bachillerato con honores en el Colegio Gettysburg, y quien después de ser ordenado, fue instalado como pastor de una congregación luterana en Bayamón, Puerto Rico el 8 de febrero de 1933. En febrero de 1935, se convirtió en editor de la revista *El Testigo*. Antes de su regreso a Puerto Rico, Cabán ya se había convertido en un importante pastor luterano en San Antonio, Texas (1926–33). En 1926, la principal revista protestante *Puerto Rico Evangélico* publicó una extensa reseña de su ministerio en San Antonio, junto con la perspectiva de Cabán sobre el trabajo religioso en esa ciudad. Ver, *Puerto Rico Evangélico* año XV, n.º 14 (9 de octubre de 1926): 11–12.

7. Además del artículo de Cabán, *El Testigo* publicó en español e inglés, un relato más detallado y completo de la misión luterana desde sus orígenes hasta 1928, escrito por William G. Arbaugh. Ver "Principios de la iglesia luterana en Puerto Rico," *El Testigo* año XIX, no. 12 (febrero y marzo 1924): 1, 4; "Los primeros tiempos de la misión luterana en P.R.," en *El Testigo* año XXXII no. 4 (septiembre de 1948): 4–7, 14; "Alfredo Ostrom y la era de expansión: Historia de la misión luterana en Puerto Rico desde 1905 hasta 1918," *El Testigo* año XXXII no. 7 (diciembre de 1948): 5–6, 14; "Fred W. Lindke y la era de transición: Historia de la misión luterana en Puerto Rico desde 1918 hasta 1928," *El Testigo* año XXXII no. 8 (enero de 1949): 4–7, 9–10, 12. Puede encontrar las versiones en inglés de estos artículos en, "History of the Lutheran Mission," *El Testigo* año XXIII no. 7 (diciembre de 1939): 11–12; "How the Puerto Rico Mission was Organized," *El Testigo* año

XXXII no. 3 (agosto de 1948): 15–16. "Alfred Ostrom and the Era of
Expansion," *El Testigo* año XXXII no. 7 (diciembre de 1948): 15–16.
"Fred W. Lindke and the Era of Transition," *El Testigo* año XXXII
no. 8 (enero de 1949): 13–16. Ya en 1929, Raymond C. Swensson, un
estudiante de último año en un seminario sobre Historia de la Iglesia
ofrecido por el profesor Adolf Hult en el Seminario Augustana, escribió
un artículo sobre las misiones luteranas en el mundo que incluía una
sección sobre la "Misión portorriqueña". Ver, Raymond C. Swensson,
"Lutheran Missions in the World," (paper written for the seminar on
Church History at Augustana Seminary 1929), 6–7. Para otra valiosa
historia del desarrollo del luteranismo en Puerto Rico desde 1898
hasta 1983, véase el artículo de Beverly Peterson, "The First 500 years,"
Sunday San Juan Star Magazine (noviembre 6 de 1983): 2–4.

8. Benjamin F. Hankey (1899–1900), Herbert F. Richards (1899–1905),
Alfred Ostrom (1905–31), Axel Peter Gabriel Anderson (1907–18),
Fred W. Lindke (1918–28), Hans Naether (1920–22), C. F. Knoll
(1922), J.C. Pedersen (1923–27), Alberto Ell (1927–29), Gustav K. Huf
(1924–32), William G. Arbaugh (1928–58), Lewis R. Fox (1935–36),
P.E. Schoenemann (1936–37), Sra. Annete Wahlstedt (1900–05),
Leonor Shaw (1909–10), Naomi Anderson (1907–09), Clara E.
Hazelgreen (1904–07), May C. Mellander (1906–17), Emma Schmid
(1914–22), Sofia Probst (1914–24), Nanca Schoen (1917–19), Frieda M.
Hoh (1925–40), Florence Hines (1925–26) y Mary Markley (1929–30).

9. Los ex sacerdotes católicos romanos Marciano López de Alda (1912–16)
y Evaristo Falcó Esteves de Venezuela (1937–70), Dionisio Miranda
(1915–20) y Paul E. West (1915–19) de Santa Cruz, Islas Vírgenes.

10. Demetrio Texidor (1908–20; 1923–27), Guillermo Marrero (1911–64),
Sergio Cobián (1914–62), Salustiano Hernández (1917–43), Eduardo
Roig (1926–74), Alfredo Ortiz (1932–45), Balbino González (1927–
35), and Leopoldo Cabán (1933–93).

11. Gabriela Cuervos (1905–13), Leonor Shaw (1909–10), María E.
González (1909–10), Dolores Q. de Martínez (1910–14), Matilde
Llanes (1912–17), Dolores Rosado (1917–18), Catalina Zambrana
(1918–25), Nicolasa González (1920–22), Rosario Ojeda (1926–
66), Berta Casos (1921–33), Rosa C. González (1922–23), Carmen
M. Rosario (1919–21), Antonia Santana (1922–26), Rosa C. Miró
de Cobián (1920–24), Demetria Sánchez (1913–14), Concepción
González (1914–20), Genoveva Fernández (1913–17), Carmen Froilán
(1913–22), Aurora Lomeña (1917–19), Mariana Ojeda (1917–20),
Carmen L. de Hernández (1920–21), Ramona Sotomayor (1920–37),
Marina Agostini (1927–33), Nieves Villarini (1926–29), Francisca
Ayala (1930–35), Ana L. Sáenz (1926–31), Carmen M. Villarini

(1930–47), Ana L. Domínguez (1931–34), Ofelia Baldorioty (1931–38), Angélica Martínez (1931–36).

12. En ese momento, estas instalaciones estaban ubicadas en el segundo piso, en la esquina noreste de las calles Luna y Tanca, junto a las antiguas "Escalerillas de San Francisco". *El Testigo* año XXXII núm. 4 (septiembre de 1948): 4. Al principio, estas reuniones se llamaban "La Alianza Cristiana", pero la intención del Sr. Swensson era desarrollar una misión luterana. *El Testigo* año XXII, no. 11 (abril de 1939): 8.

13. Los miembros fueron: Mary J. Adams, S.R. van Beverhoudt, Ana Louise van Beverhoudt, John F. Büdinger, Gildfort M. Crawford, Amelia E. Cummings, Susan Mathilda Simpson, Anabelle A. O'Mahoney, James C. George, Rebecca A. George, Augusta Godfrey, Teresalia A. Hunt, Mary Jennsen, Erik Kolthoff, William Merkman, H.W. Meyer, Sra. H.W. Meyer, Anna Moriah Peterson, Dr. R. M. Stimpson, Emma H. Stimpson, Gusav S. Swensson y Carl Thomson. La congregación incluía anglicanos, moravos y wesleyanos, pero la mayoría eran luteranos. *El Testigo* año XXII, nº 11 (abril de 1939): 4–5. La congregación de San Pablo se organizó cuando la misión cambió su ubicación a una casa frente a la calle Santo Cristo, y por lo tanto estaba frente a la catedral católica romana de San Juan. *El Testigo* año XXII, núm. 11 (abril de 1939): 23. Para una historia detallada de los pastores de esta congregación desde su origen en 1900 hasta 1940, véase, Programa Conmemorativo: Cuadragésimo Aniversario de la Primera Congregación Luterana organizada en Puerto Rico en enero, un suplemento en inglés de 1940 para *El Testigo*. *"Memorial Program: Fortieth Anniversary of the First Lutheran Congregation Organized in Puerto Rico,"* a January 1940 English supplement to *El Testigo*.

14. La distancia entre San Juan y Cataño es de (aproximadamente 3.2 kilómetros). En lugar de ir a caballo, tomaron un ferry.

15. *El Testigo,* año XXII, no. 11 (April 1939), 5.

16. Según Luis Martínez-Fernández, "Durante décadas, antes de los decretos de tolerancia de finales de la década de 1860 y principios de la de 1870, miles de protestantes de Europa, América del Norte y el Caribe encontraron su camino hacia Cuba y Puerto Rico. Inmigrantes no aclimatados y transeúntes de altitudes más altas, muchos de ellos protestantes, eran particularmente vulnerables a la embestida de enfermedades tropicales tan prevalentes en el Caribe español. El enemigo más temido del extranjero no aclimatado era la fiebre amarilla, un virus transmitido por mosquitos que prosperan en aguas estancadas. Véase, Luis Martínez-Fernández, "Don't Die Here:" The Death and Burial of Protestants in the Hispanic Caribbean, 1840–1885, *The Americas* XLVI(I) (julio de 1992): 26–28. En la edición de noviembre

de 1899 de una revista católica romana, un artículo escrito por Mark W. Harrington coincidió con la evaluación de Martínez-Fernández al afirmar que "tiene los serios inconvenientes de un clima tropical; siempre desfavorable para las gentes de la zona templada, y especialmente desfavorable, como lo demuestra la historia, para la gran raza llamada anglosajona, a la que generalmente pertenecen los americanos". Mark W. Harrington, "Porto Rico and the Portorricans," *Catholic World* 70, no. 416 (November 1899): 164.

17. Stimpson y Browne, un colega médico que participó en la misión, eran originarios de Jamaica. *El Testigo,* año XXII, no. 11 (abril de 1939): 8.

18. *El Testigo,* año XXII, no. 11 (abril de 1939): 8. El reverendo Hankey murió más tarde en Pittsburg el 5 de noviembre de 1930. Reverendo Benjamin Franklin Hankey (1866–1930)—Encuentra un monumento funerario. consultado el 21 de junio de 2023, https://www.findagrave. com/memorial/115914529/benjamin-franklin-hankey.

19. *El Testigo,* año XXII, no. 11 (April 1939): 5–6. Véase también apéndice 5.

20. El Sr. Swensson también impartió instrucción catequética en inglés a dos mujeres jóvenes que más tarde fueron confirmadas por los pastores ordenados. *El Testigo,* año XXII, núm. 11 (abril de 1939): 5–6.

21. Silva Gotay, *Protestantismo y política en Puerto Rico: 1898–1930,* 167–71.

22. En su libro *Catolicismo y política en Puerto Rico: bajo España y los Estados Unidos, siglos diecinueve y veinte,* Silva Gotay ofrece una descripción detallada de la condición de la Iglesia católica romana en Puerto Rico antes y después de la invasión militar norteamericana de 1898. A raíz del informe realizado por el capellán Thomas Sherman al general de división John Brooke, comandante militar de los Estados Unidos de la ocupación de la isla, donde el primero menciona la salida de un gran número de sacerdotes españoles de Puerto Rico, argumenta como causa de este éxodo su estrecha dependencia del gobierno español para su sostenimiento. "La Iglesia ha estado tan unida al Estado, y tan identificada con él a los ojos del pueblo, que debe compartir el odio que el pueblo en general tiene hacia el régimen español. Hay quejas de que los sacerdotes estaban demasiado interesados en la política, predicaban España en lugar del Evangelio, y mostraban un espíritu mercenario". Samuel Silva Gotay, *Catolicismo y política en Puerto Rico: bajo España y los Estados Unidos, siglos XIX y XX* (San Juan: La Editorial Universidad de Puerto Rico, 2005), 74–75.

23. Para obtener información más detallada sobre estos y otros asuntos relacionados, consulte, Samuel Silva Gotay, "El por qué del descalabro de la Iglesia Católica de España en Puerto Rico para el momento

de la invasión de 1898," Samuel Silva Gotay, *Catolicismo y política en Puerto Rico* Río Piedras: Editorial de la Universidad de Puerto Rico, 2005), 73–148. Siguiendo la dirección del obispo James Blenk (el primer obispo norteamericano de Puerto Rico), la Iglesia católica romana luchó por recuperar sus propiedades y establecer un sistema de escuelas católicas romanas. *El Ideal Católico* año I, no. 3 (26 de agosto de 1899), 17–19. Para una descripción detallada de la vida y acciones del Obispo James Hubert Blenk en Puerto Rico, ver, Sister Miriam Therese O'Brian, "Puerto Rico's First American Bishop," en *Records of the American Catholic Historical Society of Philadelphia*, 91, no. 1/4 (March–December 1980): 3–37.

24. *El Ideal Católico* año I, no. 1 (15 de agosto de 1899): 1–2. Para una distinción entre la fe católica romana y la de los protestantes en Puerto Rico, véase la conversación satírica entre el joven imaginario Pepillo y su amigo en *El Ideal Católico* año I, no. 9 (6 de octubre de 1899): 68.

25. Silva Gotay, *Protestantismo y política en Puerto Rico*, 168. También, *El Ideal Católico* año II, no. 8 (6 de octubre de 1900): 77; *El Ideal Católico* año II, no. 10 (20 de octubre de 1900): 106; *El Ideal Católico* año II, no. 11 (27 de octubre de 1900): 120; *El Ideal Católico* año I, no. 16 (25 de noviembre de 1899): 125.

26. *El Ideal Católico* año I, no. 4 (2 de septiembre de 1899): 29. En el área de los estudios bíblicos, las "Epístolas Católicas" (ἐπιστολαὶ καθολικαί), son aquellas que no fueron escritas por Pablo (o algunos de sus seguidores), ni dirigidas a ninguna comunidad en particular, sino a varias. Hay siete, las Epístolas de Santiago (una), Pedro (dos), Juan (tres) y Judas (una). "Catholic Epistles", BiblicalTraining.org, consultado el 21 de junio de 2023, https://www.biblicaltraining.org/library/catholic-epistles.

27. *El Ideal Católico* año I, no. 8 (30 de septiembre de 1899): 60.

28. El 27 de noviembre de 1897, Chapelle fue nombrado arzobispo de Nueva Orleans, tras el fallecimiento de monseñor Francis August Anthony Joseph Janssens. El arzobispo Chapelle dedicó la mayor parte de su tiempo a sus deberes en el extranjero, después de ser nombrado delegado apostólico en Cuba y Filipinas en 1898 y 1899.

29. El 12 de junio de 1899, Blenk fue nombrado obispo de la entonces Diócesis de Puerto Rico por el Papa León XIII, recibiendo su consagración episcopal el 2 de julio siguiente, de manos del arzobispo Chapelle, asistido por los obispos Gustave Rouxel y Theophile Meerschaert. Blenk era un padre marista. "Arzobispo James Hubert Herbert Blenk (1856–1917)", Find a Grave Memorial, consultado el 21 de junio de 2023, https://www.findagrave.com/memorial/62689860/james-hubert_herbert-blenk.

30. Véase, Samuel Silva Gotay, *Catolicismo y política en Puerto Rico bajo España y Estados Unidos siglos XIX y XX* (San Juan: Editorial de la Universidad de Puerto Rico, 2005), 73, 218, 220–21, 224–25, 237, 239 y 341. Es más importante señalar que las afirmaciones de Silva Gotay sobre este tema se basan en su trabajo en los Archivos Secretos del Vaticano, establecidos hace más de 1.200 años por Gregorio VII, y abiertos a la investigación de los historiadores por el Papa León XIII en 1881. Ver, Samuel Silva Gotay, "El archivo secreto del Vaticano," *El Nuevo Día* (viernes 7 de abril de 2023): 31.

31. Salvador Brau, *Historia de Puerto Rico* (New York: D. Appleton and Company, 1917) 307. Paul G. Miller, *Historia de Puerto Rico* (Chicago: Rand McNally & Company, 1922), 307; Carmelo Rosario Natal, *Puerto Rico y la crisis de la guerra Hispanoamericana* (Hato Rey: Ramallo Brothers Printing Co., 1975), 257–70, Martínez-Fernández, *Protestantism and Political Conflict in the Nineteenth-Century Hispanic Caribbean* (New Brunswick: Rutgers University Press, 2002), 75–171; Fernando Picó, *Historia General de Puerto Rico* (San Juan: Ediciones Huracán, Inc. 2006), 239. César J. Ayala and Rafael Bernabé, *Puerto Rico in the American Century: A History since 1898* (Chapel Hill: The University of North Carolina Press, 2007), 16, 126–27; Ennis B. Edmonds y Michelle A. González, *Caribbean Religious History: An Introduction* (New York y London: New York University Press, 2010), 155–61.

32. El Dr. Gerardo Alberto Hernández Aponte es un historiador puertorriqueño. Obtuvo un bachillerato (2001), una maestría (2004) y un doctorado (2010) en el área de historia de la Universidad de Puerto Rico.

33. Para una descripción más detallada de esta afirmación, véase, Gerardo Alberto Hernández, *La Iglesia Católica en Puerto Rico ante la invasión de Estados Unidos de América: Lucha, sobrevivencia y estabilización 1898–1921* (San Juan: Decanato de Estudiantes Graduados e Investigación (DEGI), Universidad de Puerto Rico, Recinto de Rio Piedras, Academia Puertorriqueña de la historia, 2013). También, su reseña del libro de Samuel Silva Gotay, "El nuevo libro de Samuel Silva Gotay," *El Visitante* (7 al 13 de mayo de 2013): 4–5.

34. William G. Arbaugh, *Notes and Quotes: from the Correspondence of William George Arbaugh,* ed. William Charles Arbaugh (Portland: personal publication, 2000), 33.

35. Ver apéndice 4.

36. "First Report of the Board of Porto Rico Missions to the General Council of the Evangelical Lutheran Church in North America" (October 1903): 5–8. *El Testigo* (septiembre de 1948): 6. En la edición

del 10 de septiembre de 1903 del *Boletín Mercantil de Puerto Rico,* se encuentra una nota sobre el inicio de la construcción del primer edificio de la iglesia luterana en Puerto Rico. Véase, *Boletín Mercantil de Puerto Rico* (10 de septiembre de 1903): 7. Biblioteca del Congreso, https://chroniclingamerica.loc.gov/lccn/sn91099739/1903-09-10/ ed-1/. Sin embargo, en una viñeta especial que celebra el sexagésimo noveno aniversario de la congregación, encontramos la siguiente información: En mayo de 1899, la iglesia es organizada como una misión luterana por el estudiante para el ministerio luterano, Gustav Sigfried Swensson. Más tarde, en 1902, bajo la dirección del reverendo Charles H. Hemsath, comenzaron la construcción del edificio que se completó en abril de 1903. El primer ministro ordenado llamado a la congregación fue el reverendo H.F. Richards (1903–5), seguido por el reverendo Alfred Ostrom (1905–15), el reverendo Aquilino López de Aldea (1917–17), el reverendo Guillermo Marrero (1917–21), el reverendo Hans Naether (1921–25), el reverendo Fred W. Lindkle (1925–26), el reverendo Salustiano Hernández (1926–49), el reverendo Herminio Díaz (1949–55), el reverendo José D. Rodríguez (1955–59; 1963–66), el reverendo Luis Zayas (1959–63), el reverendo Edelmiro Cortés (1967–70), el reverendo Rafael Marcano (1970–71) y el reverendo William Nieves (1972–78). "Boletín para la celebración del 69 aniversario de la Iglesia Luterana Divino Salvador" (1973). En un folleto posterior, publicado en 1982, se agregan más nombres: Rdo. José F. Ríos (1878–81), y Rdo. Carmelo Nieves Canino (1982-). "Folleto de la Iglesia Evangélica Luterana del Divino Salvador" (1982). El 8 de diciembre de 1903, el periódico *La correspondencia de Puerto Rico* menciona que está a punto de terminarse el edificio de la iglesia luterana ubicada frente a la catedral católica romana de San Juan, y junto al hotel El Convento. Véase, *La correspondencia de Puerto Rico* (8 de diciembre de 1903). Biblioteca del Congreso, consultado el 21 de junio de 2023 de https:// chroniclingamerica.loc.gov/lccn/sn91099747/1903-12-08/ed-1/. La mayoría de los pastores mencionados anteriormente se mudaron a otras congregaciones después de su servicio a la congregación de Cataño.

37. *"First Report of the Board of Porto Rico Missions to the General Council of the Evangelical Lutheran Church in North America"* (October 1903): 3.

38. En su libro *Documentos históricos de la Iglesia episcopal,* el padre Jorge Juan Rivera Torres presenta una serie de documentos históricos relacionados con este incidente. Los documentos muestran que la razón principal del deseo de la Iglesia Episcopal de conservar la propiedad fue su intención de construir la iglesia episcopal de San Juan y convertirla en la sede "episcopal" del obispo James H. van Buren. No fue

hasta el episcopado del obispo C.B. Colmore, que se propuso construir una nueva iglesia catedral de San Juan Bautista en Santurce donde se encuentra hoy. Jorge Juan Rivera Torres, *Documentos históricos de la Iglesia episcopal* vol. I (Saint Just, Puerto Rico: Taller Episcográfico de la Iglesia Episcopal Puertorriqueña, 2008), 46–47.

39. Torres, *Documentos históricos de la Iglesia episcopal,* vol. I, 6–7. Véase también Conrad Bergendoff, *The Augustana Ministerium: A Study of the Careers of the 2504 Pastors of the Augustana Evangelical Lutheran Synod/Church 1850–1962* (Rock Island, Il.: Augustana Historical Society, 1980), 1897. En una conferencia dada por un distinguido puertorriqueño (Matienzo Cintrón) en el Ateneo de Puerto Rico publicada en 1903, se menciona la presencia de la iglesia luterana en Puerto Rico. *La correspondencia de Puerto Rico* (22 de septiembre de 1903), imagen 2, Biblioteca del Congreso, consultado el 21 de junio de 2023, https://chroniclingamerica.loc.gov/lccn/sn91099747/1903-09-22/ed-1/. *La Correspondencia de Puerto Rico,* fue un periódico puertorriqueño que tomó su nombre de *La Correspondencia de España.* Fue fundada por Ramón B. López en San Juan el 18 de diciembre de 1890. Con un precio de un centavo, atrajo al público en general y rápidamente se convirtió en el periódico diario de mayor circulación en Puerto Rico con una tirada de 5000 copias diarias. Debido a su popularidad, se le dio el sarcástico apodo de "El periódico de las cocineras". *La correspondencia de Puerto Rico* es considerada la primera noticia diaria en la isla accesible a un público más amplio. "Acerca de La correspondencia de Puerto Rico (San Juan, PR) 1890–1943", Biblioteca del Congreso, consultado el 21 de junio de 2023, https://chroniclingamerica.loc.gov/lccn/sn91099747/. Rosendo Matienzo Cintrón fue un abogado y político puertorriqueño, miembro de la Cámara de Representantes de Puerto Rico y opositor político de toda la vida. Favoreció la autonomía puertorriqueña cuando Puerto Rico era una colonia española. Después de la Guerra Hispano-Estadounidense, cuando la isla fue cedida a los Estados Unidos, abogó por la estadidad para Puerto Rico. En años posteriores, Matienzo Cintrón apoyó la independencia de Puerto Rico. Es interesante notar que, en 1905, el mismo periódico señaló a la ciudad de Utuado como otro lugar en el que la iglesia luterana ya había establecido un robusto edificio de mampostería. Sin embargo, dado que el mismo artículo periodístico se refiere al regreso a Puerto Rico del pastor presbiteriano reverendo Thomas Stevenson, el periodista que escribe el artículo puede haber confundido a la iglesia presbiteriana con la iglesia luterana. *La correspondencia de Puerto Rico* (29 de noviembre de 1905). [imagen 3] Biblioteca del Congreso, consultado el 21 de junio de 2023, https://chroniclingamerica.loc.gov/lccn/sn91099747/1905-11-29/ed-1/.

40. César Cotto, "The Lutheran Church in Puerto Rico, 7.
41. *El Testigo* (diciembre 1948): 5.
42. *The Lutheran*, I no. 40 (January 29, 1920): 809.
43. La señorita Clara Hazelgreen fue una misionera norteamericana en Puerto Rico (1902–1907) que provenía del Sínodo Augustana.
44. *The Lutheran*, I no. 40 (January 29, 1920): 809.
45. La distancia entre San Juan y Cataño es de 9.3 millas o 15 kilómetros. Distancia San Juan Cataño—km, duración, ruta y viaje costo (himmera. com). consultado el 8 de diciembre de 2022. "En 1905 se reportaron tres congregaciones con 144 miembros y tres estaciones misioneras (Monacillo, Bayamón y Palo Seco). El misionero informó que el mayor obstáculo para nuestro trabajo no es la oposición de la Iglesia Católica, sino el espiritismo, la superstición, la ignorancia, la inmoralidad y la mundanalidad. Se necesita tiempo para transformar el carácter de los puertorriqueños. En 1907, la Junta de Misiones de Puerto Rico sugirió: (a) ampliar la obra ocupando nuevos territorios y preparar más obreros y asegurarlos, (b) designar un domingo en cada año en el que se pedirán ofrendas en todas las iglesias para el sostenimiento de la Misión. El propósito era presentar la causa de Puerto Rico a toda la iglesia. La falta de fondos en la junta fue el mayor problema de la obra e impidió la apertura de nuevas estaciones y el envío de nuevos misioneros. La junta dependía únicamente de las contribuciones voluntarias. La Convención del Concilio General de 1907 apartó el domingo de Sexagésima como el día para la obra misionera en Puerto Rico. También se nombró un Comité para considerar el asunto de asegurar una propiedad de la iglesia y para colocar las finanzas de la Misión sobre una base adecuada". César Cotto, "The Lutheran Church in Puerto Rico," 9.
46. monacillo puerto rico—Véase (bing.com).
47. *El Testigo* año XXXII no. 7 (diciembre de 1948): 5
48. "El nombre de este municipio proviene de la palabra taína *toa* que significa Mamá, y que era el nombre original del Río de la Plata, mientras que la palabra baja se refiere a las grandes extensiones de tierras planas que caracterizan el territorio de Toa Baja. La productividad de sus tierras y el desarrollo de la industria azucarera en Toa Baja convirtieron al pueblo en uno de los principales proveedores de alimentos y desarrollo económico de San Juan. A medida que aumentaba la población de la capital, se intensificaba el consumo de los frutos producidos por sus chacras y haciendas. A principios del siglo veinte, Toa Baja, al igual que otros municipios, se incorporó al municipio de Bayamón a través de la Ley de Consolidación de Ciertos Términos Municipales de 1902. Tres años después, la Asamblea Legislativa de Puerto Rico derogó esta ley y reconstituyó Toa Baja como un municipio independiente, con los

mismos barrios que lo conformaban en 1902". Historia—Municipio Autónomo de Toa Baja, 1. consultado el 21 de junio. 2023. https://www.toabaja.com/historia/

49. Historia—Municipio Autónomo de Toa Baja, 6. Consultado el 21 de junio de 2023. https://www.toabaja.com/historia/. Dorado es un pueblo ubicado en la costa norte de Puerto Rico rodeado por Toa Alta, Vega Alta, y Toa Baja. Dorado, Puerto Rico (2023 Guide)—All You Need To Know. Consultado el 21 de junio de 2023.

50. Palo Seco es una división legal en el municipio de Toa Baja, Puerto Rico. En su edición del 25 de junio de 1924, la revista protestante *El Puerto Rico Evangélico* anunció la próxima construcción de una capilla luterana y viviendas para el clero en Palo Seco, así como un próximo edificio para una iglesia luterana en Bayamón. *El Puerto Rico, Evangélico,* año 2, no. 24 (25 de junio de 1914): 15.

51. Bayamón | Región Metropolitana | Descubre Puerto Rico. Consultado el 25 de junio de 2023.

52. *El Testigo* año XXXII no. 7 (diciembre de 1948): 5.

53. *El Testigo* (diciembre de 1948): 5. Se trata de divisiones legales, o barrios del municipio de Dorado.

54. *El Testigo* (diciembre de 1948): 6.

55. *El Testigo* (diciembre de 1948): 14. El último lugar para los servicios de adoración de estas congregaciones fue en el segundo piso de la calle Luna, frente al ayuntamiento. *El Testigo* (diciembre de 1948): 14. Una razón importante para que la misión luterana restringiera su trabajo en San Juan, así como en los pueblos y ciudades cercanas a San Juan, se debió en parte a honrar el acuerdo de otras denominaciones protestantes que habían decidido dividir su trabajo en diferentes partes de la isla durante 1898. Otra razón importante fue la reducción del apoyo financiero que recibían de las juntas misioneras de los Estados Unidos. Para un mapa de la ubicación de estas congregaciones en 1944, véase, apéndice 3 y apéndice 6.

56. Véase el apéndice 2

57. *El Mundo* (27 de diciembre de 1919): 4, Biblioteca del Congreso, consultado el 21 de junio de 2023, https://chroniclingamerica.loc.gov/lccn/sn86077151/1919-02-27/ed-1/.

58. El reverendo Axel Peter Gabriel Anderson llegó a Puerto Rico el 26 de abril de 1907. El 27 de abril, la iglesia luterana celebró un servicio especial de adoración por su servicio en la misión. *La correspondencia de Puerto Rico* año XVII no. 5,915 (27 de abril de 1907): 3. En la edición del 27 de abril de 1907, el *Boletín Mercantil de Puerto Rico* menciona una celebración dada por la iglesia luterana de San Juan al reverendo Axel Peter Gabriel de Nueva York, en su visita a Puerto Rico. Véase,

Boletín Mercantil de Puerto Rico (27 de abril de 1907): 4, Biblioteca del Congreso, https://chroniclingamerica.loc.gov/lccn/sn91099739/1907-04-27/ed-1/. El Boletín Mercantil de Puerto Rico apareció por primera vez el 2 de marzo de 1839, publicado como Boletín Instructivo y mercantil de Puerto Rico, en San Juan. El erudito puertorriqueño Antonio S. Pedreira, en el voluminoso El periodismo en Puerto Rico, subrayó su importancia como "un periódico de trascendental trascendencia en la historia de los periódicos en Puerto Rico". El Boletín mercantil es considerado como uno de los periódicos más importantes, después de la Gaceta, publicado en Puerto Rico durante el último de los cuatro siglos de dominación española en la isla. Comenzó como una publicación quincenal, y finalmente se convirtió en un diario. Véase https://chroniclingamerica.loc.gov/lccn/sn91099739/. En su edición del 27 de abril de 1907, La correspondencia de Puerto Rico amplificó esta noticia afirmando que el reverendo Axel Peter Gabriel Anderson planeaba unirse a la misión en un servicio especial que se celebraría al día siguiente en la iglesia luterana. Véase, La correspondencia de Puerto Rico (27 de abril de 1907). La Correspondencia es un periódico en español publicado en Puerto Rico y fundado por Ramón B. López en San Juan el 18 de diciembre de 1890. La Correspondencia de Puerto Rico se convirtió en el diario de mayor circulación en Puerto Rico con una tirada de 5000 ejemplares diarios.

59. El Testigo (diciembre de 1948): 5-6.

60. El Testigo (diciembre de 1948): 6.

61. El Testigo (diciembre de 1948).

62. The Lutheran vol. I no. 47 (18 de marzo de 1920), 934.

63. El Testigo año XXXII no. 7 (diciembre de 1948): 5.

64. César Cotto, "The Lutheran Church in Puerto Rico, 10.

65. El proceso de identificación de líderes nativos para las diferentes necesidades de las misiones luteranas en otras partes del mundo varió de acuerdo con las circunstancias de los lugares de misión.

66. Arbaugh, "Fred W. Lindke y la Era de Transición: Historia luterana de Puerto Rico de 1918 a 1928", en El Testigo año XXXII no. 8 (enero de 1949): 13-16.

67. Esto puede ser demostrado por el curso de estudio práctico pero elemental proporcionado por los misioneros norteamericanos y el Sr. Marciano López de Alda (un ex sacerdote de Colombia, América del Sur, que fue colocado como asistente del misionero en San Juan y Cataño). Para una visión más completa del contenido del currículo del seminario, véase el "Sixth Biennial Report of the Porto Rico Mission Board to the General Council of the Evangelical Lutheran Church of North America" (1913): 7, 12 en el que se mencionan los siguientes

cursos: Historia de Puerto Rico, Música, Vida de Cristo, Vida de Pablo, Hechos y escenas bíblicas, Estudio de las perícopas, Historia de la Iglesia cristiana, Introducción a la Biblia, dogmática, evidencias cristianas, y algo de teología pastoral. Información adicional sobre este currículo también se menciona en el "Seventh Biennial Report of the Board of Missions for Porto Rico and Latin America of the General Council of the Evangelical Lutheran Church in North America" (1915): 12. Sin duda, el plan de estudios de los seminarios luteranos en los Estados Unidos en ese momento era el de una institución de educación superior. En esta coyuntura no se hablaba de enviar a puertorriqueños inteligentes a las universidades de Norteamérica. Anticipándose al desarrollo del seminario, la iglesia luterana de Cataño ofreció conferencias abiertas al público para los estudiantes. El 7 de febrero de 1907, el diario *La democracia* se hacía eco de las conferencias sobre la Reforma ofrecidas por José Storer. Véase, *La democracia* (7 de febrero de 1907): 2, Biblioteca del Congreso, consultado el 21 de junio de 2023, https://chroniclingamerica.loc.gov/lccn/sn90070270/1907-02-07/ed-1/seq-1/. *La democracia* fue fundada y publicada por el poeta, periodista y político puertorriqueño Luis Muñoz Rivera. Se publicó por primera vez en Ponce en 1890. Había defendido los principios del Partido Autonomista, de carácter liberal que buscaba mayores derechos con la Corona española. Para 1905, el periódico se anunciaba como el periódico de mayor circulación en Puerto Rico con sede en San Juan. En ese momento, el periódico estaba más interesado en las noticias de las esferas gubernamentales. Véase Biblioteca del Congreso, consultado el 21 de junio de 2023, https://chroniclingamerica.loc.gov/lccn/sn90070270/.

68.   Swensson, "I Went to Puerto Rico." En un artículo escrito por Leopoldo Cabán en *El Testigo,* se agrega a la lista el nombre de Alfredo Mercado. *El Testigo* año XXI, no. 1 (junio de 1937): 16. Véase también, *El Testigo* año XXXII no. 8 (January 1949): 5–6. James A. McAllister, "Un Ministerio Bien Preparado." *Puerto Rico Evangélico* 2 (1914): 2–4; Santiago-Vendrell, "Give Them Christ," 4, 7–8. Véase, además, James A. McAllister, "The Presbyterian Theological Training School," in *The Assembly Herald* 4 (1908): 207, y por el mismo autor, "Un ministerio bien preparado." *Puerto Rico Evangélico* 2 (1914): 2–4.

69.   McAllister, "Un Ministerio Bien Preparado." Santiago-Vendrell, "Give Them Christ," 4, 7–8. Véase también, McAllister, "The Presbyterian Theological Training School," y por el mismo autor, "Un ministerio bien preparado."

70.   Algunos de ellos fueron fundamentales para facilitar el establecimiento de valiosas relaciones con los organismos de la Iglesia luterana

de América del Norte para el apoyo financiero de la misión luterana. Véase, *La correspondencia* año XXX no. 10 916 (28 de febrero de 1922): 2. También debemos reconocer las contribuciones de los laicos luteranos como el Dr. Stimpson, que desempeñaron un papel importante en esta misión. Véase el periódico *La democracia (6 de junio de* 1901), Biblioteca del Congreso, consultado el 21 de junio de 2023, https://chroniclingamerica.loc.gov/lccn/sn90070270/1901-06-06/ed-1/.

71. Swensson, "I Went to Puerto Rico, 16.

72. Arbaugh, "Fred W. Lindke y la era de la transición", pág. 7. Mi comprensión de las razones que condujeron a la ordenación de estos candidatos puertorriqueños apunta a la contribución colectiva de los siguientes elementos: i) la perseverancia y determinación de los candidatos puertorriqueños para solicitar la ordenación; ii) la visión y las iniciativas creativas de los líderes de la iglesia (el reverendo Zenan M. Corbe, el reverendo B. F. Hankey, el reverendo Hans Naether y el reverendo Gustav K. Huf) y, iii) dos seminaristas del Seminario Luterano de Filadelfia (Eduardo Roig y William G. Arbaugh) que expresaron su apoyo a esta solicitud para satisfacer las necesidades de personas adicionales en el ministerio para la expansión misionera del luteranismo. Es interesante notar que la prominente revista protestante *Puerto Rico Evangélico* incluyó una invitación a sus lectores a participar en esta ordenación celebrando que uno de estos ministros, Demetrio Texidor, había sido colaborador de la revista. *Puerto Rico Evangélico* (9 de julio de 1926), pág. 12. Para otra información valiosa sobre este importante acontecimiento, véase, *El Testigo* año X, nº 2 (julio de 1926): 1. Este evento fue tan significativo, que otras denominaciones protestantes en Puerto Rico también lo celebraron. Véase, *Puerto Rico Evangélico* año XV, no. 1 (9 de julio de 1926): 12.

73. César Cotto, "La Iglesia luterana en Puerto Rico",10.

74. Las cifras en términos de membresía tienden a cambiar dependiendo de las fuentes encuestadas. Para César Cotto, "en 1913 había nueve congregaciones con 423 miembros". César Cotto, "The Lutheran Church in Puerto Rico",11.

75. *Puerto Rico Evangélico* año 1, no. 19 (10 de abril 1913), 7. Véase también el apéndice 2.

76. *Puerto Rico, Evangélico,* año 1, no. 19 (10 de abril de 1913), 10. Véase también el apéndice 2 para una comparación con otras denominaciones protestantes en Puerto Rico.

77. César Cotto, "The Lutheran Church in Puerto Rico, 12–13.

78. *Puerto Rico Evangélico,* año 3, no. 24 (25 de junio de 1915): 7. Véase también el apéndice 2. Según César Cotto, "Toda la Misión tenía en 1915, nueve congregaciones, 12 Estaciones Misioneras, 16 Escuelas

Dominicales, seis Ligas Luteranas y 532 miembros. La Liga Luterana de la Conferencia de Kansas del Sínodo Augustana dio el dinero para un edificio de iglesia en Bayamón (Iglesia de la Santísima Trinidad)". César Cotto, "La Iglesia luterana en Puerto Rico," 12.

79. Aunque el reverendo Fred W. Lindke no planeaba originalmente ser misionero en Puerto Rico, más tarde se convirtió en un importante líder de la misión luterana. Cuando era pastor de la Iglesia Luterana de la Santísima Trinidad en Bayamón, se llevó a cabo en su congregación la Octava Conferencia Anual de la Iglesia Luterana Unida. Una de las características de esta conferencia de dos días que impresionaría a la iglesia en los Estados Unidos, fue el hecho de que hubo cinco sermones, además de cinco discursos sobre temas doctrinales, y seis discursos sobre temas prácticos y devocionales. *The Lutheran* I n° 47 (March 18, 1920): 934.

80. *El Testigo* (enero de 1949): 4.

81. En ese momento, los únicos idiomas disponibles en el plan de estudios de los seminarios luteranos eran los idiomas bíblicos hebreo y griego coiné.

82. La Iglesia Luterana Unida en América fue el producto de una fusión que tuvo lugar a principios del siglo veinte, cuando en 1930 el Sínodo Conjunto de Ohio, el Sínodo Evangélico Luterano de Iowa y el Sínodo de Buffalo formaron un nuevo cuerpo luterano. Luteranismo—Norteamérica, Reforma, Doctrina | Britannica, https://www.britanica.com/topic/Lutheranism, consultado el 11 de agosto de 2023.

83. *El Imparcial,* (15 de mayo de 1923): 4. Biblioteca del Congreso, consultado el 21 de junio de 2023, https://chroniclingamerica.loc.gov/lccn/sn88073003/1923-05-15/ed-1/.

84. *El Testigo* (enero de 1949): 4–5. En reconocimiento a sus valiosas contribuciones, el Colegio Augustana le confirió al pastor Ostrom el título honorífico de Doctor en Divinidad. *El Testigo* (enero de 1949): 5.

85. En ese momento, el Rdo. Philo W. Drury (B.A., M.A., D.D.) era el secretario ejecutivo de la Unión Evangélica Puertorriqueña.

86. Rdo. Philo W. Drury, "Las Iglesias Protestantes," in *El libro de Puerto Rico (The Book of Porto Rico).* ed. E. Fernández García (San Juan: El Libro Azul Publishing Co., 1923), 145–46. Véase también el apéndice 2.

87. *El Testigo* (enero de 1949): 6–7. Esta fue la primera congregación luterana de habla hispana en Puerto Rico.

88. César Cotto, "La Iglesia luterana en Puerto Rico", pág. 16.

89. César Cotto, "La Iglesia luterana en Puerto Rico".

90. *El Testigo* (enero de 1949), 7, 9–10. Estas eran congregaciones establecidas y la razón para colocar a estos pastores puertorriqueños ordenados

era que los puertorriqueños se hicieran dueños de la de la misión luterana en Puerto Rico.

91. *El Testigo* (enero de 1949): 7, 9–10., entre ellas se encontraban, Sra. Concepción González, Ms. Carmen Froylán, Srta. Mariana Agostini, Srta. Nieves Villarini, Srta. Catalina Zambrana, Srta. Berta Casos, Srta. Aurora Lomeña, Ms. Mariana Ojeda, Srta. Carmen Matilde Rosario, Sra. Ramona Sotomayor Lomeña, Srta. Nicolasa Hernández, Srta. Rosario Ojeda, Srta. Rosa C. González, Srta. Antonia Santana, y Srta. Ana Luisa Saenz. *El Testigo* (enero de 1949): 12.

92. César Cotto, "*La Iglesia luterana en Puerto Rico*," 18–9.

93. Véase el apéndice 1.

94. La intención original de la Junta de Misiones era la de proporcionar servicios a los estudiantes que completaban sus estudios teológicos en el Seminario Luterano de Filadelfia.

95. Si bien algunos candidatos puertorriqueños para el ministerio luterano habían ingresado con anterioridad a universidades de artes liberales en los Estados Unidos para obtener sus títulos universitarios, a partir de este momento, la mayoría de los candidatos nacidos localmente cursaron estos estudios en Puerto Rico. La razón de esta transición no solo se debió a la depresión económica que afectaba a la isla, sino también al hecho de que sus familias no podían pagar los costos para enviarlos a las universidades del medio oeste, o a las que había asistido su pastor.

96. *El Testigo* año XXI, no. 1 (junio de 1937): 19–20.

97. Sergio Cobián fue otro ministro ordenado luterano puertorriqueño que se convirtió en misionero en Texas y Arizona. En una carta enviada a la importante revista protestante *Puerto Rico Evangélico*, describió el infame trato que recibían los trabajadores afroamericanos, mexicanos y puertorriqueños que recogían algodón en estos estados. Véase, *Puerto Rico Evangélico* año XV, no. 18 (6 de noviembre de 1926): 12. El reverendo Cobián había servido como obrero laico puertorriqueño en la misión luterana en 1914. Se unió al ejército de los Estados Unidos durante la Primera Guerra Mundial. Después de sus estudios de seminario en el Seminario Luterano de Filadelfia, fue ordenado pastor en 1926 mientras servía en una congregación luterana en Texas. En 1931, regresó a Puerto Rico convirtiéndose en pastor de las congregaciones de Dorado, Toa Baja y San Juan. Finalmente, fue llamado a la Iglesia Luterana Santísima Trinidad en Bayamón, lugar donde nació.

98. Agostini se graduó del Seminario de Filadelfia el 3 de junio de 1937, junto con Elmer Herman Ganskopp. Ambos llegaron a trabajar en la misión luterana en Puerto Rico. Agostini llegó a ser pastor de la parroquia Dorado-Higuillar-Maracayo. Ganskopp, quien llegó a Puerto Rico el 24 de junio de ese año, se convirtió en asistente del Rdo. W.G.

Arbaugh en la iglesia luterana en Puerta de Tierra. La información
completa sobre la vida de Agostini y su preparación para el ministerio
apareció en la edición de junio de 1937 de *El Testigo*. *El Testigo* año
XXI, no. 2 (julio de 1937): 12.

99. El año entre paréntesis junto al nombre del pastor se refiere al año en
que la persona ingresó al servicio en la misión luterana. *El Testigo* año
XXII, no. 11 (abril de 1939): 12.

100. Ver apéndice 3

101. *El Testigo* año XVII, no. 2 (marzo de 1935): 14–15. Es interesante notar
que, en 1951, una revista protestante en Puerto Rico indicó que esta
congregación, junto con otro ministerio en español en esta ciudad (la
Iglesia Luterana Sión dirigida por el Rdo. Antonio Contreras) continuó su ministerio a una circunscripción luterana latina en la ciudad de
Nueva York. *Puerto Rico Evangélico* año XXXIX no. 1089 (25 de julio
de 1951): 13. Es importante señalar también que antes del desarrollo de
estos ministerios de habla hispana, los líderes de la Junta de Misiones de
las Indias Occidentales habían reconocido la valiosa contribución de los
luteranos de las Indias Occidentales en el enriquecimiento del legado
luterano en esa ciudad. En 1920, Z.M. Corbe, entonces secretario ejecutivo de la junta, escribió un artículo en *The Lutheran* expresando esta
extraordinaria contribución de los luteranos de las Indias Occidentales,
incluido Puerto Rico. Véase, *The Lutheran* II, n° 1 (30 de septiembre
de 1920): 9.

102. *El Testigo* año XXII, no. 11 (abril de 1939): 4.

103. *The Lutheran* (March 18, 1920): 5.

104. *Puerto Rico Evangélico* año 2, no. 16 (25 de febrero de 1914): 14. Véase
también, *Puerto Rico Evangélico* año 2, no. 23 (10 de junio de 1914): 14.

105. El 12 de agosto de 1920, la revista *The Lutheran* informó que la señorita
Sophia Probst participó en un entrenamiento especial para continuar su
trabajo en Puerto Rico con estudiantes de kindergarten. *The Lutheran*
II no. 15 (August 12, 1920): 256.

106. *El Mundo* (9 de noviembre de 1924): 1, 8, Biblioteca del Congreso,
consultado el 21 de junio de 2023, https://chroniclingamerica.loc.gov/
lccn/sn86077151/1924-11-09/ed-1/. El ministerio a los leprosos era
muy importante para la misión luterana. Los misioneros predicaron,
trajeron regalos proporcionados por las organizaciones de mujeres de
los Estados Unidos, e impartieron entretenimiento. *The Lutheran*, II
no. 9 (March 18, 1920): 216.

107. Véase la edición de la revista *The Lutheran* del 9 de septiembre de 1920,
pág. 261.

108. En la edición de la revista *The Lutheran* del 30 de septiembre de 1920,
un artículo escrito por Z.M. Corbe informó que el reverendo Ostrom

estaba planeando un viaje a Santo Domingo para establecer la obra de la iglesia luterana, ya que se decía que muchos luteranos se habían establecido en ese país. *The Lutheran* III no. 1 (September 30, 1920): 9.

109. *El Testigo* año XIX, no. 12 (mayo de 1936): 12. Donald T. Moore escribió una disertación doctoral sobre la historia del progreso de la misión evangélica en la isla de Puerto Rico, y en una de sus secciones describe el trabajo de la misión luterana desde 1898 hasta 1912.

110. Véase, por ejemplo, *Puerto Rico Evangélico* año 2, no. 24 (25 de junio de 1914): 15.

111. *The Lutheran* (March 18, 1920): 8. Para una descripción más detallada sobre el progreso de las misiones luteranas y otras misiones evangélicas en Puerto Rico, véase, Donald T. Moore, *Puerto Rico para Cristo: Una historia del progreso de la misión evangélica en la isla de Puerto Rico,* (Cuernavaca: Centro Intercultural de Documentación, SONDEOS no. 43, 1969): 17–22.

CAPÍTULO 7

Una misión que alcanza la mayoría de edad

UNA DE LAS contribuciones importantes de Puerto Rico a la música es la *Plena*. Según varios estudiosos, la plena es un género musical puertorriqueño con una larga e importante tradición,

> La tradición de la música plena, que está arraigada históricamente tanto en la música puertorriqueña como en las culturas-musicales africanas, encierra como en cápsula las luchas de los plebeyos en Puerto Rico en medio de rápidos y drásticos cambios sociopolíticos, que finalmente unieron a la clase trabajadora contra las injusticias y la opresión. Es una mezcla de los linajes musicales y culturales de los nativos puertorriqueños y los de África.[1] La plena es un género musical que no solo recuerda a los puertorriqueños su cultura y patrimonio, sino que también sirve como medio para catalizar el cambio social progresista.[2]

Entre las muchas *plenas* populares hay una con el nombre de *Temporal* que parece proporcionar una buena descripción de la experiencia de los puertorriqueños bajo la carga colonial del dominio imperial español temprano y más tarde norteamericano; particularmente después de la invasión militar norteamericana de la isla a finales del siglo diecinueve. La letra de la *plena* dice así:

> Temporal, temporal,
> allá viene el temporal,
> temporal, temporal, allá viene el temporal
> Que será de mi Borinquen,
> cuando llegue el temporal,
> que será de Puerto Rico,
> Cuando llegue el temporal[3]

Al final de la Guerra Hispano-Estadounidense, Puerto Rico fue
cedido a los Estados Unidos por España como botín de guerra. Se estableció un gobierno militar en la isla bajo el mando del general John A.
Brook.[4] Después de dos años, y la ratificación por el Congreso de los
Estados Unidos de la Ley Foraker, se instituyó un gobierno civil en
1900, aunque el gobernador todavía era impuesto por el presidente de
los Estados Unidos.[5]

Puerto Rico también sufrió la devastación producida por los
huracanes *San Ciriaco (*8 de agosto de 1899)[6] y *San Ciprián* (24 de
septiembre de 1932). La primera fue, sin duda, la peor calamidad
natural experimentada en Puerto Rico hasta ese momento. A pesar de
que Puerto Rico había vivido las desgracias de otros grandes huracanes
durante el siglo diecinueve, *San Ciriaco* fue excepcional, sobre todo
porque tuvo lugar inmediatamente después del cambio de soberanía del
archipiélago.[7] Este último causó 225 muertos, 3.000 heridos, 100.000
damnificados y daños que superaron los 40 millones de dólares, produciendo deslizamientos de tierra e inundaciones en edificios.[8] En este
estudio, estoy utilizando la plena *temporal* como una expresión simbólica
popular de estas calamidades que impactaron al pueblo de Puerto Rico
desde finales del siglo diecinueve hasta el presente.

A principios del siglo XX, muchos puertorriqueños estaban ansiosos
de que los Estados Unidos extendieran su influencia en el archipiélago,
asumiendo que transformaría el régimen colonial español en Puerto
Rico en uno democrático. Una experiencia interesante y conflictiva de
este sentimiento fue la que protagonizaron las entonces llamadas "las
partidas auxiliares a los invasores", más tarde llamadas "las partidas de
los tiznados",[9] dado que se ennegrecían la cara con cenizas durante las
incursiones nocturnas para evitar ser reconocidas. Se trataba de bandas
de voluntarios puertorriqueños armados procedentes de las montañas
de la isla, reclutados por el ejército de los Estados Unidos para reprimir
la resistencia militar y política española. José Maldonado, el famoso
"Águila Blanca", que estaba entre los líderes de estas facciones, fue perse-
guido más tarde por el ejército de los Estados Unidos por liderar una
resistencia contra la invasión militar de los Estados Unidos a la isla.[10]

Como mencionamos en partes anteriores de este estudio, esta fue
precisamente la actitud de Gustav Sigfrid Swensson y de muchos de
los primeros misioneros norteamericanos. Esta expectativa también
fue compartida por muchos de los líderes luteranos puertorriqueños,

lo que llevó a un aumento en el desarrollo de la misión luterana en el archipiélago.

El 22 y 23 de enero de 1912, y bajo el liderazgo del reverendo Ostrom, se realizó la 1ra Conferencia Luterana. Esta conferencia se llevó a cabo en la iglesia luterana de San Pablo. En la reunión se decidió celebrar una Conferencia anual y una reunión misionera bimensual para continuar el apoyo y el desarrollo de la misión.[11] A medida que el clero puertorriqueño surgió, fue incluido en esta estructura organizativa, sin embargo, los fundadores norteamericanos de la misión permanecieron en control. Este tipo de supervisión administrativa de la misión se mantuvo hasta el establecimiento del Sínodo del Caribe en 1952.

Los impactos locales de la Depresión

Además de la naturaleza colonial del gobierno puertorriqueño y las calamidades naturales sufridas, la isla también experimentó una gran depresión económica desde 1929 hasta 1940.[12] Esta fue una época de grandes cambios políticos, desempleo masivo,[13] huelgas de trabajadores, el colapso del sistema educativo y la desaparición de la industria azucarera. Según Dennis Bechara, durante este tiempo, Puerto Rico, como la mayor parte del Caribe, estaba empobrecido. En 1929, Theodore Roosevelt, Jr., que había sido nombrado gobernador de la isla, publicó en el *New York Herald Tribune* lo siguiente:

> Fuimos y somos presa de enfermedades de muchos tipos. En el año fiscal que finaliza el 30 de junio, de 1929, 4442 personas murieron de tuberculosis. Unos 35.000 en nuestra isla están sufriendo de tuberculosis, otros 20,000 enfermos de malaria, y 60 000 de lombrices.[14]

Esta depresión económica impactó las dimensiones sociales y culturales de Puerto Rico. Los suicidios y el crimen aumentaron. Esta crisis provocó la caída de la demanda y venta de productos puertorriqueños en el exterior, afectando a productores del tabaco, el café y el azúcar.[15]

La situación financiera de todas las iglesias protestantes durante los años de la *Gran Depresión* se vio afectada adversamente. Los subsidios provistos por sus juntas y cuerpos eclesiásticos norteamericanos se redujeron severamente. Esta disminución en los recursos financieros también afectó la fase de construcción y mejoramiento de las iglesias, así como las circunstancias financieras de los trabajadores laicos de la iglesia puertorriqueña. Michael Sáenz arguye que,

> Se le pidió al personal de trabajo que continuara trabajando a tiempo completo con las iglesias con salarios muy bajos o el obtener un trabajo extra secular que les permitiera mantener sus familias durante esos años. Muchos pastores dejaron el ministerio para buscar trabajo en otra parte.[16]

A pesar de la crisis de la depresión económica, la asistencia a la iglesia entre los protestantes en Puerto Rico no disminuyó sustancialmente durante estos años sombríos. Mientras que el crecimiento promedio en la membresía de la misión luterana de 1921 a 1928 fue de diecinueve miembros cada año, el aumento promedio por año durante el período de 1929 a 1936 fue de doce.[17]

Entre las razones del continuo crecimiento del protestantismo durante estos períodos, Michael Saenz afirma que, i) los misioneros de los Estados Unidos, los pastores nacionales y los miembros de las congregaciones aprendieron a apreciarse y entenderse mejor, ii) las iglesias y su gente se volvieron evangelísticas y todos emplearon sus energías para traer nuevas personas a la iglesia, iii) reconociendo que, sin previo aviso, la ayuda de los recursos externos podría ser cortada, comenzaron a depender de sus propias fuentes y, iv) las personas desarrollaron a partir de su experiencia de hambre y búsqueda espiritual, una fe más fuerte, un conocimiento personal más profundo de Dios y un mayor sentido del poder de la oración.[18]

Otra consideración importante para este crecimiento entre los protestantes en Puerto Rico se relaciona a la migración puertorriqueña a los Estados Unidos. Si bien el empleo y los mejores ingresos en los Estados Unidos fueron motivaciones notables para estos primeros reasentamientos, durante la Gran Depresión de la década de 1930, la migración a los Estados Unidos se interrumpió y, en algunos años, el flujo se revirtió hacia la isla.[19] Para muchos puertorriqueños, las condiciones en los Estados Unidos se volvieron tan malas, dada la crisis industrial de largo alcance, que decidieron regresar a sus antiguos hogares.[20]

En 1937, las estadísticas de la misión luterana presentadas en la reunión anual de congregaciones luteranas en la isla, mostraban cierto crecimiento de miembros confirmados (882), un nuevo misionero de los Estados Unidos (E.H.Granskopp), otro de Venezuela (un ex sacerdote y canónigo de la catedral de Barquisimeto, Evaristo Falcó Esteves), con dieciséis estudiantes en la Universidad de Puerto Rico[21] preparándose para sus estudios teológicos en el seminario, uno en un seminario luterano en los Estados Unidos, y un aumento en las contribuciones del campo misionero($4494.86).[22] Este fue también el año en que *El Testigo* publicó el primer libro luterano[23] en español, junto con otra versión en español del *Catecismo Menor* de Martín Lutero que ya estaba en uso en España.[24]

En 1940 la misión luterana celebró el cuadragésimo aniversario de su organización formal. En aquel tiempo, el número de miembros de la congregación era mayor que nunca en sus cuarenta años de misión. Había un total de trece congregaciones organizadas, con 1040 miembros confirmados y 3286 bautizados. Las dieciocho escuelas dominicales informaron 101 maestros y 2306 alumnos, había diez Ligas Luteranas con una membresía de 362, nueve Sociedades Misioneras de Mujeres con 275 miembros y cinco Hermandades con una membresía de 140. Dos congregaciones asumieron una mayor parte de la autosuficiencia, mientras que las contribuciones locales para sostener esta tendencia fueron superiores a las de cualquier época anterior.[25] En este año se estableció la Iglesia Luterana Transfiguración en la ciudad de Río Piedras con el reverendo Leopoldo Cabán como pastor.[26]

Uno de los aspectos más importantes de la celebración fue la publicación del tan esperado *"Manual de culto cristiano"*, una notable ayuda para la adoración, con más de 300 páginas de ayudas para la adoración y 355 himnos, convirtiéndose en la obra más completa de su tipo en el idioma español, independientemente del patrocinio denominacional.[27] Como se señaló en las celebraciones del cuadragésimo aniversario de la misión, estas tendencias ya eran evidentes antes de que la creciente participación de Estados Unidos en la Segunda Guerra Mundial impulsara la economía del país, estancada por la Depresión.

Segunda Guerra Mundial en Puerto Rico

A pesar de estos acontecimientos alentadores, en ese momento los puertorriqueños, al igual que la mayor parte del mundo, se enfrentaban a la aterradora amenaza de una segunda guerra mundial.[28] Al preparar a las congregaciones luteranas para enfrentar esta amenaza, el reverendo Dr.

Frederick H. Knubel, entonces presidente de la Iglesia Luterana Unida en América envió una carta abierta que fue publicada en *El Testigo*. En la carta, el presidente Knubel censuró la forma en que los defensores de las naciones de todo el mundo tendían a justificar el conflicto, llamando a los creyentes a un testimonio de fe a través de una práctica de amor para aliviar el sufrimiento de las víctimas, lo que llevaría al fin de las hostilidades[29]

En su bien documentada disertación sobre los aspectos económicos del desarrollo de la Iglesia protestante en Puerto Rico, Michael Sáenz arguye que, de 1941 a 1946, algunas iglesias se beneficiaron financieramente de los efectos de la Segunda Guerra Mundial, porque se vieron obligadas a depender menos de fuentes externas para llevar a cabo su trabajo. Durante este período fue la primera vez que las contribuciones de las iglesias protestantes locales excedieron las cantidades enviadas por las Juntas de Misiones en los Estados Unidos. Desafortunadamente, en cinco denominaciones, incluida la Iglesia Luterana, los aumentos en las contribuciones locales no fueron suficientes para extenderse más allá de los recursos provenientes de sus juntas misioneras norteamericanas. En su estudio, Sáenz identifica a las siguientes iglesias que alcanzan esta meta: los Bautistas Americanos, los Discípulos de Cristo, las Iglesias Congregacionales y los Adventistas del Séptimo Día. Su siguiente revelación fue la de señalar a aquellas denominaciones que, aunque aumentaron sus contribuciones locales, no lograron superar los recursos enviados por las juntas misioneras: la Iglesia Episcopal, la Iglesia Luterana Unida en América, los Metodistas, los Presbiterianos y los Hermanos Unidos.[30]

En cuanto a la membresía de la iglesia, Sáenz afirma que durante este período (1941–1946), todas las iglesias protestantes de la isla informaron un aumento total de 5209.[31] Esta acumulación tuvo lugar a pesar del hecho de que muchos hijos de familias protestantes se inscribieron en el ejército, y que esta salida a las fuerzas armadas redujo el número de personas en los bancos de las iglesias. El aumento promedio por año en el número de miembros para este período fue de 1042 en comparación con 685 para 1929–1941.[32]

En cuanto a los trabajadores laicos puertorriqueños, algunos fueron reclutados para el servicio militar mientras se preparaban para el ministerio, mientras que otros se ofrecieron como voluntarios para puestos relacionados con la guerra. Sin embargo, la guerra no tuvo un efecto perjudicial en el número de obreros de tiempo completo de los diferentes grupos eclesiásticos.[33]

En 1941, las estadísticas de la Iglesia luterana mostraron un aumento significativo en el número confirmado de miembros (1.041) y en las contribuciones del campo de misión (6714.87 dólares). Sin embargo, también mostraron que se perdieron 123 miembros y que los gastos acumulados de la misión ascendieron a 6165.64 dólares. Entre las congregaciones con mayores ingresos se encontraba Divino Salvador (Cataño-1903) con $1202.92. La de menores ingresos fue San Juan (Higuillar—1912) con $40.19. El total de fondos enviados para benevolencia[34] fue de $615.20.[35]

El 3 de junio de 1941, el reverendo Alfred Ostrom, quien con su esposa Betty había dirigido el crecimiento de la obra misionera luterana en Puerto Rico durante veintiséis años, murió después de una larga enfermedad.[36] El 12 de junio, una semana después de su funeral en Cleveland, Ohio, los luteranos en Puerto Rico celebraron un servicio conmemorativo en la Iglesia Luterana de San Pablo en San Juan, donde él había servido. En el servicio, el reverendo Eduardo Roig, presidente de la conferencia, habló en nombre de los luteranos puertorriqueños, honrando las contribuciones del reverendo Ostrom y su esposa Betty a la misión luterana en Puerto Rico, mientras que el reverendo William G. Arbaugh, representante de la junta, pronunció un panegírico. En su homenaje al ministerio de esta pareja misionera, Arbaugh declaró:

Así como esta hermosa iglesia de San Pablo, donde estamos reunidos para este servicio conmemorativo, [es] un monumento que da testimonio de la firmeza y realidad de la fe luterana que Alfred Ostrom predicó por precepto y ejemplo, y un monumento también al gran amor que él y su esposa tenían por Puerto Rico y su gente. Así también, la misión luterana en Puerto Rico revela mucho del corazón y de la mente de ese mismo hombre de Dios, un discípulo fiel, un testigo celoso, un embajador consagrado, e incansable del Reino.[37]

El año 1942 fue una época en la que la misión luterana en Puerto Rico tuvo que hacer frente a una crisis mundial y local. Los estragos de la Segunda Guerra Mundial y las condiciones de angustia en todo el mundo afectaron gravemente la vida en el archipiélago. El desempleo aumentó; la amenaza de los submarinos alemanes dificultó la importación de un suministro adecuado de alimentos; la mayoría de las industrias puertorriqueñas quedaron paralizadas debido a su dependencia del transporte marítimo; el comercio se enfrentó a un estancamiento total; los almacenes de azúcar no podían encontrar barcos para la exportación; y los almacenes de los importadores estaban vacíos de arroz, harina y papas. Miles de jóvenes ingresaron en las fuerzas armadas, pero otros miles permanecían inactivos y buscaban ayuda del gobierno.[38]

Los efectos de estas condiciones en la misión luterana fueron graves, pero potencialmente esperanzadores. Mientras que cuatro pastores puertorriqueños renunciaron a sus puestos en congregaciones locales y se trasladaron a otras áreas de empleo en el mundo secular que sufrían de escasez de mano de obra, siete permanecieron en servicio, entre ellos, solo un misionero de América del Norte (William G. Arbaugh).[39]

En primer lugar, los informes [en la convención anual de la Conferencia] eran buenos. El presidente Eduardo Roig pudo constatar que, a pesar de la escasez de ministros, el espíritu y el estado general de la Iglesia eran buenos en todo el campo misionero. Hay tres estudiantes para el ministerio. El Comité de Evangelismo señaló un aumento en los miembros confirmados y comulgantes, el Comité de Mayordomía informó una ganancia de exactamente un dólar per cápita en ofertas. El tesorero Guillermo E. Marrero reportó la mayor ofrenda de benevolencia en la historia. El escritor [William G. Arbaugh] como representante de la Junta de Misiones Americanas, reveló que tres parroquias habían votado un aumento en la capacidad de autosuficiencia. Se notó un aumento en el número de miembros de las escuelas dominicales, así como un aumento en la circulación del órgano mensual de la Conferencia, "El Testigo".[40]

Había mucho de lo que enorgullecerse. En la edición de abril de 1943 de *El Testigo*, Arbaugh escribió una reseña del libro, *El dilema de la Iglesia en Puerto Rico*, de J. Merle Davis, animando a los pastores y a todas las instituciones misioneras a leerlo.[41] El libro, producto de un estudio realizado en la isla en 1941 por Davis, entonces jefe de las Investigaciones Sociales y Económicas del Consejo Misionero Internacional, se mantuvo limitado en su estudio de varias áreas, pero hizo una gran contribución para abordar el reto de desarrollar el autosustento de las congregaciones denominacionales en Puerto Rico. Para Arbaugh, quien fue presidente del comité interdenominacional que trabajó con el autor en sus investigaciones, las recomendaciones que Davis ofreció en el libro, aunque necesitaban un mayor desarrollo dado el carácter complejo de los factores que interactuaron en este proceso, valían la pena ser empleadas para mejorar el plan y los métodos sugeridos, y para lograr la meta de la autosuficiencia de las congregaciones en la isla.[42]

El informe de la 34ª Conferencia Misionera Luterana Anual de Puerto Rico, celebrada en la Iglesia Luterana de Sión, Bayamón, el 27 y 28 de enero de 1945, fue notable por su esperanza y planificación. Según las estadísticas, el año anterior volvió a ser un año en el que se logró mucho. El número de miembros confirmados en las iglesias luteranas puertorriqueñas aumentó de 1177 en 1944 a 1222 en 1945. Las ofrendas congregacionales totalizaron $10 021 en 1944 y $13 132 en 1945. Las ofrendas de benevolencia en 1945 fueron de $1371, lo que se comparó favorablemente con $1114 en 1944. El pastor William G. Arbaugh, en representación de la Junta de Misiones Americanas, presentó a dos nuevos misioneros a la conferencia: los pastores Carlos A. Torres y Richard A. Gaenslen. También habló extensamente sobre las aflicciones que enfrentan nuestros millones de hermanos y hermanas luteranos en Alemania y en otros países, lo que llevó a la conferencia a incluir en su presupuesto de 1946, además de $500 para la benevolencia general de la Iglesia Luterana Unida en América (ULCA), una suma adicional de $600 para la Acción Luterana Mundial.[43]

El complicado mundo de la posguerra

Después de la Segunda Guerra Mundial, el gobierno estableció una política de desarrollo para lograr una rápida industrialización de la estructura económica de la isla, llamándola "Operación Bootstrap". Este programa económico tuvo un impacto importante en el desarrollo de nuevas iglesias protestantes al aumentar el ingreso per cápita de las familias puertorriqueñas. La prosperidad alcanzada por las familias, junto con su compromiso con la mayordomía, llevó a un aumento en sus contribuciones a la iglesia local.

Mientras que antes de que se iniciara este programa económico, el ingreso per cápita a partir de 1940 era de apenas 121 dólares, y el ingreso familiar era de solo $ 660 en ese mismo período, el éxito de este programa de autoayuda elevó el nivel de vida a máximos históricos[44]... Esta prosperidad recién encontrada en las filas de las iglesias protestantes ha resultado en un tremendo aumento en la contribución a las iglesias de la isla.[45]

Sin embargo, no todo en este plan de desarrollo económico se volvió positivo,

La experiencia de más de medio siglo indica que la Operación Bootstrap ha tenido resultados mixtos para Puerto Rico. No hay duda de que en décadas el perfil de su fuerza laboral cambió para aproximarse al de los Estados Unidos y otros países desarrollados, con proporcionalmente pocos trabajadores en la agricultura, muchos más en la industria y la mayoría en las áreas de servicios. Tampoco hay duda de que las condiciones de vida de Puerto Rico mejoraron, aunque todavía están lejos de estar a la par con las de los Estados Unidos. Pero la Operación Bootstrap también aumentó la dependencia económica de Puerto Rico de los Estados Unidos, socavando el desarrollo de una economía autosuficiente y la soberanía económica. La Operación Bootstrap nunca logró uno de sus objetivos prometidos: reducir el desempleo a límites tolerables. Las cifras oficiales de desempleo siguen siendo mucho más altas en el archipiélago que en Estados Unidos. Una proporción significativa de los desempleados emigró a los Estados Unidos en busca de trabajo. En 1940, antes del advenimiento de la Operación Bootstrap, el 96 por ciento de todos los puertorriqueños vivían en la isla. Una proporción significativa de los desempleados emigró a los Estados Unidos en busca de trabajo. En 1940... para los migrantes, la vida en Estados Unidos ha demostrado ser problemática. A pesar de tener en promedio ingresos más altos y menos pobreza que sus homólogos insulares, sus condiciones económicas siguen estando entre las más bajas de los grupos étnicos de los Estados Unidos, en gran parte debido a la considerable discriminación y a los prejuicios étnicos y raciales.[46]

El Segundo Congreso Latinoamericano de la Juventud Evangélica se celebró del 1 al 4 de agosto de 1946 en La Habana, Cuba, en el que representantes luteranos puertorriqueños formaron parte de la delegación reunida para explorar el tema: juventud cristiana y libertad. Entre las recomendaciones significativas hechas por la Comisión de Libertad Religiosa en el evento se encontraba la relativa a las consideraciones económicas. Esta comisión se pronunció en contra del imperialismo económico que afectaba negativamente a las Américas por estar en desacuerdo con nuestros valores cristianos. En ese sentido, se hizo una recomendación para una interacción entre los jóvenes evangélicos de las Américas para el reconocimiento y la acción contra este problema.[47] Sin duda, un examen del contexto histórico en el que se hizo esta afirmación identifica claramente a los Estados Unidos de América como uno de los países imperialistas de la época. No está claro si la delegación luterana puertorriqueña estuvo de acuerdo o no con esta recomendación. Lo que no se puede negar es que no lo cuestionaron en el Congreso de la Juventud Evangélica, sino que lo incluyeron en su informe que se publicó en la edición de septiembre de 1946 de *El Testigo,* lo que implica que era, en su opinión, una recomendación importante para compartir con su colectividad.

Primeras visiones de una posible organización sinodal

Un incidente importante que tuvo lugar durante 1946 cuando el pastor Arbaugh era Secretario para América Latina de la Junta de Misiones Americanas fue una carta que escribió el 1 de abril. La carta exploraba las posibles ventajas y desventajas de una propuesta de organización de la Conferencia Misionera Luterana de Puerto Rico como sínodo miembro de la Iglesia Luterana Unida en América, en su trigésima séptima convención anual el 1 de enero de 1949. Entre las ventajas mencionadas en la carta se encontraban: (i) el hecho de que, cualquiera que fuera el futuro político de Puerto Rico, los proponentes de todas las soluciones sugeridas para el problema político de la isla (independencia, estadidad, condición de dominio, etc.), asumían que Puerto Rico continuaría teniendo vínculos económicos muy estrechos con los Estados Unidos; (ii) los luteranos puertorriqueños vieron el crecimiento de su iglesia como paralelo directo a la disminución del aislamiento y al fortalecimiento

de los lazos con la iglesia en los Estados Unidos; (iii) la perspectiva de
enviar delegados a las convenciones bienales de la U.L.C.A. se volvió
particularmente atractiva para los luteranos puertorriqueños; y (iv) la
organización de un sínodo puede facilitar que los pastores en Puerto
Rico participen más plenamente en la consideración de asuntos que
afectan a toda la U.L.C.A. (como las causas luteranas generales en la
evangelización y la mayordomía), y no solo las relacionadas con sus congregaciones en la isla. En cuanto a las desventajas, se consideraron las
siguientes: (i) el problema geográfico (la distancia entre Puerto Rico y la
ubicación de la U.L.C.A.) tal vez se reduciría, pero no desaparecería; (ii)
el problema lingüístico (el uso del español en lugar del inglés), aunque
no se consideró grave; (iii) mientras que el nivel de vida económico en
Puerto Rico era más bajo que en los Estados Unidos, lo que hacía que las
contribuciones en benevolencia fueran menores; el reciente crecimiento
en la mayordomía, además de su membresía plena en la U.L.C.A., continuaría estimulando el crecimiento de la benevolencia por parte de las
iglesias en Puerto Rico; y (iv) la mayor dificultad será la condición
de las congregaciones rurales (en número, educación y finanzas), algunas
de las cuales eran tan débiles que hacían imposible la vida normal de la
congregación. La carta continúa describiendo las dificultades de incluir
a las Islas Vírgenes en el acuerdo, dadas las ventajas obvias de incluirlas
como parte del sínodo. Entre los problemas figuraban los siguientes: i)
la falta de ministros autóctonos en las Islas Vírgenes y la falta de perspectivas de cambiar la situación en el futuro; (ii) el problema lingüístico
resultante de exigir el uso del español y el inglés en las reuniones sinodales; y (iii) el problema de la diferencia entre el campo de misión de
Puerto Rico y el de las Islas Vírgenes.

La justificación de esta propuesta se basó en la reciente organización de la misión de la Guayana Británica como un sínodo autónomo
asociado a la U.L.C.A., un territorio que tenía menos ministros y menos
estabilidad económica que la misión puertorriqueña, al comparar las
estadísticas de 1944 en los dos campos de misión. Esta comparación
se llevó más lejos para contrastar el estatus autónomo asegurado por
el Sínodo de la Guayana Británica, pues el objetivo de los luteranos
de Puerto Rico era organizar un sínodo como parte integral de la
U.L.C.A., en lugar de un sínodo hermano, y la carta se enmarcó como
una propuesta para un estudio con la meta de determinar si se debía
aconsejar tal paso y cuándo.[48]

Esta carta revela que, dado el crecimiento y desarrollo de la Conferencia Misionera Luterana de Puerto Rico, tal propuesta ya había sido considerada. Está claro que Arbaugh compartió el contenido de su carta de 1946 con los delegados de la trigésima cuarta asamblea anual de la Conferencia Misionera Luterana de Puerto Rico. La asamblea resolvió que su comité ejecutivo hiciera un estudio de las posibilidades de establecer un sínodo luterano en Puerto Rico. En esta coyuntura, y cuando se establece en el contexto del reconocimiento otorgado a la provincia más pequeña y pobre de la Guayana Británica, el proyecto hizo la transición de una quimera entre ministros individuales, a una propuesta compartida entre un grupo más amplio de luteranos de Puerto Rico.[49]

En 1947 se produjo un valioso progreso en la mayoría de los aspectos de la misión luterana.[50] El programa de la conferencia incorporó una celebración especial de las contribuciones del pastor Gustav Sigfrid Swensson, quien murió en su casa en Detroit (Michigan) el 13 de enero de 1948, a los setenta y ocho años de edad. Las estadísticas señalaban un pequeño aumento en el número de miembros de las congregaciones, a pesar de la continua emigración de miembros de este campo misionero a los Estados Unidos. Hubo un aumento de 203 miembros bautizados en comparación con el año anterior, así como un aumento de treinta y tres miembros confirmados. Las contribuciones financieras totales del campo fueron de $20 240, un aumento del 6% con respecto a los $19 077 registrados en 1946. Mientras que los pastores y los delegados laicos a la Conferencia se alegraron por el progreso, mostrando más interés en la próxima celebración en 1949 del quincuagésimo aniversario de la fundación de la misión.[51]

Mientras se desarrollaban los planes para el quincuagésimo aniversario durante 1948, el pastor Arbaugh hizo un viaje a los Estados Unidos durante el cual examinó algunos de los documentos personales escritos por el pastor Swensson durante su estadía en Puerto Rico, y otros documentos escritos por Swensson poco después de su regreso a los Estados Unidos al final de su trabajo en el archipiélago. Esto llevó a la corrección de inexactitudes en publicaciones anteriores de la historia del comienzo de la obra luterana en Puerto Rico. El pastor Swensson había partido de Nueva York el 8 de octubre de 1898, y no el 5 de octubre, como se había sostenido anteriormente. Su llegada a Puerto Rico fue el 13 de octubre y no el 10. El barco de vapor que lo trajo a San Juan fue el *Philadelphia,* en lugar del *Arcadia.* El primer servicio se celebró el 4

de diciembre de 1898 y no en noviembre. Swensson realizó el servicio
por sí mismo con solo un intérprete porque el reverendo McKim, de la
Sociedad Bíblica, aún no había llegado a la isla.[52] De esta manera, los
relatos del primer establecimiento de la iglesia en Puerto Rico habían
pasado de los recuerdos a los registros oficiales.

En una carta abierta enviada el 21 de marzo de 1949 por el pastor
William G. Arbaugh a amigos y partidarios de la misión en general, se
proporcionó un resumen detallado de la misión luterana.[53] En primer
lugar, dio una lista de fechas relacionadas con el quincuagésimo aniversario, a partir del 8 de octubre de 1898, cuando el estudiante Gustav
Sigfried Swensson zarpó de Nueva York hasta del 6 al 13 de marzo
de 1949. El 3 de diciembre de 1898, el estudiante Swensson conoció
a Browne, el sastre jamaicano, caminando por la calle Sol en San Juan
mientras regresaba a su pensión de San Juan después de participar en
una clase de español. Al día siguiente, se celebró un servicio protestante
en San Juan, dando así inicio a la misión de la Iglesia Luterana Unida en
Puerto Rico. La narración termina con la desafortunada experiencia de
que la casa de los Arbaugh es robada por un muchacho de quince años
mientras estaban en la iglesia. Las festividades comenzaron en octubre
con una reunión en celebración de la Reforma Protestante europea
en la que el pastor Arbaugh predicó, pero la celebración principal se
llevaría a cabo el 1 de febrero de 1949, con un servicio de aniversario y
un banquete final. Hubo 21 visitantes luteranos del extranjero, incluido
el pastor Herbert Franklin Richards (uno de los dos pastores luteranos
ordenados patrocinados por la Junta Extranjera del Concilio General
que llegó por primera vez a la isla el 29 de octubre de 1899) y su hijo
Frank, junto con el Dr. Franklin Clark Fry, presidente de la U.L.C.A.[54]

En la 37ª Convención Anual de la Conferencia de Puerto Rico,
celebrada el 7 de febrero de 1949 en la Iglesia Luterana del Buen Pastor,
la persona encargada de las estadísticas informó ganancias netas en
membresía y mayordomía: los miembros bautizados aumentaron de
3336 a 3393; los miembros confirmados de 1313 a 1375; el número de
participantes en la comunión aumentó de 1174 a 1189; las ofrendas
de la iglesia aumentaron de $15 815 a $16 354; y el total de ofrendas
(incluidas las escuelas dominicales y las sociedades auxiliares) aumentó
de $20 240 a $20 909.[55]

El evento principal del aniversario se llevó a cabo el domingo 13
de febrero, en la Escuela Superior Central de San Juan, con la asistencia

de 740 personas. Participaron diez pastores locales y siete pastores visitantes, con sotanas, sobrepelliz y estolas rojas. El sermón del Dr. Fry causó una profunda impresión entre las personas reunidas. El pastor Richards también habló, recordando los desafíos encontrados en los primeros años de la misión, y dio un elocuente testimonio misionero sobre el progreso de los años posteriores.[56]

El miércoles 9 de marzo de 1949, el Servicio de Noticias Religiosas[57] envió un comunicado de prensa describiendo la conmemoración del quincuagésimo aniversario de la obra misionera protestante en Puerto Rico, con aproximadamente 400 líderes protestantes de los Estados Unidos y América Latina llegando a San Juan para participar en una celebración de tres días (del 11 al 13 de marzo). Iglesias que representan la variedad de denominaciones protestantes en la isla se reunieron en el enorme estadio de béisbol Sixto Escobar en homenaje a Antonio Badillo, quien en 1860 fue el primer puertorriqueño convertido al protestantismo.[58]

Además de la buena noticia del cincuentenario de la misión luterana en Puerto Rico compartida por los medios de comunicación de la época, en[59] su edición del 6 de abril de 1949 la revista *The Lutheran* publicó un artículo escrito por Joseph W. Frease sobre el tema de las relaciones raciales. En el artículo, el autor afirmaba firmemente que, en Puerto Rico, y especialmente en las Islas Vírgenes, la relación entre personas de diferentes razas no constituía un problema. Para Frease, el origen de esta actitud parecía estar relacionado con la influencia de la fe cristiana en la identidad del pueblo.[60]

> Es muy natural que cuando la iglesia establece una relación amistosa entre las razas para que su trabajo pueda continuar sin separaciones ni servicios dobles, las normas de todas las otras relaciones se establecen sobre principios cristianos.[61]

En los albores del establecimiento del Sínodo del Caribe

Temas optimistas similares continuaron también en los informes de la conferencia del año siguiente. El lunes 30 de enero de 1950 se celebró en la Iglesia Luterana San Pablo (Puerta de Tierra) la 38ª Convención Anual de la Conferencia Luterana puertorriqueña. Una vez más, la persona a cargo de las estadísticas informó de un modesto aumento en los miembros confirmados y comulgantes, aunque esta vez junto con un aumento significativo en las contribuciones de mayordomía. Un interesante informe realizado por un comité sobre el impacto de la radio en la misión, habló sobre "La Voz Luterana", un programa que se transmite todos los domingos por la mañana desde la estación de radio WENA en Bayamón, y el valioso impacto que tuvo en personas de varios sectores de la isla.[62] Sin embargo, la atención principal de la conferencia misionera se centró en la posibilidad de establecer un sínodo puertorriqueño de la Iglesia Luterana Unida en América (ULCA, por sus siglas en inglés), que a su vez es una continuación de la solicitud anteriormente propuesta por el pastor Arbaugh. Una de las resoluciones de la asamblea fue autorizar al comité ejecutivo de la conferencia junto con el grupo de pastores del campo misionero en Puerto Rico, y en conversaciones con el "personal" de la junta misionera y el Dr. Franklin C. Fry, presidente de ULCA, a discutir la ventaja de un sínodo puertorriqueño, y los procedimientos que han de seguirse en caso de que se acuerde dicha ventaja. El comité ejecutivo debía anunciar su decisión en la próxima asamblea de esta Conferencia, o en una asamblea extraordinaria convocada por el presidente con este fin.[63] Sin embargo, un número cada vez mayor de incidentes que tuvieron lugar en la vida social y política de Puerto Rico hizo que este proyecto avanzara más lentamente.

La insurrección del Partido Nacionalista en la década de 1950

Sin duda, la trayectoria histórica descrita por el último de los misioneros estadounidenses de principios del siglo veinte se cruzó con un conjunto muy diferente de respuestas locales a medio siglo del gobierno ausente de Estados Unidos. El 30 de octubre de 1950 tuvo lugar en Puerto Rico una insurrección del Partido Nacionalista, que continuó hasta los primeros días del mes de noviembre.[64] El Partido Nacionalista había sido fundado en 1922 como una organización política con el objetivo principal de la restitución de la República de Puerto Rico. Este había sido un objetivo de la gesta libertadora de 1868, conocida como *El Grito de Lares,* pero no fue sino hasta 1930, cuando Pedro Albizu Campos fue elegido su presidente, que este movimiento libertador alcanzó su punto más alto a nivel nacional. Bajo el liderazgo de Albizu, el partido se convirtió en una primera línea de lucha política, y en un movimiento de liberación nacional.[65] Mientras tanto, incluso los acontecimientos que tuvieron lugar después de la Segunda Guerra Mundial a nivel internacional, no pudieron desempeñar un papel significativo en el reemplazo de la condición colonial puertorriqueña. Desde el momento de su fundación el 24 de octubre de 1945, las Naciones Unidas dieron a los territorios coloniales del mundo la esperanza de que la nueva institución proclamaría el fin de la colonización. A pesar de la retórica liberadora del gobierno de los Estados Unidos después de ganar la guerra, el gobierno no mostró señales de que siquiera consideraría darle libertad a Puerto Rico. En su lugar, instituyó una serie de mejoras para disfrazar la condición colonial de Puerto Rico ante las Naciones Unidas. Por esta razón, el presidente Harry S. Truman seleccionó por primera vez a un puertorriqueño para ser gobernador del territorio: Jesús T. Piñeiro Jiménez (1946). En 1949, Luis Muñoz Marín se convirtió en el primer gobernador electo por el pueblo. Muñoz arguyó que, con su elección, Puerto Rico prácticamente había dejado de ser una colonia. Como gobernador, trabajó con el gobierno federal en la Ley 600, que permitía a los puertorriqueños redactar una "constitución", que se presentaría ante el Congreso de los Estados Unidos y el Presidente de esta nación para su aprobación final. El plan consistía en disfrazar la colonia de Puerto Rico como un "Estado Libre Asociado", para impulsar la idea ante las Naciones Unidas y el mundo de que Puerto Rico había resuelto su "estatus" colonial.

Los nacionalistas tenían otras ideas. En la madrugada del 27 de octubre de 1950, el comandante nacionalista Rafael Burgos Fuentes, quien formaba parte del grupo que escoltaba a Albizu, fue detenido junto a un grupo de sus compañeros, y en el proceso se incautaron armas de fuego. Las redes sociales anunciaron que la policía había descubierto una "conspiración" y un "complot" nacionalista. La casa de Albizu Campos fue allanada por la policía y el líder recibió información de que el gobierno iniciaría una serie de allanamientos y arrestos contra sus seguidores. Para evitar perder las armas que habían conseguido en el transcurso de dos años, y para evitar que sus seguidores fueran hechos prisioneros sin luchar, Albizu Campos decidió iniciar la Insurrección, a pesar de que había sido planeada para una condición social más adecuada. La Insurrección, que tenía como objetivo la transformación de la condición colonial de Puerto Rico en la de un país independiente, se inició en la madrugada del 30 de octubre de 1950, cuando la policía acudió a Peñuelas a allanar una residencia donde se encontraba un grupo de nacionalistas, y los insurgentes los recibieron a tiros. Posteriormente, los nacionalistas realizaron ataques en San Juan, donde un grupo de cinco personas atacó la mansión ejecutiva con la intención de secuestrar al gobernador Muñoz Marín, proclamar la república, y apelar a las Naciones Unidas, también atacaron los cuarteles policiales de Hato Rey, Jayuya, Arecibo, Naranjito y Utuado, donde cuatro nacionalistas fueron ejecutados por la Guardia Nacional. La reacción oficial se intensificó y al día siguiente los aviones atacaron la ciudad.

A raíz de la represión del levantamiento, dos nacionalistas atacaron la residencia temporal del presidente Truman en Washington con la intención de llamar la atención del mundo sobre lo que estaba sucediendo en Puerto Rico. En el atentado murió el nacionalista Griselio Torresola y su compañero Oscar Collazo resultó herido y detenido. Aproximadamente 140 insurgentes participaron en el levantamiento, la mayoría de ellos miembros del Partido Nacionalista; entre estos, tres mujeres: Blanca Canales, en la toma del pueblo de Jayuya donde proclamó la república; y Carmín Pérez y Doris Torresola, quienes lucharon junto a Albizu Campos en la Junta Nacional. A pesar de que el gobernador Luis Muñoz Marín calificó los hechos de "disturbios", convocó a la Guardia Nacional, con sus tanques y aviación, y militarizó a la policía. El FBI, a pesar de que quería preservar la impresión de que solo eran investigadores y no perseguidores, participó en las operaciones para reprimir la insurrección. Los nacionalistas, mal armados, no pudieron hacer frente al poder militar de las fuerzas estatales, y la mayoría de los combatientes fueron arrestados. El 10 de noviembre, cuando José Negrón, que había resistido en las montañas de Naranjito, fue arrestado, la insurrección llegó a su fin, aunque su causa recibió publicidad en todo Puerto Rico y la diáspora puertorriqueña.

La revuelta dejó a su paso un saldo de cuarenta y ocho heridos: veintitrés policías, seis miembros de la Guardia Nacional, nueve nacionalistas y diez civiles. También dejó un saldo de veintinueve muertos: siete policías, un guardia nacional, dieciséis nacionalistas y cinco civiles. El gobierno de Muñoz Marín aprovechó la situación para iniciar una ola de redadas y arrestos masivos ilegales contra nacionalistas, familiares de nacionalistas, ex nacionalistas, líderes comunistas, líderes sindicales y miembros del Partido Independentista Puertorriqueño que no tenían nada que ver con la insurrección. Esto se hizo para intimidar a la oposición para que no pudiera hacer campaña contra las inscripciones de personas que votaban por el Partido Popular en las elecciones que se llevarían a cabo entre el 4 y el 5 de noviembre. La noticia del levantamiento se extendió por todo el mundo, pero las Naciones Unidas optaron por no intervenir en la isla. Para desalentar la solidaridad con la insurrección, los gobiernos federal y colonial iniciaron una campaña de relaciones públicas y propaganda con la intención de invisibilizar el proceso revolucionario.

Como era de esperarse, no hubo información sobre este evento en *El Testigo*. Sin embargo, Arbaugh escribió una carta el 1 de noviembre de 1950, describiendo a Albizu como "el gran agitador de la chusma nacionalista", y a sus seguidores como fanáticos que estarían orgullosos de morir por Albizu y su causa. El pastor también declaró:

> Saben que no hay ninguna posibilidad de derrocar al gobierno, pero esa no es su mayor preocupación. Probablemente esperan que, si tan solo pueden provocar a los Estados Unidos, el presidente . . . y el Congreso le dará la independencia a P.R. a disgusto.

Como puertorriqueño luterano, me cuesta entender por qué *El Testigo* decidió abstenerse de comentar sobre un evento tan importante que tiene lugar en la isla. Parece que las decisiones tomadas por el Congreso y la Presidencia de los Estados Unidos de establecer un gobierno militar en Puerto Rico, imponiendo gobernadores a la isla, junto con el primer reclutamiento militar para jóvenes puertorriqueños para servir en la Primera Guerra Mundial, fueron de gran importancia, y de hecho encontraron un lugar en la revista *El Testigo* para apoyar estas medidas. Pero el hecho de que las Naciones Unidas se abstuvieran de desafiar a los Estados Unidos por establecer un gobierno neocolonial en Puerto Rico, después de proclamar la necesidad de poner fin a la colonización en todo el mundo, parece ser una contradicción en los términos que deberían haber sido señalados por cualquier medio de información verdaderamente imparcial en la isla, para un examen más profundo. En cuanto a los comentarios hechos por William G. Arbaugh en su carta mencionada anteriormente, creo que, junto con muchas personas en los Estados Unidos, él sufría de algún tipo de amnesia selectiva que lo llevó a olvidar la revolución que trajo la independencia de los Estados Unidos de América de Gran Bretaña, dando a luz a su nación allá por 1776.

La organización del Sínodo del Caribe

En todo caso, en la 39ª Asamblea Anual de la Conferencia Misionera Luterana en la Iglesia Luterana Transfiguración en Río Piedras, el 29 de enero de 1951, y a pesar de reconocer los desafíos que implica la organización de un sínodo, los pastores y delegados laicos presentes en la asamblea, incluidos los delegados fraternos de las Islas Vírgenes,[66] consideraron que había llegado el momento de adoptar una acción definitiva hacia la organización del Sínodo del Caribe.[67] En su edición del 19 de septiembre de 1951, la revista *The Lutheran* publicó un artículo escrito por Merle G. Franke, un pastor que había servido en las Islas Vírgenes antes de regresar al medio oeste, donde se había convertido en administrador principal de la Iglesia Luterana. Franke proporcionó un breve bosquejo histórico del luteranismo en Puerto Rico (desde el 1 de enero de 1900) y las Islas Vírgenes (desde 1666), organizadas respectivamente como conferencias, junto con la noticia de que, "después de varios años de discusión, estas dos conferencias están listas para organizarse como el Sínodo Evangélico Luterano del Caribe".[68]

En un esfuerzo por facilitar la organización de dicho sínodo, la asamblea resolvió: (i) hacer una traducción al español del modelo de la constitución para la organización de un sínodo; (ii) invitar a la Conferencia Luterana de las Islas Vírgenes a nombrar un comité de tres pastores y tres laicos para que se reúna con un comité similar de la Conferencia Luterana Puertorriqueña en Santo Tomás antes del 30 de octubre de 1951, para preparar la constitución para el sínodo; (iii) que este comité elija entre los nombres, "El Sínodo del Caribe de la U.L.C." o "El Sínodo de las Indias Occidentales de la U.L.C.", para el Sínodo; [69] (iv) que se distribuyan ejemplares de la constitución sugerida en español e inglés a las congregaciones de ambas conferencias; (v) que los pastores expliquen a sus congregaciones los planes para la organización del sínodo con los privilegios y obligaciones que implican;[70] vi) que la Constitución propuesta se sometiera a la aprobación de ambas Conferencias en su reunión de 1952; (vii) que la constitución que se está aprobando sea sometida a la Junta Ejecutiva de la Iglesia Luterana Unida en América;

y (viii) que el pastor Arbaugh forme parte del comité conjunto para preparar la constitución.[71] En la edición de febrero de 1952 de *El Testigo*, se encuentra el informe del presidente de la cuadragésima asamblea de la Conferencia Misionera Luterana de Puerto Rico. Allí, el pastor Eduardo Roig informó a los asistentes que, una vez finalizada su tarea, el comité de constitución estaba sugiriendo una constitución para el Sínodo del Caribe, que contaba con el apoyo de la junta ejecutiva de la Iglesia Luterana en América del Norte, y que debía ser enviada a las congregaciones de la conferencia para su aprobación antes de mayo del año en curso. El comité también recomendó una reunión para el 29 y 30 de mayo para celebrar una reunión extraordinaria de la asamblea para la constitución del Sínodo del Caribe.[72]

El sábado 8 de marzo de 1952 se llevó a cabo una asamblea extraordinaria de la Conferencia Misionera Luterana de Puerto Rico en la iglesia luterana Divino Salvador en Cataño, para leer y estudiar la propuesta de constitución para el Sínodo del Caribe. El consejo editorial de *El Testigo* informó del apoyo unánime a la constitución por parte de las congregaciones.[73] En mayo de 1952, en la sección "Notas en inglés", *El Testigo* publicó una explicación escrita por el Pastor Franke (Presidente de la Conferencia de las Islas Vírgenes) sobre el significado y la importancia de la organización del Sínodo Luterano del Caribe para los luteranos en las Indias Occidentales.[74]

En la asamblea para la constitución del Sínodo del Caribe (29–31 de mayo de 1952), se presentaron los informes de los comités establecidos para la organización del Sínodo de ambas conferencias misioneras. Estos informaron que la idea de organizar un Sínodo en el Caribe se remonta a 1919, cuando el pastor Zenan M. Corbe, entonces secretario ejecutivo de la Junta de Misiones para las Indias Occidentales, se lo había sugerido al pastor Dr. Alfred Ostrom. En 1927 los pastores Roig, Fred W. Lindke y Jans C. Pedersen habían presentado un proyecto constitucional para la Conferencia Puertorriqueña a la Junta de Misiones Americanas, pero ese proyecto constitucional propuesto no fue aprobado por la nueva Junta de Misiones Americanas porque fue presentado durante los años de depresión económica.[75] En cambio, tuvieron que esperar hasta 1949 para que este proyecto constitucional recibiera el apoyo de todos los partidos.[76]

En el evento, las diecinueve congregaciones presentaron su solicitud para formar parte del sínodo, y todas fueron aprobadas por unanimidad.[77] El pastor Arbaugh presentó a cuatro candidatos para el ministerio ordenado.[78] El Dr. Fry y el Dr. Gerberding, en representación de la Iglesia Luterana Unida en América y de la Junta de Misiones Americanas de la UCLA respectivamente, trajeron saludos y su apoyo a la organización del nuevo sínodo.[79]

En junio de 1952, *El Testigo* publicó una edición especial con los detalles de la organización del Sínodo del Caribe de la U.L.C.A. El sínodo fue constituido por diecinueve congregaciones y trece pastores. Por parte de Puerto Rico estuvieron representadas por delegados las siguientes congregaciones: Primera Iglesia, Bethel, San Pedro, Divino Salvador, Sión, Getsemaní, San Juan, Redentor, Betania, Transfiguración, Nuestro Salvador, Buen Pastor, San Pablo y Santísima Trinidad. De las Islas Vírgenes, las siguientes congregaciones estuvieron representadas por delegados: las parroquias de Christiansted, Frederiksted, Kingshill, Santo Tomás y San Juan. Los pastores ordenados representados fueron: Eduardo Roig, William G. Arbaugh, Evaristo Falcó, Guillermo E. Marrero, Sergio Cobián, César A. Cotto, Miguel Sevilla, Herminio Díaz, Carlos A. Torres, Curtis E. Derrick, Merle G. Franke, Clarence G. Schnorr y Francisco Molina.[80] La asamblea tuvo lugar en la Iglesia Luterana San Pablo de Puerta de Tierra, y el reverendo Eduardo Roig fue instalado como presidente del sínodo.[81]

La asamblea terminó sus trabajos en la tarde del 31 de mayo de 1952.[82] En una carta enviada por William C. Arbaugh a sus amigos el 25 de diciembre de 1952, expresando su alegría por la creación del Sínodo del Caribe, leemos:

En nuestro trabajo eclesiástico, los eventos principales fueron la formación del Sínodo del Caribe en mayo 30 en la Iglesia de San Pablo, San Juan, y la admisión del Sínodo a la ULCA el 9 de octubre en Seattle. ¡Dos experiencias inolvidables! Juntas constituyen un punto culminante vivido en el desarrollo de este campo misionero y en nuestras vidas.[83]

En su evaluación del éxito en la organización del Sínodo del Caribe, el Rdo. Eduardo Roig, su presidente electo, más preocupado por los desafíos futuros de esta estructura eclesiástica dijo:

Confío en los luteranos cristianos de Puerto Rico y de las Islas Vírgenes. Pusimos nuestra fe y esperanza en Dios. El resto está en nuestras manos. Unámonos en la expansión del Sínodo Evangélico Luterano del Caribe, para la gloria de Dios.[84]

En la actualidad, el Sínodo del Caribe es uno de los sesenta y cinco sínodos que constituyen la Iglesia Evangélica Luterana Unida en América (un desarrollo posterior de la Iglesia Luterana Unida en América desde 1988) con la pastora Idalia Negrón como su obispa.[85]

Observaciones finales

Este capítulo proporciona un resumen de los acontecimientos que condujeron a la organización del Sínodo del Caribe de la Iglesia Evangélica Luterana Iglesia en América (ELCA). Después de una breve revisión de las condiciones sociales, económicas y políticas de Puerto Rico con posterioridad a la Guerra Hispano-Estadounidense, se describe el impacto de la Gran Depresión de la década de 1920, así como las restricciones sociales y económicas en el archipiélago, causadas por el advenimiento de la Segunda Guerra Mundial. El capítulo luego esboza los efectos de esta crisis económica en la misión luterana, y en las otras denominaciones protestantes; junto con los efectos de los programas económicos desarrollados después de la guerra, para mejorar las condiciones económicas en Puerto Rico. Se describen los esfuerzos formulados en la planificación para la organización del sínodo, y, por último, la celebración, del 29 al 31 de mayo de 1952, de la organización del Sínodo del Caribe, con el Rdo. Eduardo Roig electo como su presidente.

El camino para llegar al establecimiento del sínodo fue ciertamente duro y lleno de desafíos. Sin embargo, los beneficios al alcanzar este objetivo resultaron valiosos para los constituyentes del Sínodo y sus partidarios luteranos norteamericanos. Hoy podemos mirar hacia atrás a recibir de nuestros precursores, en sus dificultades y logros, la inspiración para seguir adelante con la misión y ministerio de este sínodo luterano en el Caribe.

Notas

1. Vega H. Drouet, "Algunas formas musicales de los afrodescendientes en Puerto Rico: Bomba, Plena y Rosario Francesa", en *New Grove*

Dictionary of Music and Musicians vol. 20, editado por Stanley Sadie. (London: Macmillan, 2001), 585–86.

2. Plena: Una música del pueblo puertorriqueño", The Classic Journal, consultado el 22 de junio de 2023, https://theclassicjournal.uga.edu /index.php/2017/04/10/plena-a-music-of-the-puerto-rican-people/. Para una más extensa descripción de la música puertorriqueña ver, "La música puertorriqueña y su historia", EnciclopediaPR, consultado el 4 de septiembre de 2014, https://enciclopediapr.org/content/music a-puertorriquena-historia/. Este tipo de música puede ser entendido como lo que James C. Scott llama "formas cotidianas de resistencia campesina, o las armas de los débiles". James C. Scott, *Weapons of the Weak: Everyday Forms of Peasant Resistance* (New Haven and London: Yale University Press, 1985), xv-xviii. Para explorar el tipo de vehículo de resistencia de la *Plena* ver, "Temporal: Puerto Rican Resistance Education Guide," published by Columbia College (Chicago), temporal _education_guide_english-v9-readers-spreads.pdf (mocp.org).

3. Para la letra completa de la plena, véase: https://www.musixmatch. com/lyrics/Tony-Croatto/Temporal. consultado el 16 de noviembre de 2021. Véase también, temporal_education_guide_english-v9-readers-spreads.pdf (mocp.org) consultado el 16 de noviembre de 2021. Además, Museum of Contemporary Photography, "Temporal: Puerto Rican Resistance Education Guide," consultado el 22 de junio de 2023, https:// www.mocp.org/wp-content/uploads/2021/09/temporal_education_ guide_english-v9-readers-spreads.pdf

4. Para una descripción extensa de este evento y sus consecuencias en Puerto Rico, véase, "Guerra Hispano-Americana en Puerto Rico", EnciclopediaPR, 21 de abril de 2021, https://enciclopediapr.org/content/ guerra-hispanoamericana-en-puerto-rico/; "Guerra Hispanoamericana en Puerto Rico," (consultado el 16 de noviembre de 2021); Ángel Rivero, *Crónica de la guerra Hispanoamericana en Puerto Rico* (Río Piedras: Editorial Edil, 1998); Carmelo Rosario Natal, *Puerto Rico y la crisis de la guerra Hispanoamericana (1895–1898)* (Hato Rey: Ramallo Brothers Printing Co., 1975); y la reseña de este autor del citado libro de Ángel Rivero para el curso Hist. 6005 Historiografía Puertorriqueña at the Interamerican University (May 13, 2011).

5. Véase, "Breve historia del Gobierno de Puerto Rico", EnciclopediaPR, 11 de septiembre de 2014, https://enciclopediapr.org/content/ breve-historia-del-gobierno-de-puerto-rico/, consultado el 16 de noviembre de 2021). El primer gobernador militar de Puerto Rico fue John Rutter Brooke (18 de octubre—6 de diciembre de 1898). Después del restablec-imiento del gobierno civil bajo la ley Foraker, el gobernador fue Charles Allen Helbert (1 de mayo de 1900–15 de septiembre de 1901). *Cronología*

de los gobernadores estadounidenses (1898–1946), EnciclopediaPR, consultado el 11 de septiembre de 2014, https://enciclopediapr.org /content/cronologia-de-gobernadores-estadounidenses-1898–1946/, consultado el 11 de junio de 2022.

6. "El 8 de agosto de 1899, Puerto Rico experimentó uno de los huracanes más destructivos de la historia. Llovió durante 28 días seguidos y los vientos alcanzaron velocidades de 100 millas por hora. La pérdida de vidas humanas y los daños materiales fueron inmensos. Aproximadamente 3400 personas murieron en las inundaciones y miles se quedaron sin refugio, comida ni trabajo. El efecto más devastador de *San Ciriaco* fue la destrucción de las tierras de cultivo, especialmente en las montañas donde se encontraban los cafetales. *San Ciriaco* agravó la situación social y económica de Puerto Rico en ese momento y tuvo graves repercusiones en los años siguientes", The Hurricane of San Ciriaco: Disaster, Politics, and Society in Puerto Rico, 1899–1901, Hispanic American Historical Review, Duke University Press (dukeupress.edu), https://read.dukepress. edu/harh/article/72/3/303/146356/The-Hurricane-of-San-Ciriaco-Disaster-Politics-and consultado el 23/10/2022.

7. "La respuesta del gobierno militar de Estados Unidos al huracán de San Ciriaco reflejó los prejuicios de sus administradores y su percepción de las necesidades económicas y las realidades sociales de la isla. El huracán San Ciriaco presentó una excelente oportunidad para que Estados Unidos demostrara su eficiencia y supuesta benevolencia en un momento de crisis. Lo hizo dentro de las limitaciones ideológicas de sus líderes y sus representantes en la isla, cuyas opiniones sobre la clase y la raza eran a menudo compartidas por la clase alta puertorriqueña. Poco a poco, sin embargo, los puertorriqueños comenzaron a cuestionar la naturaleza caritativa de la ayuda y a darse cuenta del programa social y político detrás de su organización. La pregunta final es, de 1899 a 1901, en un momento histórico crucial en el que se estaba determinando el destino político de la isla, si los efectos materiales y psicológicos de San Ciriaco fueron tan grandes, la destrucción tan generalizada y las alternativas tan limitadas que debilitaron no solo la economía de la isla, sino también la determinación de aquellos en Washington y Puerto Rico de considerar la opción de la independencia". Stuart B. Schwartz, "The Hurricane of San Ciriaco: Disaster, Politics, and Society in Puerto Rico, 1899–1901," *Hispanic American Historical Review* 72 no. 3 (1992): 303–34.

8. "El huracán San Ciprián era de categoría 3 con una velocidad estimada de 120 mph. El huracán entró por Ceiba el 26 de septiembre de 1932 y salió por Aguadilla el 27 de septiembre. Huracán SAN CIPRIAN 1932 (weebly.com), consultado el 23/10/2022.

9. En su artículo sobre "Censuses in the Transition to Modern Colonialism," el historiador puertorriqueño Francisco A. Scarano describe a estos grupos como "soot-faced rebels" (rebeldes con cara de hollín). Francisco A. Scarano, "Censuses in the Transition to Modern Colonialism," en *Colonial Crucible: Empire in the Making of the Modern American State*, Alfred W. McCoy y Francisco A. Scarano eds. (Madison, WI: University of Wisconsin Press. 2009), 210.

10. Fernando Picó, *1898: La Guerra después de la guerra* (San Juan: Ediciones Huracán, 1987), 41–160. Este libro fue traducido al inglés por Sylvia Korwek y Psique Arana Guzmán, *Puerto Rico 1898: The War after the War* (Princeton: Markus Wiener Publishers, 2004).

11. *El Testigo* año XXI, no. 10 (March 1912): 5–6.

12. Véase, "La Gran Depresión en Puerto Rico," consultado el 22 de junio de 2023, http://www.mrsruthie.net/wp-content/uploads/2015/10/La-Gran-Depresi%C3%B3n-en-Puerto-Rico-15.pdf.

13. Un total de 65 por ciento de la clase trabajadora puertorriqueña estaba desempleada.

14. Denis Bechara, "The Development of Puerto Rico," en *The Foundation for Economic Education*, October 1, 1982, https://fee.org/articles/the-development-of-puerto-rico/, consultado el 12 de diciembre de 2022.

15. *La gran depresión y sus efectos en Puerto Rico* MonographsPlus.com, consultado el 22 de junio de 2023, https://www.monografias.com/docs/La-Gran-Depresion-Y-Sus-Efectos-En-PKYRM3PZBZ, consultado el diciembre 12 de 2023.

16. Sáenz, *Economic Aspects of the Church Development in Puerto Rico,* 54

17. Sáenz, *Economic Aspects of the Church Development in Puerto Rico,* 54–57. Entre otras congregaciones protestantes el crecimiento para este período fue más significativo. El aumento de los bautistas americanos de 1920 a 1930 fue de 2.303 a 4.057, para los Discípulos de Cristo de 734 a 1.635, y para la Iglesia Episcopal de 436 a 2.710. Sáenz, 40 años.

18. Sáenz, *Economic Aspects of the Church Development in Puerto Rico,* 57–58.

19. "Puerto Rican Migration Before World War II," Lehman.edu, consultado el 22 de junio de 2023, https://lcw.lehman.edu/lehman/depts/latinampuertorican/latinoweb/PuertoRico/beforeww2.htm#:~:text=Puerto%20Rican%20migración%20a%20los%20EstadosUnidos%20fueron,años%20hubo%20fueron%20regreso%20migración%20a%20la%20Isla.

20. "Puerto Rican Migration Before World War II".

21. La Iglesia luterana requería de sus candidatos a la ordenación que tuvieran un bachillerato para comenzar estudios de seminario. Los candidatos en Puerto Rico tenían que completar un bachillerato para ingresar a un seminario luterano. No había un capellán luterano en esta universidad

puertorriqueña. Fue solo durante la década de 1960 que el pastor de la Iglesia Luterana Transfiguración en Río Piedras se convirtió en capellán luterano de estudiantes luteranos en la Universidad de Puerto Rico. Este era un indio de Guyana llamado Rdo. Patrick Persaud.

22. Sáenz, *Economic Aspects of the Church Development in Puerto Rico,* 13–16.
23. The book was *El Camino,* a Spanish translation of Dr. Charles M. Jacobs, *The Way. El Testigo* año XXI, no. 1 (June 1937): 19.
24. *El Testigo* año XXI, no. 1 (junio de 1937): 19–20. La primera traducción al español del *Catecismo Menor* de Martín Lutero traída a Puerto Rico fue en 1901. Se trata de una donación de un amigo de la misión luterana (1.000 ejemplares) de una traducción al español que ya estaba en uso en España. *El Testigo* año XXI, no. 1 (junio de 1937): 19–20. En 1902, antes de salir de Puerto Rico, Gustav Sigfrid Swensson tradujo al español y publicó su propia versión del *Catecismo Menor* de Lutero. *El Testigo* año XXI, no. 1 (junio de 1937): 15. Ver también apéndice 5. En abril de 1908, el reverendo Ostrom publicó su traducción revisada al español del *Catecismo Menor* de Lutero junto con su traducción de la *Confesión de Augsburgo. El Testigo* año XXI, no. 1 (junio de 1937): 17. Ver también apéndice 7. Estos desarrollos fueron notados en su momento, en la edición de junio de 1940 de *El Testigo* había un artículo de Ana L. Sáenz de Morales que proporcionaba una evaluación de la educación cristiana ofrecida por la Iglesia luterana en Puerto Rico. *El Testigo* año XXIII, no. 8 (junio de 1940): 8–9.
25. Véase el apéndice 2.
26. Es interesante notar que el desarrollo de las congregaciones luteranas continuó siguiendo la tendencia establecida durante los primeros años de la misión luterana, es decir, se desarrollaron en pueblos y ciudades del área metropolitana, o cercanas a San Juan. Sin duda, en 1903, el informe del reverendo H.F. Richards a la Junta de Misiones de Puerto Rico mencionó que Aibonito, una de las principales ciudades del archipiélago, aún no había sido ocupada por ningún cuerpo protestante y alentó a la junta a extender la misión luterana a esta ciudad: "Aquí, con el tiempo, la tierra podría ser asegurada; la formación manual e industrial impartida junto con la enseñanza religiosa, y la misión hecha para pagar buena parte de sus propios gastos. Se podría hacer un trabajo similar al de la Misión Mühlenberg en África, pero mucho más ventajoso; con menos riesgo, con mayor comodidad, y creemos que con mejores resultados". "Abstract of the Report of the Rev. H.F. Richards, Missionary in Puerto Rico, for the Biennium, September, 1901–3," *First Report of the Board of Porto Rico Missions to the General Council of the Evangelical Lutheran Church in North America* (October 1903):10. Sin embargo, la sugerencia del pastor Richards no fue seguida. Fue solo durante la década de 1960

que se desarrolló una misión luterana en la ciudad de Ponce (en el sur del archipiélago) y más tarde en la ciudad de Mayagüez (en el suroeste del archipiélago). Lamentablemente, esos dos desarrollos de la misión se suspendieron más tarde. Otros grupos protestantes se apartaron de su compromiso inicial de 1898 de permanecer en una parte geográfica específica de Puerto Rico y se mudaron a otros pueblos y ciudades del archipiélago. Actualmente, el Sínodo del Caribe cuenta con congregaciones luteranas en las ciudades de Caguas (Príncipe de Paz), Carolina (Cristo Rey), Cayey (Cristo el Señor), Toa Alta (Divino Nazareno) y Toa Baja (Reconciliación).

27. William G. Arbaugh, "El celo renovado a los cuarenta", en *The Lutheran* XXIII, no. 17 (22 de enero de 1941): 9. El *"Manual de culto cristiano"* incorporó traducciones del Libro de *Servicio común y del himnario* (producido anteriormente por la United Lutheran Publication House en Filadelfia), himnos creados por congregaciones luteranas en América del Sur, y otras denominaciones protestantes en Puerto Rico. *The Lutheran* XXIII, no. 17 (22 de enero de 1941): 9.

28. Cabe mencionar que, en julio de 1936 Benjamín Ayala, joven miembro de la iglesia luterana Santísima Trinidad en Bayamón (Puerto Rico), publicó un artículo en *El Testigo* en el que exponía sus impresiones sobre la guerra en general. En el artículo argumentaba que la guerra "ha sido, es y será un enemigo contra la humanidad". Para Ayala, la guerra se basa en la desconfianza entre las naciones, enriquece a los fabricantes de armas y destruye en minutos lo que tardó años en construirse. Aunque los esfuerzos empleados para evitar la guerra parcial o total por parte de las naciones han fracasado hasta ahora, el llamado es para continuar trabajando por la paz y la reconciliación entre las naciones. Benjamín Ayala, "Impresiones sobre la guerra", *El Testigo* (julio de 1936): 11. Sin embargo, en 1951, *El Testigo* publicó un artículo de su consejo editorial sobre el tema del cristiano y la guerra. En el artículo se menciona que Benjamín Ayala, en ese entonces oficial no comisionado del ejército norteamericano que servía en el regimiento 65º de infantería en Corea, fue condecorado por su heroísmo demostrado en el campo de batalla. "El Cristiano y la Guerra," *El Testigo* (abril de 1951): 8.

29. Rdo. Dr. Frederick H. Knubel, "Caminos cristianos en tiempo de guerra," *El Testigo* (diciembre de 1939): 4–5.

30. Michael Sáenz, *Economic Aspects of the Church Development in Puerto Rico,* 62.

31. El crecimiento pasó de 26 149 en 1941 a 31 358 en 1946. Michael Sáenz, *Aspects of the Church Development in Puerto Rico,* 63.

32. Sáenz, *Aspects of the Church Development in Puerto Rico (Aspectos económicos del desarrollo de la Iglesia en Puerto Rico).*

33. Sáenz, *Aspects of the Church Development in Puerto Rico*. En los primeros años de la misión, los nuevos miembros provenían de una variedad de grupos de edad, no solo de adultos más jóvenes. A medida que la misión luterana continuaba creciendo, personas de diversos grupos de edad persistieron en incorporarse a la comunidad religiosa.

34. Sáenz, *Aspects of the Church Development in Puerto Rico*. Esta cantidad fue enviada al extranjero a la Junta de las Indias Occidentales de la Iglesia Luterana Unida para apoyar las misiones en otras partes del mundo.

35. *El Testigo* año XXV, no. 10 (marzo de 1942): 7–9. El promedio enviado para la benevolencia por los distritos norteamericanos era del 35% de su presupuesto anual.

36. Su servicio marcó la muerte de uno de los últimos del puñado de misioneros fundadores de la comunidad luterana norteamericana. Servicios similares para misioneros veteranos se llevaron a cabo en esta coyuntura en las otras iglesias protestantes en el archipiélago.

37. William G. Arbaugh, "Faithful unto Death," in *El Testigo* año XXV, no. 2 (julio de 1941): 11.

38. *El Testigo* año XXV, no. 2 (julio de 1941): 12.

39. *El Testigo* año XXV, no. 2 (julio de 1941): 12. El 25 de diciembre de 1942, William G. Arbaugh envió un saludo navideño a su familia y amigos en los Estados Unidos describiendo con detalles gráficos el difícil año en el trabajo misionero en Puerto Rico. Véase Arbaugh, *Notes and Quotes,* ed. Arbaugh, págs. 5–13.

40. *El Testigo* año XXIII, no. 8 (marzo de 1942): 12. Para un breve resumen del informe del presidente, véase *El Testigo* año XXIII, no. 8 (marzo de 1942): 4. Otro punto destacado importante de la conferencia fue la presentación especial realizada por el Dr. Fritz W. Fromm, profesor luterano austríaco de ciencias en el Instituto Politécnico de San Germán (actualmente sede de la Universidad Interamericana), quien trajo información sobre los orígenes históricos y la situación actual de la iglesia luterana en su país de origen, y una súplica a la misión luterana en Puerto Rico para brindar ayuda a la iglesia en Austria una vez terminada la guerra. *El Testigo* año XXIII, no. 8 (marzo de 1942): 1, 13.

J. Merle Davis, *The Church in Puerto Rico's Dilemma* (New York: International Missionary Council, 1942).

William G. Arbaugh, "Revista de libros", en *El Testigo* año XXVI, no. 11 (abril de 1943): 9–10. Si bien Davis llega a la conclusión de que las congregaciones pueden alcanzar la autosuficiencia en la isla de Puerto Rico, proporcionando ejemplos de experimentos exitosos en esta área (51–56), sus recomendaciones requieren el apoyo de pastores, misioneros, capacitación en finanzas de la iglesia, la eliminación de suposiciones y prejuicios en cuanto a la incapacidad de los miembros de la congregación para apoyar a su iglesia, capacitación complementaria para misioneros norteamericanos y pastores puertorriqueños, y un sinfín de desarrollos en otras áreas para lograr este objetivo. Davis, 71–77. Véase también, Carmelo Álvarez Santos y Carlos F. Cardoza Orlandi, *Llamados a construir el Reino: Teología y estrategia misionera de los Discípulos de Cristo 1899–1999* (Bayamón: Iglesia Cristiana Discípulos de Cristo, 2000), 59–61.

41. *El Testigo* año XXIX, no. 10 (marzo de 1946): 20.
42. Véase Sáenz, *Economic Aspects of Church Development in Puerto Rico*, 65. También la "Operación Bootstrap", Encyclopedia.com, consultado el 22 de junio de 2023, https://www.encyclopedia.com/socialsciences/ applied-and-social-ciencias-revistas/operación-bootstrap; *A Summary of Facts and Figures* (New York: Commonwealth of Puerto Rico, Migrant Division, Department of Labor, January 1959), 3–13.
43. *El Testigo* Año XXIX, (marzo de 1946), 20.
44. Véase, Sáenz, *Economic Aspects of Church Development in Puerto Rico*, 65. Además, la Operación Bootstrap | Encyclopedia.com. Consultado el 19 de diciembre de 2022; A *Summary of Facts and Figures* (New York: Commonwealth of Puerto Rico, Migrant Division, Department of Labor, January 1959), 3–13.
45. Sáenz, *Economic Aspects of Church Development in Puerto Rico,* 65–71.
46. Operación Bootstrap | Encyclopedia.com. consultado el 19 de diciembre de 2022.
47. Nora Dorothy Arbaugh y Herminio Díaz, "Impresiones del Segundo Congreso Latinoamericano de Juventudes Evangélicas," *El Testigo* año XXX, no. 4 (September 1946): 8. El trabajo con los jóvenes fue importante para el ministerio y la misión de los protestantes en el archipiélago. Véase, por ejemplo, la nota celebrativa que una prominente revista protestante, *Puerto Rico Evangélico*, compartió sobre la obra luterana con los jóvenes en 1914. *Puerto Rico Evangélico* año 2, no. 19 (10 de abril de 1914): 14.
48. Véase, "Possible Advantages and Disadvantages in the proposed reorganization of the Lutheran Missionary Conference of Puerto Rico as a Member Synod of the United Lutheran Church in America," una carta escrita el 1 de abril de 1946 por William G. Arbaugh, secretario para América Latina de la Junta de Misiones Americanas. Esta carta fue publicada en el libro *A Caribbean Mission: The Correspondence of William George Arbaugh* ed. William Charles Arbaugh (Victoria, BC: Erbach Books, 2006), 53–54.
49. *El Testigo* año XXIX, no. 10 (marzo de 1946): 7. En mayo de 1946, la carta se publicó en *El Testigo*. Véase, *El Testigo* año XXIX, no. 12 (mayo de 1946): 19–20.

50. En ese momento, solo el reverendo Eduardo Roig permaneció como uno de los primeros pastores puertorriqueños ordenados en la misión. También hubo un aumento general del liderazgo en congregaciones individuales.

51. *El Testigo* año XXXI, no. 10 (marzo de 1948): 12. Otras resoluciones aprobadas por la Conferencia fueron: i) la de enviar $50 a cada uno de los tres seminaristas puertorriqueños en los Estados Unidos; y ii) el establecer el 1 de enero de 1899 como fecha oficial para la celebración del inicio de la misión luterana en Puerto Rico. *El Testigo*: 4. Es digno de notar que, en ese momento, la Conferencia Misionera Luterana Puertorriqueña tenía un total de diez pastores ordenados para quince congregaciones. Dos de estos pastores eran originarios de América del Norte (R. Gaenslen y E. S. Oleson) los otros ocho eran puertorriqueños (Sergio Cobián, César Cotto, Salustiano Hernández, Carlos A. Torres, Francisco Molina, Eduardo Roig, Evaristo Falcó, y Guillermo E. Marrero). Dos de los puertorriqueños (Guillermo E. Marrero y Salustiano Hernández) formaron parte de la primera generación de pastores de la misión luterana todavía en servicio, que también habían sido educados para su papel de liderazgo por las congregaciones de la misión.

52. *El Testigo* año XXXII no. 2 (July 1948): 16.

53. William G. Arbaugh, *Notes and Quotes from the Correspondence of William George Arbaugh.* ed. William Charles Arbaugh (Portland, Oregon, 2000), 31.

54. William G. Arbaugh, carta del 25 de diciembre de 1948.

55. *El Testigo* año XXXIII no. 9 (febrero de 1950): 3–7. También, apéndice 2

56. *El Testigo* año XXXII, no. 2 (julio de 1948): 16. En la edición de febrero de 1950 de *El Testigo,* el pastor William G. Arbaugh, entonces historiador de la conferencia hizo un recuento mes por mes de las actividades de 1949.

57. Religion News Service es una fuente independiente, sin fines de lucro y galardonada de noticias globales sobre religión, espiritualidad y ética. Fundada en 1934, RNS, que no está afiliada a ninguna tradición religiosa, busca informar a los lectores con informes objetivos y comentarios perspicaces, y las organizaciones de noticias seculares y religiosas de todo el mundo confían en ella como fuente responsable. Véase "Who We Are", Religion News Foundation, consultado el 22 de junio de 2023, https://www.religionnewsfoundation.org/who-we-are/.

58. *Religious News Service*, miércoles 9 de marzo de 1949.

59. El 6 de abril de 1949, la revista *The Lutheran* publicó un breve pero importante artículo que describe la misión luterana en Puerto Rico desde

sus inicios en 1898 hasta la celebración del cincuentenario en la isla. *The Lutheran* (6 de abril de 1949): 14–16.

60. El autor había estado presente en la celebración del cincuentenario de la misión luterana en Puerto Rico, representando a la Liga Luterana de América. *The Lutheran* (6 de abril de 1949): 19–21. Es interesante notar que incluso hoy en día en los Estados Unidos, la raza sigue siendo un tema de conflicto y división de las congregaciones cristianas. En un artículo publicado por Tony Hunt el 21 de enero de 2005, afirma: "Sospecho que muchas personas de todas las razas en las iglesias hace cuarenta años atrás, habrían esperado que la iglesia de principios del siglo veintiuno fuera una iglesia donde el racismo ya no existiera, y tal vez que las iglesias fueran daltónicas. Pero sabemos que no es así". Tony Hunt, "The Church and Race Relations—Then and Now," *Leading Ideas*, Lewis Center for Church Leadership, 21 de enero de 2005, https://www.churchleadership.com/leading-ideas/the-church-and -race-relations-then-and-now-1968-2008/, consultado el 21 de junio de 2023.

61. *The Lutheran* (6 de abril de 1949): 21.

62. Es interesante notar que este programa de radio llegó a ser tan importante que incluso la revista ecuménica *Puerto Rico Evangélico* lo mencionó como un valioso programa de radio para los protestantes puertorriqueños en su número de 1951. Véase, *Puerto Rico Evangélico* año XXXIX no. 1,089 (25 de julio de 1951): 13, y *Puerto Rico Evangélico* año XXXX, no. 1,090 (10 de agosto de 1951): 14. Más tarde, en 1951, la Iglesia Luterana inició la publicación de dos revistas. Una de ellas, *Luz Cotidiana,* se convirtió en un devocional mensual. La otra, *Orientación,* publicada trimestralmente, se convirtió en un recurso para la formación para el ministerio. Ambas publicaciones fueron editadas por el Rdo. Leopoldo Cabán. *Puerto Rico Evangélico,* año 40, no. 1101 (25 de enero de 1952): 4. Para 1951, el Dr. Ángel Mattos comenzó el Coro Luterano de Bayamón en la Iglesia Luterana Sión (Bayamón), que se convirtió en uno de los coros más célebres de Puerto Rico. *Puerto Rico Evangélico* año 40, no. 1103 (25 de febrero de 1952): 1, 16.

63. *El Testigo* año XXXIII no. 9 (febrero de 1950): 3–7. El presidente de la asociación, el pastor Eduardo Roig, mencionó su apoyo a esta acción en su discurso a los delegados.

64. La siguiente información sobre este tema fue tomada de "Insurrección Nacionalista de 1950", EnciclopediaPR, 29 de abril de 2021, https:// enciclopediapr.org/content/insurreccion-nacionalista-1950/, consultado el 19 de noviembre de 2021.

65. William G. Arbaugh, 1 de noviembre de 1950, en *A Caribbean Mission*, 32. Véase también Arbaugh, 1 de noviembre de 1950, en *Notes and*

Quotes, 36–38. No pude encontrar ningún periódico o revista deno-minacional, incluyendo a la Iglesia católica romana, discutiendo estos eventos.

66. A lo largo de los años, las relaciones entre los habitantes de las Islas Vírgenes y los puertorriqueños se estrecharon. Un artículo en el periódico *El Imparcial* describe el matrimonio de un distinguido puertorriqueño, Monserrate Estrada, con Fredericka Clementina Peterson de una familia de clase alta en Santo Tomás, en una iglesia luterana en Santo Tomás. Véase, *El Imparcial* (23 de febrero de 1923): 4, Biblioteca del Congreso, https://tinyurl.com/33r44p44.

67. Es importante señalar que el liderazgo de la Iglesia Luterana en los Estados Unidos alentó a la circunscripción luterana en Puerto Rico a seguir adelante con su interés en establecer un sínodo caribeño de la Iglesia Luterana Unida en América.

68. *The Lutheran,* 39 no. 20 (19 de septiembre de 1951): 12.

69. En 1945, el reverendo William G. Arbaugh hizo un viaje a Cuba para explorar las posibilidades de desarrollar una misión en esa isla del Caribe. *El Testigo* (June 1945): 5. Más tarde, el pastor puertorriqueño Rdo. Víctor Rodríguez (1965), visitó otros países del Caribe para explorar la posibilidad de agregarlos al sínodo, pero finalmente, el sínodo quedó constituido solo por Puerto Rico y las Islas Vírgenes.

70. Para alentar y facilitar esta tarea, el consejo editorial de la revista *El Testigo* publicó los privilegios y obligaciones de la constitución del Sínodo de Nueva York. *El Testigo* año XXXIV, no. 9 (febrero de 1951): 8.

71. *El Testigo* año XXXV, no. 10 (March 1952): 3, 6. En su edición del 9 de abril de 1952, *The Lutheran* publicó un artículo escrito por el Pastor William George Arbaugh con respecto a la adopción del Estado Libre Asociado de Puerto Rico. Véase, William George Arbaugh, "Puerto Rico adopta la Constitución: los votantes de la isla dan abrumadora aproba-ción de un documento que les asegure independencia en sus asuntos internos", en *The Lutheran* 34, no. 28 (9 de abril de 1952): 2021. Para ver el informe favorable hecho a la asamblea por el Pastor Eduardo Roig, Presidente de la Conferencia Misionera de la Misión Luterana de Puerto Rico, y el Pastor William G. Arbaugh, Secretario de la Junta de Misiones Americanas, véase *El Testigo,* 6–7. También hay un artículo escrito en La revista *The Lutheran* por el pastor William G. Arbaugh que describe los procedimientos de la convención anual de la Conferencia Misionera de las Islas Vírgenes que aborda este tema. *The Lutheran* 33 no. 28 (2 de mayo de 1951): 31–32. Seguramente, los preparativos de este proyecto fueron más complicados que los emprendidos cuando se tramitó la reciente solicitud de la Guayana Británica, porque las Islas Vírgenes iban a ser incluidas en el mismo proceso.

218 Luteranismo en el Caribe

72. *El Testigo* año XXXV no. 9 (febrero 1952): 6.

73. *El Testigo* año XXXV no. 10 (marzo 1952): 3, 6. En su edición del 9 de abril de 1952, *The Lutheran* publicó un artículo escrito por el pastor William George Arbaugh sobre la adopción del Estado Libre Asociado de Puerto Rico. En el próximo capítulo exploraré la relación de esta entidad política con la organización del Sínodo del Caribe. Véase, William George Arbaugh, "Puerto Rico adopta la Constitución: los votantes de la isla dan una aprobación abrumadora al documento que les asegura la independencia en sus asuntos internos", en *The Lutheran* 34 no. 28 (9 de abril de 1952): 2021.

74. *El Testigo* año XXXV no. 12 (mayo de 1952): 11–12. Véanse también dos valiosos artículos sobre la historia que condujo a la constitución del Sínodo del Caribe en *El Testigo* año XXXV, no. 12 (mayo de 1952): 4–6, 9, 11. Este evento fue promovido en el *Puerto Rico Evangélico*. Véase *Puerto Rico Evangélico* 40, no. 1.106 (10 de abril de 1952): 16. También fue mencionado en el periódico *El Mundo,* ver, *El Mundo* año XXXIII, no. 14726 (20 de febrero de 1952): 17.

75. Otra preocupación importante planteada más tarde por el reverendo Eduardo Roig cuando era presidente de la Conferencia Misionera Luterana en 1950, fue que siendo un sínodo de la Iglesia Luterana Unida en América requería que las congregaciones sinodales proporcionaran una cuota financiera para la benevolencia, que en un momento anterior (1927) fue prácticamente imposible de levantar para la Conferencia Luterana Puertorriqueña. Sin embargo, en 1950, el presidente Roig reconoció que en ese momento posterior (1950) la ULCA tendría en cuenta las condiciones financieras del Sínodo del Caribe y no esperaría lo que sería imposible que el sínodo proporcionara. "Informe del presidente a la Trigesimoctava Asamblea Anual de la Conferencia Misionera Luterana de Puerto Rico," *El Testigo* (febrero de 1950): 7.

76. *Minutas de la Asamblea Constituyente del Sínodo Evangélico Luterano del Caribe de la Iglesia Luterana Unida en América mayo 29–31, 1952,* 5–11.

77. Cinco congregaciones eran de las Islas Vírgenes y el resto (trece) de Puerto Rico. "*Minutas de la Asamblea Constituyente del Sínodo Evangélico Luterano del Caribe de la Iglesia Luterana Unida en América mayo 29–31, 1952",* 12–13.

78. Víctor Astacio, Ramón Vázquez, and Víctor Rodríguez de la Conferencia Puertorriqueña (este último tío del autor de esta investigación de tesis), y Claude Peterson de la Conferencia de las Islas Vírgenes. "*Minutas de la Asamblea Constituyente del Sínodo Evangélico Luterano del Caribe de la Iglesia Luterana Unida en América 29–31 de mayo de 1952",* pág. 13.

79. *"Minutas de la Asamblea Constituyente del Sínodo Evangélico Luterano del Caribe de la Iglesia Luterana Unida en América mayo 29–31, 1952,"* 13.

80. *El Testigo* año XXXVI, no. 1 (junio de 1952): 8. En ese momento había cinco puntos de predicación, 6114 miembros bautizados, 2747 miembros confirmados, cinco jardines de infantes, con 181 alumnos, con un valor de todas las propiedades de la iglesia que alcanzaba los $55,900, y un total de $8,963 para la benevolencia. *The Caribbean Call* (octubre 1952): 8.

81. El reverendo Eduardo Roig Vélez nació en 1903 en el barrio de Percha de San Sebastián del Pepino. Sus padres fueron Don Ramón B. Roig y Doña María Vélez. Sus primeros años de estudios los realizó en su pueblo de origen, graduándose posteriormente en un colegio secundario de Arecibo. Su familia se mudó a Cataño, donde conocieron la Iglesia Luterana. Se graduó en el Wartburg College (Iowa) en 1923 y completó sus estudios en el Seminario Luterano de Filadelfia en 1926. Fue ordenado para el ministerio de la Palabra y los Sacramentos por el Sínodo de Nueva York y Nueva Inglaterra en 1926 en la ciudad de Rochester. Se casó con Doña Rosario Esteves y fue instalado como pastor de la Iglesia Luterana San Pablo en Puerta de Tierra. En julio de 1932 fue asignado para iniciar el trabajo de la Iglesia Luterana Buen Pastor en Monteflores, Santurce. Se convirtió en director de la revista *El Testigo* (1926–32), presidente de la Conferencia Misionera Luterana (1933–52), hasta el momento en el que fue elevado para convertirse en presidente del Sínodo Luterano del Caribe. Ocupó este cargo hasta 1962. En 1959 se le concedió el título honorífico de Doctor en Divinidad por Thiel College de Pensilvania. *Boletín por el Cincuentenario del Ministerio del Rdo. Eduardo Roig Vélez Iglesia Luterana El Buen Pastor* (1 de septiembre de 1968): 2–3.

82. *El Testigo* año XXXVI, no. 1 (junio de 1952), 1–15. *The Caribbean Call,* el boletín de noticias en inglés del Sínodo Evangélico Luterano del Caribe de la ULCA también tiene una valiosa edición que describe la organización del Sínodo Luterano del Caribe. Véase, *The Caribbean Call* 1, no. 1 (octubre de 1952):1–8. La revista ecuménica *Puerto Rico Evangélico* también publicó información sobre el evento, ver, *Puerto Rico Evangélico* año 40, no. 1111 (25 de junio de 1952): 13. En los Estados Unidos, la *revista The Lutheran* tradujo una versión en inglés del evento escrita por el reverendo Merle G. Franke. El artículo proporcionó todos los detalles de este importante evento. Véase, Merle G. Franke, "Caribbean Synod is Born," in *The Lutheran,* 34 no. 40 (2 de julio de 1952): 31–33.

83. Arbaugh, *Notes and Quotes,* 88.

84. Redacción de *El Testigo*. *El Testigo* año XXXVI, no. 1 (junio 1952): 9, 15.

85. Según John H. P. Reumann, un rasgo común de la mayoría de los organismos luteranos en los Estados Unidos (excluyendo al Sínodo de la Iglesia Luterana de Missouri), es su experiencia de fusión en varios momentos. La Iglesia Evangélica Luterana en América se formó en 1988, a partir de la fusión de tres organismos luteranos: la Iglesia Luterana en América, la Iglesia Luterana Americana y la Asociación de Iglesias Evangélicas Luteranas. Para una revisión exhaustiva de este desarrollo en el luteranismo norteamericano, véase John H. P. Reumann, *Ministries Examined: Laity, Clergy, Women, and Bishops in a Time of Change* (Minneapolis: Augsburg Publishing House, 1987), 199–219.

CAPÍTULO 8

El liderazgo de las mujeres en la misión

DADO EL VALIOSO papel desempeñado por las mujeres en el trabajo continuo de la Iglesia Luterana en Puerto Rico, este capítulo se esforzará por proporcionar algunos de los relatos que describen estas contribuciones y cómo se han extendido durante el último medio siglo.

Las contribuciones de las esposas de clérigos norteamericanos

En este ámbito, merecen una mención especial las expectativas que se tenían de las esposas de los misioneros del clero norteamericano. Dadas sus diversas habilidades, desempeñaron un papel vital en la ampliación del trabajo de sus cónyuges.[1] En Puerto Rico, aquellas con experiencia misionera previa y la capacidad de hablar español se convirtieron en traductoras útiles, las esposas que tenían un título de maestra proporcionaron liderazgo en el desarrollo de jardines de infantes para la educación de los niños puertorriqueños.[2] Otras contribuyeron a la administración de las escuelas bíblicas dominicales y de vacaciones, proporcionando música para los servicios de adoración, o recaudando fondos.

El papel de las cónyuges en el apoyo a la obra del clero luterano y protestante se remonta al siglo dieciséis. Roland H. Bainton, profesor de Historia de la Iglesia en la Escuela de Teología de la universidad de Yale (Connecticut) desde el 1920 hasta su jubilación en la década de 1960, y un destacado erudito de la Reforma del siglo dieciséis, arguye que las mujeres "desempeñaron un papel prominente en los movimientos de reforma católicos y protestantes en los primeros años del siglo dieciséis".[3] El papel de Katherine von Bora es uno de los más importantes en este tema porque se casó con Martín Lutero el 13 de junio de 1525.[4] Además de cuidar de la salud de Lutero,[5] Katherine se encargó de supervisar la salud de Lutero en el claustro agustino que el Elector de Sajonia dió a la pareja, que tenía cuarenta habitaciones en el primer piso, con celdas arriba, y a veces todas las áreas estaban ocupadas.[6] "Katie misma pastoreaba, ordeñaba y sacrificaba el ganado, hacía mantequilla y queso, elaboraba, plantaba y cosechaba".[7] Era una conversadora vivaz. "Lutero dijo que ella podía enseñar alemán a un inglés mejor de lo que él podría hacerlo". Agradeció la instrucción e hizo preguntas exigentes. Al mismo tiempo, no rehuyó criticar a su marido.[8] De hecho, el libro de Alicia E. Walter sobre *Catarina Lutero: Monja liberada* (aquí estoy usando el texto en español. El título original en inglés es, *Katherine Luther: Liberated Nun*) arguye que el interés y el conocimiento teológico de Katherine se desarrollaron hasta tal punto, que participó activamente en charlas de sobremesa con estudiantes y teólogos notables. Incluso Lutero reconoció su agudeza intelectual elogiando sus opiniones sanas, su comprensión integral y su capacidad de persuasión. En una época en la que la mujer estaba destinada a las labores domésticas y a la procreación, Katherine alcanzó la distinción de desempeñar un papel importante en las actividades de su marido como reformador.[9] Al resumir las cualidades de Katherine como esposa de Lutero, Bainton afirma:

> Emerge como una mujer de carácter y coraje, sensata, no sentimental, cabecidura, tierna, decidida y, por lo general, correcta. Discutió con su esposo los problemas de la Reforma y lo apoyó en sus esfuerzos polémicos. Presidió la primera casa parroquial Protestante conocida, e hizo mucho para dar el tono a la vida doméstica alemana, autoritaria, paternalista, sin tonterías, y al mismo tiempo tiernamente afectuosa y marcada por una devoción absoluta.[10]

Varias de las cualidades encarnadas por Katherine von Bora continuaron presentes en las esposas de ministros durante varios siglos.[11] En su prólogo al libro de Alice Taylor *How to Be a Minister's Wife and Love It,* Helen Smith Shoemaker, autora, escultora y líder de la Iglesia Episcopal norteamericana, además cofundadora de la Fraternidad Anglicana de Oración, afirma:

> La Sra. Taylor representa en su propia persona, el tipo de esposa de ministro que todas deberíamos ser, una que no solo apoya con tacto y de todo corazón a su esposo en su ministerio sin usurpar de ninguna manera su función, sino que también lo complementa con audacia para despertar los dones que hay en ella.[12]

A pesar de este hecho, el papel creativo y valioso de las mujeres para la misión y el ministerio de la iglesia en las principales denominaciones Protestantes, dio un giro en América del Norte cuando, en 1853, Antoinette Brown se convirtió en la primera mujer en ser ordenada pastora por la Iglesia Congregacional. La Iglesia Luterana Americana y la Iglesia Luterana en América hicieron lo mismo en 1970.[13]

El papel de las misioneras laicas norteamericanas

Como se mencionó en el capítulo seis, poco después de que Gustav Sigfried Swensson y los dos pastores luteranos ordenados llegaran a Puerto Rico, la señorita Annette Wahlsted se unió a ellos.[14] La señorita Wahlstedt había sido miembro de la Iglesia Luterana Immanuel (Sueca) en Chicago, pero como resultado de la grave salud de un miembro de la familia, visitó a Puerto Rico durante la década de 1900, donde conoció al reverendo H.F. Richards. Ella compartió con él su disposición a ayudarlo en sus labores y, dada su experiencia previa en el trabajo misionero, ese mismo año la Junta de Misiones Extranjeras del Concilio General Luterano la nombró maestra y visitadora para el campo bajo la supervisión del Rdo. Richards.[15] Se convirtió en una misionera activa y una maestra muy querida en la ciudad de Cataño. En el otoño de 1900, la señorita Wahlstedt, que había sido misionera en África, pero debido a problemas de salud, se había mudado de Chicago a San Juan, comenzó su vigorosa obra en la misión.[16] Se convirtió en maestra, visitadora y ayudante general. La mayor parte de su tiempo lo dedicó a visitar a posibles miembros y a buscar candidatos no religiosos para recibir instrucción catequética y prepararse para la confirmación. En la Iglesia Luterana San Pablo en San Juan, y en la Divino Salvador en Cataño, comenzó clases exitosas de inglés y costura.[17] Sin embargo, durante el verano de 1902 se produjo un incidente controversial: la señorita Wahlstedt entró en una iglesia católica romana de Cataño para ver el interior, y en una conversación mantenida con el sacristán, compartió sus perspectivas sobre el tema de las imágenes, centrándose en una imagen de la Virgen del Carmen. Argumentó sobre la inutilidad de rezar a objetos inanimados como una muñeca. El sacristán se enfureció ante semejante insulto a la Virgen, y este disgusto se extendió dentro de la comunidad Católica. El obispo Católico Romano se enteró del reproche e hizo pública su mortificación. El asunto se resolvió después de que el Sr. Swensson publicara un artículo en un periódico local en el que ofrecía la perspectiva luterana sobre el evento y, después de un corto tiempo, la controversia quedó en el olvido.[18] En noviembre de 1905, la señorita Wahlsted regresó a casa debido a su enfermedad.[19] Sin embargo, otros episodios de este tipo habían tenido lugar anteriormente, lo que fomentó un fuerte antagonismo católico. Durante los meses de invierno de 1901–1902, la escuela dominical en Cataño alcanzó una asistencia de 197 personas, y

Luego se compró una casa ubicada en el centro de una calle principal. Esto despertó fuertemente oposición católica. Un sacerdote fue enviado allí. Las mujeres fueron enviadas para asustar e instar a los padres para que no nos envíen a sus hijos. Durante los meses de verano la escuela disminuyó mucho. En el otoño, habiendo muerto el sacerdote y habiendo disminuido la oposición activa, la escuela revivió.[20]

Estos incidentes fueron evidencia de la lucha de los grupos protestantes en el desarrollo de su misión en la isla de Puerto Rico a principios del siglo veinte. Afortunadamente, este resentimiento entre los protestantes y los grupos católico romanos finalmente cambió, especialmente después del Concilio Vaticano II durante la década de 1960. Si bien este cambio de actitud mental tardó años en desarrollarse, actualmente se puede encontrar un gran número de proyectos de orientación social en Puerto Rico y otras partes del mundo, patrocinados conjuntamente por organizaciones católicas y protestantes.

En su informe para el bienio, en septiembre de 1901–1903, a la Junta de Misiones de Puerto Rico del Concilio General de la Iglesia Evangélica Luterana en América del Norte, el reverendo H.F. Richards registró la urgencia de más ayudantes para satisfacer las necesidades de la misión puertorriqueña.

Nuestra misión ha llegado a un punto en el que se necesitan urgentemente más ayudantes si queremos aprovechar al máximo nuestra oportunidad. Nuestro número total de miembros ha aumentado en los últimos dos años de 34 a 88, y hay 11 más que han solicitado la membresía.[21]

En ese momento, la junta no había conseguido más misioneros o ayudantes, pero persistió en su compromiso de continuar la búsqueda, con la esperanza de encontrar a alguna persona adecuada para el próximo año. Fue en esta coyuntura, en octubre de 1904, que la señorita Clara E. Hazelgreen se unió a los misioneros de los Estados Unidos en Puerto Rico,[22] sin embargo, su servicio de dos años y medio en el archipiélago terminó el 23 de abril de 1907, cuando regresó a los Estados Unidos.[23] A pesar de esto, durante su permanencia y con el hábil liderazgo del pastor Alfred Ostrom, se estableció la misión luterana en las comunidades más cercanas de San Juan, y se reclutaron[24] los primeros obreros varones puertorriqueños.[25] Se trata de trayectorias que la misión continuaría siguiendo.

Gabriela Cuervos y otras mujeres puertorriqueñas se unen al ministerio

En junio de 1906 Gabriela Cuervos, la primera puertorriqueña en servir como misionera luterana, llegó al archipiélago después de dos años de estudio en la Escuela Misionera Luterana de Diaconisas en la ciudad de Milwaukee (Wisconsin), y comenzó sus labores en las áreas de San Juan, Cataño y Bayamón.[26] Trabajó durante aproximadamente siete años en la misión luterana. Durante los primeros tres años, antes de sus estudios en Milwaukee, no recibió ninguna compensación, pero a su regreso a Puerto Rico en 1906, se convirtió en misionera apoyada financieramente por la Sociedad Misionera de Damas del Sínodo Augustana. Su trabajo misionero consistía en visitar a los futuros miembros de la misión en sus hogares, y compartir historias bíblicas con ellos. Cuidaba de los pobres y ayudaba a las familias de los difuntos. También contribuyó al evangelismo de la iglesia y sus programas de instrucción a través de sus diversas organizaciones. Trabajó con jóvenes, ancianos y mujeres en otras actividades relacionadas con la iglesia. El 26 de abril de 1913 se casó con Charles H. Marks, un caballero episcopal de Inglaterra que residía en Puerto Rico, mientras continuaba su fiel y asidua labor con la misión luterana.[27]

La señorita Cuervo fue confirmada el 15 de abril de 1900 en la primera clase de catecúmenos puertorriqueños por los pastores Richards y Hankey, los primeros pastores misioneros ordenados luteranos de los Estados Unidos en Puerto Rico. Fue la única de las cuatro jóvenes confirmadas en ese momento (fundadoras de la Iglesia San Pablo) que permaneció fiel a su iglesia. Las otras tres dejaron la iglesia. La señora

Felícita Rosario de Deza, que antes había quedado impresionada por los "protestantes que cantan y nombran a Dios", introdujo a la señorita Cuervo a la Iglesia Luterana. Doña Gabriela[28] fue la única que conoció y trabajó personalmente con los primeros misioneros de los Estados Unidos, así como con los primeros obreros de la iglesia puertorriqueña. Enviudó durante la Primera Guerra Mundial y tuvo dos hijos, Ana Mercedes y George.[29]

La contribución de Cuervo Mars a la misión luterana en Puerto Rico fue muy apreciada por muchos de sus colaboradores y por la Ladies Home and Foreign Mission Society. En un informe de esta última organización de mujeres del 13 de julio de 1931, se indicó que poco antes de su muerte, la señorita Annette Wahlsted solicitó que la sociedad ayudara a la señora Gabriela Cuervo apoyando la educación de su hija. Si bien esta solicitud no fue atendida, la Sociedad de Mujeres del Sínodo Augustana consideró permitir que la Sra. Cuervo y sus dos hijos vivieran en una casa que la sociedad había adquirido en Puerto Rico. El 12 de septiembre de 1939, y por una recomendación hecha anteriormente por el reverendo William G. Arbaugh (Tesorero de Campo de la Junta de Misiones Americanas de la Iglesia Luterana Unida en América) a la Sociedad de Mujeres del Sínodo Augustana, dicha organización de mujeres vendió la casa a la Sra. Cuervo Marks por la cantidad de $300.[30]

El papel desempeñado por la Sra. Cuervo Marks y otras mujeres en la misión y el ministerio de la iglesia fue, desde el principio, muy significativo. La convicción, la resiliencia, y la iniciativa de estas pioneras puertorriqueñas, sirvieron para establecer modelos creativos de ministerio laico y ordenado a lo largo de estos cien años de luteranismo en Puerto Rico.

Hay una canción en el nuevo himnario en español producido por la Iglesia Evangélica Luterana en América (ELCA, por sus siglas en inglés) para su membresía de habla hispana en los Estados Unidos y Puerto Rico, que me trae a la mente algunas dimensiones importantes de las contribuciones de estas mujeres.[31] Su título, "Dios hoy nos llama a un momento nuevo", sugiere el tipo de visión y compromiso expresado por estas mujeres al aceptar su llamado al ministerio. El himno es una celebración de la previsión y el testimonio estimulante de estas líderes, fieles que nos impulsa a unirnos a ellas hoy para contribuir al avance del poder transformador del evangelio.

Dios hoy nos llama a un momento nuevo,
a caminar junto con su pueblo,
es hora de transformar lo que no da más,
nuestra separación y soledad
y solo y aislado no hay nadie capaz.

Por eso, ¡ven!
Entra en la rueda con todos también.
Tú eres muy importante.
Por eso, ¡ven!
Entra a la rueda con todos también.
Tú eres muy importante. ¡Ven!

Ya no es posible creer que todo es fácil,
Hay muchas fuerzas que producen muerte,
Nos dan dolor, tristeza y desolación,
Es necesario afianzar nuestra unión.

La fuerza que hace hoy brotar la vida,
obra en nosotros dándonos su gracia,
es Dios que nos convida a trabajar,
su amor repartir y las fuerzas juntar.[32]

En septiembre de 1906, la señorita May C. Mellander llega a Puerto
Rico como misionera de los Estados Unidos, para hacerse cargo de la
escuela parroquial luterana establecida en el pueblo de Cataño.[33] La
señorita Mellander nació en Kane, Pensilvania, en 1877, y era hija del
reverendo J. Mellander, pastor de la Iglesia de Belén en Saint Charles,
Illinois. Su labor misionera en el archipiélago duró más de diez años
hasta su partida el 23 de mayo de 1917. Durante su estancia en Puerto
Rico, también impartió cursos en el seminario establecido en Cataño
para la formación de laicos puertorriqueños. Después de su regreso a los
Estados Unidos, la señorita Mellander viajó durante unos años como
oradora de la Sociedad Misionera de Mujeres. También trabajó como
maestra en el pueblo de Laton, cerca de Kingsburg (California), con
niños mexicanos; y en los últimos ocho años de su vida, sirvió bajo
los auspicios de la Asociación de California de la Sociedad Misionera
de Mujeres, atendiendo las necesidades físicas y espirituales de los

trabajadores agrícolas migrantes. El 31 de diciembre de 1936, la señorita
Mellander murió, y fue enterrada en Saint Charles, Illinois, después de
los servicios en la Iglesia Luterana de Belén.[34]

Desde el 1909 hasta el 1923 un número de mujeres, tanto de
los Estados Unidos como de Puerto Rico, continuaron a unirse en
las labores de la misión luterana, mayormente en el área educativa:
la señorita Leonor Shaw y María E. González (1909), Dolores Q. de
Martínez (1910), Matilde Llanes, Carmen Froilán, Genoveva Fernández,
y Demetria Sánchez (1912), Mariana Agostini (1913), Emma Schmid,
Sophia Probst y Concepción González (1914), Dolores Rosado, Aurora
Lomeña, Mariana Ojeda, Nanca Schoen, Catalina Zambrana (1917),
Carmen Matilde Rosario (1919), Nicolasa Hernández González (1920),
Rosario Ojeda (1921), Rosa C. González, y Antonia Santana (1923),
Berta Casos (1924).[35]

En 1925, la señorita Frieda M. Hoh y la señorita Florence Hines
llegaron a Puerto Rico. Esta última procedía de las Islas Vírgenes, donde
había estado trabajando como misionera, pero regresó a los Estados
Unidos al año siguiente. La señorita Hoh nació en Wheeling, Virginia
Occidental. Se había graduado de la Escuela para Niñas Lankenau en
Filadelfia y de la Escuela de Enfermería del Hospital Lankenau en la
misma ciudad. También estudió en la Universidad de Pensilvania.[36] Con
un título de enfermera, comenzó su trabajo misionero en Puerto Rico en
actividades relacionadas con la salud.[37] Dada la alta tasa de mortalidad
infantil, y la realidad de que epidemias de todo tipo se cobraban un
gran número de vidas, que no había clínicas gratuitas, educación para
la salud, o saneamiento en los sectores más pobres de la isla, comenzó
una clínica en su casa, y con la ayuda de las sociedades misioneras de
mujeres y amigos personales en los Estados Unidos, abrió la primera
estación de leche en la isla.

A las madres se les enseñaba cómo preparar las fórmulas para
bebés, cómo bañarlos y vestirlos, cómo aislarlos en casos de
contagio. Enseñó higiene en las escuelas públicas como un
curso extracurricular y contaba cuentos en los hogares y en las
escuelas bíblicas de vacaciones diarias.[38]

Más tarde empleó sus talentos musicales para desarrollar coros
congregacionales y mejorar la liturgia de la adoración. Participó en la

traducción del libro de *Servicios Comunes* al español. Como miembro
del Comité de Educación Religiosa, también ayudó en la traducción
de cursos para niños, programas para las mujeres de la iglesia, y en la
creación de literatura para las escuelas bíblicas de vacaciones. La señorita
Hoh falleció el 25 de febrero de 1962 en la casa de su hermano, el pastor
Ernest Hoh, en Lancaster, Pensilvania.[39]

Otro vehículo importante para el liderazgo de las mujeres en la
misión luterana fue el trabajo de La Sociedad Misionera de Damas
Luteranas de Puerto Rico. Esta sociedad tenía una larga historia en la
Iglesia Luterana de los Estados Unidos. Fue iniciada por las cónyuges de
los pastores, para orar y recolectar ofrendas para responder a las necesidades de la sociedad que expande el reino de Dios en la tierra. Uno de
los objetivos principales de la sociedad era establecer un grupo en cada
congregación luterana. En Puerto Rico, la sociedad congregacional de
mujeres se estableció en enero de 1933, reuniéndose anualmente para
evaluar y renovar su trabajo en la isla.[40]

Un legado destacado

En 1960, la revista *Lutheran Women* publicó un artículo de la Sra. Ofelia
Falcó (esposa del reverendo Evaristo Falcó) que describía el trabajo de las
mujeres luteranas en Puerto Rico y las Islas Vírgenes. A los cuatro años
de edad, la Sra. Falcó había comenzado a asistir al jardín de infantes
establecido por la Iglesia Luterana San Pablo en San Juan, Puerto Rico.
Con el tiempo, ella, sus siete hermanos y hermanas, su madre, su abuela
y su tía también se hicieron luteranos. Sirvió a su iglesia a través de todas
sus organizaciones y, a su debido tiempo, se involucró con la Sociedad
de Mujeres en todos los niveles de sus programas. En el verano de 1951,
un grupo de mujeres de Puerto Rico y las Islas Vírgenes se reunieron
y organizaron la Sociedad Sinodal del Caribe con la Sra. Falcó electa
como su primera presidenta. En 1960, se había convertido en miembro
de la junta ejecutiva de las Mujeres de la Iglesia Luterana Unida.[41] Al
igual que en el caso de las mujeres mencionadas anteriormente, la labor
de la Sra. Falcó marcó una importante contribución de las mujeres en
el desarrollo de la Iglesia Luterana en Puerto Rico, así como su valiosa
participación más allá de las fronteras del Caribe.

Otro ejemplo importante, pero más reciente, del liderazgo de las
mujeres luteranas puertorriqueñas es el de Doña Juana Desardén. A

principios de la década de 1950, mi padre aceptó el llamado como pastor de la Iglesia Luterana El Divino Salvador en la ciudad de Cataño. La trabajadora laica de la iglesia en ese momento era Doña Juana, como la llamábamos cariñosamente. Doña Juana fue una líder increíble y excelente. Estaba en todas partes haciendo de todo. Los domingos dirigía el programa de la escuela dominical y más tarde se sentaba en uno de los bancos al final del santuario donde anotaba la asistencia al servicio de adoración. Durante la semana visitaba a los ausentes del servicio de adoración y mantenía informados a mi padre y al resto de los líderes de la congregación sobre las necesidades físicas, espirituales y emocionales de la comunidad. Nunca dejaba de asistir a un servicio de adoración ni a ninguna de las actividades de la iglesia. Servía a la gente de la iglesia y a la comunidad en general. Era su amiga, confidente y defensora. Vivió una vida humilde con su esposo y sus seis hijos en un apartamento en el *caserío,* una ubicación equivalente a los proyectos en grandes ciudades como Nueva York o Chicago.

Me han dicho que una vez pidió fondos a la iglesia para pagar su seguro médico. En ese tiempo, los costos del seguro médico eran de alrededor de 60 dólares al mes. Por un tiempo, la iglesia rechazó su petición. A pesar de este incidente, continuó su trabajo con entusiasmo y fidelidad. Siempre me he preguntado la razón por la que los líderes de la iglesia rechazaron su solicitud. Mi familiaridad con la historia de la expansión protestante norteamericana en Puerto Rico me lleva a sugerir que, en lugar de centrarnos en las intenciones individuales de estos líderes eclesiásticos, podríamos estar mejor servidos si exploráramos este asunto en el marco más amplio del contexto económico, político e ideológico de esta expansión protestante a Puerto Rico.

El alcance y el ritmo del cambio han cambiado en el último medio siglo. El 27 de febrero de 1983, después de que la Iglesia Luterana comenzara a ordenar mujeres para el ministerio de la Palabra y los Sacramentos, Rafaela Hayde Morales Rosa, anteriormente maestra de escuela primaria, se convirtió en la primera mujer puertorriqueña en ser ordenada en el Sínodo del Caribe de la Iglesia Luterana en América. Más tarde ese mismo año, el 1 de marzo, Morales Rosa, graduada de la Universidad Interamericana de Puerto Rico, que completó su formación teológica y ministerial en el Seminario Luterano de Filadelfia (Pensilvania), se convirtió en la pastora de la Iglesia Luterana de San Mateo en Jersey City (Nueva Jersey).

El surgimiento de las obispas puertorriqueñas

Finalmente, por último, pero no menos importante, los miembros del Sínodo del Caribe han celebrado recientemente el liderazgo de las mujeres eligiendo a una de ellas para ocupar el obispado. El 28 de octubre de 2001, la Rda. Margarita Martínez, una puertorriqueña nacida en Nueva York, pero criada en Puerto Rico, se convirtió en la primera mujer en ser investida como obispa del Sínodo del Caribe de la Iglesia Evangélica Luterana en América. Con una sólida formación académica[42], una carrera profesional en el gobierno[43] y una experiencia pastoral previa en dos congregaciones,[44] Martínez fue elegida con el 90% de los votos de las congregaciones del Sínodo, que actualmente está constituido por treinta y cuatro iglesias. Trágicamente, el 12 de marzo de 2007, la pastora Martínez murió de cáncer. En un panegírico celebrando su fallecimiento, el reverendo Mark Hanson, entonces obispo primado de la Iglesia Evangélica Luterana en América, declaró:

La obispa Margarita Martínez nos desafió a enfrentar las barreras que levantamos para dividirnos unos de otros y a cruzar esas barreras por el bien de la reconciliación. En su liderazgo del Sínodo del Caribe, nos dio una visión de una iglesia más inclusiva y multicultural. En las relaciones ecuménicas, modeló los dones de las mujeres en el ministerio y el liderazgo. Fue una gran mentora y amiga espiritual de innumerables jóvenes y pastores recién ordenados. Profundamente centrada en la comunidad de la iglesia reunida en torno a los medios de gracia, exudaba alegría mientras presidía y predicaba[45]

En una expresión posterior a la celebración sinodal del liderazgo de las mujeres, el 16 de junio, de 2018, el Sínodo del Caribe eligió a la Rda. Idalia Negrón Caamaño para un mandato de seis años como obispa del Sínodo. La Obispa Negrón obtuvo un bachillerato en la Universidad de Puerto Rico en Río Piedras, y una maestría en divinidad de la Escuela Luterana de Teología en Chicago. En el momento de escribir este artículo, continúa su servicio como obispa del Sínodo del Caribe.

Observaciones finales

Este capítulo describe la importante contribución de las mujeres en la misión luterana en Puerto Rico. Comenzando con las aportaciones de las esposas de los misioneros norteamericanos, que se comparan de diversas maneras con las de Katherine von Bora (esposa de Martín Lutero). También describe los logros de las diaconisas luteranas norteamericanas y puertorriqueñas en el avance efectivo y creativo del desarrollo de la misión. Se presentan historias en las que estas mujeres muestran su fidelidad al evangelio, a pesar de ser víctimas de una cultura patriarcal, donde las mujeres son marginadas en base a prejuicios por su sexo. A pesar de esto, el liderazgo de estas mujeres se siente de manera única en las áreas de administración, educación, servicio social, salud, música religiosa y, finalmente, en el papel pastoral, ya que fueron consideradas a principios de la década de 1970 para la ordenación al ministerio de la Palabra y los Sacramentos.

El capítulo culmina con la celebración de este liderazgo por parte de los miembros del sínodo eligiendo tanto a Margarita Ramírez (2001–07), como actualmente a Idalia Negrón (2018-2024), para ocupar la función episcopal del sínodo.

Notas

1. En el informe de octubre de 1903 de D.H. Geissinger, presidente de la Misión de Puerto Rico del Concilio General de la Iglesia Evangélica Luterana en América del Norte, se menciona que "la Sra. Richards (esposa del reverendo Herbert F. Richards), estando familiarizada con el idioma español y habiendo tenido experiencia previa en el trabajo misionero entre los hispanohablantes, ha sido de inestimable ayuda para su esposo". *First Report of the Board of Porto Rico Missions to the General Council of the Evangelical Lutheran Church in North America* (October 1903), 4.

2. Véase la interesante evaluación realizada por la señora Ana L. Sáenz de Morales en 1940 de los esfuerzos educativos realizados por la iglesia luterana durante sus cuarenta años de educación religiosa en Puerto Rico. Ana L. Sáenz de Morales, "Panorama de Educación Cristiana de la Iglesia Luterana en Puerto Rico," *El Testigo* (junio de 1940): 8–9.

3. Roland H. Bainton, *Women of the Reformation: In Germany and Italy* (Minneapolis: Augsburg Publishing House, 1971), 9. Bainton también proporcionó investigación académica sobre el papel de las mujeres de

la Reforma en Francia, Inglaterra y desde España hasta Escandinavia. Su investigación muestra, no solo que las esposas de otros reformadores en diferentes países europeos desempeñaron papeles similares a los de Catarina Lutero, sino también el importante papel desempeñado por las mujeres durante el siglo dieciséis en el avance de la Reforma en Europa. Véase, Bainton, *Women of the Reformation: In France and England* (Minneapolis: Augsburg Publishing House, 1973), y Bainton, *Women of the Reformation: From Spain to Scandinavia* (Minneapolis: Augsburg Publishing House, 1977).

4. Bainton, *Women of the Reformation: In Germany and Italy*, 27. Desafortunadamente, la información que tenemos sobre las contribuciones de Catarina como esposa de Martín Lutero proviene del propio Lutero. Bainton, *Women of the Reformation: In Germany and Italy*, ~~27~~.

5. "Su hijo, más tarde un distinguido médico, la elogió como medio doctora". Bainton, *Women of the Reformation: In Germany and Italy*, 29.

6. Bainton, *Women of the Reformation: In Germany and Italy* ~~Mujeres de la Reforma: en Alemania e Italia~~ 30.

7. Bainton, *Women of the Reformation: In Germany and Italy* ~~Mujeres de la Reforma: en Alemania e Italia~~ 32.

8. Bainton, *Women of the Reformation: In Germany and Italy* ~~Mujeres de la Reforma: en Alemania e Italia~~ 37.

9. Alicia E. Walter, *Catarina Lutero: Monja liberada* (México: El Faro S.A., 1984), 74–5.

10. Walter, *Catarina Lutero*, 42

11. Para esbozar las posibles actitudes que la esposa de un ministro puede tomar sobre su posición hoy en día, Donna Sinclair sugiere, entre otras, los roles de ayudante (su asistente, co-pastora y asociada vocacional de por vida) y facilitadora (mantener las cosas funcionando sin problemas en el hogar para que pueda hacer el mejor trabajo posible). Donna Sinclair, *The Pastor's Wife Today* (Nashville: Abingdon Press, 1981), 25–59.

12. Hellen Smith Shoemaker, "Forward," in Alice Taylor, *How to Be a Minister's Wife and Love It* (Grand Rapids, MI: Zondervan Publishing House, 1968), 7. Como mencionamos anteriormente, este fue el papel que desempeñaron las esposas de los misioneros luteranos norteamericanos durante su servicio en el campo misionero puertorriqueño.

13. "La última de las principales denominaciones protestantes (la Iglesia Episcopal) no aprobó la ordenación de mujeres hasta 1976. La Convención Bautista del Sur y la Iglesia Presbiteriana de Estados Unidos dieron el paso en 1964; la Iglesia Metodista y la Iglesia Presbiteriana Unida de EE.UU., votaron para ordenar a las mujeres en 1956". Judith L. Weidman, ed. *Women Ministers: How Women Are Redefining Traditional Roles* (San Francisco: Harper & Row, 1985), 2. Para una información más detallada

sobre la ordenación de las mujeres en la Iglesia Evangélica Luterana en América y sus cuerpos predecesores véase, *"50 años después: medio siglo de ordenación de mujeres luteranas"*, *StOlaf.edu, consultado el 22 de junio de 2023*, https://pages.stolaf.edu/lutheranwomensordination/, *documentando la decisión en 1970, los efectos dentro de las iglesias y las experiencias de las mujeres.* *"50 Years On: a Half Century of Ordaining Lutheran Women,"* *StOlaf.edu, accessed June 22, 2023,* https://pages.stolaf.edu/lutheranwomensordination/, documenting the decision in 1970, the effects within the churches, and the experiences of women. Cincuenta años después: medio siglo de ordenación de mujeres luteranas documentando la decisión en 1970, los efectos dentro de las iglesias y las experiencias de las mujeres. (stolaf.edu). La primera mujer puertorriqueña en ser ordenada en el Sínodo del Caribe fue Rafaela Morales el 27 de febrero de 1983. Eneid Routte Gómez, "Lutheran Minister is Triply Blessed" *San Juan Star* (February 20, 1983): 35.

14.　　Swensson llegó en 1898, el pastor H.F. Richards y B.F. Hankey en 1899. La señorita Annette Wahlsted llegó en 1900. La señorita Wahlstedt fue la primera misionera en recibir el apoyo de la Sociedad Misionera de Mujeres de la Iglesia Luterana Augustana. *Mission Tidings* (Monthly journal of the Women's Missionary Society of the Augustana Lutheran Church) XLVII, no. 1 (junio 1952): 13. Si bien las mujeres en el Sínodo de Augustana estuvieron interesadas en los esfuerzos misioneros desde sus inicios, fue solo en 1892 que estas labores llegaron a organizarse oficialmente a nivel sinodal. La formación de la Sociedad Misionera de Mujeres en Lindsborg, Kansas, en mayo de 1892 originalmente suscitó cierta controversia entre los miembros del Sínodo Augustana. Algunos de los miembros del sínodo argumentaron, basándose en 1 Timoteo 2:10, que tales compromisos no eran aceptables. Otros señalaron a Dorcas, Lidia, María, Marta y Priscila como ejemplos de mujeres que sirven al Señor. En cualquier caso, el sínodo aprobó una resolución argumentando que: "Puesto que las mujeres siempre han tomado parte activa en la extensión del Reino de Dios, y considerando que cincuenta mujeres de diversas partes de la Iglesia, reunidas en esta reunión, se han unido, bajo oración a Dios, para organizar una Sociedad Evangélica Luterana de Mujeres con el propósito de promover las misiones nacionales y extranjeras de nuestra Iglesia; por lo tanto, resuélvase: i) que el Sínodo exprese su alegría por esta organización y le dé su plena sanción; ii) que el Sínodo recomiende la Sociedad a sus pastores y congregaciones, que le den todo el aliento y el apoyo que pueda resultar de ella..." En 1895 se adoptó una constitución, y a partir del año 1894, los informes anuales de la Fraternidad aparecen en las actas sinodales. Oscar N. Olson, *The Augustana Lutheran Church in America 1860–1910*, 83–84.

15. "Informe de 1901 de las Misiones Extranjeras del Consejo General Luterano", pág. 31.

16. "Informe de 1901 de las Misiones Extranjeras del Consejo General Luterano", 6. Annette Wahlstedt fue la primera misionera en ser apoyada por la Sociedad Misionera de Mujeres por su trabajo en Puerto Rico. Esta sociedad estaba conectada a la Iglesia Luterana Augustana. May Mellander también fue misionera en Puerto Rico apoyada por la Sociedad Misionera de Mujeres encargada de programas educativos. Véase, *Mission Tidings* XLVII no. 1 (junio de 1952): 13, 16. También, Nona M. Diehl, *Mujeres de la iglesia luterana unida: herencia e historia 1879–1959* (Filadelfia), 219.

17. *Primer informe de la misión de Puerto Rico*, 4.

18. *El Testigo* (septiembre de 1948): 4. El incidente se hizo público en el diario Católico Romano *El Heraldo Español* Año VIII, Núm. 173 (July 1902), 2, y en *El Ideal Católico* año IV, no. 156 (2 de agosto de 1902): 366. Para una interesante respuesta católica romana a la construcción de imágenes de los santos, véase, *El Ideal Católico* año II, no. 10 (20 de octubre 1900): 111.

19. *El Testigo* (junio de 1937): 15.

20. *Primer informe de la misión de Puerto Rico*, 7.

21. *Primer informe de la misión de Puerto Rico*, 8.

22. *El Testigo* (septiembre de 1948): 7,14.

23. *El Testigo* (septiembre de 1948): 5.

24. Antes de 1905 solo se habían establecido tres congregaciones (dos en San Juan y una en Cataño), pero desde 1905 hasta 1918, se lanzaron seis congregaciones más (dos en Bayamón, una en Monacillo, una en Palo Seco, una en Toa Baja y una en Dorado). *El Testigo* (diciembre de 1948):14.

25. *El Testigo* (diciembre de 1948): 5.

26. *El Testigo* (diciembre de 1948): 15. También, "Doña Gabriela Cuervos Vda. de Marks," en *El Testigo* ~~año XIX, no. 12~~ (abril de 1936): 2.

27. *El Testigo* (abril de 1936): 2.

28. Un nombre entrañable para mujeres respetadas y distinguidas.

29. *El Testigo* (abril de 1936): 2.

30. La carta fue enviada por el reverendo Arbaugh a la Sra. J.W. Lanstrom, secretaria de la Sociedad Misionera de Mujeres del Sínodo Augustana, el 2 de noviembre de 1933.

31. *Libro de liturgia y cántico* (Minneapolis: Fortress Press, 1998).

32. *Libro de liturgia y cántico*, 490.

33. En abril de ese año, el reverendo A.P.G. Anderson y su hermana Naomi habían llegado a Puerto Rico como misioneros de los Estados Unidos. La señorita Naomi Anderson regresó a los Estados Unidos en marzo de 1909. *El Testigo* (junio de 1937): 16.

34. Carl H. Sandgren, *My Church: A Yearbook of the Lutheran Augustana Synod of North America* Vol. XXIV (Rock Island, IL: Augustana Book Concern, 1938), 140–41.

35. *El Testigo* (enero de 1949), 12. La mayoría de las mujeres norteamericanas tenían un título universitario en el área de la educación. Algunas mujeres puertorriqueñas tenían un título universitario de una universidad en Puerto Rico. Otras tenían el papel de asistente de maestros.

36. *Lutheran Women* 3 no. 6 (June 1962): 22.

37. Es interesante notar que originalmente, la señorita Hoh fue a Puerto Rico para cuidar a la esposa de un misionero que esperaba su primer bebé, pensando que este viaje constituiría solo una breve aventura. Pero amando a Puerto Rico desde el primer día, cuando los misioneros le pidieron que se quedara como enfermera misionera, regresó brevemente a los Estados Unidos, y en septiembre de 1926, regresó al archipiélago como misionera regular. *Lutheran Women* 2 no. 6 (junio 1961): 22

38. *Lutheran Women* 2 no. 6 (June 1961): 22.

39. *Lutheran Women* 2 no. 6 (June 1961): 22.

40. Véase, Clara E. de Arbaugh, "La obra de las damas luteranas: ¿Qué significa la sociedad misionera de damas? en *El Testigo* (junio de 1951): 11–12. También, "Primicias puertorriqueñas", en *El Testigo* (abril de 1939): 14. La Sociedad Congregacional de Mujeres Puertorriqueñas se estableció principalmente a través de los esfuerzos de la Sociedad Misionera de Mujeres formada por las esposas de los pastores y las misioneras. *Lutheran Women* (March 1960): 6–7. En 1951, Rosario Ojeda escribió un artículo destacando el logro de Doña Genoveva Morales de Cotto, esposa del reverendo César Cotto, quien, al recibir una beca del gobierno de Puerto Rico, completó una maestría en la Universidad de Columbia (Nueva York) en Supervisión y Administración Escolar. Rosario Ojeda, "Se recibe de maestra", en *El Testigo* (julio de 1951): 11. La Sra. Morales de Cotto regresó a Puerto Rico y se convirtió en una activa líder laica de la misión luterana en el área de la educación.

41. Ofelia Falcó, "Lutheran Women in the Caribbean," *Lutheran Women* I no. 1 (marzo 1960): 6–7.

42. La Obispa Martínez obtuvo un bachillerato de la Universidad Mundial de Puerto Rico y una maestría en administración de empresas de la misma universidad. También recibió su Maestría en Divinidad en el Seminario Teológico Luterano en Filadelfia. Sandra Ivelisse Villarreal, "Mujer puertorriqueña investida como obispa en la Iglesia Luterana", *El Nuevo Día* (28 de octubre de 2001): 4.

43. "Martínez dejó una carrera en el gobierno para seguir su vocación religiosa ... fue directora de la Oficina de Recursos Humanos del Municipio de Carolina (Puerto Rico) de 1979 a 1983 y trabajó en la Junta de

Planificación". Villarreal, "Mujer puertorriqueña investida como obispa en la Iglesia Luterana", 4.

44. Martínez sirvió en la Iglesia Luterana Bethel en Dorado y en la Iglesia Luterana San Marcos en Guaynabo. En el momento de su elección como obispa, era desarrolladora de misiones en Cayey. Todas estas congregaciones están en Puerto Rico.

45. "Margarita Martínez, Obispa del Sínodo del Caribe de la ELCA, muere", ELCA.org, 12 de marzo de 2007, https://www.elca.org/News-and-Events/5872, consultado el 12/3/2022.

CAPÍTULO 9

Resultados

EN SU LIBRO *Terrazo*, Abelardo Díaz Alfaro,[1] uno de los narradores puertorriqueños más queridos, cuenta la siguiente historia sobre Peyo Mercé, un maestro de escuela puertorriqueño ficticio con aproximadamente veinte años de experiencia, que educa a niños en un sector rural pobre de Puerto Rico llamado Cuchilla. La pequeña escuela donde Peyo enseñaba era un edificio con dos salas de reuniones. En una de ellas, Peyo impartía sus clases, en la otra, Johnny Rosas, un maestro que acababa de regresar, que había llegado después de un período en los Estados Unidos, y que había sido enviado por Rogelio Escalera, su supervisor, se esforzó por familiarizar a Peyo con las técnicas pedagógicas recién desarrolladas. El supervisor le había dicho a Johnny que la razón principal por la que lo habían enviado a Cuchilla era para mejorar las habilidades pedagógicas de Peyo, ya que estaban unos cuarenta años atrasadas, con el fin de modernizar su enseñanza, pero, sobre todo, para enseñar inglés, mucho inglés.

El día que Peyo vio llegar a Johnny a Cuchilla, en lugar de resentimiento, sintió lástima y se dijo a sí mismo: "La vida le irá trazando surcos como el arado a la tierra". Un día, Johnny le dijo a Peyo que el sector rural necesitaba renovarse: "Necesitamos enseñar mucho inglés y reproducir los patrones norteamericanos". Sin ser demasiado pesado, Peyo soltó las siguientes palabras: "Sin duda, tenemos que aprender inglés porque es bueno y lo necesitamos, pero, 'bendito' (qué tonto), ni siquiera podemos pronunciar bien el español, y tener hambre lleva a nuestros hijos a ser degradados. El zorro les dijo una vez a los caracoles que, para correr, primero hay que aprender a caminar". Pero Johnny no podía entender lo que Peyo le decía.

Ante la proximidad de la Navidad, Johnny le dijo a Peyo: "Este año Papá Noel debutará en La Cuchilla, porque la celebración de los Reyes Magos ya está pasada de moda". Peyo se rascó la cabeza y respondió sin compasión: "Como solo soy un jíbaro y no he viajado en absoluto, llevo a los tres reyes en mi alma. En preparación para la 'Gala Premier' de Santa Claus en Cuchilla, Johnny mostró a sus estudiantes algunas imágenes de Santa Claus deslizándose en un trineo tirado por renos, y les preguntó a sus estudiantes: "¿Quién es este personaje?" El travieso Benito levantó la mano y dijo: "Místel, esa es la figura del Año Viejo en rojo. Johnny Rosas se sorprendió por la ignorancia de sus alumnos, y al mismo tiempo se enfureció por el descuido de Peyo Mercé.

Llegó la noche de Navidad y los estudiantes vinieron con sus padres. Para su clase, Peyo preparó una fiesta típica puertorriqueña con villancicos acompañados de instrumentos autóctonos alusivos a los Reyes Magos. Al finalizar, compartió con los asistentes algunos dulces isleños. Después de la fiesta, Peyo dirigió a sus alumnos a que se trasladaran a la habitación del "señor" Rosas para una sorpresa. También había invitado al supervisor "míster" Rogelio Escalera. En el centro de la habitación había un pequeño árbol de Navidad artificial. La habitación estaba decorada con hojas verdes y un letrero cubierto de nieve con las palabras *Feliz Navidad*. Los asistentes se quedaron estupefactos pues aún no habían visto nada parecido, el "señor" Rogelio Escalera parecía muy satisfecho. Algunos estudiantes se subieron a una plataforma improvisada creando un crucigrama con el nombre de Santa Claus, y otros comenzaron a cantar "Jingle Bells". Los padres se miraron atónitos.

El supervisor habló a los asistentes, felicitándolos por tan buena fiesta, y por tener un maestro tan activo y progresista como el "señor" Rosas. Luego exigió a los participantes el más profundo silencio, pues pronto presentaría un personaje extraño y misterioso. Inmediatamente, un pequeño coro comenzó a cantar: "Santa Claus viene a la ciudad. . ." De repente, la figura roja y blanca de Santa Claus cargando un gran saco se levantó del umbral de la puerta diciendo con voz cavernosa: "Aquí está Santa, Feliz Navidad a todos". Un grito de terror se estremeció en la habitación. Todo el mundo buscó una escapatoria. Algunos se arrojaron por las ventanas, y los niños se pegaron a las faldas de sus madres, que corrían desordenadas. El "señor" Rosas corrió detrás de ellos para explicarles que era él quien se había vestido de una forma tan extraña, pero eso provocó un aumento en los gritos de la gente, y el pánico se agudizó. Una anciana haciendo la señal de la cruz, invocaba en un nombre sagrado: "¡Es el mismo demonio que habla en americano!"

A lo lejos se escuchaban los gritos de la gente, que ya se había dispersado y el "señor" Escalera, al ver que Peyo se había quedado indiferente y desconectado, le echaba la culpa de que se produjera semejante salvajismo en el siglo veinte. Peyo, sin inmutarse, respondió: "Señor" Escalera, no se me puede culpar por no tener a este santo en la colección de santos puertorriqueños.[2] En este relato, un clásico de la literatura puertorriqueña, el autor describe de forma literaria modesta y humorística, los retos a la identidad puertorriqueña, impuestos por el violento proceso de "americanización" del territorio puertorriqueño por parte de los Estados Unidos después de 1898. Sin duda, las intervenciones coloniales españolas y norteamericanas en Puerto Rico crearon un profundo impacto positivo y negativo en la vida y la identidad de los habitantes del archipiélago. Si bien mencioné anteriormente en este estudio que las fuerzas armadas estadounidenses tuvieron un papel importante en el proceso de "americanización" de la identidad del pueblo puertorriqueño; como sugiere Díaz Alfaro en su historia, hubo muchas otras fuerzas poderosas involucradas en este proceso de "americanización" que continúan su impacto esquivo pero fuerte en el presente.[3] Siguiendo un modo común de resistencia descrito por James C. Scott en sus estudios sobre las formas de resistencia campesina y las armas de los débiles, Díaz Alfaro presenta una historia humorística pero irónica de cómo los puertorriqueños apoyaron y resistieron la americanización de la cultura puertorriqueña.[4] Esta es una lucha que siguen llevando a cabo los puertorriqueños en la isla, así como en su experiencia diaspórica en los Estados Unidos.[5] A medida que investigué varios segmentos de la misión luterana en Puerto Rico en esta exploración, también me di cuenta de que esta misma lucha se convirtió en un elemento importante en el surgimiento y desarrollo de esta experiencia misionera.

Ajuste de cuentas con los fundamentos teológicos de las misiones luteranas

Dado que el enfoque de este estudio es la misión luterana en Puerto Rico, considero importante proporcionar el trasfondo teológico que guió el esfuerzo misionero del luteranismo durante este período de tiempo. Sin duda, dado nuestro examen previo de la colonización europea del Caribe en el siglo dieciséis, el luteranismo no fue la única expresión religiosa del protestantismo traída por los conquistadores protestantes europeos. Sin embargo, he descrito brevemente la colonia alemana establecida en 1528 en Venezuela que algunos historiadores han afirmado que fue colonizada por luteranos. Además, también mencioné que, ya el 7 de enero de 1519, el obispo católico romano en Puerto Rico, Manuel Alonso, que también había sido nombrado Inquisidor de Indias, asistió al caso del maestre Juan, probablemente el primer caso de luteranismo procesado en las Indias.

Para describir este trasfondo teológico luterano, quiero destacar que, en su libro, *Outline of a History of Protestant Missions: From the Reformation to the Present Time* (1901), el distinguido misiólogo alemán Gustav Adolf Warneck (1834–1910), todavía considerado el padre de la teoría de las misiones, hace una breve referencia a la historia de las misiones protestantes en Puerto Rico. Noventa años después, el misiólogo puertorriqueño Carlos Cardoza Orlandi destacaría la importancia de este libro para el estudio de la historia de las misiones debido a su análisis de la perspectiva protestante y misiológica.[6] Warneck divide su libro en dos partes. En la primera, presenta la comprensión de las misiones protestantes durante y después de la Reforma europea. En el segundo, el autor describe los diferentes territorios donde se desarrolló la labor misionera protestante. En el capítulo donde describe la obra misionera en las Américas, encontramos la breve mención a Puerto Rico,[7]

Puerto Rico, cuya población es de 950 000 habitantes, incluyendo 363 000 personas de color, es igualmente nominalmente católica, durante su sometimiento a la dominación española apenas ha sido tocada por las misiones evangélicas, pero ahora, como Cuba, se ha convertido en objeto de evangelización de ocho sociedades americanas (2500 comulgantes).[8]

Para Cardoza Orlandi, lo que invita a la reflexión sobre la cita es que el autor ubica a Puerto Rico entre las Antillas. Por lo tanto, en cualquier análisis de la obra misionera se destacará la presencia de la población negra. Por otro lado, mientras Warneck menciona el cambio de gobierno en Cuba, haciendo una referencia peyorativa al dominio español, e insinuando un cambio positivo bajo los Estados Unidos, no hace ninguna mención a la realidad política colonial en Puerto Rico que era similar a la de Cuba durante esta época. Lo que está claro es que, dado el cambio de gobierno, las misiones protestantes norteamericanas fueron las encargadas de la evangelización.[9] Por último, pero no menos

importante, la empresa misionera en Puerto Rico confronta a los luteranos con algunos problemas misioneros que no se habían experimentado previamente en su participación misionera en la India. En la India,
los mayores desafíos fueron la idolatría, el sistema de castas y la multi-
plicidad de religiones. En Puerto Rico la cuestión se convirtió en una
cuestión de identidad. Mientras que la Iglesia católica romana enfatizó
nuestra singularidad hispana colonial, los protestantes acentuaron la
"americanización" colonialista de nuestro pueblo. Sin embargo, como
personas del Caribe, también tenemos que aceptar la herencia religiosa
africana de nuestros hermanos y hermanas anteriormente esclavizados.

Además de los comentarios anteriores sobre las perceptivas ideas
tempranas de Warneck sobre la historia de las misiones protestantes,
quiero agregar algunos otros elementos al legado del "padre de la teoría
de las misiones". En un artículo de 1987 escrito por Valdir R. Steuernagel
en una revista internacional de misiones, él sostiene que entre las muchas
contribuciones de Warneck a la teoría de las misiones, se encuentra el
hecho de que proporcionó una base bíblica esencial para comprender
la misión cristiana. Citando numerosas referencias bíblicas, Warneck
mostró que la aventura misionera es la obra de Dios, reafirmada por
el ministerio de Jesús, para la salvación humana. Otra de las contribuciones importantes de Warneck fue la afirmación de que estamos
llamados, tanto individual como colectivamente, como cuerpo de Jesús
en el mundo, a ser parte de la misión de Dios. Para Warneck, esta es la
tarea principal de la iglesia. Por último, pero no menos importante,
Warneck enfatizó la necesidad de desarrollar una visión adecuada de la
historia y de la realidad social, con el fin de proporcionar un testimonio
eficaz de la actividad misionera de la Iglesia.[10]

Para Warneck, hay tres épocas importantes en la historia de las
misiones cristianas: i) El período apostólico y post apostólico (misión
entre los griegos y los romanos); ii) El período medieval y postmedieval
(misión al mundo alemán y anglosajón); y iii) el período que comenzó en
el siglo diecinueve (a todos los rincones del mundo). Fue durante estos
tiempos cuando el poder del Espíritu de Dios renovó la obra misionera
de la iglesia. Para Warneck, quien murió en 1910, el desarrollo de la
ciencia y el conocimiento humano que tuvo lugar durante los siglos
diecinueve y veinte marcó la promesa de la actividad misionera de la
Iglesia en todas partes del mundo.[11]

Aunque las contribuciones de Warneck fueron provocadoras,
Steuernagel nos recuerda que el padre de la teoría de la misión estaba

tan influenciado por el progreso desarrollado por las naciones industriales ricas de su tiempo, que no tomó conciencia de las trágicas consecuencias de las acciones imperialistas y coloniales de estas poderosas naciones sobre los países pobres del mundo. A pesar de esta omisión, Steuernagel sostiene que las contribuciones de Warneck siguen siendo importantes para nuestra comprensión de la misión y el ministerio de la iglesia. Ciertamente, entre estas diversas contribuciones estaba su capacidad para demostrar que, en la mayoría de los casos, la actividad misionera de la Iglesia había sido el producto de los sueños y anhelos de los sectores oprimidos de la sociedad, que tenían que enfrentarse a los poderes sociopolíticos y religiosos de su tiempo, en sus esfuerzos por llevar a cabo su testimonio de fe.[12]

En su biografía de Gustav Warneck, Hans Karsdorf señala que debido a que poseía un anhelo insaciable de conocimiento y aprendizaje, y por pura autodeterminación y el consentimiento a regañadientes de sus padres, Warneck logró ingresar al *gymnasium* (escuela de gramática) de la Fundación Francke en Halle. A partir de ahí, se graduó con honores e ingresó a los estudios teológicos en la Universidad de Halle, donde más tarde (1896) ocupó la primera cátedra de estudios misioneros en Alemania, cargo que ejerció durante doce años.[13]

La formación académica de los misioneros luteranos norteamericanos

Esta experiencia constructiva con la tradición educativa de Halle se convirtió en un elemento importante en la formación teológica de los pastores luteranos en el contexto de América del Norte[14], así como de los pastores que participaron en el campo misionero puertorriqueño. En su estudio de "The Pietist Impulse in Missions and Globalizing Christianity," Richard V. Pierard arguye que, en contrariedad a una suposición común entre los cristianos protestantes de habla inglesa, particularmente en los Estados Unidos, en[15] la raíz de la renovación de la actividad misionera evangélica se encuentran tres cepas que emanan del pietismo:

El movimiento Spener-Franke que emanó de Halle, el movimiento Moravian-Zinzendorf centrado en Herrnhut y el pietismo de Württemberg que fue mediado a través de la

Erweckungsbewegung (movimiento de avivamiento) alemana
en la expansión misionera de principios del siglo XIX que fluyó
desde tanto en Gran Bretaña como en Alemania.[16]

Dos pastores en las primeras etapas de la misión luterana en la isla,
Gustav Sigfried Swensson y Alfred Ostrom, fueron entrenados en el
Seminario Teológico Augustana (ATS, por sus siglas en inglés). B.F.
Hankey y H.B. Richards, los dos primeros pastores luteranos ordenados
que continuaron la misión en Puerto Rico después de Swensson,
recibieron su formación teológica en el Seminario Teológico Luterano de
Filadelfia (LTSP, por sus siglas en inglés). Ambos seminarios tenían una
fuerte conexión con la tradición conservadora, pietista y misionera del
luteranismo.[17] Este último, traza la historia de su centro teológico a los
esfuerzos de Henry Melchior Muhlenberg,[18] junto con el rechazo por parte
del Ministerio de Pensilvania[19] del "luteranismo americano" de Samuel
Simon Schmucker y sus seguidores.[20] El primero, producto de la herencia
misionera de la Iglesia Augustana que, dado su carácter pietista conservador
temprano típico de la tradición eclesiástica luterana sueca,[21] también había
rechazado el liberalismo del "Nuevo Luteranismo" que Samuel Simon
Schmucker y sus amigos llamaron "luteranismo americano".[22] En otras
palabras, dos perspectivas comunes entre el establecimiento de ambos
seminarios fueron un compromiso con la tradición pietista luterana, junto
con una posición teológica luterana conservadora.[23]

Ambos seminarios requerían que los candidatos que ingresaban
se hubieran graduado de un colegio relacionado con la Iglesia, aunque
a veces se admitía a un pequeño número de estudiantes sin un título
universitario.[24] Tres de los colegios donde los pastores de la ATS o de la
LTSP solían estudiar eran el Augustana College (AC), el Wittenberg
College (WC) y el Muhlenberg College. El primero abrió sus puertas en
Chicago en septiembre de 1860 con veintiún estudiantes y un miembro
de la facultad a tiempo completo, el reverendo Lars Paul Esbjörn,
como "un seminario teológico con el propósito de capacitar pastores y
maestros para nuestras congregaciones, así como una escuela prepara-
toria, la universidad, para preparar a los estudiantes para el seminario".[25]
Este último fue fundado en 1845 por la "facción estadounidense de
luteranos de Ohio".[26]

En el "Breve bosquejo histórico del Colegio Augustana y el
Seminario Teológico de Rock Island", publicado en 1918 para la

celebración del centenario de la admisión de Illinois en la Unión, se afirma que el día del fundador del Colegio y Seminario Augustana fue el 27 de abril de 1860. En ese momento, se desarrolló un programa de estudios académicos y teológicos razonablemente completo que incorporaba como instructores a algunos de los pastores de la ciudad y a un número selecto de estudiantes mayores. Si bien al principio el énfasis del plan de estudios estaba en preparar a los pastores para su ministerio, con el paso de los años se incorporaron regularmente profesores y cursos adicionales para el colegio y el seminario. Luego, en 1876, se implementó un programa completo de estudios para el Colegio y el seminario.[27]

En cuanto al Colegio de Wittenberg, fue establecido por un consorcio de pastores que se separaron de la iglesia alemana produciendo el Sínodo Evangélico Luterano Inglés de Ohio. Para ellos, el idioma inglés era un medio para promover la plenitud del nuevo país americano. "En 1842, el nuevo sínodo votó unánimemente para establecer una institución teológica y literaria que sirviera a las necesidades educativas y culturales de los nuevos inmigrantes y las nuevas comunidades".[28] Si bien las clases de apertura se llevaron a cabo en Wooster, Ohio, su lugar permanente se convirtió en Springfield, Ohio, una ciudad que a mediados de 1800 ofreció una gran cantidad de recursos a la universidad.[29] Al igual que otros colegios luteranos de la época, la prioridad original de Wittenberg era la formación de pastores luteranos. Hamma, su escuela de teología se mantuvo en el campus hasta 1978.[30]

En cuanto al plan de estudios, el curso original de estudios de Wittenberg se basó en los clásicos. "El latín, el griego, la filosofía moral, la religión y las matemáticas eran el enfoque principal de la universidad. La ciencia se integró en el plan de estudios en la década de 1880.

Con el cambio de siglo, las presiones para la reforma curricular que se experimentaban en todo el país comenzaron a sentirse en Wittenberg. La selección de cursos, el trabajo de posgrado y los nuevos cursos como arte, música y ciencias fueron algunas de las modificaciones más significativas.[31]

En 1863, la institución se trasladó a Paxton, Illinois, con el reverendo T.N. Hasselquist como director de la escuela y profesor. Sin embargo, dado que este sitio estaba lejos de donde se habían asentado los escandinavos, y el centro de población del Sínodo Augustana se

trasladó apresuradamente hacia el oeste, en 1873 se tomó la decisión
de trasladarse a Rock Island, donde actualmente se encuentra el Colegio
Augustana.[32]

En el caso del Colegio Muhlenberg, su origen se remonta al
Seminario de Allentown fundado en Allentown, Pensilvania, en 1848,
seguido en 1864 por el Instituto Universitario y la Academia Militar de
Allentown, y desde septiembre de 1867, la empresa se identificó como
Colegio Muhlenberg.[33] El establecimiento del Colegio respondió a
las necesidades y anhelos de muchos de los miembros clérigos y laicos
de la Iglesia Evangélica Luterana del Este de Pensilvania, "especialmente por aquellos conectados con el 'Ministerio Evangélico Luterano
de Pensilvania y Estados adyacentes', el Sínodo luterano más antiguo
de América".[34]

En cuanto al Seminario de Allentown, el curso de estudios estaba
dirigido a la formación de hombres y mujeres como maestros, abogados,
ministros, especialistas en servicios de salud y aquellos interesados en
el idioma alemán. Más tarde, el plan de estudios se cambió al de una
escuela clásica. En marzo de 1864 el Seminario fue terminado y trans-
formado en el Instituto Universitario y Academia Militar de Allentown.
Esta transformación llevó a una mejora de su curso de estudios.[35]

Bajo esta carta, la institución poseía poderes y privilegios cole-
giales e hizo su primer avance hacia el grado de colegio universitario. El curso de estudios se amplió y la institución asumió un
aire militar, pero en realidad seguía siendo una escuela clásica
privada, con el reverendo M. L. Hofford como presidente. El
curso de estudios abarcó cuatro departamentos: primario,
preparatorio, académico y universitario ... A estos se añadían
los cursos científicos y comerciales, y un curso especial para
aquellos que deseaban prepararse para la enseñanza, es decir,
un curso normal. El curso universitario abarcaba un curso de
cuatro años, cuya finalización daba derecho a los estudiantes
al grado de Bachiller en Artes, y los cursos científicos y comerciales abarcaban tres años, que al completarse daba derecho a
los estudiantes al grado de Bachiller en Ciencias.[36]

Este currículo se mantuvo y se mejoró continuamente en el desarrollo de la institución como Muhlenberg College.[37] Es interesante notar

que entre las diversas organizaciones estudiantiles del Colegio había una
Sociedad Misionera organizada en abril de 1888 con el propósito de:

1. "Revisar y fomentar el espíritu misionero entre los estudiantes por medio del estudio y la discusión de temas relacionados con el trabajo misionero general; 2. Participar en la obra
misionera práctica que esté dentro de los límites de su actividad; 3. Contribuir con las ofrendas para el adelanto de las
misiones según cada miembro se sienta inclinado.[38]

Con respecto al curso de estudios en el Seminario Augustana,
en 1891, cuando el Dr. Olof Olsson se convirtió en Presidente del
Seminario Augustana, se estableció un nuevo plan de estudios que
dividía todo el curso de instrucción en catorce áreas de estudio separadas
y autorreguladas. Se requería que los estudiantes completaran todos
los cursos introductorios antes de realizar estudios más avanzados.
"Las divisiones eran: Hebreo de primer año; primer año de griego del
Nuevo Testamento; Enciclopedia Teológica; Introducción Bíblica;
Exégesis sueca e inglesa; Historia de la Iglesia; Teología y Ética Bíblicas;
Hebreo de segundo año; Griego del Nuevo Testamento de segundo
año; Apologética, simbólica y confesiones; Dogmática e historia del
dogma; Catequética, evangelística y diaconía; Homilética y ejercicios
prácticos; Teología pastoral, litúrgica y gobierno eclesiástico (Catálogo,
1891–1892). Cada semana se programaban clases de dos a cuatro horas.
Los estudiantes tenían un número limitado de asignaturas electivas
que tomar, de acuerdo con su productividad y competencia. A los estudiantes se les permitía presentarse a un examen final de cualquier curso,
ya fuera asistiendo a clase o estudiando de forma independiente. Para
graduarse del Seminario, cada estudiante estaba obligado a invertir un
año completo en el Seminario y un examen final exitoso en las cuatro
divisiones del programa teológico (Biblia, Teología Sistemática, Historia
y Teología Práctica). Para la ordenación se requería un certificado de
graduación del Seminario.[39]

En el Seminario Teológico Luterano de Filadelfia, la demanda de
ministros de habla alemana llevó a un plan de estudios que se impartía
en inglés y alemán, pero con el tiempo todos los cursos se impartieron en inglés. El currículo preveía clases que abarcaban las áreas de
exégesis bíblica, teología sistemática, teología histórica y práctica, con

referencia a un curso de estudios de tres años.[40] En 1889, se agregaron los siguientes cursos al programa de estudio: Introducción, Hermenéutica y Exégesis del Nuevo Testamento, junto con un curso sobre un tratamiento homilético de las lecciones señaladas del año eclesiástico por el profesor Adolph Spaeth; Dogmática, Apologética, Introducción al estudio de la teología, Simbólica, e Historia de la doctrina, por el profesor Henry Eyster Jacobs; Homilética y Teología pastoral por el profesor Jacob Fry; Historia de la Iglesia, Hebreo y Antiguo Testamento por el profesor George Frederick Spieker.[41] En el catálogo del seminario para 1904–1905, también se puede encontrar un fuerte interés en la misión nacional y extranjera.

Los estudiantes trabajan bajo la dirección de las autoridades de la Conferencia en la obra misionera de la ciudad. Las reivindicaciones del campo extranjero se mantienen prominentemente a la vista, no sólo para asegurar futuros misioneros, sino para familiarizar a los estudiantes con los hechos para su uso como pastores en la obtención de la cooperación de su pueblo en esta causa.[42]

Sin embargo, a pesar de esta vertiente conservadora en la formación de los primeros misioneros luteranos norteamericanos en Puerto Rico, este estudio ha demostrado que, cuando se enfrentaron a los líderes puertorriqueños que estudiaban en el seminario desarrollado por estos misioneros en Cataño, los misioneros, junto con un Sínodo luterano en los Estados Unidos, finalmente respaldaron la ordenación de los estudiantes en la Iglesia Luterana. Nuestro análisis de este evento en una parte anterior de este estudio también toma ejemplos del análisis de James C. Scott sobre las formas de resistencia campesina y las armas de los débiles para proporcionar una mejor comprensión de la actitud y acción de estos trabajadores laicos puertorriqueños en la lucha por su ordenación al ministerio de Palabra y Sacramentos en la misión luterana en Puerto Rico.

Logros y desafíos para la Iglesia puertorriqueña

En una sección anterior de este estudio, compartí una historia relacionada con el momento del surgimiento de hombres y mujeres puertorriqueños, ansiosos por desempeñar un papel de liderazgo en el desarrollo de la misión y el ministerio luterano en la isla. El 1 de febrero de 2001, tuve el privilegio de predicar en el servicio de clausura de la celebración del 2º aniversario de la serie de conferencias Evaristo-Falcó Esteves en Puerto Rico, en la Iglesia Luterana de San Marcos. Este servicio también sirvió para la instalación de la Sra. Carmen Rabell como directora ejecutiva de *El Centro Luterano de formación teológica y Pastoral José D. Rodríguez*. El Centro, que la Escuela Luterana de Teología de Chicago (LSTC, por sus siglas en inglés) contribuyó a establecer y que continúa apoyando, desempeña un papel importante en la educación teológica de los candidatos laicos para la variedad de ministerios en la iglesia, la educación continuada de los pastores, y en el testimonio de la pertinencia del legado luterano en el Caribe y América Latina. Aproveché esta oportunidad para reflexionar sobre el papel de los líderes puertorriqueños y los desafíos que enfrentaron en el desarrollo de la misión luterana en Puerto Rico.

El texto bíblico del sermón se centró en el Evangelio de Lucas 4:21–30. Esta lectura ofrece una descripción del comienzo del ministerio de Jesús en Nazaret en un momento en que revela la naturaleza y el alcance de su misión, sufriendo así el rechazo de los ofendidos por la inclusividad radical del evangelio. Lo que capturó mi atención en la lectura de este texto fue su descripción de la naturaleza inclusiva radical del poder del evangelio. Este incidente no solo es paradigmático de la vida y el ministerio de Jesús, sino que también es un recordatorio de que la gracia de Dios nunca está sujeta a las limitaciones y fronteras de ninguna nación, iglesia, grupo, raza, o etnia. Aquellos que excluyen a otros, se excluyen a sí mismos. Los seres humanos pueden ser instrumentos de la gracia de Dios para los demás, pero nunca tenemos la libertad de poner límites a quién puede recibir esa gracia. A lo largo de la historia, el evangelio siempre ha sido más radicalmente inclusivo que cualquier grupo, denominación, o iglesia. Estamos llamados a romper los patrones de prejuicio, racismo e injusticia que separan a las personas, a luchar por un testimonio que pueda mostrar la inclusión radical en el poder del evangelio.[43]

Francisco Molina, pastor y escritor puertorriqueño, capturó la celebración popular y el apoyo a la lucha de aquellos líderes puertorriqueños que fueron pioneros en la misión luterana en Puerto Rico en un poema delicioso y convincente. El poema cuenta la historia de tres jóvenes cuyos anhelos sinceros y fieles los llevaron a perseguir una búsqueda de por vida como testigos de su fe cristiana. A medida que avanzaban en su misión, se enfrentaron a una hechicera que trató de disuadirlos de su viaje. "¿No saben" dijo "las consecuencias negativas de su búsqueda? Ríndanse, no vale la pena". Ellos respondieron: "Estamos dispuestos a pagar el precio. Es nuestra decisión y queremos seguir adelante". Una vez más, trató de desanimarlos diciendo: "¿No saben que cuando las cosas se pongan difíciles, serán ignorados y abandonados por aquellos que ahora los apoyan?" Ellos respondieron: "Nuestras convicciones no temblarán, porque sabemos bien lo que estamos haciendo". "¡Tontos!" Ella respondió: "La suya es una búsqueda ingrata y desafortunada. Todavía están a tiempo de dar marcha atrás. Ríndanse, no vale la pena". Pero los tres jóvenes se mantuvieron firmes. "Es demasiado tarde para dar la vuelta", dijeron. "Nuestro llamado es desde arriba, y estamos avanzando". El autor termina el poema con las siguientes observaciones. "Eran tres jóvenes valientes y buenos hombres. Uno ya ha rendido cuenta de su mayordomía. Esperamos tener a los otros dos con nosotros durante mucho tiempo. Rogamos a Dios que haya un mayor número de ellos entre nosotros".[44]

Uno de los capítulos más intrigantes en la historia de la expansión protestante norteamericana en Puerto Rico trata sobre el reto planteado por los líderes puertorriqueños emergentes. Para la mayoría de los misioneros norteamericanos, la idea de integrar a estos líderes en el proyecto misionero consistía, en primer lugar, en ayudar en las tareas congregacionales, o en responder a las necesidades sociales de la gente de la isla.[45] El papel principal de los líderes puertorriqueños era brindar apoyo a los misioneros norteamericanos para llevar a cabo su ministerio pastoral. Un incidente en la historia de la misión luterana en Puerto Rico coloca esta experiencia misionera protestante en una perspectiva más amplia, si estamos dispuestos a discernirla a la luz de la lectura del Evangelio de Lucas mencionada anteriormente.

Sin duda, tenemos que reconocer la gran contribución de los protestantes norteamericanos misioneros para la proclamación y expansión del evangelio en Puerto Rico. Al mismo tiempo, debemos señalar que esta expresión del evangelio fue fuertemente influenciada por el prejuicio en la cultura dominante de su país de origen contra nuestra gente en el campo misionero. Gustav Sigfried Swensson, a quien muchos han atribuido el establecimiento del luteranismo en Puerto

Rico, mencionó una vez en un artículo publicado que: "Vi a los puerto-rriqueños como un pueblo en la miseria, la ignorancia, la superstición y los errores fatales. . ."[46] Como aprendimos de la lectura de Lucas, la proclamación del evangelio por parte de Jesús no puede restringirse a una nación específica, cultura, raza, género o preferencia sexual. Estamos llamados a dar testimonio de la iniciativa misericordiosa de Dios a todos los pueblos. Por esta razón, debemos resistir la tentación de limitar, no solo nuestra comprensión de los destinatarios de este don, sino también nuestras percepciones de aquellos que se convierten en los vehículos más eficaces de esta iniciativa divina de gracia entre nosotros.

William G. Arbaugh comentó que eventualmente (casi treinta años después de la iniciativa de Swensson de comenzar una misión luterana en Puerto Rico), los predicadores laicos nativos que estudiaban en el seminario de Cataño pudieron completar con éxito los requisitos establecidos para la ordenación y,

En presencia de una gran congregación en la Iglesia Luterana de San Pablo, Juan Demetrio Texidor, Guillermo E. Marrero y Salustiano Hernández fueron ordenados al ministerio del evangelio el domingo 10 de julio de 1926.[47]

Después de un comienzo lento, sin embargo, la instalación de Carmen Rabell como directora ejecutiva de El Centro Luterano de Formación Teológica en el Sínodo del Caribe el 1 de febrero de 2001, y el poema de Francisco Molina, celebran el esfuerzo continuo y colectivo de personas de Europa, América del Norte, Central y del Sur, Puerto Rico y muchos otros países, en su fiel contribución de su liderazgo y dones al llamado de expandir las fronteras del reinado de Dios en el contexto de la misión luterana en Puerto Rico.

La instalación de la Sra. Carmen Rabell como Directora Ejecutiva de *El Centro Luterano de Formación Teológica y Pastoral José D. Rodríguez* en Puerto Rico (2001), constituye otra valiosa expresión del liderazgo de las mujeres luteranas puertorriqueñas en Puerto Rico que he explorado en el capítulo anterior. Como se mencionó anteriormente, nuestra primera misionera luterana puertorriqueña fue Gabriela Cuervos. Lo que me llamó la atención al conocer su historia fue que durante los primeros tres años de su trabajo con la iglesia en Puerto Rico, no recibió ningún salario. Sin duda, no estaba sola en esta situación. Muchos de los misioneros protestantes de los Estados Unidos tuvieron una experiencia similar. Es bien sabido que Gustav Sigfried Swensson solo tenía un billete de cinco dólares y un poco de cambio cuando llegó a Puerto Rico en octubre de 1898. Sin embargo, se le había prometido ayuda que más tarde apoyaría la obra en la isla. Sus ingresos como profesor de inglés en Puerto Rico también le sirvieron para sostenerse en su trabajo hasta la llegada de la ayuda económica enviada por los organismos luteranos en los Estados Unidos. La situación de los trabajadores puertorriqueños era diferente. No contaban con esos recursos adicionales mínimos de los que depender.

Estudios recientes muestran que, si bien la extensión del protestantismo norteamericano en el Caribe acompañó la expansión militar y comercial de los Estados Unidos en la región, también contribuyó al objetivo ideológico de *civilizar* este mundo no protestante. Una teología imperialista basada en los escritos de Josiah Strong fue desarrollada intencionalmente para conectar la doble intención de la visión puritana, protestante y providencial de civilizar y proclamar el evangelio en estas tierras.[48] Los misioneros luteranos compartían esta visión común. Una consecuencia adicional de esta influencia ideológica religiosa fue la disposición de los líderes puertorriqueños a internalizar esta disposición extranjera y onerosa. Estos y otros elementos relacionados proporcionan una mejor comprensión de la decisión de estos líderes eclesiásticos al rechazar la legitimidad de la solicitud de Doña Juana mencionada en el capítulo anterior.

No hace mucho tiempo me enfrenté a una experiencia similar cuando, durante mis estudios de doctorado (ThD) en la Escuela Luterana de Teología de Chicago (LSTC), solicité a los representantes del sínodo la oportunidad de servir como pastor interino en una de las congregaciones latinas locales. Si bien este incidente tuvo lugar mucho antes de la organización de la Iglesia Evangélica Luterana en América, de la cual soy un pastor ordenado jubilado registrado, su respuesta a mi solicitud continúa perturbándome. Si bien afirmaron y apoyaron mi petición, me advirtieron que, dada la condición de pobreza de muchos latinos en el *barrio*, debería esperar un salario más bajo por mi trabajo en la parroquia. Este fue probablemente el predicamento común de aquellos que eligieron realizar un ministerio con otras comunidades de bajos ingresos.

Hay una historia en el Evangelio de Marcos que me ayuda a reflexionar sobre este tema. Es la historia del don de la viuda (12, 41–44).

Estoy convencido de que cualquier organismo eclesial comprometido con la expansión de su misión entre las comunidades étnicas, cuya historia social y económica se ha caracterizado por la explotación y el racismo, tendrá que comprometerse a una reflexión sobre los modelos económicos más en sintonía con el evangelio que con las premisas fundamentales de una economía de mercado o de hacer dinero. La historia en el Evangelio de Marcos sirve como un recurso para que Jesús comparta con sus seguidores una enseñanza importante. La comprensión de Jesús de la conducta de la viuda subvierte toda la noción de la economía religiosa tradicional. En contraste con la esterilidad de la religión dominante y las convenciones sociales que tienden a dar tanta prioridad a los asuntos de dinero, la viuda pobre demuestra su fuerza y su verdadera fe en Dios. Con Dios, todas las cosas son posibles. La misericordia amorosa de Dios nos concede lo que ni siquiera nos atrevemos a imaginar. El futuro pertenece a Dios, que ha habitado entre nosotros, poniendo a la disposición un poder duradero e incomparable. Estamos llamados a vivir por fe en el poder y la promesa de Dios. Estoy convencido de que esta fue la fuente de la visión y el testimonio de Gabriela Cuervos, Doña Juana y la hueste de hombres y mujeres puertorriqueños que siguieron sus pasos.

En conclusión, entre las valiosas contribuciones de los líderes luteranos puertorriqueños, tanto en el archipiélago como en el extranjero, estuvo su disposición a enfrentar los problemas sociales y políticos con su comprensión del evangelio. Este esfuerzo se hizo evidente al resistir los arranques bélicos durante las dos guerras mundiales libradas durante el siglo veinte, o al desafiar la forzada "americanización" de la isla. También lo experimentaron quienes servían en la diáspora de los Estados Unidos en Arizona o Texas, cuando se pronunciaron públicamente en contra del oneroso trato al que eran sometidos los afrodescendientes, mexicanos o *jíbaros* puertorriqueños en las zonas rurales por su servicio como recolectores de algodón, o en zonas urbanas como Nueva York o Chicago.[49] participando en actividades para reivindicar la dignidad de su cultura y sus logros sociales.

Notas

1. Abelardo Milton Díaz Alfaro (Caguas, 1919, San Juan, 1999) fue un escritor y educador recordado especialmente por sus cuentos y grabados tradicionales, en los que retrató magistralmente la idiosincrasia del

pueblo puertorriqueño. Su experiencia como trabajador social en el medio rural le ayudó a relacionarse con los campesinos, que a la larga serían las figuras fundamentales de su trabajo. Biografía de Abelardo Díaz Alfaro (biografiasyvidas.com) consultado el 3 de diciembre de 2021. Véase también, Abelardo Díaz Alfaro—EnciclopediaPR, donde también se encuentra que era hijo de un pastor protestante, a quien ayudaba en la revista de redacción de *Puerto Rico Evangélico*.

2. Abelardo Díaz Alfaro, Terrazo (San Juan: Editorial Plaza Mayor, 2009), 80–4.

3. Para un importante estudio sobre las diversas formas en que el sistema de educación pública impuesto por el gobierno militar norteamericano en Puerto Rico impactó la "americanización" del archipiélago a principios de 1900, véase, Aida Negrón de Montilla, *La americanización de Puerto Rico y el sistema de instrucción pública, 1900-1930* (Río Piedras: Editorial Universitaria, Universidad de Puerto Rico, 1976). En su estudio, Negrón de Montilla describe la noción de "americanización" como "el proceso por el cual los pueblos de culturas extranjeras adquieren los sistemas y costumbres norteamericanos y su lealtad nacional, o la asimilación de la cultura norteamericana por parte de los pueblos de ascendencia o nacimiento extranjeros". Negrón de Montilla, *La americanización de Puerto Rico y el sistema de instrucción pública*, 7. También arguye que este proceso se describe en términos sociológicos como "transculturación". Negrón de Montilla, *La americanización de Puerto Rico y el sistema de instrucción pública*, 8. Entre las diversas formas en que se estableció este impacto, menciona los esfuerzos por imponer la celebración de festividades típicas norteamericanas, rendir homenaje a los símbolos y héroes norteamericanos, trasplantar el currículo y los libros de las escuelas norteamericanas a las escuelas de Puerto Rico, sustituir la lengua vernácula española por la lengua inglesa, etc. Negrón de Montilla, *La americanización de Puerto Rico y el sistema de instrucción pública*, 9–10 (la traducción es mía).

4. James C. Scott, *Domination and the Arts of Resistance: Hidden Transcripts* (New Haven: Universidad de Yale, 1990), 1–6. También, del mismo autor, *Weapons of the Weak: Everyday Forms of Peasant Resistance* (New Haven y London: Yale University, 1985), xv-xviii.

5. Dos ejemplos importantes de estos esfuerzos son: *The story of the Young Lords Society (1969-1971) in the United States*, véase Michael Abramson, *Palante: Voices and Photographs of the Young Lords*, 1969–1971 (Chicago: Haymarket Books, 1971). Véase también, Lester McGrath, *Quo Vadis, Vieques: Ética social, política y ecumenismo* (Río Piedras: Fundación Puerto Rico Evangélico, 2000).

6. Carlos F. Cardoza Orlandi, "Protestantismo en Puerto Rico: Un encuentro entre misioneros y nacionales," en Carmelo Álvarez Santos,

Carlos F. Cardoza Orlandi y Luis F. Del Pilar, eds. *Llamados a construir el Reino: Teología y estrategia misionera de los Discípulos de Cristo 1899–1999* (Bayamón: Iglesia Cristiana [Discípulos de Cristo] en Puerto Rico, 2000),

7. Cardoza Orlandi, "Protestantismo en Puerto Rico: Un encuentro entre misioneros y nacionales," 50–1.
8. Warneck, *Outline of a History of Protestant Missions*, 200.
9. Cardoza Orlandi, "Protestantismo en Puerto Rico", pág. 51. En este capítulo, el autor también proporciona una historiografía muy importante de la misión protestante en Puerto Rico, Cardoza Orlandi, "Protestantismo en Puerto Rico", 49–83.
10. Valdir R. Steuernagel, "El despertar misionero del Tercer Mundo," *Mission* 6 (June, 1987), 7–17.
11. Warneck, *Outline of a History of Protestant Missions,* 3–7, 74–85.
12. Steuernagel, "El despertar misionero del Tercer Mundo", pág. 15. Para otra valiosa descripción de la teoría misionera de Warneck, véase, *Augustana Theological Seminary Foreign Missions Seminar: Studies in Mission Theories.* Ed. Ross H. Larson and Arnold G. Levin (Rock Island, IL: Augustana Theological Seminary, 1957), 12–5.
13. Hans Karsdorf, ofrece una notable biografía de este pastor alemán y eminente misiólogo. Nació el 6 de marzo de 1834, hijo de Gustav Traugott Leberecht Warneck y su esposa Johanne Sophie, ambos de Naumburgnear, Halle (Alemania Oriental) en el río Saale. Sus padres eran extremadamente pobres y, además, Gustav era un niño delicado que sufría de una grave enfermedad pulmonar. Como hijo mayor de un maestro artesano en la fabricación de agujas, y de acuerdo con la tradición, Warneck entró en el taller de su padre contando montones de agujas, ayudando así a ganarse la vida a duras penas para una familia en rápido crecimiento. Hans Karsdorf, "The Legacy of Gustav Warneck" *International Bulletin of Missionary Research* (julio de 1980): 102, https://www.scribd.com/doc/123497360/Legacy-of-Gustav-Warneck?secret_password=1y9oi8unr4oumofmce4r#, consultado el 2 de diciembre de 2021. Véase también, William Richey Hogg, "The Rise of Protestant Missionary Concern 1517–1914", en The *Theology of the Christian Mission,* ed. Gerald H. Anderson (Nueva York, Toronto y London: MacGraw-Hill Book Company, Inc., 1961), 95–111.
14. Sobre un relato temprano de la formación de candidatos para el ministerio de la Iglesia Luterana en América del Norte, el reverendo S. E. Ochsenford, sostiene que esta tarea fue realizada por pastores que habían recibido su formación teológica en Alemania o en algunas de las escuelas de educación superior en América del Norte como Harvard, Yale o Princeton. "Los candidatos de esta clase (ministerio) eran recibidos en

las familias de los pastores más viejos, a menudo alojados a sus expensas, y provistos, además, gratuitamente, con libros e instrucción, a fin de capacitarlos para sus importantes deberes. Así, fueron entrenados por Mühlenberg, Brunnholtz y otros. . . y muchos más de manera similar por sus sucesores. Después de haber recibido una formación suficiente, eran llevados ante el Sínodo en su reunión anual, examinados y, si se consideraban competentes y aceptados por el Ministerium, eran solemnemente ordenados al sagrado oficio." S.E. Ochsenford, " Early Educational Efforts of the Pennsylvania Ministerium." in *Muhlenberg College a Quarter-Centennial Memorial Volume, Being a History of the College and a Record of its Men* Rev. S. E. Ochsenford ed. (Allentown: Muhlenberg College,1892), 29. El libro también se puede recuperar en la siguiente dirección web, Muhlenberg College: un volumen conmemorativo de un cuarto de siglo, que es una historia del Colegio y un registro de sus hombres: Ochsenford, S. E. (Solomon Erb), 1855–1932, ed: Free Download, Borrow, and Streaming: Internet Archive. Consultado el 7 de diciembre de 2023.

15. La suposición popular común es "que el movimiento misionero moderno se originó en 1792–1793 a través del trabajo de William Carey, la Sociedad Misionera Bautista (originalmente llamada Sociedad Bautista para la Propagación del Evangelio entre los Paganos), y el fundamento de la misión en Bengala, India. Este esfuerzo pronto se vio reforzado por la formación de la Sociedad Misionera de Londres, no confesional pero fuertemente congregacionalista, en 1795 (desde 1977 conocida como el Consejo para la Misión Mundial), y la Sociedad Anglicana Evangélica para la Misión en África y Oriente en 1799, llamada en 1812 como la Sociedad Misionera de la Iglesia, y en 1995 la Sociedad Misionera de la Iglesia. G. William Carlson, Christian T. Collins Winn, Christopher Gehrz y Eric Holst, eds. *The Pietist Impulse in Christianity* (Cambridge: James Clarke and Co., 2011), 285.

16. Carlson, Collins, Gehrz y Holst, *The Pietist Impulse in Christianity.*

17. Para un examen valioso de este legado teológico y su impacto en el campo misionero, véase, Eric W. Gritsch, *A History of Lutheranism* (Minneapolis: Fortress Press, 2002), 141–78.

18. Mühlenberg se convirtió en uno de los mejores graduados de la Fundación Halle, y más tarde en el "padre de la iglesia" del luteranismo en los Estados Unidos.

19. El Ministerium de Pensilvania fue fundado en Filadelfia en 1748 cuando seis pastores y representantes laicos de diez congregaciones luteranas, con el estímulo del reverendo Henry Melchior Muhlenberg, organizaron formalmente el "Ministerio de América del Norte". En 1792 cambió su nombre por el de Ministerium of Pennsylvania. Véase, https://www

.cuchicago.edu/academics/centers-of-excellence/center-for-church-music/hymnal-collection-index/pennsylvania-ministerium/, consultado el 3 de diciembre de 2022.

20. Gritsch, *A History of Lutheranism*, 171–78. También, Theodore G. Tappert, *History of the Philadelphia Seminary* (Philadelphia: The Lutheran Theological Seminary at Philadelphia, 1964), 1–32. Para una exploración perspicaz de la perspectiva teológica original y en continuo desarrollo de este seminario durante 125 años, véase, *Philadelphia Vision: Mt. Airy Tradition: Essays for the 125th Anniversary of the Lutheran Theological Seminary* at Philadelphia (Filadelfia: Seminario Teológico Luterano en Filadelfia, 1991). "Desde los primeros años de su existencia (el Ministerium Evangélico Luterano de Pensilvania y estados adyacentes) (1748), se formó el propósito de fundar un seminario para la formación de ministros, y los preparativos para ello se hicieron incluso antes de que existiera tal escuela de cualquier denominación religiosa en el país. Se adoptó y siguió durante mucho tiempo el expediente de nombrar pastores eruditos y experimentados como preceptores teológicos, bajo cuyo cuidado se preparaban candidatos para el ministerio. Esto, sin embargo, podría ser solo una disposición temporal. La idea, acariciada durante más de un siglo, se realizó finalmente en la fecha mencionada anteriormente (1864) en respuesta al rápido crecimiento y a las abrumadoras demandas de la Iglesia Luterana de ese período". *Catalogue of the Lutheran Theological Seminary at Philadelphia for the Forty-First Year 1904–1905* (Philadelphia: General Council Publication House, 1905), 19.

21. Véase, G. Everett Arden, *A History of the Augustana Lutheran Church* (Rock Island, IL: Augustana Press, 1963), 115–33.

22. Véase, G. Everett Arden, *The School of The Prophets: The Background and History of Augustana Theological Seminary 1860–1960* (Rock Island, IL: Augustana Theological Seminary, 1960), 34–86. Aquí es importante aclarar que el establecimiento del Seminario Luterano en Filadelfia fue también el resultado del rechazo por parte del Ministerium de Pensilvania, junto con miembros de la iglesia Augustana, de Schmucker y su "Luteranismo Americano" de sus seguidores.

23. Según Eric W. Gritsch, el crecimiento del luteranismo en los Estados Unidos se vio afectado por una constante controversia asociada con las diferencias étnicas y doctrinales. Regularmente, había propuestas ambiciosas, pero no viables para unir a los protestantes como un grupo contra los católicos romanos. La propuesta de Schmucker de ajustar las Confesiones de Augsburgo al "luteranismo americano" fue una de ellas. Sin embargo, en cuanto a Gritsch, hizo mucho más: "rechazó la visión bíblica y ecuménica del bautismo especialmente apreciado por Lutero,

como el renacimiento por agua a través del Espíritu Santo" (Tito 3:5). También rechazó la afirmación confesional luterana de la presencia real de Cristo en la Cena del Señor; su punto de vista estaba más cerca de los calvinistas, de hecho, el punto de vista zwingliano". Gritsch, *A History of Lutheranism,* 191.

24. En el Seminario Teológico Luterano de Filadelfia los requisitos de admisión eran muchos y bastante rígidos. Las excepciones a la regla de graduación universitaria solo se podían hacer en casos extraordinarios por un voto unánime de la facultad. El conocimiento de la lengua griega era obligatorio para el ingreso. A los candidatos se les pidió recomendaciones de sus respectivos pastores y de la institución de la que recibieron su educación académica. Los miembros de la facultad entrevistaron a los solicitantes con respecto a su experiencia religiosa y los motivos para ingresar al ministerio. También fue necesaria una prueba inicial de su formación académica y laboral para familiarizar al profesorado con la disposición general de su clase de ingreso. Los solicitantes debían proporcionar las fuentes de su apoyo financiero y los requisitos relacionados con la salud. *Catalogue of the Lutheran Theological Seminary at Philadelphia,* 21–2.

25. "Augustana Through the Decades," in *Reflecting on the Past 150 Years of Augustana Stories* eds. Stefanie R. Bluemle, Sarah M. Horowitz, Jamie L. Nelson (Rock Island, IL: Augustana College, 2011), 13. Disponible en: Reflecting on the Past (augustana.edu), consultado el 3 de junio de 2023.

26. Tipson, Baird (1997) " Embodying the Tradition: The Case of Wittenberg University," *Intersections*: Vol. 1997: no. 2, Article 11, 24. Disponible en: http://digitalcommons.augustana.edu/intersections/vol1997/iss2/11, consultado el 3 de junio de 2023.

27. "Augustana Through the Decades," in *Reflecting on the Past 150 Years of Augustana Stories* eds. Stefanie R. Bluemle Sarah M. Horowitz Jamie L. Nelson (Rock Island, IL: Augustana College, 2011), 13. Disponible en: Reflecting on the Past (augustana.edu), Consultado en 3/6/2023.

28. "History and Traditions," en *Wittenberg University,* consultado el 5 de junio de 2023.

29. "History and Traditions," en *Wittenberg University,* https://www.wittenberg.edu/about/history-traditions, consultado el 5 de junio de 2023.

30. "En 1906, Wittenberg estableció la Escuela de Divinidad Hamma, y en 1964, esta institución se convirtió en la Escuela de Teología Hamma". Durante las décadas de 1960 y 1970, la Escuela de Teología Hamma se fusionó con el Seminario Teológico Evangélico Luterano creando el Seminario Luterano de la Trinidad en Columbus, Ohio, que abrió sus

puertas el 1 de septiembre de 1978. Escuela de Teología Hamma—Ohio History Central, consultado el 5 de junio de 2023.

31. "History and Traditions," en *Wittenberg University,* consultado el 5 de junio de 2023.

32. *Historical Sketch of Augustana College and Theological Seminary Located at Rock Island Illinois,* reprinted from, *Portrait and Biographical Album of Rock Island County, Illinois* by permission of Chapman Bros. Chicago. Chicago, Illinois 1886. #7 - Historical sketch of Augustana College and Theological Seminary, ... - Full View | HathiTrust Digital Library. Https//babel.hathitrust.org/cgi/pt?id=hvd.hn588w&seq=7. Consultado en 4/6/2023.

33. Erling N. Jensen, "Introducción", en James E. Swain, *A History of Muhlenberg College 1848–1967* (New York: Appleton-Century-Crofts, División de Meredith Publishing Company, 1967), xiii-xiv.

34. S.E. Ochsenford, *Muhlenberg College, un volumen conmemorativo del cuarto de siglo,* 40.

35. S.E. Ochsenford, *Muhlenberg College, un volumen conmemorativo de un cuarto de siglo,* 40, 44–5.

36. S.E. Ochsenford, *Muhlenberg College, un volumen conmemorativo del cuarto de siglo,* 40.

37. S.E. Ochsenford, *Muhlenberg College, un volumen conmemorativo de un cuarto de siglo,* 40,

38. S.E. Ochsenford, *Muhlenberg College, un volumen conmemorativo del cuarto de siglo,* 40, 159–60. Para una descripción más reciente del Muhlenberg College, véase Swain, *A History of Muhlenberg College 1848–1967, 1–28.* Aquellos interesados en explorar el nivel académico de los otros Colegios o Universidades Luteranas vean, *Survey of Higher Education for the United Lutheran Church in America,* Vols. I, II y III (Nueva York: Bureau of Publications: Teachers College, Columbia University, 1929).

39. Arden, *The School of The Prophets,* 206–07.

40. Theodore G. Tappert, *History of the Lutheran Theological Seminary at Philadelphia 1864–1964* (Philadelphia: Lutheran Theological Seminary, 1964), 40, 44.

41. Tappert, *History of the Lutheran Theological Seminary at Philadelphia 1864–1964,* 71-73.

42. *Catalogue of the Lutheran Theological Seminary at Philadelphia,* 35–6.

43. *The New Interpreter's Commentary on the Bible: A Commentary in Twelve Volumes* Vol. IX (Nashville: Abingdon Press, 1995), 106.

44. Francisco Molina, "Hace muchos años: Para Sergio Cobián y Guillermo E. Marrero," en *Ciudad allende el alba* (Dorado: Sínodo Luterano del Caribe, 1999), 106-8.

45. Con este propósito, los primeros líderes puertorriqueños sirvieron como lectores de la Biblia en los servicios de adoración, obreros congregacionales laicos, y predicadores, etc.

46. Swensson, "Fui a Puerto Rico", en *El Testigo* (octubre de 1948): 16. Este fue un artículo que se publicó póstumamente.

47. Arbaugh, "Alfredo Ostrom y la era de expansión: Historia de la misión luterana en Puerto Rico desde 1905 hasta 1918," *El Testigo* (diciembre de 1948): 7.

48. Silva Gotay, *Catolicismo y política en Puerto Rico*, 53–101. Para explorar más profundamente la relación entre colonialismo y misión en el pasado y el presente, véase el artículo escrito por Joerg Rieger, "Theology and Mission Between Neocolonialism and Poscolonialism", *Mission Studies* 21 (2004): 201–27. Josiah Strong, *Our Country, Its Possible Future and its Present Crisis* (New York: Baker and Taylor, 1891).

49. Véase, Darrel Enck-Wanzer ed. *The Young Lords: A Reader* (New York: New York University Press, 2010); Johanna Fernández, *The Young Lords: A Radical History* (Chapel Hill: University of North Carolina Press, 2020).

CONCLUSIÓN

AL LLEGAR AL final de este estudio, la pregunta que surge es la que siempre brota después de la finalización de una tarea, o al final de una larga jornada. ¿Qué hemos logrado, cuál ha sido nuestra contribución al partir, para el bienestar de los demás? El 25 de octubre de 2012 participé en el funeral de mi padre en la Iglesia Luterana Santísima Trinidad en Bayamón (Puerto Rico). En ese momento, yo era rector (presidente) del Instituto Universitario ISEDET en Buenos Aires (Argentina). Acababa de regresar de Wittenberg (Alemania), donde me pidieron que presentara una conferencia sobre *"Educación luterana y transformación social"*, en una reunión de la Federación Luterana Mundial que tuvo lugar del 18 al 23 de octubre. A mi llegada a Buenos Aires, la mañana del 24 de octubre, recibí una llamada telefónica en mi casa del Rdo. Dr. Rafael Malpica Padilla.[1] Comenzó con unas palabras de saludo para mí y mi esposa Kathryn, pero rápidamente pasó a la temida noticia: "Tu padre ha muerto. Hice arreglos para que tú y Kathryn vuelen a Puerto Rico hoy, para que puedan participar en el servicio fúnebre programado para mañana".

En el funeral al que asistieron amigos y familiares, me pidieron que dijera unas palabras. Mientras caminaba hacia el podio, comencé a pensar en las conversaciones que había tenido con mi padre sobre el ministerio y el papel del pastor. "Mi querida familia y amistades", comencé, "mientras nos reunimos para celebrar la vida de mi padre, quiero compartir con ustedes algunas palabras de sabiduría que siempre recordaré de nuestras últimas horas de conversación. Me dijo que la mejor contribución que un pastor puede hacer a una congregación es que cuando él o ella se va, esa comunidad de fe ha sido tan bien sustentada para continuar, que las contribuciones del pastor ya no son necesarias". Mi esperanza es que mi trabajo en la investigación del surgimiento y desarrollo de la misión luterana en Puerto Rico en el Sínodo del Caribe de la Iglesia Luterana Unida en América pueda proporcionar un soporte similar para quienes estén interesados en el tema.

Al comienzo de mi estudio, me propuse proporcionar una lectura desde una perspectiva historiográfica caribeña y poscolonial de[2] la misión y expansión del luteranismo en Puerto Rico desde 1898 hasta el desarrollo del Sínodo del Caribe en 1952.[3] Mis esfuerzos en el cumplimiento de esta tarea incorporaron las expresiones colectivas de relatos, poemas, reflexiones homiléticas, imágenes visuales, himnos, referencias a primeras fuentes en lugares tales como, los archivos institucionales de la Iglesia Evangélica Luterana (ELCA), y sus predecesores en los Estados Unidos, documentos originales de la misión luterana en los archivos del Sínodo del Caribe, cartas, artículos en revistas y periódicos de la época, reflexiones teológicas, resúmenes de sermones y otros documentos, en el testimonio de los protagonistas de esta historia. Un esfuerzo importante en esta tarea fue la de proporcionar una breve pero valiosa descripción de la Guerra Hispano-Estadounidense junto con una visión norteamericana de los puertorriqueños en el archipiélago a través de las cartas de George Glenn King, un soldado norteamericano voluntario en la guerra. El objetivo era acercar el lenguaje y la comprensión de estos eventos a la experiencia del pueblo de Puerto Rico. Ellos son los que mejor pueden juzgar el éxito de mi trabajo.

Quiero concluir con las siguientes reflexiones. En primer lugar, este estudio constituye solo un análisis preliminar del tema y requiere un examen más profundo. Considero que mi contribución a esta tarea no es la de un experto, sino más bien la característica de un estudiante devoto con mucho entusiasmo y curiosidad por continuar dedicándose a este estudio. Espero haber estimulado el interés suficiente para animar a otros a unirse a esta empresa. Me comprometo a seguir explorando este tema, con la esperanza de que un número cada vez mayor de colegas se dedique a esta área de investigación.

En segundo lugar, estoy seguro de que esta lectura nos ha enseñado algo significativo sobre la experiencia misionera del luteranismo en el archipiélago. Uno de los aprendizajes más importantes es el de evitar un enfoque ingenuo o romántico en la lectura de esta historia, o para el caso, de la historia en conjunto. Está claro que los esfuerzos tradicionales por enfatizar el heroísmo de los misioneros norteamericanos, a costa de degradar la dignidad y la contribución de los líderes puertorriqueños, se basan en las limitaciones y los prejuicios de quienes cuentan la historia. Sin duda, una descripción acrítica del papel de los líderes puertorriqueños es igualmente problemática. Un relato más

fiel describirá las ambigüedades, los fracasos y las promesas de todos
los personajes. Al respecto, me parece que la presencia e iniciación del
luteranismo en Puerto Rico es producto de procesos complejos y de
un gran número mayor de personas de lo que usualmente se supone.
Si bien los misioneros norteamericanos y las instituciones eclesiásticas
fueron ciertamente un elemento importante en este desarrollo, personas
de las Indias Occidentales como John Christopher Owen Browne, el
sastre jamaiquino que inició el encuentro con Swensson, junto con otras
personas de las diversas islas del Caribe, líderes religiosos de otros países
que se convirtieron en pastores ordenados luteranos una vez en Puerto
Rico, y pioneros puertorriqueños, fueron otros elementos clave en el
desarrollo de esta empresa misionera.

Al evaluar la importancia continua de la misión cristiana en América
del Norte desde el siglo dieciséis, el reverendo Steven Charleston,
ciudadano de la Nación Choctaw y en un tiempo presidente y decano de
la Escuela Episcopal de Teología en Cambridge, Massachusetts, señala
la experiencia de transformación producida por el evangelio, como el
intercambio legítimo y fiel entre pueblos de diferentes culturas en su
encuentro mutuo.[4] Este poder transformador del evangelio era entonces,
y sigue siendo hoy, el componente más importante de la misión de la
iglesia. Concedido este marco de interpretación, todos los personajes
de la historia juegan, a su manera única, un papel significativo en el
testimonio del poder del evangelio para avanzar en su testimonio, y a
veces a pesar de ello, en la misión luterana en Puerto Rico.

Vítor Westhelle ha argumentado que la contribución más valiosa
del protestantismo en América Latina radica en dar testimonio de lo que
Lutero entendía como *teologia crucis*. Según Westhelle, Lutero eligió el
uso de la expresión "teólogo de la cruz", en lugar de "teología de la cruz",
para enfatizar la naturaleza práctica de esta noción y evitar confundirla
con un locus doctrinal. La intención del reformador no era el articular
la conceptualización de otro tema teológico, sino apuntar a una praxis
teológica, es decir, una forma única de reflexión teológica e histórica
que emerge y se expresa fundamentalmente, a través de una práctica
liberadora.

Lo que une a la Reforma y a los movimientos de liberación
en América Latina y el Caribe es la visión escatológica, una
comprensión de la revelación, una visión apocalíptica que

reconoce el fin y lo posee como suyo propio, así como un lugar apropiado para el comienzo. Este espacio escatológico que, para los poderes, representa solo el límite, es para quienes lo habitan, para quienes están en los márgenes, el entorno donde experimentan la condena, pero donde la liberación es una verdadera posibilidad . . . Unidos por la experiencia de la "liminalidad", de estar al límite, tanto la Reforma como los movimientos emancipatorios de América Latina y el Caribe están comprometidos con una gestión fundamental que guía todo su esfuerzo teológico. Esto se puede expresar en la famosa definición de Lutero: *Crux sola est nostra theologia*.[5]

Es en este sentido que los retos y dificultades que experimentan quienes participan en la misión luterana en Puerto Rico, así como su visión y entusiasmo por continuar su testimonio impulsados por el poder transformador del evangelio, son ejemplos de la comprensión de Lutero de la praxis de los teólogos de la cruz. Las historias que elegí investigar para mi investigación se centraron principalmente en la contribución de los líderes puertorriqueños en este testimonio de fe. Aquellos interesados en explorar la experiencia de otros personajes proporcionarán componentes adicionales de esta historia.

En este sentido, un carácter distintivo de la misión luterana en Puerto Rico fue alejarse de la experiencia tradicional de los misioneros luteranos en misiones extranjeras que acompañaban a los colonos luteranos en sus esfuerzos por imponer su cultura étnica, idioma y tradiciones en el extranjero. La misión luterana en Puerto Rico inicialmente usó el idioma vernáculo español en Puerto Rico y requirió que los misioneros norteamericanos aprendieran español para llevar a cabo la misión en el archipiélago. Mientras que la Primera Iglesia Evangélica Inglesa de San Juan se estableció el 1 de enero de 1900, la Iglesia Luterana de San Pablo, una congregación de habla hispana se estableció tres meses después, el 15 de abril de 1900. Dada la falta de fondos de los organismos de la Iglesia Luterana en los Estados Unidos, junto con un número muy limitado de misioneros norteamericanos dispuestos a trabajar en Puerto Rico, los primeros misioneros luteranos tuvieron que incorporar y capacitar a líderes puertorriqueños nativos para ayudarlos a seguir adelante con sus esfuerzos misioneros.

Un segundo carácter importante de la misión luterana en Puerto Rico fue la contribución de líderes religiosos extranjeros y nativos que, dejando atrás sus prejuicios ideológicos y racistas, fueron capaces de avanzar juntos en el desarrollo de oportunidades para el surgimiento de un cuerpo eclesiástico que luchara por el bienestar de las personas en los márgenes de la sociedad. Este fue el caso del enfrentamiento entre Gustav Sigfried Swensson y John Christopher Owen Browne, un afrocaribeño jamaiquino de origen protestante que había estado en Santo Tomás, donde formó una decidida simpatía por la iglesia luterana.

Otro elemento importante de esta temprana expresión del luteranismo en el archipiélago fue el valioso papel que desempeñaron las mujeres puertorriqueñas en el avance de la obra de la misión. La historia demuestra que no solo fueron de las primeras en involucrarse en esta empresa y liderar la dimensión social y educativa de la obra luterana entre la sociedad puertorriqueña, sino que su papel de liderazgo se manifiesta hoy en día al tener a la Rda. Idalia Negrón sirviendo como obispa del Sínodo del Caribe.

Otra cualidad importante de esta aventura misionera fue la iniciativa de líderes luteranos extranjeros como Eduardo Heylinger quien se trasladó a Puerto Rico desde las Islas Vírgenes y estuvo dispuesto a participar en revueltas sociales como la del *Grito de Lares* (1868), para apoyar la revolución de los líderes puertorriqueños contra el imperio colonial español, llegando incluso a ser encarcelado por su participación en esta insurrección.

Una característica adicional de la misión luterana en Puerto Rico fue su cooperación con otras denominaciones protestantes en la expansión de la presencia y el impacto del protestantismo en la isla. Este compromiso ecuménico fue fundamental para abordar algunos proyectos importantes de interés social para el bienestar de la sociedad puertorriqueña.[6] También fue un vehículo para apoyar la obra protestante en España.[7] El hecho es que este enfoque ecuménico protestante ha continuado y aumentado hasta el día de hoy. Una señal importante de esta estrategia ecuménica intencional en el campo misionero es que actualmente, el Seminario Evangélico de Puerto Rico, el principal centro protestante para la formación teológica de pastores de iglesias protestantes en la isla, incorpora en su junta directiva, profesores, estudiantes y programas de estudios,[8] y representantes del Sínodo del Caribe, así como académicos luteranos latinos en los Estados Unidos.

Un desarrollo valioso adicional en el área de la reflexión teológica es la creciente cooperación y diálogo de los luteranos con la Iglesia católica romana y otras religiones del mundo, tanto a nivel internacional como en el archipiélago de Puerto Rico. El 16 de octubre de 2016, en Lund, Suecia, hubo un llamado del Papa Francisco y del Obispo Munib Junan, presidente de la Federación Luterana Mundial, para la celebración de los quinientos años de la Reforma Protestante Europea del siglo dieciséis.[9] Además, a principios de 2004 se estableció en Puerto Rico una coalición ecuménica, e interreligiosa para promover la paz y el bienestar social en el archipiélago.[10]

Finalmente, siguiendo el ejemplo de otras denominaciones protestantes en Puerto Rico, los luteranos contribuyeron a la educación del pueblo en Puerto Rico desarrollando escuelas primarias privadas junto con programas creativos para la educación de la población,[11] plataformas sociales y de salud para el bienestar de los sectores marginados de la sociedad puertorriqueña, y atendiendo las necesidades de los enfermos de lepra tanto en San Juan como en Santa Cruz. Mientras que las denominaciones luteranas y otras denominaciones protestantes enfatizaban la educación y las oportunidades de aprendizaje,[12] su enfoque en empoderar a los grupos marginados de la sociedad restringió su tiempo para participar en el ámbito intelectual puertorriqueño. Este campo ya estaba saturado de intelectuales católicos españoles y puertorriqueños, que habían completado sus estudios avanzados en España u otros países europeos. A pesar de este hecho, otros intelectuales protestantes puertorriqueños como Abelardo Díaz Alfaro (escritor distinguido bautista—1916–99) y Evaristo Falcó Esteves (ministro luterano español y profesor de Derecho Canónico—1896–1970) surgieron para dedicarse a temas intelectuales. Fue más tarde, en la década de 1950, que surgieron otros pensadores protestantes puertorriqueños como Domingo Marrero (ministro metodista, educador, escritor y orador—1909–60), Ángel Mergal (ministro bautista, educador, escritor, poeta y músico—1909–71) y José David Rodríguez (ministro luterano, educador y teólogo—1924–2012).

Estas y otras historias mencionadas en este estudio destacan las luchas de los líderes luteranos en Puerto Rico contra las cargas coloniales imperialistas, ya sea de países españoles o norteamericanos. Al hacerlo, estos esfuerzos muestran que no todos los luteranos en Puerto Rico estaban a favor de su "hispanización" o "americanización".[13] Otros lucharon por mantener su cultura e identidad puertorriqueña. Un ejemplo reciente de esta expresión de resistencia es el papel de liderazgo que los obispos del Sínodo del Caribe han desempeñado en los esfuerzos para sacar a la Marina de los EE.UU. de Vieques.[14] Para concluir, también quiero compartir que todavía estoy realmente intrigado por los motivos que llevaron a la misión luterana y más tarde al Sínodo del Caribe a restringir su circunscripción al área metropolitana de Puerto Rico. Si bien durante la década de 1960 hubo intentos de desarrollar sitios de misión en las ciudades de Ponce y Mayagüez, estos fueron terminados más tarde. En cuanto a las razones de esta decisión, se puede mencionar i) la temprana decisión a principios del siglo diecinueve de las denominaciones protestantes de dividir el archipiélago en áreas específicas para las denominaciones individuales, ii) el hecho de que los luteranos no participaron en la distribución de estas áreas, sino que tuvieron que acomodarse a las regiones de San Juan y vecinas, iii) el creciente número de movimientos religiosos carismáticos y pentecostales, iv) la estrecha relación que el Sínodo del Caribe continúa teniendo con el luteranismo norteamericano, como la Iglesia Evangélica Luterana en América, un desarrollo posterior de la Iglesia Luterana Unida en América, y sus expectativas para el salario y los beneficios de los pastores,[15] v) el insuficiente apoyo financiero recibido por la misión luterana y el Sínodo del Caribe por parte de los organismos luteranos norteamericanos entonces y ahora, vi) que los nuevos desarrollos misioneros requerían el liderazgo de un pastor ordenado luterano, vii) que durante su historia en Puerto Rico la iglesia luterana nunca tuvo un número adecuado de pastores luteranos ordenados para llevar a cabo su misión y ministerio, ni viii) una membresía adinerada, sino más bien una comunidad de personas en su mayoría de clase media baja, lo que lleva a ix) congregaciones que continúan luchando con sus responsabilidades financieras, etc.

Otra preocupación importante es el esfuerzo continuo del Sínodo del Caribe para mantener su estructura organizativa similar a la establecida en 1952. Si bien una investigación de las razones de este suceso va más allá de los límites de esta investigación y debe ser objeto de un estudio diferente, quiero hacer las siguientes reflexiones. En primer lugar, la razón de mi interés radica en el hecho de que otras organizaciones denominacionales cristianas en Puerto Rico, como los Bautistas, los Discípulos de Cristo, las Presbiterianas, los Metodistas y muchas otras, si bien compartieron una experiencia algo similar a la de la misión luterana al comienzo de su experiencia misionera en el archipiélago, más tarde, a medida que se desarrollaron, se convirtieron en iglesias nacionales puertorriqueñas. En segundo lugar, irónicamente, la experiencia de los miembros del Sínodo Luterano del Caribe parece copiar una experiencia similar a la característica del estatus político que ha continuado en la isla desde 1952. Me pregunto si debido a los siguientes hechos: i) que la circunscripción del Sínodo del Caribe es numéricamente más pequeña que la de otras denominaciones protestantes, ii) que durante un largo período de tiempo se requirió que aquellos que buscaban la ordenación en el Sínodo del Caribe estudiaran en un seminario luterano en los Estados Unidos, y iii) que el complejo proceso de americanización de Puerto Rico ha sido experimentado más a fondo por los luteranos que por los miembros de otras denominaciones, el sínodo necesitará más tiempo para convertirse en una iglesia nacional.[16] También puede ser que el tipo de organización congregacional/episcopal del Sínodo del Caribe sea demasiado rígido para hacer que los cambios sean fáciles de lograr. El hecho es que, en los últimos años, el Sínodo del Caribe ha experimentado el surgimiento de un número significativo de sus miembros que solicitan el desarrollo de una iglesia nacional luterana, pero estos esfuerzos no han dado resultados. En todo caso, este tema necesitará un estudio más profundo. Por ahora, solo espero que la investigación de esta tesis contribuya a renovar y mejorar aún más las contribuciones del luteranismo, no solo en Puerto Rico o el Caribe, sino a medida que continúa convirtiéndose en un movimiento de reforma de la Iglesia católica en todas partes del mundo.

Notas

1. Dado que nuestro viaje a Argentina fue como misioneros patrocinados por la unidad global de la Iglesia Evangélica Luterana en América, y durante ese tiempo mi hermana Raquel era la directora regional de la unidad para México, el Caribe y América Latina, para evitar futuras controversias, Rafael Malpica Padilla, director ejecutivo de la unidad, fue nombrado mi supervisor.

2. La teoría poscolonial en la historiografía es un esfuerzo por explorar los acontecimientos históricos más allá de los enfoques dominantes tradicionales con el fin de encontrar lo que faltaba en estas narrativas. Para lograr este objetivo, la teoría poscolonial utiliza una metodología

interdisciplinaria que se extiende a áreas más allá de la disciplina de la historia establecida desde hace mucho tiempo para llenar estos vacíos. La historiografía poscolonial forma parte de lo que el reconocido historiador Peter Burke afirmó en su estudio, *New Perspectives on Historical Writing*, como otra forma de escribir la historia.

3. Como se mencionó anteriormente, los dos estudios más importantes sobre el protestantismo en Puerto Rico (Rodríguez, Silva-Gotay) utilizaron historiografías imperialistas (marxista, y la Escuela de Anales, o la historia de las mentalidades respectivamente).

4. Steven Charleston, "Lo bueno, lo malo y lo nuevo: la experiencia misionera de los nativos americanos", en *Diálogo* 40, no. 2 (verano de 2001): 99–104.

5. Vítor Westhelle, *Voces de protesta en América latina* (México: Escuela Luterana de Teología de Chicago, 2000), 111. Véase también, Vítor Westhelle, *The Scandalous God: The Use and Abuse of the Cross* (Minneapolis: Fortress Press, 2006).

6. Véase, por ejemplo, la cooperación luterana con otras denominaciones protestantes de la isla, como los Congresos misioneros. "El Congreso misionero Cierra sus debates," *La Correspondencia* año XXV no. 9325(March 25, 1926): 7. Y más reciente, el movimiento ecuménico en Vieques para expulsar a la Marina de los EE.UU. de la isla. Ver, Rdo. Wilfredo Estrada Adorno, *¿Pastores o políticos con sotanas?: Pastoral de la guardarraya en Vieques* (Trujillo Alto, Puerto Rico: Editorial Guardarrayas, 2003).

7. Véase, "El viaje de propaganda por la isla, del representante de los evangélicos españoles," en *El Imparcial* año VI no. 128 (1 de junio de 1923): 8

8. A finales de la década de 1990, el Seminario Evangélico de Puerto Rico incorporó en sus programas de estudios, cursos, conferencias y seminarios educativos especiales, desarrollados por El Centro Luterano de Formación Teológica José David Rodríguez.

9. Véase, Foro Encuentro Interreligioso, "La iglesia católica y la iglesia luterana," 5 de diciembre de 2016, https://foroencuentrointerreligioso. blogspot.com/2016/12/la-iglesia-catolica-y-la-iglesia.html.

10. Zury, "La religión Puerto Rico," 18 de abril de 2012, https://zury-wolf-class.blogspot.com/2012/04/la-religion-puerto-rico.html. Véase también (Puerto Rico) Religiosos hacen llamado al Gobierno para reflexionar en Semana Santa—Observatorio Internacional de Libertad Religiosa (observatoriolibertadreligiosa.org). "Religiosos hacen llamado al Gobierno para reflexionar en Semana Santa—" El Nuevo Día

(elnuevodia.com). Además, la publicación de la Federación Luterana Mundial *From Conflict to Communion: Lutheran-Catholic Common Commemoration of the Reformation in 2017* (Leipzig: Evangelische Verlagsanstalt GmbH, 2013).

11. Vea, *La correspondencia* año XVIII no. 6, 170 (7 de enero de 1908): 1.

12. Esto se hizo evidente por los misioneros protestantes norteamericanos como el Rdo. Dr. John Wills Harris quien en 1912 abrió el *Instituto Politécnico de Puerto Rico* en las colinas de Loma Linda de San Germán, que más tarde se convirtió en una gran universidad con una matrícula actual de más de 43 000 estudiantes en nueve recintos en toda la isla ofreciendo desde títulos asociados a profesionales en ingeniería, derecho y enfermería, hasta maestrías y doctorados en muchas otras disciplinas. Véase, Hno. John Will Harris: Un hijo adoptivo de Texas—Rito Escocés de la Francmasonería, S.J., U.S.A.

13. Aunque sí hubo algunos que se sintieron tan fuertes con esta tendencia a la "hispanización" que se estableció una "Casa de España" en el archipiélago. "El arquitecto puertorriqueño Pedro de Castro diseñó el edificio Casa de España en 1932 para una organización cívica y cultural privada compuesta por ciudadanos españoles residentes en Puerto Rico. La organización, cuya membresía actual incluye puertorriqueños de ascendencia española, ha desempeñado un papel importante en mantener viva la herencia cultural española de Puerto Rico". Véase, "Casa de España: lugares históricos de Puerto Rico y las Islas Vírgenes; Un itinerario de viaje del Registro Nacional de Lugares Históricos" (nps.gov). En cuanto a la tendencia a la "americanización" de la isla, en algunas ocasiones esta tendencia llevó a celebraciones especiales de algunos presidentes norteamericanos, y otras festividades norteamericanas. Véase, *El Mundo* (9 de agosto de 1923): 6.

14. Para obtener información valiosa sobre este tema, consulte, Lester McGrath-Andino, *Quo Vadis, Vieques: Ética social, política y ecumenismo* (publicación especial del Seminario Evangélico de Puerto Rico, 2000), Wilfredo Estrada Adorno, *¿Pastores o políticos con sotanas?: Pastoral de la guardarraya en Vieques* (Trujillo Alto: Editorial Guardarraya, 2003). Véase también, "Church Leaders Rally against Navy Base," in *The Christian Century* (March 8, 2000), 268–69. Church leaders rally against US Navy base: EBSCOhost, consultado el 6 de abril de 2022.

15. Como sínodo de la Iglesia Luterana Unida en América y de la Iglesia Evangélica Luterana en América, el Sínodo del Caribe se guía por el estándar norteamericano para el salario y los beneficios de los pastores ordenados. Si bien el Sínodo del Caribe tuvo que ajustar estos

puntos de referencia a la realidad financiera de Puerto Rico, continúan siendo demasiado altos para el tamaño y la realidad financiera de sus congregaciones.

16. Otra razón puede ser que el mayor número de constituyentes del Sínodo del Caribe podría favorecer el actual estatus político del Estado Libre Asociado de Puerto Rico.

EPÍLOGO

Este libro es una importante contribución a la historia de la Iglesia
Luterana en Puerto Rico, el Caribe y América Latina. Su autor, José
David Rodríguez, evidentemente ha estudiado e investigado cuidadosa
y diligentemente la historia del luteranismo en el archipiélago caribeño.
Su perspectiva académica es clara y radical: una perspectiva poscolonial y decolonial. Como puertorriqueño, Rodríguez es originario de
una isla caribeña que ha sido descrita acertadamente por un destacado
erudito jurídico como "la colonia más antigua del mundo".[1] Durante
varias décadas, Rodríguez ha desarrollado un análisis teológico crítico
de esa historia colonial. Sus escritos podrían considerarse una perspectiva teológica profética, otra forma crucial de teología de la liberación.

Este libro comienza analizando la historia política y religiosa de
Puerto Rico, una isla caribeña colonizada por España y luego conquis-
tada militarmente por los Estados Unidos. Bajo el dominio de España,
prevaleció la Iglesia católica romana; cuando Estados Unidos se impuso,
las denominaciones protestantes comenzaron a llegar a la isla. La
colonialidad ha diseñado tradicionalmente una perspectiva religiosa.

Y luego, Rodríguez ha investigado y analizado cuidadosamente
las diversas formas en que la Iglesia Luterana Norteamericana decidió
participar en un proceso de educación académica y religiosa de los puertorriqueños, y de los miembros de otras islas del Caribe que también
fueron conquistadas y gobernadas por los Estados Unidos. Estoy impre-
sionado por la cantidad de información proporcionada en este excelente
libro.

Este volumen es un excelente análisis de la historia de la Iglesia
Luterana en el Caribe y América Latina. ¡Disfruté leyéndolo y
recomiendo su cuidadoso análisis!

Luis N. Rivera-Pagán
Henry Winters Luce Professor of Ecumenics Emeritus
Princeton Theological Seminary
7 de febrero de 2023

Nota

1. José Trías Monge, *Puerto Rico: The Trials of the Oldest Colony in the World* (New Haven, CT: Yale University Press, 1997).

APÉNDICE 1

San Juan, Puerto Rico, 13 de mayo de 1899

Dr. C.A. Blomgren

Emanuel: He leído tu carta, que he recibido esta mañana con especial alegría. Un sincero agradecimiento. Hay tantas cosas sobre las que escribir que estoy seguro de que te interesarán, que apenas sé por dónde empezar. En primer lugar, intentaré responder a sus preguntas.

¿Hay luteranos aquí? Los únicos que he conocido son de la Iglesia Luterana Danesa de Color en Santo Tomás. De ellos hay dos familias y varios jóvenes que pertenecen a nuestra misión. También, un joven abogado de una iglesia luterana alemana en Baltimore, Maryland, que ha sido mi verdadero amigo. Siempre estaba dispuesto a dar buenos consejos y suscribió diez dólares para el pago de nuestro órgano, y la semana pasada, antes de irse, me dio quince dólares. Su mala salud lo obligó a regresar a los Estados Unidos. No he conocido a ingleses, sino a varios alemanes, la mayoría de los cuales se han preocupado poco por la Iglesia. Me han dicho que hay un buen número de luteranos suecos y daneses en Ponce, la ciudad más grande de la isla.

¿Hay alguna perspectiva para una misión luterana?

A esta pregunta se puede responder, ¿por qué no tanto para la Iglesia luterana como para la Iglesia Reformada? Creo que el resultado para los primeros es mejor que para los segundos, si la Iglesia Luterana está dispuesta a sacrificar tanto como lo están haciendo los demás.

Durante los últimos dos meses, no menos de cinco Juntas Americanas han tenido representantes en la isla, a saber: las metodistas, las bautistas, las presbiterianas, las congregacionalistas y las episcopales.

Con cuánta alegría habría dado la bienvenida a un representante de alguna Junta Luterana. Todos estos representantes me han pedido información. Los bautistas fueron los primeros en preguntar sobre el campo. El resultado fue que su Junta envió a Puerto Rico al mejor misionero de México que tenían. Predica bastante bien en el idioma español. Llegó a San Juan hace un mes, pero no ha podido conseguir un lugar para celebrar los servicios. Un misionero episcopal llegó aquí esta semana. No habla español y probablemente predicará a algunos banqueros y comerciantes de su denominación.

Olvidé decir que los bautistas enviaron primero a un misionero de color, que trabajó en Ponce para empezar, pero sin éxito. Cuando se dio cuenta en el periódico inglés impreso aquí que habíamos tenido éxito, vino a San Juan, pero no tuvo éxito en conseguir un lugar para celebrar los servicios. No hablaba español. Estudió el idioma, pero encontró grandes dificultades con la pronunciación. Un día partió para Santo Tomás sin avisar debidamente de su partida y sin pagar sus cuentas.

La obra misionera se lleva a cabo en la actualidad solo en tres ciudades, a saber: San Juan, Río Piedras y Ponce, pero en las 67 ciudades restantes y en los distritos rurales no se hace nada.

Como los nativos no desean derrocar el bautismo de infantes, eso constituye el mayor obstáculo para los bautistas.

¿Es correcto que llevemos a cabo la Misión aquí? Sí, porque la Iglesia católica aquí no es como la de Estados Unidos, sino que me parece que es como la Iglesia católica de la Edad Media.

La gente es nominalmente católica. Los sacerdotes son licenciosos, con pocas excepciones. Por transgresiones del tercer y sexto mandamiento, el pueblo se ha degradado a sí mismo.

La obra de la Misión se puede llevar a cabo aquí en varios planes. Muchos de los habitantes ya han aprendido el inglés y desean escuchar sermones y discursos en ese idioma. A las personas mayores hay que dirigirlas en español. Una forma es enseñar inglés. Es por este medio que he progresado en mi trabajo. Tengo diferentes clases aquí y allá en la ciudad. También visito varias de las escuelas públicas donde doy una hora de instrucción cinco días a la semana. Esto me ha dado la oportunidad de estudiar sus costumbres, naturaleza, puntos de vista, fe, conocimiento, etc., y ganarme su confianza y buena voluntad, y así hacer amigos entre ellos. Después de esto, pronto se les ve en los servicios. Especialmente con tener conmigo a un compañero de trabajo que hable inglés. Naturalmente, sería preferible alguien que supiera español, pero ¿dónde se puede encontrar uno así entre nosotros los luteranos?

Si diez hombres solteros, que estuvieran dispuestos a vivir la vida misionera, vinieran aquí y se establecieran en diez ciudades diferentes con medios suficientes para su sustento durante los primeros tres meses, estoy seguro de que dentro de un año habríamos establecido diez misiones luteranas.

Estos hombres podían comenzar enseñando inglés y en poco tiempo podían celebrar servicios en inglés y escuelas dominicales y, mientras tanto, podían adquirir el idioma. De este modo, las misiones podrían establecerse tranquilamente. La mayoría de los estadounidenses se encuentran en San Juan y Ponce.

Como saben, no soy enviado aquí por ninguna Junta ni estoy apoyado por ningún individuo, sino que me mantengo enseñando, pero tengo que dedicar demasiado tiempo a esto. Sería de gran ayuda para mí si pudiera obtener ayuda externa, ya que así podría dedicar más tiempo a adquirir el idioma y hacer trabajo misionero.

Durante los últimos dos meses he sido ayudado hasta cierto punto en mi trabajo por un repartidor bíblico americano, que ha predicado en español, y yo en inglés, pero no ha tenido mucho éxito ya que parece carecer del don de la persuasión. Ha sido ministro en la Iglesia Presbiteriana Española en La Habana.

Se podría decir mucho más, pero mi tiempo es tan limitado que esto tendrá que ser suficiente.

Que las bendiciones de Dios descansen sobre nuestro trabajo.

Atentamente,

G.S. Swensson, (Estudiante)[1]

Gustav Sigfried Swensson

Nota

1. Minutas de la vigesimoséptima Convención del Consejo General de la Iglesia Luterana en Norteamérica, llevada a cabo en la Iglesia Wicker Park, Chicago, del 28 de septiembre al 4 de octubre de A.D. 1899 (Philadelphia: General Council Publication Board, 1899), 24–26.

APÉNDICE 2

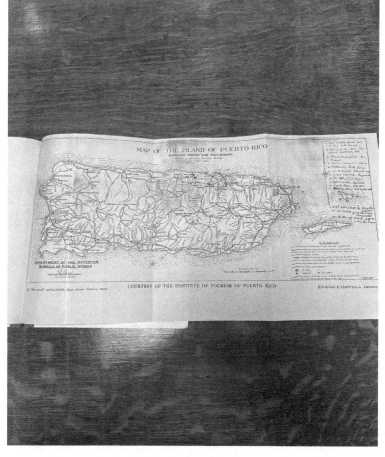

Este mapa de Puerto Rico muestra dónde se establecieron 14 congregaciones luteranas en 1944. El mapa está tomado de una tesis presentada por el Sr. César Cotto para la licenciatura en divinidad en el Seminario Luterano de Filadelfia.

Iglesia Luterana Divino Salvador en 1904.

Foto de la Iglesia Luterana Divino Salvador tomada
recientemente por el autor.

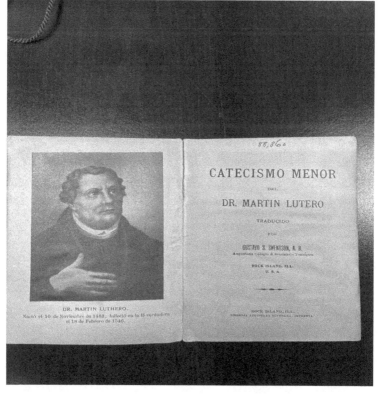

El Catecismo Menor de Martín Lutero, traducido por Gustav Sigfrid Swensson, publicado por Augustana's Book Concern (1902).

Our Church in Puerta de Tierra.

11

Primera Iglesia Luterana e Iglesia Luterana de San Pablo en 1917.

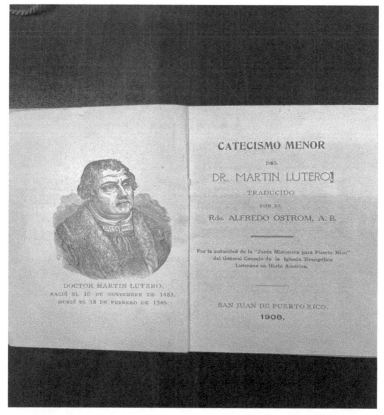

Traducción del Rdo. Alfredo Ostrom del Catecismo Menor de Martín Lutero en 1908.

BIBLIOGRAFÍA

A Chronology of Protestant Beginnings: Puerto Rico [Una cronología de los comienzos de la obra protestante en Puerto Rico 1598–2011]. Compilada por Drs. Daryl L. Platt, Clifton L. Holland & Dorothy Bullón. Última revision, 2 de abril de 2012. Microsoft Word—A Chronology of Protestant Beginnings in PR-bilingual-vl (prolades.com).

Aagaard, Johannes, "Missionary Theology," ["Teología Misionera"] en *The Lutheran Church Past and Present [La Iglesia Luterana Pasada y Presente]*, ed. Vilmos Vajta (Minneapolis: Augsburg Press, 1977).

Abramson, Michael, *Palante: Voices and Photographs of the Young Lords, 1969–1971 [Palante: Voces y fotografías de los Young Lords, 1969-1971]* (Chicago: Haymarket Books, 1971).

Altmann, Walter, *Lutero e libertação [Lutero y la liberación]* (São Leopoldo: Editora Sinodal, 2016).

Altman, Ida, "Marriage, Family and Ethnicity in the Spanish Caribbean," ["Matrimonio, Familia y Etnicidad en el Caribe Hispano"] en *The William and Mary Quarterly* Vol. 70, no. 2 Centering Families in *Atlantic Histories* (April 2013), 225–226.

Álvarez Carmelo Santos and Carlos F. Cardoza Orlandi, *Llamados a construir su Reino: Teología y estrategia misionera de los Discípulos de Cristo 1899–1999* (Bayamón: Iglesia Cristiana Discípulos de Cristo, 2000).

Appleby, Joyce, Lynn Hunt and Margaret Jacob, *Telling the Truth about History [Decir la verdad sobre la historia]* (New York: W.W. Norton & Company, Inc.: 1995).

Arbaugh, William G., "Alfredo Ostrom y la era de expansión: Historia de la misión luterana en Puerto Rico desde 1905 hasta 1918." *El Testigo* año XXXII no. 7 (diciembre de 1948): 5–6, 14.

———, "Principios de la iglesia luterana en Puerto Rico," en *El Testigo* (febrero y marzo de 1924).

———, "Witnessing Through Twenty Years," ["Testificar a través de veinte años"] en *El Testigo* (julio de 1937): 11–12.

———, "Revista de libros," en *El Testigo* año XXVI, no. 11 (abril de 1943): 9–10.

———, "Gustav Sigfrid Swensson and the Puerto Rico Lutheran Mission." ["Gustav Sigfrid Swensson y la misión luterana en Puerto Rico"] Este ensayo fue escrito el 22 de marzo de 1948 y mimeografiado para su distribución en la iglesia luterana Frederick, Santa Cruz, Islas Vírgenes durante la década de 1960.

———, "Because He Looked Like a Man of God," [Porque parecía un hombre de Dios] en *El Testigo* (abril de 1948): 16.

———, *A Caribbean Mission: The Correspondence of William George Arbaugh* [*Una misión caribeña: La correspondencia de William George Arbaugh*] edited by William Charles Arbaugh (Victoria, BC: Erbach Books, 2006).

———, "Fred W. Lindke and the Era of Transition: Puerto Rico Lutheran history from 1918 to 1928," [Fred W. Lindke y la era de transición: historia luterana de Puerto Rico de 1918 a 1928] en *El Testigo* (enero de 1949): 13–16.

———, "Gustav Sigfried Swensson and the Puerto Rico Lutheran Mission." ["Gustav Sigfried Swensson y la misión luterana de Puerto Rico."] (This essay was written on March 22, 1948, and mimeographed for distribution at Frederick Lutheran Church, St. Croix, Virgin Islands during the 1960's) [Este ensayo fue escrito el 22 de marzo de 1948 y mimeografiado para su distribución en la Iglesia Luterana Frederick, Santa Cruz, Islas Vírgenes durante la década de 1960]

———, November 1, 1950, en *A Caribbean Mission: [Una misión caribeña:]*, 32.

———, *Notes and Quotes from the Correspondence of William George Arbaugh*, [*Notas y citas de la correspondencia de William George Arbaugh*] Ed. William Charles Arbaugh (Portland: Personal publication, 2000).

———, "Principios de la iglesia luterana en Puerto Rico." *El Testigo,* año XIX, no. 12 (febrero y marzo de 1924): 1, 4.

———, "Revista de libros." *El Testigo,* año XXVI, no. 11 (abril de 1943): 9-11.

———, "Witnessing through Twenty Years." ["Testificando a través de veinte años"] *El Testigo,* año XXI, no. 2 (julio de 1937): 17.

Arbaugh, Nora D. y Herminio Díaz, "Impresiones del Segundo Congreso Latinoamericano de Juventudes Evangélicas," en *El Testigo* año XXX, no. 4 (septiembre de 1946): 8.

Arden, G. Everett, *A History of the Augustana Lutheran Church* [*Historia de la Iglesia Luterana Augustana*] (Rock Island, IL: Augustana Press, 1963).

———, *The School of the Prophets: The Background and History of Augustana Theological Seminary 1860–1960* [*La Escuela de los Profetas: Los antecedentes y la historia del Seminario Teológico Augustana 1860–1960*] (Rock Island: Augustana Theological Seminary, 1960).

Arrieta Vilá, Rubén, "A distancia la política y la religión," en the "Sunday Journal" de *El Nuevo Día,* 17.

Ashcroft, Bill, Gareth Griffiths, and Helen Tiffin, *The Post-Colonial Studies Reader* [Colección de estudios poscoloniales] (London and New York: Routledge, 1995).

———, *Key Concepts in Post-Colonial Studies* [*Conceptos claves en los estudios poscoloniales*] (London and New York: Routledge, 1998).

Bachmann, E. Theodore and Mercia Brenne Bachmann, *Lutheran Churches in the World: A Handbook* [Las iglesias luteranas en el mundo: Un manual] (Minneapolis: Ausburg. Publicado en colaboración con la Federación Mundial Luterana, 1989).

Bainton, Roland, *The Martin Luther Christmas Book* [*El Libro de Navidad de Martín Lutero*] (Philadelphia: The Westminster Press, 1948).

———, *Women of the Reformation: In Germany and Italy* [*Mujeres de la Reforma: en Alemania e Italia*] Minneapolis: Augsburg Publishing House, 1971.

———, *Women of the Reformation: From Spain to Scandinavia.*[*Mujeres de la Reforma: de España a Escandinavia*] Minneapolis: Augsburg Publishing House, 1977.

Baralt, M., *Historia de Venezuela* (París: Desclée de Brower, 1939).

Bastian, Jean-Pierre, *Historia del protestantismo en América Latina* (México: Casa Unida de Publicaciones, S.A., 1986).

———, "Colonial Protestantism, 1492–1808," ["Protestantismo colonial, 1492-1808,"] en *The Church in Latin America 1492–1992* ed. Enrique Dussel (New York: Orbis books, 1992).

Benito, José A., "Alonso Manso, Primer Obispo de América, De Salamanca a Puerto Rico. 500 años de su llegada" (Jabenito.blog.com).

Beozzo, J. O., ed. *Escravidao Negra e História da Igreja na América Latina e no Caribe.* [*La esclavitud negra y la historia de la Iglesia en América Latina y el Caribe*] (Petrópolis: Vozes, 1987).

Blank, Roberto *Teología y misión en América Latina* (St. Louis: Concordia Publishing House, 1996),

Boletín Mercantil de Puerto Rico (10 de septiembre de 1903), 7.

———, (27 de abril de 1907), 4.

Borges, Pedro, ed. *Historia de la Iglesia en Hispanoamérica y Filipinas* Vol. 1 (Madrid: Biblioteca de Autores Cristianos, MCMXCII [1992]), 303.

Bras, Marisabel "The Changing of the Guard: Puerto Rico in 1898," ["El cambio de guardia: Puerto Rico en 1898"], Library of Congress, consultado el 20 de junio de 2023, https://loc.gov/rr/hispanic/1898/bras.html.

Breve historia del Gobierno de Puerto Rico—EnciclopediaPR

Budd, Richard M., *Serving Two Masters: The Development of American Military Chaplaincy, 1860–1920* [*Sirviendo a dos amos: El desarrollo de la capellanía militar estadounidense, 1860–1920]* (Lincoln and London: University of Nebraska Press, 2000).

Boletín del Cincuentenario del ministerio del Rdo. Eduardo Roig Vélez Iglesia Luterana El Buen Pastor (1 de septiembre de 1968), 2–3.

Boletín para la celebración del 69 aniversario de la Iglesia Luterana Divino Salvador (1973).

Burke, Peter, *Formas de hacer historia.* Versión española de José Luis Gil Aristo (Barcelona: Alianza Editoria, 1993).

Cabán, Leopoldo, *El Testigo* (junio de 1937): 16.

Cabrera, Miguel A., "On Language, Culture, and Social Action," ["Sobre el lenguaje, la cultura y la acción social"] en History and Theory Vol. 40, No 4 (December 2001): 82–100.

Cancel, Mario R., "Historiografía puertorriqueña hoy: una meditación y una crítica," en Historias Marginales: Otros rostros de Jano (Mayagüez: Centro de Publicaciones Académicas UPR-RUM Facultad de Artes y Ciencias, 2007).

Cardoza Orlandi, Carlos F., *Mission: An Essential Guide [Misión: Una guía esencial],* Nashville: Abingdon Press, 2002).

The *Caribbean Call* Vol. 1, No. 1 (October 1952), 1–8.

Carr, David, "Place and Time: On the Interplay of Historical Points of View," ["Lugar y tiempo: sobre la interacción de los puntos de vista históricos]," en *History and Theory* Vol. 40, No 4 (December 2001), 153–167.

Carr, Edward H., *What is History? [¿Qué es la historia?],* London: The McMillan Press, second edition, 1986).

Centro Journal XXVI, no. I, (Spring 2014): 148–171.

Charleston, Steven, "The Good, the Bad and the New: The Native American Missionary Experience," ["Lo bueno, lo malo y lo nuevo: La experiencia misionera de los nativo americanos"], en *Dialog* 40:2 (Summer 2001), 99–104.

Chamberlain, Mary, "Elsa Goveia: History and Nation," ["Elsa Goveia: Historia y nación"], en *History Workshop Journal* Issue 58 (November 3, 2015), 167–168. 09 dbh035 (ds) (deepdyve.com).

Chinea, Jorge, "A Quest for Freedom: The Immigration of Maritime Maroons into Puerto Rico, 1656–18001," ["Una búsqueda de la libertad: La inmigración de cimarrones marítimos a Puerto Rico, 1656-18001"], en *Journal of Caribbean History* 31 Issue: 1/2 Month (1997): 51–87.

The Christian Century (March 8, 2000), 268–269. Church leaders rally against US Navy base: [Líderes religiosos protestan en contra de base naval de Estados Unidos] EBSCOhost.

Collins Winn, Christian T., Gehrz, Christopher, Carlson, G. William and Holst, Eric, eds. *The Pietist Impulse in Christianity [El impulso pietista en el Cristianismo],* Cambridge: James Clarke and Co., 2011).

Corbe, Zenan M., *In the Land of Unending Summer [En la tierra del verano interminable]* (Philadelphia: Prepared by the Board of American Missions and the Women's Missionary Society of the United Lutheran Church in America, October, 1930).

La correspondencia de Puerto Rico (22 de septiembre de 1903).

———, año XV no. 5347 (29 de septiembre de 1905): 3.

———, año XVIII no. 6170 (7 de enero de 1908): 1.

———, (8 de diciembre de1903).

———, (27 de abril de 1907).

———, año XXX no. 10 916 (28 de febrero de1922): 2.

———, año XXV no. 9325 (25 de marzo de 1926), 7.

Cotto, César, "The Lutheran Church in Puerto Rico," a thesis submitted to the faculty of the Lutheran Theological Seminary at Philadelphia in partial fulfillment of the requirements for the degree of Bachelor of Divinity, ["La Iglesia luterana en Puerto Rico", tesis presentada a la facultad del Seminario Teológico Luterano de Filadelfia en cumplimiento parcial de los requisitos para el grado de Bachillerato en Divinidad], 1 de abril de 1944).

Crespo Vargas, Pablo L., *La Inquisición española y las supersticiones en el Caribe hispano, siglo XVI* (Lajas: Editorial Akelarre, 2013).

Critchlow, G.W., "The Virgin Isles' First Missionary Effort," ["El primer esfuerzo misionero de las Islas Vírgenes"], en *The Lutheran* May 8, 1919.

Cronología de gobernadores estadounidenses (1898–1946)—EnciclopediaPR.

Davis, J. Merle, *The Church in Puerto Rico's Dilemma [El dilema de la Iglesia en Puerto Rico]*. (New York: International Missionary Council, 1942).

Deiros, Pablo A., *Historia del cristianismo en América Latina* (Florida/Buenos Aires: Fraternidad Teológica Latinoamericana, 1992).

La Democracia (6 de junio de 1901): 4.

———, (7 de febrero de 1907): 2.

Díaz Alfaro, Abelardo, *Terrazo* (San Juan: Editorial Plaza Mayor, 2009).

Díaz Quiñones, Arcadio, Once tesis sobre un crimen de 1899 (San Juan, Puerto Rico: Editorial Luscinia C.E., 2019).

Donald T. Moore, *Puerto Rico Para Cristo: A History of the Progress of the Evangelical Mission on the Island of Puerto Rico [Puerto Rico para Cristo: Una historia del progreso de la misión evangélica en la isla de Puerto Rico]* (Cuernavaca: Centro Intercultural de Documentación, SONDEOS No. 43 [1969]).

Donoghue, Eddie, *Negro Slavery: Slave Society and Slave Life in the Danish West Indies [La esclavitud de los negros: la sociedad esclavista y la vida de los esclavos en las Indias Occidentales danesas]*(Bloomington and Milton Keynes: AuthorHouse, 2007).

"Doña Gabriela Cuervos Vda. De Marks," *El Testigo* año 19 no. 11 (abril de 1936): 2.

Drouet, Vega H. "Some Musical Forms of African Descendants in Puerto Rico: Bomba, Plena, and Rosario Frances." ["Algunas formas musicales de los afrodescendientes en Puerto Rico: Bomba, Plena, y Rosario francés"] en *New Grove Dictionary of Music and Musicians* 20: 585–586, ed. Stanley Sadie. (London: Macmillan, 2001).

Dubois, Laurent y John D. Garrigus, *Slave Revolution in the Caribbean 1789–1804: A Brief History with Documents [Revolución de esclavos en el Caribe 1789-1804: Una breve historia con documentos]* (Boston/New York: Bedford/St. Martins, 2006).

Editors of the Encyclopaedia Britannica. "Evangelical Lutheran Church in America." ["Iglesia Evangélica Luterana en América"].Britannica.com, (consultado el 23 de junio de 2023) *https://www.britannica.com/topic/ Evangelical-Lutheran-Church-in-America.*

Edmonds, Ennis B. and Michelle A. González, *Caribbean Religious History: An Introduction [Historia Religiosa del Caribe: Una Introducción]* (New York and London: New York University Press, 2010).

Elton, G.R., *The Practice of History [La práctica de la historia]* 2nd ed. (Oxford: Blackwell Publishing L.T.D., second edition, 2002).

Enck-Wanzer, Darrel ed. *The Young Lords: A Reader [The Young Lords: Colección de escritos]* (New York and London: New York University Press, 2010).

Erling, Maria and Mark Granquist, *The Augustana Story: Shaping Lutheran Identity in North America [La historia de Augustana: Dando forma a la identidad luterana en América del Norte]* (Minneapolis: Augsburg Fortress, 2008).

Espinosa, Mariola, "Sanitary and American: Disease Eradication Efforts and the Transformation of Puerto Rico After 1898 ["Sanitario y americano: Esfuerzos de erradicación de enfermedades y la transformación de Puerto Rico después de 1898], en *Latin American Studies Association International Congress, Miami, FL Journal* (2000) EspinosaMariola (psu.edu).

Estados Font, María E., *La presencia militar de Estados Unidos en Puerto Rico: 1898–1918.* (Río Piedras: Editorial Universitaria, Universidad de Puerto Rico, 1986).

Estrada Adorno, Wilfredo, *¿Pastores o políticos con sotanas?: Pastoral de la guardarraya en Vieques* (Trujillo Alto: Editorial Guardarrayas, 2003).

Evangelical Lutheran Church in America, Evangelical Lutheran Church in America History, Merger Of, Beliefs, & Facts Britannica.

Evans, Richard J., *In Defense of History [En defensa de la historia]* (New York: W.W. Norton & Company, Inc.: 2000).

Fernández, Johanna, *The Young Lords: A Radical History [Los Young Lords: una historia radical]* (Chapel Hill: The University of North Carolina Press, 2020).

"First Report of the Board of Porto Rico Missions to the General Council of the Evangelical Lutheran Church in North America" ["Primer Informe de la Junta de Misiones de Puerto Rico al Concilio General de la Iglesia Evangélica Luterana en América del Norte"] (October 1903).

Fox, Lewis R., "The Lutheran Church in Puerto Rico," ["La Iglesia Luterana en Puerto Rico", en *El Testigo* (May 1936): 11.

Franqui-Rivera, Harry, *Soldiers of the Nation: Military Service and Modern Puerto Rico, 1898–1952. [Soldados de la nación: Servicio militar y Puerto Rico moderno, 1898-1952]* (Lincoln and London: University of Nebraska Press, 2018).

Friede, Juan, *Los Welser en la conquista de Venezuela* (Caracas and Madrid: La edición conmemorativa del IV aniversario de la muerte de Bartolomé Welser, líder de la compañía alemana de Augsburgo.1961).

García-Rivera, Alex, *St. Martín de Porres: The "Little Stories" and the semiotics of Culture [San Martín de Porres: Las "Pequeñas Historias" y la semiótica de la Cultura]* (New York: Orbis Books, 1995).

Gilderhus, Mark T., *History and Historians: A Historiographycal Introduction [Historia e historiadores: una introducción historiográfica]* 7th ed. (Upper Saddle River: Prentice Hall, 2010).

Gómez, Eneid Routte, "Lutheran Minister is Triply 'blessed.'" *San Juan Star* (February 20, 1983): 35.

González, Justo L., *Out of Every Tribe & Nation: Christian Theology at the Ethnic Roundtable [De cada tribu y nación: Teología cristiana en la mesa redonda etnica]* (Nashville: Abingdon Press, 1992).

Goveia, Elsa V., *A Study on the Historiography of the British West Indies to the End of the Nineteenth Century [Un estudio sobre la historiografía de las Indias Occidentales británicas hasta finales del siglo décimonoveno]* (México: Instituto Panamericano de Geografía e Historia, 1956).

———, "New Shibboleths for Old," *Caribbean Quarterly* 10, no. 2 (June 1964): 48–51.

La Gran Depresión en Puerto Rico (mrsruthie.net). https://www.mrsrithie.net/wp-content/uploads/2015/10/La-Gran-Depresion-en-Puerto-Rico-15.pdf

La gran depresión y sus efectos en Puerto Rico. La Gran Depresión y sus efectos en Puerto Rico | Monografías Plus (monografias.com).

Gorski, Philip, *American Covenant: A History of Civil Religion from the Puritans to the Present* [Pacto americano: una historia de la religión civil desde los puritanos hasta el presente] (Princeton & Oxford: Princeton University Press, 2017).

Granquist, Mark, *Lutherans in America: A New History [Luteranos en América: Una nueva historia]* (Minneapolis: Fortress Press, 2015).

———, ed. *Most Certainly True: Lutheran History at a Glance: 75 Stories about Lutherans Since 1517 [Seguramente cierto: La historia luterana de un vistazo: 75 historias sobre luteranos desde 1517]* (Minneapolis: Lutheran University Press, 2017).

Gritsch, Eric W., *A History of Lutheranism [Una historia del luteranismo]* (Minneapolis: Fortress Press, 2002).

"Guerra Hispanoamericana en Puerto Rico," Guerra Hispanoamericana en Puerto Rico-EnciclopediaPR.

Guha, Ranajit & Gayatri Chakravorty Spivak, *Selected Subaltern Studies [Colección de estudios Subalternos]* (New York/Oxford: Oxford University Press, 1988).

Gutiérrez, Ángel L., *Evangélicos en Puerto Rico en la época española* (Guaynabo: Editorial Chari, 1997),

Haefeli. Evan, *Accidental Pluralism: America and the Religious Politics of English Expansion, [Pluralismo accidental: Estados Unidos y la política religiosa de la expansión inglesa], 1497–1662* (Chicago y London: The University of Chicago Press, 2021).

Hall, Neville A.T., *Slave Society in the Danish West Indies [La sociedad esclavista en las Indias Occidentales danesas]* (Mona: University of the West Indies Press, 1992).

Harrington, Mark W., "Porto Rico and the Portorricans," ["Puerto Rico y los puertorriqueños"] *Catholic World* 70, Issue 416 (November 1899), 164.

Hei Yip, Man, *Interrogating the Language of "Self" and "Other" in the History of Modern Christian Mission: Contestation, Subversion, and Re-imagination [Interrogando el lenguaje del "yo" y del "otro" en la historia de la misión cristiana moderna: contestación, subversión y re-imaginación]* (Eugene: Pickwick, 2020).

El Heraldo Español, año VIII, no. 173 (30 de julio de 1902): 2.

Herzel, Catherine B., *She Made Many Rich: Sister Emma Francis of the Virgin Island [Hizo ricos a muchos: la hermana Emma Francis de las Islas Vírgenes]* (Frederiksted: CRIC Productions, Inc., 1990).

Higman, B.W., "The Development of Historical Disciplines in the Caribbean," ["El desarrollo de las disciplinas históricas en el Caribe"], en *[Historia general del Caribe: Vol. VI, Metodología e historiografía del Caribe]* Ed. B.W. Higman (London y Oxford: UNESCO Publishing/MacMillan Education LTD, 1999).

Hunt, Tony, "The Church and Race Relations—Then and Now," ["La Iglesia y las relaciones raciales, antes y ahora"] en *Leading Ideas,* Lewis Center for Church Leadership, January 21, 2009, https://www.churchleadership.com/leading-ideas/the-church-and-race-relations-then-and-now-1968-2008/.

Hunte, Keith, "Protestantism and Slavery in the British Caribbean," ["Protestantismo y esclavitud en el Caribe británico", en, *Christianity in the Caribbean: Essays on Church History* Armando Lampe ed. (Barbados, Jamaica, Trinidad, y Tobago: University of the West Indies Press, 2001), 86-125.

Hurricane San Ciprián 1932 [Huracán San Ciprián] (weebly.com).

Hurricane San Ciriaco— [Huracán San Ciriaco] The World of 1898: The Spanish-American War (Hispanic Division, Library of Congress) (loc.gov).

Iggers, Georg G. and Q. Edward Wang, with contributions from Supira Mukherjee, *A Global History of Modern Historiography [Una historia global de la historiografía moderna* (Edinburg: Pearson Education Limited, 2008).

El Ideal Católico, año I, no. 1 (15 de agosto de 1899): 1-2.

———, año I, no. 3 (26 de agosto de 1899): 17-19.

———, año I, no. 4 (2 de septiembre de 1899): 29.

———, año I, no. 8 (30 de septiembre de 1899): 60.

———, año I, no. 9 (6 de octubre de 1899): 68.

———, año I, no.16 (25 de noviembre de 1899): 125.

———, año II, no. 8 (6 de octubre de 1900): 77.

———, año II, no. 10 (20 de octubre de 1900): 106, and 111.

———, año II, no. 11 (27 de octubre de 1900): 120.

———, año IV, no. 156 (2 de agosto de 1902): 366.

El Imparcial año V no. 220 (21 de septiembre de 1922): 7.

———, año V no. 213 (23 de febrero de 1922): 4.

———, año VI no. 127 (15 de mayo de 1923): 5.

———, año VI no. 128 (1 de junio de 1923): 8.

Invasión inglesa y victoria criolla de 1797—EnciclopediaPR.

Iran, Isfahan, "A Critical Examination of Postmodernism Based on Religious and Moral Values Education," ["Un examen crítico del postmodernismo basado en la educación en valores religiosos y morales"], en *International Education Studies;* Vol. 8, No. 9; 98-106.

Ivison, Duncan. "Poscolonialism." ["Poscolonialismo".]Britannica.com, May 20, 2023.

Jenkins, Keith, *On What Is History [Sobre qué es la historia]* (London y New York: Routledge, 1995).

Jensen, Lars, "Poscolonial Denmark: Beyond the Rot of Colonialism," ["Dinamarca poscolonial: más allá de la podredumbre del colonialismo",] en *Poscolonial Studies,* 18, -no. 4: 440-452.

Karsdorf, Hans, "The Legacy of Gustav Warneck" ["El legado de Gustav Warneck"] *International Bulletin of Missionary Research*

(July 1980): 102, https://www.scribd.com/doc/123497360/
Legacy-of-Gustav-Warneck?secret_password=1y9oi8unr4oumofmce4r#.

Kennedy, Dane, *Decolonization: A Very Short Introduction [Descolonización: una breve introducción]* (Oxford: Oxford University Press, 2016).

Knubel, Frederick H., "Caminos cristianos en tiempo de guerra," en *El Testigo* (diciembre de 1939), 4–5.

Lake, Edgar O., "The Role of the Artist in the Liberation Struggle," ["El papel del artista en la lucha de liberación"], (The Leonard Tim Hector Annual Memorial Lecture) Anglican Cultural Center, St. John's, Antigua, WI November 7, 2005.

Lampe, Armando, "Christianity and Slavery in the Dutch Caribbean," ["Cristianismo y esclavitud en el Caribe holandés"], en, *Christianity in the Caribbean: Essays on Church History* Armando Lampe ed. (Barbados, Jamaica, Trinidad y Tobago: University of the West Indies Press, 2001).

Lawson, Kenneth E., *With Courage and Confidence: The US Army Chaplaincy and the Puerto Rico Campaign of 1898 [Con valor y confianza: La capellanía del ejército de los Estados Unidos y la campaña de Puerto Rico de 1898]* (Ft. Buchanan, PR: Installation Chaplain's Office, 2008).

Lord, Albert B., *The Singer of Tales [El cantor de cuentos]* (Cambridge, MA: Harvard University Press, 1964).

Libro de liturgia y cántico (Minneapolis: Fortress Press, 1998).

Luther, Martin, "The Christian in Society II," ["El cristiano en la sociedad II"] , *Luther's Works Vol. 45,* ed. Walther I. Brandt, gen. ed. Helmut T. Lehman (Philadelphia: Muhlenberg Press, 1962), 70–71.

———, "The Gospel for the Festival of the Epiphany, Matthew 2:1–12" ["El Evangelio para la fiesta de la Epifanía, Mateo 2:1–12" (1527), en Luther's (1527), en Luther's *Works* ed. Jaroslav Pelican y Helmut T. Lehmann. 55 volumes (Philadelphia: Fortress Press, 1955).

The Lutheran [El Luterano] (Official Organ of the United Lutheran Church in America), IV, no. 8 (November 9, 1899): 5.

———, IV no. 9 (November 30, 1899): 3.

———, IV, no 19 (February 8, 1900): 6.

———, I no. 40 (January 29, 1920): 809.

———, I no. 47 (March 18, 1920): 934.

———, II no. 15 (August 12, 1920): 256.

———, II no. 19 (September 9, 1920): 286.

———, III no. 1 (September 30, 1920): 9, 320.

———, IV no. 19 (February 8, 1900).

———, XXIII no. 17 (January 22, 1941).

———, 32 no. 28 (April 6, 1949): 14–16.

——, 33 no. 20 (September 19, 1951): 12.

——, 33 no. 28 (May 2, 1951): 31–32.

——, 34 no. 27 (April 2, 1952): 12–16.

——, 34 no. 28 (April 9, 1952): 20–21.

——, 34 no. 40 (July 2, 1952): 31–33.

Lutheran Women [Mujeres luteranas] 2 no. 6 (junio 1961).

——, 3 no. 6 (junio 1962).

Majumdar, Rochona, *Writing Postcolonial History [Escribiendo la historia poscolonial]* (London: Bloomsbury Academic Publishing Plc., 2010).

Marty, Martin, *Righteous Empire: The Protestant Experience in America [Imperio justo: la experiencia protestante en América]* (New York: Dial Press, 1970).

——, *Modern American Religion [Religión Americana Moderna]* Vol. 1 "The Irony of it All 1893–1919" (Chicago & London: University of Chicago Press, 1986).

Martínez-Fernández, Luis, "Don't Die Here: The Death and Burial of Protestants in the Hispanic Caribbean," 1840–1885 ["No mueras aquí: la muerte y el entierro de los protestantes en el Caribe hispano"] en *The Americas* XLVIV(I) (July 1992): 23–47.

——, *Protestantism and Political Conflict in the Nineteenth-Century Hispanic Caribbean [Protestantismo y conflicto político en el Caribe hispano del siglo XIX]* (New Brunswick: Rutgers University Press, 2002).

Marx, Karl, *Critique of Hegel's Philosophy of Right [Crítica de la filosofía del derecho de Hegel]*, ed. Joseph O'Malley (Cambridge: at the University Press, 1970).

Mallón, Florencia E., "The Promise and Dilemma of Subaltern Studies: Perspectives from Latin American History," ["La promesa y el dilema de los estudios subalternos: perspectivas desde la historia latinoamericana"], *The American Historical Review*, 99, no. 5 (Dec. 1994): 1491–1515.

Mayer, Alicia, *Lutero en el Paraíso: La Nueva España en el espejo del reformador alemán* (México: Fondo de Cultura Económica, 2008).

Mayor, Federico, Preface, en Higman, *General History of the Caribbean Vol. VI, Methodology and Historiography of the Caribbean [Historia General del Caribe Vol. VI, Metodología e Historiografía del Caribe]*. Ed. B.W. Higman (London and Oxford: UNESCO Publishing/MacMillan Education LTD, 1999).

McAllister, James, "The Presbyterian Theological Training School" ["La Escuela Presbiteriana de Entrenamiento Teológico"] en *The Assembly Herald* 4 (1908) 4: 207.

——, "Un ministerio bien preparado." *Puerto Rico Evangélico* 2 (1914) 2: 2–4.

McCoy, Alfred W., Scarano, Francisco A., *Colonial Crucible: Empire in the Making of the Modern American State [Crisol colonial: el imperio en la creación del Estado estadounidense moderno]* (Madison: University of Wisconsin Press, 2009), 87–94.

McGrath-Andino, Lester, *¿Quo Vadis, Vieques?: Ética social, política y ecumenismo* (Edición especial del Seminario Evangélico de Puerto Rico, 2000).

"Memorial Program: Fortieth Anniversary of the First Lutheran Congregation Organized in Puerto Rico" ["Programa Conmemorativo: Cuadragésimo Aniversario de la Primera Congregación Luterana Organizada en Puerto Rico."] (Suplemento en inglés en *El Testigo* (enero de 1940).

Military Government in Puerto Rico—The World of 1898: The Spanish-American War (Hispanic Division, Library of Congress) (loc.gov).

Mission Tidings [Noticias de la misión] XLVII no. 1 (June 1952): 13, 16.

"Minutas de la Asamblea Constituyente del Sínodo Evangélico Luterano del Caribe de la Iglesia Luterana Unida en América mayo 29–31," 1952, 5–11.

Molina, Francisco, "Hace muchos años: Para Sergio Cobián y Guillermo E. Marrero," en *Ciudad allende el alba* (Dorado: Sínodo Luterano del Caribe, 1999).

Moore, Brian L., B. W. Higman, Carl, Campbell y Patrick, Bryan, *Slavery, Freedom and Gender: The Dynamics of Caribbean Society [Esclavitud, libertad y género: la dinámica de la sociedad caribeña]* (Barbados, Jamaica, Trinidad Tobago: University of the West Indies, 2003).

El Mundo (27 de diciembre de1919): 4.

———, (28 de abril de 1922): 6.

———, (9 de agosto de 1923): 6.

———, (9 de noviembre de 1924): 1, 6.

———, (20 de febrero de 1952): 17.

Música puertorriqueña y su historia—EnciclopediaPR.

Murga Sanz, Vicente and Alvaro Huerga, *Episcopologio de Puerto Rico* (Ponce: Universidad Católica de Puerto Rico, 1987).

Naffier, Vernon H., *Historical Sketch of Lutheranism in the Caribbean [Bosquejo histórico del luteranismo en el Caribe]* (Encuadernación desconocida)— January 1, 1987.

Nationalist Insurrection of 1950—EnciclopediaPR.

Nationalist Party of Puerto Rico—EcuRed.

Navarro-Rivera, Pablo, "The Imperial Enterprise and Educational Policies in Colonial Puerto Rico," ["La empresa imperial y las políticas educativas en el Puerto Rico colonial"] en Alfred W. McCoy y Francisco A. Scarano, *Colonial Crucible: Empire in the Making of the Modern*

American State [Crisol colonial: el imperio en la creación del Estado estadounidense moderno] (Madison: University of Wisconsin Press, 2009), 163–174.

Negrón de Montilla, Aida, *La americanización de Puerto Rico y el Sistema de instrucción pública, 1900–1930* (Río Piedras: Editorial Universitaria, Universidad de Puerto Rico, 1976).

Neve, Jürgen L., *A Brief History of the Lutheran Church in America [Breve historia de la Iglesia Luterana en América]* (Burlington: The German Literary Board, 1916/2020).

El Nuevo Día (28 de octubre de 2001): 4.

Olson, Oscar N., *The Augustana Lutheran Church in America 1860–1910 [La Iglesia Luterana Augustana en América 1860-1910]* (Davenport, Iowa: Published under the auspices of the Executive Council of the Augustana Lutheran Church by Arcade Office and Letter Service, 1956).

Ostrom, Alfredo, "Principios de la Iglesia Luterana en Puerto Rico," *El Testigo* año 7, nos. 9 y 10.

Pantojas García, Emilio, *La Iglesia protestante y la americanización de Puerto Rico* (Río Piedras: privately printed, 1972).

Peñaranda, Nicolette, "The Oldest ELCA Church Resides in the US Virgin Islands," ["La iglesia más antigua de la ELCA reside en las Islas Vírgenes de los Estados Unidos"] *The Living Lutheran* (January/February 2023): 18.

Pereyra, Carlos, "Historia, ¿para qué?" en *Historia, ¿para qué?*, (México/ España: Siglo Veintiuno Editores, 1998).

Philadelphia Vision: Mt. Airy Tradition: Essays for the 125th Anniversary of the Lutheran Theological Seminary at Philadelphia [Visión de Filadelfia: Tradición de Mt. Airy: Ensayos para el 125º Aniversario del Seminario Teológico Luterano de Filadelfia] (Philadelphia: Lutheran Theological Seminary in Philadelphia, 1991).

Picó, Fernando, "Historiography of Puerto Rico," ["Historiografía de Puerto Rico"], en Higman, *General History of the Caribbean: Vol. VI, Methodology and Historiography of the Caribbean*. Ed. B.W. Higman (London and Oxford: UNESCO Publishing/MacMillan Education LTD, 1999).

———, *1898: La Guerra después de la guerra* (San Juan: Ediciones Huracán, 2004).

Plena: A Music of the Puerto Rican People [Plena: Una música del pueblo puertorriqueño] The Classic Journal (uga.edu).

Pomada, Alicia, "Puerto Rico, School Language Policies "["Puerto Rico, políticas lingüísticas escolares"] en *Encyclopedia of Bilingual Education,*

Puerto Rico, School Language Policies: *Encyclopedia of Bilingual Education* (weebly.com), consultado el 23 de junio de 2023.

"Possible Advantages and Disadvantages in the Proposed Reorganization of The Lutheran Missionary Conference of Puerto Rico as a member Synod of the United Lutheran Church in America," ["Posibles ventajas y desventajas en la propuesta de reorganización de la Conferencia Misionera Luterana de Puerto Rico como miembro del Sínodo de la Iglesia Luterana Unida en América"], una carta escrita el 1 de abril de 1926 por William G. Arbaugh, Secretary for Latin America of the Board of American Missions. This manuscript is located at the Archives of the Evangelical Lutheran Church in America [Una carta escrita el 1 de abril de 1946 por William G. Arbaugh, Secretario de la Junta de Misiones Americanas para Latinoamérica. Este manuscrito se encuentra en los archivos de la Iglesia Evangélica Luterana en América].

Poscolonialism, [Poscolonialismo], https://www.britannica.com/topic/poscolonialism.

Puerto Rico Evangélico, año 1, no. 19 (10 de abril de 1913): 7, 10.

———, año 2, no. 16 (25 de febrero de 1914): 14.

———, año 2, no. 19 (10 de abril de 1914): 14.

———, año 2, no. 23 (10 de junio de 1914): 14.

———, año 2, no. 24 (25 de junio de 1914): 15.

———, año 3 no. 24 (25 de junio de 1915): 7.

———, año 15. no. 1 (9 de julio de 1926): 12.

———, año 15, no. 14 (9 de octubre de 1926): 11–12.

———, año 15, no. 18 (6 de noviembre de 1926): 12.

———, año 39 no. 1,089 (25 de julio de 1951): 13.

———, año 40, no. 1,090 (10 de agosto de 1951): 14.

———, año 40, no. 1,101(25 de enero de 1952): 4.

———, año 40, no. 1,103 (25 de febrero de 1952): 1, 16.

———, año 40, no. 1,106 (10 de abril de 1952): 16.

———, año 40, no. 1111 (25 de junio de 1952): 13.

———, año 41, no. 1112 (14 de julio de 1952): 10.

Quipu, Quipu | Smithsonian Institution (si.edu).

Ranjan, Ritwik "Poscoloniality and the Two Sides of Historicity," ["La poscolonialidad y las dos caras de la historicidad"], *History and Theory* 56, no. 1 (March 2017): 38–53.

Reichard, Raquel. "Why Isn't Puerto Rico a State?" ["¿Por qué Puerto Rico no es un estado?"], History.com, October 4, 2021, https://www.history.com/news/puerto-rico-statehood.

"Report of the Board of Foreign Missions to the General Council of the Evangelical Lutheran Church in North America," ["Informe de la Junta de Misiones Extranjeras al Concilio General de la Iglesia Evangélica Luterana en América del Norte"],1899.

"Report of the Board of Foreign Mission to the General Council of the Evangelical Lutheran Church in North America," ["Informe de la Junta de Misiones Extranjeras al Concilio General de la Iglesia Evangélica Luterana en América del Norte"],1901.

Reumann, John H. P., *Ministries Examined: Laity, Clergy, Women, and Bishops in a Time of Change [Ministerios examinados: laicos, clérigos, mujeres y obispos en tiempos de cambio]* (Minneapolis: Augsburg Publishing House, 1987).

Rieger, Joerg, "Theology and Mission Between Neocolonialism and Poscolonialism," ["Teología y misión entre el neocolonialismo y el poscolonialismo"], *Mission Studies* 21 (2004): 201–27.

Rivera Pagán, Luis N., *Historia de la conquista de América: Evangelización y violencia* (Barcelona: CLIE, 2021).

———, *A Violent Evangelism: The Political and Religious Conquest of the Americas (Evangelización y violencia: La conquista de América]* Louisville: Westminster/John Knox Press, 1992).

Rivera Torres, Jorge Juan, *Documentos históricos de la Iglesia Episcopal* Volumen I (Saint Just, Puerto Rico: Taller Episcográfico de la Iglesia Episcopal Puertorriqueña, 2008).

Rivero, Ángel, *Crónica de la guerra hispanoamericana en Puerto Rico* (Río Piedras: Editorial Edil, 1998).

Robertson, James, "Developing an Outline for Jamaica's Past: the Jamaica Almanacks' Chronologies," [Desarrollando el contorno para el pasado de Jamaica: Las cronologías de los almanaques de Jamaica] [Ponencia presentada en el Seminario del Departamento de Historia y Arqueología, este ensayo es una adaptación de un capítulo de la obra del autor], *History Without Historians: Listening for Stories of Jamaica's Past* (Kingston: Arawak Press, in press), 1–2, 10–14.

———, "Making the West Indian Archive Accessible: Ken Ingram's Archival Cartography," ["Hacer accesible el archivo de las Indias Occidentales: la cartografía archivística de Ken Ingram"], *Decolonizing the Caribbean Record: An Archives Reader*. Jeannette A. Bastian, John A. Aarons, and Stanley H. Griffin, eds. (Mona: University of the West Indies, 2018), 327–49.

Robinson-Hammerstein, Helga, "The Lutheran Reformation and its Music," ["La Reforma Luterana y su música"], *The Transmission of Ideas in the Lutheran Reformation*. Helga Robinson-Hammerstein, ed. (Dublin: Irish Academic Press, 1989), 141–171.

Rodríguez, Daniel R., *La primera evangelización norteamericana en Puerto Rico 1898–1930* (México: Ediciones Borinquén, 1986).

Rodríguez, Ileana, ed. *The Latin American Subaltern Studies Reader, [Colección de estudios subalternos latinoamericanos],* (Durham and London: Duke University Press, 2001).

Rodríguez Hernández, José David, "North American Historians of the British West Indies" ["Historiadores norteamericanos de las Indias Occidentales Británicas"] Trabajo de investigación presentado a la clase de Historiografía de la Universidad de las Indias Occidentales (octubre de 2016).

——, book review of the book by Ángel Rivero, [Reseña del libro de Ángel Rivero *Crónica de la Guerra Hispano Americana* para el curso de Hist. 6005.Historiografía Puertorriqueña en la universidad Interamericana de Puerto Rico] (13 de mayo de 2011).

Rooy, Sidney, Misión y encuentro de culturas (Florida/Buenos Aires: Editorial Kairós, 2001).

Sáenz de Morales, Ana, "Panorama de Educación Cristiana de la Iglesia Luterana en Puerto Rico," *El Testigo* (junio de 1940): 8–9.

Saenz, Michael, "Economic Aspects of Church Development in Puerto Rico: A Study of the Financial Policies and Procedures of the Major Protestant Church Groups in Puerto Rico from 1898 to 1957," ["Aspectos económicos del desarrollo de la iglesia en puerto rico: un estudio de la políticas y procedimientos financieros de los principales grupos de iglesias protestantes en Puerto Rico de 1898 a 1957"], (Una disertación en economía a la Facultad de la Escuela de Graduados de Artes y Ciencias de la Universidad de Pensilvania, 1961).

Sandgren, Carl H., My Church: A Yearbook of the Lutheran Augustana Synod of North America [Anuario del Sínodo Luterano Augustana de América del Norte] XXIV (Rock Island: Augustana Book Concern, 1938).

Santiago-Valles, Kelvin, "American Penal Forms and Colonial Spanish Custodial-Regulatory Practices in Fin de Siècle Puerto Rico,"["Formas penales americanas y prácticas coloniales españolas-custodiales-regulatorias en el fin de siglo Puerto Rico"], en Alfred W. McCoy, Francisco A. Scarano, *Colonial Crucible: Empire in the Making of the Modern American State* (Madison: University of Wisconsin Press, 2009), 87–94.

Santiago Vendrell, Ángel, "Give Them Christ: Native Agency in the Evangelization of Puerto Rico, 1900 to 1917," ["Dales a Cristo: Agencia indígena en la evangelización de Puerto Rico, 1900 a 1917"], *Religions 12, no. 3 (2021): 196.* https://doi.org/10.3390/rel12030196.

Scarano, Francisco A., Puerto Rico: Cinco siglos de historia 4ta Edición (Mexico: Mc Graw Hill Interamericana Editores S.A. de C.V., 2015).

Scherer, James A., *Gospel, Church, & Kingdom: Comparative Studies in World Mission Theology [Evangelio, iglesia y reino: estudios comparativos en la teología de la misión mundial]* (Minneapolis: Augsburg Publishing House, 1987).

——— ed., *Justinian Welz: Essays by an Early Prophet of Mission [Ensayos de uno de los primeros profetas de la misión]* Grand Rapids: William B. Eerdmans Publishing Company, 1969).

———, "The Relation of Mission and Unity in Lutheranism: A Study in Lutheran Ecumenics." ["La relación de misión y unidad en el luteranismo: un estudio sobre el ecumenismo luterano".] Una disertación presentada en cumplimiento parcial de los requisitos para el grado de Doctor en Teología en el Union Theological Seminary en la ciudad de Nueva York, 1968.

Schmidt, Alvin J., *Hallmarks of Lutheran Identity [Características distintivas de identidad luterana]* (St. Louis: Concordia Publishing House, 2017).

Scott, James C., *Domination and the Arts of Resistance: Hidden Transcripts [Los dominados y el arte de la Resistencia: Discursos ocultos]* (New Haven: Yale University, 1990).

———, *Weapons of the Weak: Everyday Forms of Peasant Resistance [Las armas de los débiles: formas cotidianas de resistencia campesina]* (New Haven: Yale University, 1985).

Seventh Biennial Report of the Board of Missions for Porto Rico and Latin America of the General Council of the Evangelical Lutheran Church in North America [Séptimo Informe Bienal de la Junta de Misiones para Puerto Rico y América Latina del Consejo General de la Iglesia Evangélica Luterana en América del Norte] (1915): 12.

Sheen, Fulton, *Christmas Inspirations [Inspiraciones navideñas]* (New York: Maco Publications, 1966).

Shepherd Verene and Hilary McD. Beckles eds. *Caribbean Slavery in the Atlantic World [La esclavitud caribeña en el mundo Atlántico]* (Kingston: Ian Randle Publishers Limited, 2000), 909.

Silva Gotay, Samuel, *Catolicismo y política en Puerto Rico: Bajo España y Estados Unidos Siglos XIX y XX* (San Juan: Editorial de la Universidad de Puerto Rico, 2005).

———, *Protestantismo y política en Puerto Rico 1898–1930: Hacia una historia del protestantismo evangélico en Puerto Rico* (San Juan: Editorial de la Universidad de Puerto Rico, 1997).

Singmaster, Elsie, *The Story of Lutheran Missions [La historia de las misiones luteranas]* (Columbia: Survey Publishing Co., 1917).

Smith, Linda T., *Decolonizing Methodologies: Research and Indigenous People* 2nd ed. *[Metodologías descolonizadoras: investigación y pueblos indígenas]* (Dunedin: Otago University Press, 2012).

Stover, Earl F., *Up from Handymen: The United States Army Chaplaincy 1865–1920* vol. III *[Up from Handymen: La capellanía del ejército de los Estados*

Unidos 1865–1920] (Washington D.C.: Office of the Chief of Chaplains Department of the Army, 1977).

Strong, Josiah, *Our Country: Its Possible Future and Its Present Crisis [Nuestro país: su posible futuro y su crisis presente]* (New York: The Baker and Taylor Co., Publishers, 1885).

Steuernagel, Valdir R., "El despertar misionero del Tercer Mundo," *Mission* 6 (June, 1987): 7–17.

Swensson, Gustav S., "I Went to Puerto Rico," ["Fui a Puerto Rico"] *El Testigo* (octubre de 1948): 16.

Tappert, Theodore G., *History of the Philadelphia Seminary [Historia del Seminario de Filadelfia]* (Philadelphia: The Lutheran Theological Seminary at Philadelphia, 1964),

Telelboim, Voloida, *El amanecer del capitalismo y la conquista de América* (Habana: Casa de las Américas, 1979).

temporal_education_guide_english-v9-readers-spreads.pdf (mocp.org)

El Testigo (The Witness), año I, no. 1 (junio de 1917).

———, año XIX, no. 12 (febrero y marzo de 1924): 1, 4.

———, año XVII, no. 2 (marzo de 1935): 14–15.

———, año XIX, no. 11 (abril de 1936).

———, año XIX, no. 12 (mayo de 1936): 11–12.

———, año XXI, no. 1 (junio de 1937): 11–12.

———, año XXI, no. 2 (julio de 1937): 17.

———, año XXI, no. 10 (marzo de 1938): 13–16.

———, año XXII, no. 11 (abril de 1939): 3.

———, año XXIII, no. 7 (diciembre de 1939): 11–12;

———, año XXIII, no. 8 (enero de 1940): 8–9.

———, año XXV, no. 2 (julio de 1941): 11.

———, año XXIII, no. 8 (marzo de 1942): 7–9.

———, año XXIX, no. 10 (marzo de 1946), 20.

———, año XXIX, no. 12 (mayo de 1946): 19–20.

———, año XXXI, no. 10 (marzo de 1948): 12.

———, año XXXI no. 11 (abril de 1948): 16.

———, año XXXII no. 2 (julio de 1948): 16.

———, año XXXII no. 3 (agosto de 1948): 15–16.

———, año XXXII no. 4 (septiembre de 1948): 4–7, 14.

———, año XXXII no. 5 (octubre de 1948): 16.

———, año XXXII no. 7 (diciembre de 1948): 5–6, 14;

———, año XXXII no. 7 (diciembre de 1948): 15–16.

———, año XXXII no. 8 (enero de 1949): 4–7, 9–10, 12.

———, año XXXII no. 8 (enero de 1949): 13–16.

———, año XXXIII no. 9 (febrero de 1950): 3–7.

———, año XXXIV, no. 9 (febrero de 1951): 8.

——, año XXXV no. 9 (febrero de 1952): 6.

——, año XXXV no. 10 (marzo de 1952): 3, 6.

——, año XXXV no. 12 (mayo de 1952): 11–12.

——, año XXXVI, no. 1 (junio de 1952): 1–15.

The Theology of the Christian Mission, *[La Teología de la Misión Cristiana]* ed. Gerald H. Anderson (New York, Toronto, London: MacGraw-Hill Book Company, Inc., 1961).

Thompson, Alvin O., *Flight to Freedom: African Runaways and Maroons in the Americas [Huida hacia la libertad: fugitivos africanos y cimarrones en las Américas]* (Kingston, Jamaica: University of the West Indies, 2006).

Vethanayagamony, Peter, *It Began in Madras: The Eighteenth-Century Lutheran-Anglican Ecumenical Ventures in Mission and Benjamin Schultze [Comenzó en Madrás: las aventuras ecuménicas luteranas-anglicanas del siglo XVIII en la misión y Benjamin Schultze]* (Delhi: ISPCK, 2010).

Vicedom, George F., *The Mission of God: An Introduction to a Theology of Mission [La misión de Dios: una introducción a una teología de la misión]* (St. Louis: Concordia, 1965).

Villarreal, Sandra Ivelisse, "Puerto Rican woman invested as bishop in Lutheran Church," ["Mujer puertorriqueña investida como obispa en la Iglesia Luterana"] *El Nuevo Día* (28 de octubre de 2001): 4.

Vives, Papo, *La familia Heyliger*, QuebradillasPR.org, June 15, 2008, http://quebradillaspr.blogspot.com/2008/06/la-famila-heyliger-por-papo-vives.html.

Waddell, D.A.G., "The British West Indies," ["Las Indias Occidentales Británicas"], en *The Historiography of the British Empire-Commonwealth: Trends, Interpretations, and Resources*. ed. Robin W. Winks (Durham: Duke University Press, 1966), 344–56.

Warneck, Gustav, *Outline of a History of Protestant Missions from the Reformation. [Bosquejo de una historia de las misiones protestantes desde la Reforma]*. Http://www.bu.edu/missiology/missionary-biography/w-x-y-z/warneck-gustav-1834–1910/, consultado el 20 de mayo de 2020.

Walsh, Ellen, "The Not-So-Docile Puerto Rican: Students Resist Americanization, 1930," ["El puertorriqueño no tan dócil: los estudiantes resisten la americanización", 1930", *Centro Journal* XXVI, no. I (Spring 2014): 148–171.

Ross Wentz, Abdel, *A Basic History of Lutheranism in America [Una historia básica del luteranismo en América]* (Philadelphia: Fortress Press, 1964).

Westhelle, Vítor, "Communication and the Transgression of Language in Luther." ["La comunicación y la transgresión del lenguaje en Lutero"]. *Lutheran Quarterly* 17:1 (Spring): 1–27.

——, *Voces de protesta en América latina* (México: Lutheran School of Theology at Chicago, 2000), 111.

Woolf, Daniel, *A Global History of History [Una historia global de la historia]* (Edinburg: Cambridge University Press, 2011).

Young, Robert J.C., *Poscolonialism: A very Short Introduction [Poscolonialismo: Una introducción muy breve]* (Oxford: University Press, 2003).

Zury: La religión Puerto Rico (zury-wolf-class.blogspot.com).

ÍNDICE